After Sales Service
Geschäftsbeziehungen profitabel gestalten

Internet-Adresse:
www.symposion.de/kundenorientierung

Herausgegeben von
WERNER PEPELS

Redaktion
STEFAN THISSEN

Mit Beiträgen von
CHRISTIAN BLÜMELHUBER, TORSTEN CZENSKOWSKY,
ROBERT ERTL, KLAUS HÜTTEL, KURT JESCHKE,
KLAUS S. KASTIN, HANS-JÜRGEN KRIEG, MICHAEL LERCHEN-
MÜLLER, RUTH MELZER-RIDINGER, ANTON MEYER,
WERNER PEPELS, DIETER PFLAUM, BRUNHILDE STECKLER

symposion˙

Impressum

After Sales Service
Geschäftsbeziehungen profitabel
gestalten
(Zweite überarbeitete und erweiterte
Auflage; die erste Auflage erschien
1999 im Vahlen-Verlag unter dem
Titel »Kundendienstpolitik«)

Herausgeber
WERNER PEPELS

Redaktion
STEFAN THISSEN

Satz
KAREN FLEMING
Symposion Publishing

Druck
AKADÉMIAI NYOMDA
Martonvásár

Umschlaggestaltung
Karen Fleming, basierend auf einem
Entwurf von metadesign, Berlin

ISBN 3-936608-88-1
2. Auflage 2007
© Symposion Publishing GmbH,
Düsseldorf
Printed in Hungary

Begleitdienst zu diesem Buch
www.symposion.de/
kundenorientierung

Redaktionelle Post bitte an
Symposion Publishing GmbH
Werdener Straße 4
40227 Düsseldorf

Bibliografische Information der Deutschen Bibliothek
Die Deutsche Bibliothek verzeichnet diese Publikation
in der Deutschen Nationalbibliografie; detaillierte
bibliografische Daten sind im Internet über
http://www.ddb.de abrufbar.

After Sales Service
Geschäftsbeziehungen profitabel gestalten

www.symposion.de/kundenorientierung

Nach dem Kauf ist vor dem Kauf. Kundenbeziehungen enden nicht
mit dem Kaufabschluss, sondern bestehen über die gesamte Nutzungsdauer eines Produkts oder einer Dienstleistung fort. Daher verdient
die Gestaltung der After Sales Services (Nachkauf-Kundendienste) ein
besonderes Augenmerk. Sie bestätigen den Kunden in seiner Kaufentscheidung, erhöhen seine Zufriedenheit und sichern letztlich eine langfristige Kundenbindung.
Für ein wirksames After Sales-Marketing stehen inzwischen eine Vielzahl von Instrumenten zur Verfügung, die helfen, Kundendienst-An-
gebote zu konzipieren, umzusetzen und zu optimieren. Das Buch stellt
die wichtigsten Verfahren vor.

Es behandelt unter anderem:
⇨ Grundlagen des Beschwerdemanagements
⇨ Messung von Kundenzufriedenheit
⇨ Informationsbeschaffung und -verarbeitung
   für After Sales Services
⇨ Produkt-, Preis-, und Distributionsstrategien
⇨ Qualitätssteuerung bei Kundendiensten
⇨ Controlling im After Sales Service-Management
⇨ Rechtliche Rahmenbedingungen

Das Buch richtet sich sowohl an Verantwortliche und Entscheider in
Marketing- und Servicefunktionen als auch an Studierende. Mit seinem
ganzheitlichen Aufbau ermöglicht es eine rasche und umfassende Ein-
arbeitung in das Thema und liefert praxisrelevante Informationen, um
den eigenen After Sales Service im Unternehmen zu optimieren.

Über Symposion Publishing

Symposion ist ein Fachverlag für Management-Wissen und veröffentlicht Bücher, Studien, digitale Fachbibliotheken und Onlinedienste.

Das Programm steht auch zum Download zur Verfügung – über das Verlagsportal kann der Leser nach Kapiteln suchen und diese individuell zusammenstellen. Wissen ist damit blitzschnell verfügbar – jederzeit, praktisch überall und zu einem attraktiven Preis.

www.symposion.de

After Sales Service
Geschäftsbeziehungen profitabel gestalten

Herausgeber und Autoren

Herausgeber

WERNER PEPELS
war zwölf Jahre als Marketingberater tätig, davon drei Jahre selbstständig als Geschäftsführer in einer der seinerzeit größten rein deutschen Werbeagenturgruppen. Heute Professor für Betriebswirtschaftslehre an der FH Gelsenkirchen im Studienschwerpunkt Marketing

Autoren

CHRISTIAN BLÜMELHUBER
Leiter der Forschungsgruppe Dienstleistungs-Marketing, LMU, München

TORSTEN CZENSKOWSKY
Professor für Betriebswirtschaftslehre, insbesondere marktorientiertes Controlling und Logistikmanagement an der Fachhochschule Stralsund

ROBERT ERTL
Dr., Leiter Marketing und Vertrieb an der Börse München

KLAUS HÜTTEL
Professor für Marketing sowie tätig in der Marketingberatung und Implementierung des Produkt-Managements in Industrieunternehmen

KURT JESCHKE
Prof. Dr. rer. pol. habil., Department of Servicemanagement and Marketing, International University of Applied Sciences, Bad Honnef, Bonn

KLAUS S. KASTIN
Dipl.-Kaufmann, Marktforscher BVM, Referent für Unternehmensplanung bei einem der weltgrößten Anbieter in der Elektroindustrie

HANS-JÜRGEN KRIEG
Berater bei der Klaus Lurse Personal + Management AG

MICHAEL LERCHENMÜLLER
Professor für Betriebswirtschaftslehre, insbesondere Handelsbetriebslehre und Marketing, an der Hochschule für Wirtschaft und Umwelt Nürtingen-Geislingen

RUTH MELZER-RIDINGER
Professorin für Logistik und Supply Chain Management an der an der Berufsakademie Mannheim

ANTON MEYER
Prof. Dr., Ordinarius für BWL und Marketing, Ludwig-Maximilians-Universität, München

DIETER PFLAUM
Professor des Studienganges Marketing-Kommunikation an der Hochschule Pforzheim

BRUNHILDE STECKLER
Professorin für Zivil- und Wirtschaftsrecht an der FH Bielefeld

Vorwort zur zweiten erweiterten Auflage

Dienstleistungen dominieren das wirtschaftliche Geschehen. Doch während in der Fachliteratur selbstständige Dienstleistungen thematisch sehr beliebt sind, werden produktbegleitende Dienstleistungen, also die Kundendienste, nach wie vor vernachlässigt. Dies völlig zu unrecht, denn – angesichts einer zunehmenden Austauschbarkeit von Angeboten auf hohem Niveau – sind nur noch Kundendienste in der Lage, eine positive Differenzierung am Markt zu erreichen. Aus dem Blickwinkel der Kundenbindung gilt dies vor allem für die Nachkaufkundendienste, die so genannten After Sales Services.

Dieses Buch widmet sich einer systematischen, ebenso analytisch wie praktisch aufbereiteten Bestandsaufnahme solcher produktiven After Sales Services. Durch die Bündelung der Fachkompetenzen verschiedener spezialisierter Autoren können die Facetten der modernen Kundendienstpolitik in kompakter Form anschaulich und sachkundig dargestellt werden.

Damit ist das Werk ideal geeignet zur umfassenden Information für verantwortlich tätige Manager in allen Marketing-, Vertriebs- und Servicefunktionen der Wirtschaft.

Das Buch folgt dabei einer gänzlich anderen Philosophie als die üblichen Sammelwerke. Anstelle einer bloßen Aufsatzsammlung ist es von vornherein als kohärente Monographie konzipiert, deren einzelne Kapitel aber nicht von einem Autor bearbeitet, sondern an mehrere Verfasser vergeben wurden, die ausgesprochene Experten in ihren jeweiligen Gebieten sind. Ihre Beiträge ergänzen sich somit aufgrund des ganzheitlichen Aufbaus zu einer in sich geschlossenen, hochwertigen Darstellung.

Die erste Auflage aus dem Jahre 1999 (damals unter dem Titel »Kundendienstpolitik« im Vahlen-Verlag) ist vergriffen, so dass mit dieser Neuausgabe nunmehr eine überarbeitete und erweiterte zweite Auflage zu dem mehr denn je aktuellen Thema vorliegt. Für deren Erstellung bedankt sich der Herausgeber bei Symposion Publishing, vor allem bei dessen Lektoratsleiter Herrn Klietmann sowie Herrn Thissen.

Für Verbesserungsvorschläge an den Verlag ist der Herausgeber jederzeit dankbar. Nun aber sei Ihnen als Leser aller erdenkliche Nutzen aus der Lektüre dieses Buches für Ihren Erfolg und den Erfolg Ihres Unternehmens gewünscht.

Krefeld, im Januar 2007

Werner Pepels

Die Bedeutung
von Dienstleistungen

**In gesättigten Märkten bieten Dienstleistungen eine
willkommene Chance zur Kundenbindung oder Produktdifferenzierung. In der Praxis finden sich inzwischen
viele verschiedene Ausprägungen. Dieser Beitrag
untersucht Grundlagen und Erscheinungsformen von
Dienstleistungen.**

In diesem Beitrag erfahren Sie:
- welche Dienstleistungsarten sich unterscheiden
  lassen,
- mit welchen Begriffen man Dienstleistungen
  analytisch definiert,
- was die zentralen Merkmale von Dienstleistungen
  sind.

WERNER PEPELS

Die Dienstleistungsarten

Das Nachkaufmarketing

In Zeiten expandierender Märkte lag der Schwerpunkt der Vermark-
tungsaktivitäten auf der Akquisition neuer Kunden. Diese Orientierung löste damals die reine Transaktionssichtweise des Absatzes ab.
War der Kunde aber erst einmal gewonnen und bedient, sah man das
Marketingziel als erreicht an und richtete den Fokus auf die Akquisition weiterer Kunden. Diese Idee drückte sich etwa in der AIDA-
Formel (Attention – Interest – Desire – Action = Aufmerksamkeit
erregen – Interesse wecken – Wünsche erzeugen – Kauf auslösen) aus,
wo nach dem zweiten A für Action beziehungsweise ausgelösten Kauf
dann auch schon Schluss war.

Dadurch wurde zwangsläufig die Pflege bestehender Kunden vernachlässigt mit der Folge, dass diese Kunden unzufrieden wurden und andere Anbieter die Chance auf eine erfolgreiche Akquisition dieser Kunden bekamen. Vor diesem Hintergrund sind noch heute in vielen Unternehmen die Akquisiteure »tolle Hechte«, weil man nicht realisiert, dass es eigentlich nur zu einem rollierenden Austausch von Käufern kommt.

Dabei sind jene Akquisiteure oft genug die größten Vernichter des Kundenlebenszeitwerts. Denn die Akquisition eines neuen Kunden kostet ein Vielfaches (man geht je nach Branche vom Drei- bis Siebenfachen aus) dessen, was die Pflege eines bestehenden Kunden kostet, der ja in aller Regel nicht nur einmal Leistungsbedarf hat, sondern in bestimmten Abständen wiederholt nachfragt. Wird also die Initiative statt in Akquisition in Kundenzufriedenheit investiert, kann fast jedes Unternehmen bares Geld sparen und dennoch neuen Umsatz schreiben. Denn der Anbieter ist an seinen bestehenden Kunden näher dran als jeder andere Anbieter und gleichzeitig auch näher als an allen anderen Nachfragern.

Damit anbietertreue Wiederkäufe aber möglich sind, ist Kundenzufriedenheit unerlässlich. Denn jeder Kunde nimmt nach dem Kauf einen Vergleich seiner (präkonsumtiven) Erwartungen mit dem tatsächlichen Kauferlebnis vor, und nur, wenn das Erlebnis gleich oder besser als die Erwartung ist, bleibt er anbietertreu. Und nur dann besteht die Möglichkeit zur Realisierung seines Kundenlebenszeitwerts (Customer Lifetime Value).

Dabei handelt es sich um die kumulierten Beträge, die ein Kunde im Laufe seines Lebenszyklusses für die Produktgruppe des Anbieters ausgibt. Zieht man von diesem Betrag die Kosten für seine (erstmalige) Akquisition und die laufenden Kosten der Betreuung ab, ergibt sich der potenzielle Kundenlebenszeitwert für einen Anbieter. Setzt man in Relation dazu nun den Umsatz, den ein Kunde tatsächlich im Zeitablauf bei einem Anbieter realisiert, hat man die anbieterspezifische Ausschöpfung des Kundenlebenszeitwerts. Dieser Kundenlebenszeitwert kann beträchtliche Euro-Summen erreichen, und diese

Beträge können schon wegen Unzufriedenheit bei einem Cent-Betrag aufs Spiel gesetzt und verloren werden.

Die Differenzierung durch Dienstleistungen

Das rein faktische Marktangebot wird immer austauschbarer *(Me too)*. Die Zeiten, in denen sich speziell deutsche Produkte allein schon wegen ihres objektiven Leistungsvorsprungs verkauften (Made in Germany), sind längst vorbei beziehungsweise haben sich sogar ins Gegenteil verkehrt. Daher wird es immer wichtiger, über die reine Sachleistung hinaus ergänzende Angebote (Augmented Products) zu offerieren, die in der Lage sind, Nachteile der Kernleistung zu kompensieren oder im Bündel sogar einen Konkurrenzvorsprung zu erzielen. Bei diesen ergänzenden Angeboten kann es sich um zusätzliche Sachleistungen handeln, auf die allerdings zumeist die Nachteile der Kernleistung zutreffen. Oder um begleitende Dienstleistungen.

Insofern hat die Bedeutung der Dienstleistungen zur Differenzierung beziehungsweise positiven Profilierung von Angeboten in neuerer Zeit extrem zugenommen. Man spricht zuweilen sogar von einem Marsch in die Dienstleistungsgesellschaft oder einer »Tertiarisierung« der Wirtschaft. Dabei kommt erschwerend hinzu, dass die so wichtige Kundenzufriedenheit durch Dienstleistungen weitaus mehr gefährdet ist als durch Sachleistungen. Denn Sachleistungen sind im Rahmen umfangreichen Total Quality Managements bereits weitgehend in ihrer Qualität durch Maschineneinsatz optimiert, wohingegen Dienstleistungen, die zumeist durch menschlichen Arbeitseinsatz entstehen, in ihrer Qualität unvermeidbar mehr oder minder stark schwanken.

Bei der überragenden Bedeutung der Kundenzufriedenheit für die Realisierung des Kundenlebenszeitwerts und der gleichzeitigen hohen Bedeutung von produktbegleitenden Dienstleistungen für eine wirksame Angebotsdifferenzierung ist unmittelbar einleuchtend, dass der Kundendienstbereich zum Engpasssektor des betrieblichen Erfolgs wird. Zugleich sind systematische Erkenntnisse über solche produktiven Nachkauf-Dienstleistungen eher Mangelware.

Die produktbegleitenden Dienstleistungen

Zur Systematisierung von Dienstleistungen, die Voraussetzung für jede fundierte Beschäftigung mit einer Thematik ist, bietet sich folgende Unterscheidung an:
⇨ *Primärdienstleistungen* sind selbständige Absatzobjekte und von materiellen Produkten unabhängig. Diese werden im Weiteren nicht näher betrachtet. *Sekundärdienstleistungen* hingegen sind unselbständiger (produktverbundener) Bestandteil eines Leistungsbündels aus Sach- und Dienstleistungen. *Obligatorisch* sind sie, wenn sie für den Absatz zwingend notwendig sind (Muss-Dienstleistungen), *präferenziell,* wenn sie aus zwei oder mehr Angeboten ausgewählt werden können (Soll-Dienstleistungen) und *fakultativ,* wenn sie der Differenzierung des materiellen Angebotsbestandteils dienen (Kann-Dienstleistungen).

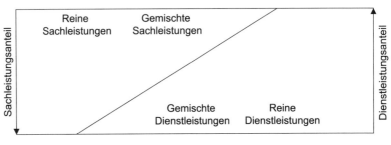

Abb. 1:   *Übergang von Sachleistung zu Dienstleistung*

⇨ Sekundärdienstleistungen können begleitende Sachleistungen dominieren *(gemischte Dienstleistung)* oder ihrerseits dominante Sachleistungen begleiten *(gemischte Sachleistung)*. In beiden Fällen handelt es sich um ein Angebotsbündel, dessen Schwerpunkt, je nach Gewichtung, beim Sach- oder Dienstleistungsanteil liegt (Primärdienstleistungen sind hingegen gänzlich eigenständig). Die Sekundärdienstleistungen werden allgemein als Kundendienste bezeichnet und im Folgenden näher analysiert.

⇨ Kundendienste können *konsumtiver* (im Privatbereich) oder *produktiver* Natur (im Geschäftsbereich, auch als industriell oder investiv bezeichnet) sein. Dabei ist nicht die Art der Dienstleistung, sondern der Markt, auf dem sie angeboten wird, für die Zuordnung entscheidend. Im Folgenden wird überwiegend der Bereich der produktiven Dienstleistungen betrachtet, und zwar als »unechte« Sekundärdienstleistungen oder Kundendienste.

Neben der Unterscheidung in konsumtive und produktive Kundendienste sind weitere Einteilungen hilfreich. Zumeist wird dabei nach zwei Dimensionen unterschieden:

⇨ Erstens nach dem *Inhalt* der geleisteten Kundendienste. Dabei kann es sich um kaufmännische oder technische Kundendienste handeln. Zu den kaufmännischen Kundendiensten gehören etwa Schulung, Beratung, Wirtschaftlichkeitsberechnung oder Bestelldienst. Zu den technischen Kundendiensten gehören etwa Installation, Reparaturservice, Wartung, Entsorgung etc.

Im Folgenden werden sowohl kaufmännische als auch technische Kundendienste näher analysiert.

⇨ Zweitens nach dem *Zeitpunkt* der Kundendiensterbringung. Dabei kann es sich, relativ zum Zeitpunkt der Transaktion, um Vorkauf-Kundendienste handeln (Pre Sales Services) oder um Nachkauf-Kundendienste (After Sales Services).

Im Folgenden werden vornehmlich Nachkauf-Kundendienste betrachtet, weil diesen für die Aufrechterhaltung und den Ausbau von Geschäftsbeziehungen zu Kunden eine überragende Bedeutung zukommt.

Unter *After Sales Service* sind also (vorwiegend) produktive Nach-kauf-Dienstleistungen zu verstehen. Zunächst ist es jedoch erforderlich, eine weitere Fundierung der Arbeitsbasis dadurch herzustellen, indem Klarheit über den Begriff der Dienstleistung geschaffen wird. Denn dies ist keineswegs so eindeutig geklärt, wie es wünschenswert wäre.

Die Begriffsbestimmungen

Die beschreibenden Begriffsbestimmungen

Der Begriff Dienstleistung ist ausgesprochen schwierig abzugrenzen. Genauer betrachtet, gibt es derzeit sogar keine wirklich schlüssige Definition, wohl aber unterschiedlichste Ansätze.

Am einfachsten geht der Ansatz vor, der Dienstleistungen *negativ* als all jene Produktion definiert, die nicht agrarisch oder industriell erstellt wird. Abgesehen davon, dass Definitionen sinnvollerweise keine Inversion erlauben, stimmt diese Begriffsbestimmung auch nicht. Denn Dienstleistungen sind zu großen Teilen kein gleichberechtigter (tertiärer) Sektor neben Agrarwirtschaft und Industrie, sondern vielmehr Teile dieser Sektoren, also agrar- oder industrieproduktver-bundene Leistungen. Dies bedeutet zugleich, dass im primären und sekundären gesamtwirtschaftlichen Sektor tatsächlich ein hoher Anteil von Dienstleistungen in spezifischer Ausprägung gegeben ist.

Ein anderer Ansatz geht von einer (*enumerativen*) Beispielaufzäh-lung aller Wirtschaftsbereiche aus und in denen Dienstleistungen stattfinden. Dieser tertiäre Sektor macht in Deutschland aktuell über 60 Prozent der Bruttowertschöpfung aus, dort sind circa 65 Prozent aller Erwerbstätigen beschäftigt. Das ist zwar beachtlich, im inter-nationalen Vergleich aber noch recht rückständig. Allerdings gibt es große Abweichungen in der Erfassung von Dienstleistungen in den verschiedenen Sektoren. So schätzt man, dass die Hälfte des dabei der Industrieproduktion zugeschriebenen Bruttoinlandsprodukts tatsäch-lich durch produktive Dienstleistungen zustandekommt. Denn solche internen, nicht marktwirksamen Dienstleistungen werden nur dann zutreffend erfasst, wenn sie rechtlich verselbständigt angeboten werden. Auch alle marktwirksamen, sekundären Dienstleistungen (Kundendienste) werden nur unter dieser Voraussetzung richtig erfasst.

Die analytischen Begriffsbestimmungen

Ein weiterer (prozessorientierter) Definitionsansatz für Dienstleistungen geht davon aus, dass diese immer nur aus der *raum-zeitsynchronen Interaktion* zwischen Anbieter und Abnehmer entstehen. Dazu bedarf es also neben dem internen Faktor, der im Verfügungsbereich des Anbieters steht (zum Beispiel Personal, Sachmittel), des externen Faktors, der nicht in seinem Verfügungsbereich steht (zum Beispiel Person oder Gegenstände des Kunden). Erst durch deren Interaktion wird aus Arbeit Dienstleistung. Insofern werden Dienstleistungen ebenso produziert wie Sachleistungen, nämlich durch Kombination der Produktionsfaktoren, nur dass diese hier in zwei Phasen unterteilt ist, die interne Vorkombination von Faktoren und die eigentlich absatzwirksame externe Endkombination unter Einschluss des externen Faktors. Dies schließt allerdings alle Dienstleistungen aus, die ohne raum-zeitliche Synchronität entstehen sowie alle, bei denen es nicht auf den Prozess an sich, sondern lediglich auf das Ergebnis des Prozesses ankommt. Weiterhin erfolgt auch jede Sachleistungsproduktion in Prozessen, sodass dies zur Begriffsbestimmung allein noch nicht ausreicht. Jedoch ist das Element des externen Faktors unstreitig ein wichtiger Definitionsbestandteil.

Ein anderer Ansatz geht davon aus, dass Dienstleistungen *Verrichtungen gegen Entgelt* sind. Dies schließt jedoch alle unentgeltlichen Dienstleistungen, wie etwa Haushaltsarbeit, als Dienstleistung aus. (Fremde) Dienstleistungen sind danach auch nicht von Sachleistungen abzugrenzen, sondern vielmehr von Eigenleistungen. Insofern kommt es nicht auf die Art der Tätigkeit an, sondern darauf, ob sie vom Nachfrager selbst durchgeführt (Make) oder zugekauft wird (Buy). Dies ist aber insoweit gewöhnungsbedürftig, als Leistungen, die nach allgemeinem Sprachgebrauch als Sachleistungen aufgefasst werden, etwa der Bau eines Wohnhauses, danach als Dienstleistungen anzusehen sind (weil fremderstellt), hingegen Leistungen, die typischerweise als Dienstleistungen aufgefasst werden, etwa die ehrenamtliche Alten-/Kinder-/Krankenpflege, danach tatsächlich keine sind (weil eigenerbracht). Dies scheint, jenseits aller definitorischen Details, wenig praktikabel. Zumal Dienstleistungen oft auch ohne, zumindest offensichtliche, Tätigkeiten gegeben sind, etwa als Wach- oder Notdienste. Umgekehrt ist nicht jede Verrichtung honorierungsfähig, etwa dann nicht, wenn sie erfolgsabhängig erfolgt (zum Beispiel Makelung).

Dann gibt es die *ergebnisorientierte* Definition. Danach sind als Dienstleistungen nicht schon die Prozesse selbst, sondern erst die vermarktungsfähigen Ergebnisse dieser Prozesse anzusehen. Dies schließt allerdings ungerechtfertigterweise alle nicht vermarkteten Ergebnisse (etwa die öffentliche Schulausbildung) ebenso aus wie reine Prozessleistungen, die ergebnisunabhängig erfolgen (etwa kollektive Dienste mit Kontrahierungszwang). Zumal ein und dieselbe Dienstleistung sowohl unter Ergebnis- als auch Prozessaspekten betrachtet werden kann (etwa im Restaurant Sättigung erreichen vs. Genuss erleben). Ebenso schulden Dienstverträge, die allgemein als auf Dienstleistungen bezogen aufgefasst werden, keine Erfolge, sondern Prozesse (etwa die sachkundige Empfehlung des Unternehmensberaters, nicht die zwangsläufige Gewinnerzielung aus daraus folgenden Maßnahmen). Letztlich kommt es aber auf die zweckmäßige Definition des Begriffs Ergebnis an, denn Ergebnisse können auch ordnungsgemäß durchgeführte Prozesse sein, zumal diese bei Nichteinhaltung nach allgemeiner Auffassung sogar eingeklagt werden können. Das Ergebnis kann aber durchaus auch negativ formuliert sein, etwa als Verhinderung von Betriebssabotage. Jedoch zielen auch Sachleistungsprozesse zweifelsfrei auf Ergebnisse ab, sodass diese Abgrenzung wiederum allein nicht ausreicht.

Daher kommt es nach der *potenzialorientierten* Definition nicht auf das Leistungsergebnis, sondern vielmehr auf das bereitgestellte

Leistungspotenzial an, das bei Bedarf abgerufen werden kann. Die bloße Vorhaltung von Leistungsbereitschaft reicht aber wiederum nicht aus, wenn es sich um Werk- (oder Werklieferungs-)verträge handelt. Dann ist auch die vertragsgemäße, »ordentliche« Durchführung der Leistungsprozesse erforderlich. Letztlich kommt es hierbei wieder auf die zweckmäßige Definition des Begriffs Potenzial an, denn das Potenzial muss leistungsfähig einsatzbereit und nicht nur einfach vorhanden sein (etwa beim Personenschutz). Dann aber ist eine ergebnis- oder prozessorientierte Definition ausreichend. Ebenso sind alle Dienstleistungen ausgeschlossen, die nur oder weit überwiegend erfolgsabhängig vermarktet werden (zum Beispiel Vermögensverwaltung). Zudem werden solche Potenziale auch bei der Produktion von Sachleistungen vorgehalten (zum Beispiel in Form bevorrateter Rohstoffe oder Arbeitsmittel), ohne dass diese dadurch zu Dienstleistungen würden.

Insofern vermag keiner der Definitionsansätze allein zu überzeugen. Vielmehr muss eine Kombination dieser Merkmale angestrebt werden. Dienstleistungen sind danach selbständige, marktfähige Leistungen, die mit der Bereitstellung oder dem Einsatz von Potenzialfaktoren (Leistungsfähigkeit) verbunden sind, die im Rahmen des Erstellungsprozesses durch interne und externe Faktoren kombiniert werden, wobei diese Faktorkombinationen mit dem Ziel eingesetzt werden, an den externen Faktoren (Menschen, deren Objekte oder beiden gemeinsam) gewollte, nutzenstiftende Wirkungen zu erzielen (in Anlehnung an [7], S. 27). Hier sind also die Definitionsbestandteile Potenzial, Ergebnis, Prozess und externer Faktor gemeinsam eingebunden. Konkreter kann man auch wie folgt formulieren: Dienstleistungen vollziehen sich durch Bereitstellung und/oder Aktivierung von Leistungen an einem Diensteobjekt (Sache oder Person) und wirken dort als nutzenstiftender Prozess ein, indem sie gewollte Wirkungen durch Veränderung oder Erhaltung von Zuständen erreichen. Etwas enger ist hingegen die hier präferierte Definition:

⇨ Dienstleistungen sind entgeltliche oder unentgeltliche Verrichtungen (Interaktionen) eines Anbieters am externen Faktor

(Kunde oder Kundenobjekt), um daran selbstständig oder sachleistungsverbunden (das heißt als Kundendienste) von diesem gewünschte Ergebnisse (Bewahrung oder Veränderungen) zu erzielen.

Eine aussagefähige Definition ist auch deshalb schwierig, weil Dienstleistungen sich durch einige Besonderheiten erheblich von Sachleistungen unterscheiden, sodass eine einfache Übertragung von Erkenntnissen nicht möglich ist. Sie beziehen sich auf deren Intangibilität, Individualität und Integration des externen Faktors. Diese werden im Folgenden kurz betrachtet.

Die Kennzeichen von Dienstleistungen

Das Merkmal der *Intangibilität* ergibt sich aus der Nichtfassbarkeit (Immaterialität) von Dienstleistungen. Dies erschwert die Realisierung von Erlösen am Markt ungemein, denn von Kunden wird nur vergütet, was für diese auch wahrnehmbar ist. Daher bedarf es der Tangibilisierung von Dienstleistungen zu ihrer Honorierbarkeit. Dafür gibt es mehrere Ansatzpunkte, so die physische Präsenz der Leistungsumgebung, die Arbeitsmittel im Verfügungsbereich des Dienstleisters oder die Kennzeichnung der Leistungsobjekte (intern oder extern) sowie der Dienstleistungssubjekte (intern oder extern). Die Tangibilisierung erfolgt also durch unterschiedlichste Formen physischer »Placebos«. Bei Leistungen, bei denen dies nicht möglich ist, muss geprüft werden, ob sie wirklich notwendig sind, denn sie mindern die Wertschöpfung, wenn man davon ausgeht, dass Kunden nur für das zu zahlen bereit sind, was sie wahrnehmen. Häufig ist es selbst dann schwierig, die Leistung zutreffend einzuschätzen, da es sich weitgehend um Vertrauenseigenschaften handelt, also solche, die erst im Nachhinein beurteilt werden können. Denn bei Dienstleistungen geschieht der Verkauf/Kauf zeitlich vor der Produktion/Endkombination, bei Sachleistungen jedoch regelmäßig erst danach. Im Kaufentscheidungszeitpunkt ist also häufig ungewiss, auf was man sich einlässt, weshalb vertrauensbildende Maßnahmen bedeutsam sind.

Die Intangibilität hat zwei konkrete Konsequenzen, zum einen die *Nichtlagerfähigkeit* und zum anderen die *Nichttransportfähigkeit* von Dienstleistungen. Dienstleistungen werden durchaus in gleicher Weise produziert wie Sachleistungen, nämlich durch Kombination der Produktionsfaktoren, zunächst zur internen Kombination, die ihrerseits sowohl lager- als auch transportfähig ist, und dann zur externen Kombination der Produktionsfaktoren mit dem externen Faktor (Kunde beziehungsweise Kundenobjekt), die weder lager- noch transportfähig ist, sondern vom tatsächlichen Auftreten des externen Faktors abhängt, der erst eine Honorierbarkeit der Leistung herstellt (Uno actu-Prinzip). Durch den zeitlichen Zusammenfall von (endgültiger) Angebotsproduktion und Nachfragekonsumtion sind Dienstleistungen in ihrem Arbeitsanfall fremdbestimmt. Deshalb muss bei schwankender Nachfrage stets eine hohe Leistungsbereitschaft vorgehalten werden, um Dienste in vertretbarer Frist auf hohem Niveau anbieten zu können. Daraus ergibt sich eine starke Fixkostenbelastung. Dem kann nur durch hohe sachliche, räumliche, zeitliche und personelle Flexibilität entgegengewirkt werden, die jedoch angesichts menschlicher Arbeitsleistung durch vielfältige Restriktionen sozialpolitisch beschnitten ist. Insofern ist eine schwierige Gratwanderung erforderlich. Daher wird zunehmend versucht, anstelle der Leistungsbereitstellung, also der Angebotskomponente, die Leistungsinanspruchnahme, also die Nachfragekomponente, zu steuern. Es handelt sich dann um das *Yield Management* als preisgesteuerter Nachfragelenkung und Sonderform der (variablen) zeitlichen Preisdifferenzierung. Voraussetzungen sind dabei, dass ein Abschluss schon vor Inanspruchnahme der Dienstleistung möglich ist, die Vorkombination als Potenzialbereitstellung also bereits erfolgt ist. Dies ist nur bei fungiblen Diensten der Fall, die durch Leistungsversprechen verbrieft sind, oder potenzialdominierten Leistungen. Die Nachfrage muss auf Entgeltveränderungen elastisch reagieren. Und Datenverarbeitungsunterstützung muss die komplexe Informationslage richtig auswerten. Außerdem gibt es noch die Möglichkeit der *Veredelung* von Dienstleistungen. Dies kann durch Speicherung der Leistung auf Datenträger erfolgen. Dadurch wird die

Nichtlagerfähigkeit überwunden, zugleich verliert die Leistung aber ein konstitutives Kennzeichen von Dienstleistungen und wird zur Sachleistung. Das Gleiche gilt für die Übertragung in Datenleitungen. Dadurch wird die Nichttransportfähigkeit überwunden, zugleich geht aber das andere konstitutive Kennzeichen von Dienstleistungen verloren, und sie wird ebenso zur Sachleistung.

Während die Vorkombination der internen Faktoren noch an beliebigem Ort stattfinden kann, ist die Endkombination mit dem externen Faktor an dessen physische Präsenz gebunden. Nur wo Kundenbedürfnis und Leistungsangebot (zeitlich und) räumlich zusammentreffen, entsteht Umsatz. Durch das starre Angebot sind Nachfrager aber darin unsicher, ob sie anlässlich ihrer individuell gewünschten Endkombination zum Zuge kommen oder der Kapazitätsrestriktion des Angebots zum Opfer fallen. Umgekehrt ist der Anbieter unsicher darin, wie er seine Kapazität steuern soll. Abhilfe für beide Seiten schaffen hier *Anrechtsbelege*. Nachfrager können sicher sein, dass ihr Begehren auf Leistungsabnahme innerhalb der Kapazitätsrestriktion des Anbieters liegt, sie also in den Genuss der gewünschten Dienstleistung kommen. Anbieter können sicher kalkulieren, auf welches Ausmaß an Nachfrage sie sich einzustellen haben. Ist absehbar, dass die Leistungskapazität von der Nachfrage nicht ausgeschöpft wird, kann man versuchen, die Nachfrage zu stimulieren (zum Beispiel über Preisnachlass, Werbung) oder die Kapazität, soweit möglich (Fixkostenremanenz) zu begrenzen, um Kosten bei der Vorkombination einzusparen. Unterbleibt die Endkombination ganz, gehen auch die Kosten der Vorkombination unter (Sunk Costs). Wird die für die Endkombination bereitgestellte Leistungskapazität von der Nachfrage überausgeschöpft, kann versucht werden, Nachfrage zu verdrängen (zum Beispiel über Aufpreis) oder die Kapazität zumindest kurzfristig zu erhöhen. Glauben Nachfrager, dass die Kapazität unterausgeschöpft bleibt, spekulieren sie darauf, preisgünstiger in den Genuss des Angebots zu kommen. Gehen sie hingegen davon aus, dass die Kapazität überausgeschöpft wird, werden sie ihre Anstrengungen, in den Besitz von Anrechtsbelegen zu kommen, verstärken.

Anrechtsbelege müssen eine feste Zusage für die Leistungserstellung in der Endkombination verbriefen, sie sind handelbar (es sei denn, sie sind an eine bestimmte Person gebunden) und unterliegen Wertschwankungen als Wertpapier. Eventuell können sie zurückgegeben oder gegen ein anderes Anrecht getauscht werden. Auch dadurch verlieren sie ihren Dienstleistungscharakter, nicht hingegen verliert die verbriefte Leistung ihren Dienstecharakter. Anrechtsbelege sind auch lager- und transportierbar.

Die *Integration des externen Faktors* ist erforderlich, weil dieser nur raum-zeitlich begrenzt in den Verfügungsbereich des Dienstleisters gelangt, um einen gewünschten Zustand zu erhalten oder wiederherzustellen, bestimmte Eigenschaften zu schaffen beziehungsweise zu verändern oder Verrichtungen an ihm vorzunehmen. Der externe Faktor ist vom Dienstleister nicht autonom disponierbar. Externer Faktor ist zumeist der Kunde als Person oder eine Sache in seinem Besitz/Eigentum. Daher ist im Dienstleistungsbereich eine markthonorierte Produktion ohne Kundenbeteiligung nicht möglich, im Unterschied zu Sachleistungen, die ohne Kundenbeteiligung produziert werden können. Sachleistungen werden zuerst produziert, dann zwischengelagert und anschließend verkauft und ver-/gebraucht. Dienstleistungen hingegen werden zuerst verkauft und anschließend zeitgleich produziert und konsumiert. Dienste sind also personen- und kundenpräsenzgebunden, das heißt, sie werden für und unter Beteiligung jedes Kunden erbracht. Der Kunde ist damit Co-Produzent (Prosumer). Die Qualität der Dienstleistung hängt demnach auch von der Kooperationsfähigkeit und -willigkeit des jeweiligen Nachfragers ab, das heißt, je besser diese Interaktion gelingt, desto höher wird die Qualität des Ergebnisses sein.

Wenn es gelingt, den externen Faktor zu lagern beziehungsweise zu transportieren, ist eine Leistungserstellung nach betriebsgesteuerten Maßgaben möglich. Dies ist jedoch abhängig von der Mobilität und der Zeitpräferenz der Kunden. Ist diese nicht gegeben, ist nur eine Veredelung der Leistungen möglich, wodurch diese ihren Dienstecharakter allerdings verlieren (siehe oben). Dafür werden eine gewisse Unabhängigkeit von der Nachfrage und damit eine effiziente, gezielte Kapazitätsnutzung darstellbar.

Ein weiteres Kennzeichen von Dienstleistungen ist ihre *Individualität,* denn da sie immer unter Beteiligung von Kunden beziehungsweise deren Objekten stattfinden, sind sie auch immer so individuell wie diese Kunden beziehungsweise deren Objekte. Die jeweiligen Veränderungen bedingen eine entsprechende Vorbereitung (Rüstzeiten) und Durchführung (Maßschneiderung) der Dienstleistung (Customization of Services), welche die Einhaltung hoher Effizienz in der Erstellung erschwert (Konzeptplanung, Arbeitmittelbereitstellung, -einstellung, Nachbereitung). Insofern ist ein Zielkonflikt zwischen der hohen Rentabilität eines standardisierten Leistungsangebots bei allerdings geringerer Akquisitionswirkung und der geringen Rentabilität eines individualisierten Angebots bei höherer Akquisitionswirkung gegeben. Dies ist durch zwei Strategien auflösbar, einerseits durch Weiterwälzung der entstehenden Kosten auf Kunden, was jedoch angesichts harter Wettbewerbsbedingungen zunehmend erschwert wird, und andererseits durch zumindest teilweise Standardisierung der Leistungserstellung (Industrialization of Services).

Erstens kann eine Standardisierung des (Sach- und Human-)*Potenzials* angestrebt werden. Die Standardisierung der Sachanlagen kommt durch strikte Eingangsprüfung eingesetzter Arbeitsmittel und Null-Fehler-Toleranz für Zulieferteile zustande. Die Standardisierung des Humankapitals erfolgt durch entsprechende Auswahl und Bewertung bei der Mitarbeiterbeschaffung sowie durch Qualifizierung förderungswürdiger Mitarbeiter. Dennoch bleiben erhebliche Streuungen in der Leistungserstellung bestehen. Im Übrigen kommt es auch weniger auf das Potenzial als vielmehr auf die tatsächliche Leistungserstellung an.

Daher ist zweitens eine Standardisierung der *Prozesse* sinnvoll. Dies betrifft die Art und Weise der Leistungserstellung. Dazu ist eine Qualitätssteuerung, wie sie im Rahmen des Qualitätsmanagement angestrebt wird, hilfreich. Allerdings ist dabei die Balance zur Motivation als Leistungsanreiz der Mitarbeiter problematisch, denn oft sind motivierender Gestaltungsspielraum bei der Arbeit und strenge Vorgaben zur Reglementierung konfliktär.

Drittens ist eine Standardisierung der *Ergebnisse* durchzuführen. Dabei wird anhand einer Checklist festgeschrieben, wie genau diejenige Leistung »auszusehen« hat, die den vom Anbieter selbst gesetzten oder von Nachfragern vorgegebenen Standards genügt. Bei einer negativen Abweichung ist es allerdings im Einzelfall oftmals bereits zu spät, sodass Wiedergutmachung erforderlich wird. Ebenso stellt sich ein Problem in der operationalen Messung der Dienstleistungsqualität, denn dabei kommt es ausschließlich auf die Sicht des Nachfragers an. Gleichzeitig soll kostentreibende Überqualität vermieden werden, erst recht, wenn sie von Nachfragern nicht honoriert wird.

Viertens kann auch eine Standardisierung des *externen Faktors* angestrebt werden. Dies gelingt ansatzweise durch Normierung der Kundenerwartungen. Je feinteiliger Märkte segmentiert werden können, desto eher kommt es zu deren Homogenität. Wegen des Vertrauensgutcharakters von Dienstleistungen spielt dabei die Anbieterkommunikation eine große Rolle. Werden darin bestimmte Qualitätserlebnisse versprochen, so ist hochwahrscheinlich, dass auf diese Botschaft nur solche Personen reflektieren, die in ihren Qualitätserwartungen damit übereinstimmen, deren Qualitätserlebnis also Zufriedenheit evoziert. Allerdings wird damit auch das Marktpotenzial eingeengt, was wiederum Angebotsdifferenzierung bedingt, wobei die Gefahr der Kannibalisierung entsteht, wenn es nicht gelingt, die Segmente gegeneinander wirksam abzuschotten (Fencing).

Fünftens ist schließlich eine Standardisierung der *situativen Faktoren* denkbar, also in Bezug auf den Ort der Leistungserstellung, die Zeit der Leistungserstellung und die eingesetzten Arbeitsmittel.

Werner Pepels studierte nach kaufmännischer Berufsausbildung Wirtschaft und Wirtschaftswissenschaften mit den Abschlüssen Diplom-Betriebswirt und Diplom-Kaufmann. Anschließend war er zwölf Jahre als Marketingberater tätig, davon drei Jahre selbstständig als Geschäftsführer in einer der seinerzeit größten rein deutschen Werbeagenturgruppen. 1989 wurde er zum Professor für BWL ernannt und ist nunmehr an der FH Gelsenkirchen im Studienschwerpunkt Marketing tätig. Er hat zahlreiche Beiträge zu Themen aus Marketing und Management in Monografie-, Sammelwerk-, Lexikon- und Aufsatzform veröffentlicht und zählt zu den meistverkauften Fachautoren in diesem Bereich im deutschsprachigen Raum.

Literatur

[1]   Bieberstein, Ingo: *Dienstleistungs-Marketing, 3. Auflage, Ludwigshafen 2001*

[2]   Bruhn, Manfred: *Qualitätsmanagement für Dienstleistungen, 4. Auflage, Berlin u.a. 2003*

[3]   Bruhn, Manfred; Meffert, Heribert (Hrsg.): *Handbuch Dienstleistungsmanagement, 2. Auflage, Wiesbaden 2001*

[4]   Bruhn, Manfred; Homburg, Christian (Hrsg.): *Handbuch Kundenbindungsmanagement, 4. Auflage, Wiesbaden 2003*

[5]   Corsten, Hans: *Dienstleistungsmanagement, 3. Auflage, München-Wien 1997*

[6]   Haller, Sabine: *Dienstleistungsmanagement, 2. Auflage, Wiesbaden 2002*

[7]   Meffert, Heribert; Bruhn, Manfred: *Dienstleistungsmarketing, 4. Auflage, Wiesbaden 2003*

[8]   Meyer, Anton (Hrsg.): *Handbuch Dienstleistungs-Marketing, 2 Bände, Stuttgart 1998*

[9]   Pepels, Werner (Hrsg.): *Kundendienstpolitik, München 1999*

[10]   Pepels, Werner: *Servicemanagement, Rinteln 2005*

Zusammenfassung

Moderne Marktwirtschaften sind durch eine Dominanz des tertiären Sektors an der gesamtwirtschaftlichen Wertschöpfung gekennzeichnet. Dies hat produktionstechnisch vor allem damit zu tun, dass industrielle Wertschöpfung immer mehr an ausländische Standorte abwandert und durch hohe Rationalisierung bedauerlicherweise wenig Arbeitskräfte bindet. Absatzwirtschaftlich bieten Dienstleistungen eine willkommene Chance zur Differenzierung angesichts zunehmend auf sehr hohem Niveau austauschbarer Produkte. Vor allem – aber nicht nur – in der immer bedeutsameren Nachkaufphase tragen Services zur für den Unternehmenserfolg existenziellen Kundenbindung bei. Dabei handelt es sich im Wesentlichen um produktbegleitende, sekundäre Dienstleistungen, die auch Kundendienste genannt werden. Beide, sekundäre wie primäre Dienstleistungen sind durch wichtige Kennzeichen charakterisiert, die eine unreflektierte Übertragung der auf industrieller Fertigung basierenden Erkenntnisse der Betriebswirtschaft nicht ohne Weiteres möglich machen.

Die Merkmale
von Kundendiensten

Kundendienste lassen sich nach verschiedenen Kriterien gestalten: Wichtige Fragen sind beispielsweise: Wie personalintensiv soll die Leistungserstellung sein? Wie kann man Nachfrage und Auslastung von Dienstleistungen miteinander abstimmen? Inwiefern macht es Sinn, Kundendienste zu automatisieren?

In diesem Beitrag erfahren Sie:
- welche Aspekte bei der Automatisierung von Kundendiensten zu berücksichtigen sind,
- wie sich Kundendienste externalisieren lassen,
- wie man Kapazitätsanpassungen vornimmt.

WERNER PEPELS

Gestaltungsdimensionen bei Kundendiensten

Die verwertbaren Erkenntnisse über einen so eminent erfolgswirksamen Bereich wie dem der Kundendienste sind durchaus als begrenzt zu bezeichnen. So zeigt eine Bestandsaufnahme führender Marketingliteratur in dieser Hinsicht eine recht schmale Basis. Daher ist es erforderlich, im Zuge dieser Veröffentlichung speziell den Bereich der produktiven Nachkauf-Kundendienste vertieft darzustellen. Zunächst stellt sich die Frage, in welchen Dimensionen Kundendienste überhaupt gestaltet werden können. Hierbei zeigen sich drei entscheidende Bereiche: Automatisierung, Externalisierung und Kapazitätsanpassung. Sie werden im Folgenden näher beleuchtet.

Die Automatisierung von Kundendiensten

Hinsichtlich der Automatisierung von Kundendiensten ergeben sich auf der Angebots- und der Nachfrageseite gemeinsam vier Kombinationen, die einerseits die personenbezogenen Faktoren anbelangen, andererseits die ausrüstungs- beziehungsweise einrichtungsbezogenen Faktoren betreffen:

⇨ *Der Anbieter leistet als Person an der Person des Nachfragers.* Hierunter werden Prozesse erfasst, die eine Person bestimmend an einer anderen bewirkt, wobei in beschränktem Maße auch Objekte (zum Beispiel Werkzeuge) einbezogen werden können. Dabei wird der Charakter von Dienstleistungen am offensichtlichsten, typische Anwendungen finden sich zum Beispiel in den Bereichen Beratung oder Anwendungsschulung.

⇨ *Der Anbieter leistet als Person am Objekt des Nachfragers.* Dabei handelt es sich um Tätigkeiten, die eine Person an einem Besitzgegenstand erbringt. Typische Beispiele betreffen etwa Reparatur, Installation oder Handwerk. In dem Maße, wie es gelingt, an diesen Objekten zufriedenstellende Veränderungen vorzunehmen, ist auch der Mensch als Kunde und Besitzer des Objekts zufrieden.

⇨ *Der Anbieter leistet mit einem Objekt an der Person des Nachfragers.* Der Kunde fragt hier primär die Inanspruchnahme von Sachgesamtheiten nach, dabei sind immer unterstützende persönliche Leistungen einbezogen, dies ist zum Beispiel typisch für die Bereiche Catering oder Dokumentation. Allerdings tritt der Anteil aktueller menschlicher Arbeitsleistung dabei in den Hintergrund.

		Der Anbieter leistet...	
		... als Person	... mit einem Objekt
...beim Nachfrager...	... an der Person	Der Anbieter leistet als Person an der Person des Nachfragers	Der Anbieter leistet mit einem Objekt an der Person des Nachfragers
	... an einem Objekt	Der Anbieter leistet als Person an einem Objekt des Nachfragers	Der Anbieter leistet mit einem Objekt an einem Objekt des Nachfragers

Abb. 1:   *Kundendienst-Matrix 1*

⇨ *Der Anbieter leistet mit einem Objekt an einem Objekt des Nachfragers.* Hier geht es um die weitestgehend automatisierte Steuerung und Überwachung solcher Objekte, zum Beispiel Gütertransport oder Wäscherei für Arbeitskleidung. Der Dienstleistungscharakter kommt nurmehr durch begleitende Tätigkeiten zum Ausdruck beziehungsweise durch finanzielle und/oder materielle Transaktionen.

Dienste können sich darüber hinaus an Einzelpersonen oder Personenmehrheiten (Organisationen) richten. Betrachtet man die Relation zwischen Dienstleister und Kunden nach der Anzahl der dabei beteiligten Personen, so ergeben sich folgende Kombinationen:

⇨ *Sowohl eine Person als Dienstleister als auch eine Person als Kunde.* Dies ist zum Beispiel typischerweise bei der Sicherheitskontrolle im Betrieb.

⇨ *Eine Person als Dienstleister und mehrere Personen (auch stellvertretend für eine Organisation) als Kunden.* Ein Beispiel hierfür ist das Verkaufstraining.

⇨ *Mehrere Personen (auch stellvertretend für eine Organisation) als Dienstleister und eine Person als Kunde.* Als Beispiel lässt sich an die Rehabilitationsbehandlung denken.

⇨ *Sowohl mehrere Personen als Dienstleister als auch mehrere Personen (jeweils auch stellvertretend für eine Organisation) als Kunden.* Dieser Aspekt ist zum Beispiel bei der Unternehmensberatung gegeben.

		Kundendienstleister als...	
		... Einzelperson	... Personenmehrheit
Kunde als...	... eine Person	Sowohl eine Person als Dienstleister als auch eine Person als Kunde	Mehrere Personen als Dienstleister und eine Person als Nachfrager
	... Personenmehrheit	Eine Person als Dienstleister und mehrere Personen als Nachfrager	Sowohl mehrere Personen als Dienstleister als auch mehrere Personen als Nachfrager

Abb. 2: *Kundendienst-Matrix 2*

Eine ähnliche Einteilung liegt der Unterscheidung in Leistung an der Person oder am Objekt des Nachfragers einerseits sowie der Konkretisierung dieser Leistung (gering/hoch) zugrunde:

⇨ *Die Leistung erfolgt wenig konkret (abstrakt) an der Person des Nachfragers.* Dabei handelt es sich um Dienste, die auf den Intellekt des Menschen gerichtet sind und daher die geistige Präsenz des Kunden erfordern. Zu denken ist zum Beispiel an Ausbildung oder Kommunikation.

⇨ *Die Leistung erfolgt wenig konkret (abstrakt) am Objekt des Nachfragers.* Dabei handelt es sich um Dienste, die auf Rechte (zum Beispiel als Vermögenswerte bei Bank, Steuerberater oder Versicherung) gerichtet sind und die geistige Präsenz des Kunden nur zeitweilig erfordern.

⇨ *Die Leistung erfolgt sehr konkret an der Person des Nachfragers.* Dabei handelt es sich um Dienste, die auf den menschlichen Körper gerichtet sind und die physische Präsenz des Kunden erfordern. Beispiele hierfür wären das betriebliche Gesundheitswesen oder die Kantinenverpflegung.

⇨ *Die Leistung erfolgt sehr konkret am Objekt des Nachfragers.* Dabei handelt es sich um Dienste, die im Besitz des Kunden stehende Güter betreffen und die physische Präsenz des Kunden erübrigen,

		Kundendienst...	
		... an der Person des Nachfragers	... am Objekt des Nachfragers
Konkretisierungsgrad des Kundendienstes	gering	Die Leistung erfolgt wenig konkret (abstrakt) an der Person des Nachfragers	Die Leistung erfolgt wenig konkret (abstrakt) an einem Objekt des Nachfragers
	hoch	Die Leistung erfolgt sehr konkret an der Person des Nachfragers	Die Leistung erfolgt sehr konkret an einem Objekt des Nachfragers

Abb. 3:   *Kundendienst-Matrix 3*

aber die Präsenz seiner Objekte erfordern. Zu denken ist zum Beispiel an Reparatur, Abfallbeseitigung oder Lagerung beziehungsweise Transport.

Eine Substitution von Arbeit durch Kapital führt zur weitverbreiteten Verdrängung des Menschen als Dienstleister durch Maschinen, die seine Leistung voll oder weitgehend übernehmen. Der Überwindung der natürlichen Kontaktscheu vieler Menschen vor komplexer Technik wird durch »Bestrafung« der Inanspruchnahme menschlicher Dienstleistung anstelle maschineller beziehungsweise durch »Belohnung« der Inanspruchnahme maschineller Dienstleistung anstelle menschlicher nachgeholfen. Abgesehen von Pannen, wie Stromausfall, Gewaltanwendung oder Programmfehler kann durch übersichtliche Nutzerführung und selbstkontrollierende Prozesssteuerung im Großen und Ganzen eine hohe Anwenderfreundlichkeit erreicht werden.

Dieser Trend zur Automatisierung bietet im Gegenzug die Chance zur Differenzierung durch bewusste Beibehaltung des Anteils menschlicher Leistungserstellung (Personalisierung). Die dabei anfallenden höheren Kosten werden durch subjektive Nutzen mehr als kompensiert und von bestimmten Nachfragersegmenten gern in Anspruch genommen.

Da Automatisierung zwangsläufig eine Verringerung des Anteils menschlicher Arbeitsleistung bedeutet, kommt man zu folgender Einteilung:

⇨ *Der Kundendienst wird als qualifizierte persönliche Leistung erbracht.* Dabei ist der Mensch als Leistungsersteller dominant (zum Beispiel Steuerberatung). Dies schafft zwar das größte Maß an Individualität der Dienstleistung, unterliegt jedoch zugleich allen Problemen, die beim Produktionsfaktor Mensch anzutreffen sind (Leistungsschwankungen, Kapazitätsrestriktionen, Inkompatibilität der »Chemie«).

⇨ *Ein personendominanter Kundendienst besteht aus bloßer Hilfsleistung.* Hier ist die menschliche Leistungserstellung zwar noch deutlich erkennbar (zum Beispiel Reinigungsdienst), aber eher nur als

Begleitung beziehungsweise Unterstützung der eigentlichen Kernleistung. Dies gilt besonders für Arbeiten, die gefahrengeneigt,
anstrengend oder monoton sind, bei denen Maschinen also den
Menschen entlasten.

⇨ *Ein Kundendienst erfolgt automatisiert mit menschlicher Steuerungs-
und Kontrollfunktion.* Hier ist der Leistungsanteil des Menschen
noch weiter reduziert, er leistet nicht mehr selbst, sondern übernimmt nurmehr die Überwachung der Leistungserstellung (zum
Beispiel EDV-Abteilung). Da Maschinen hinsichtlich ihrer Be-
triebsbedingungen besser gesteuert werden können als Menschen,
ist damit potenziell auch eine bessere Dienstleistungsqualität gegeben.

⇨ Der Kundendienst erfolgt objektorientiert und vollautomatisiert.
Hier ist der Mensch völlig außen vor (zum Beispiel Virenschutz-
Software). Der Kundendienst wird jedoch nicht mehr als Dienst-
leistung erlebt, sondern als Sachleistung. Das heißt, die Auto-
matisierung schafft eine Transponierung der Leistung aus dem
Dienstleistungs- in den Sachleistungsbereich, da die Merkmale
Materialität, Unabhängigkeit vom externen Faktor und Standardi-
sierung greifen.

Eine Substitution des menschlichen Dienstleisters durch eine Maschine ist naturgemäß um so eher möglich, je routinierter sich die Arbeitsleistung gestaltet. Die Gefahr einer Substitution wird allgemein
um so größer, je eher es möglich ist, komplexe Gesamtverrichtungen
in gut strukturierte Einzelleistungen zu zergliedern, die sukzessiv
durch spezialisierte Automaten abgearbeitet werden können, und je
»intelligenter« Maschinen darin werden, individuelle Aufgabenstellungen zu erkennen und adäquat zu lösen.

Die Vorteile einer solchen Automatisierung liegen vor allem in
Folgendem:

⇨ Reduzierung von Personalkosten, da Aufgaben im Rahmen der
Kundeninteraktion weitgehend entfallen,

⇨ reduzierter Personaleinsatz, der entsprechend weniger Personal-
probleme (Ausfallzeiten) mit sich bringt,

⇨ Anwendung industrieller Rationalisierungsmaßnahmen, die sinkende Mengenkosten möglich machen,

⇨ hohes Maß an Qualitätskonstanz, die mit der Reduzierung des
menschlichen Leistungsanteils einhergeht,

⇨ Anonymität der Dienstleistung, die sensiblen Kunden womöglich
die Schwellenangst nimmt,

⇨ kostengünstige Umsetzung einer kontinuierlichen Leistungsbereitschaft, die durch Sozialkomponenten (Tarifvertrag) ansonsten
erschwert wird,

⇨ Entlastung von als lästig empfundenen Routinearbeiten bei Mitarbeitern, die dadurch besser motiviert sind,

⇨ Multiplikation von Dienstleistungsangeboten, die eine erhöhte
Marktdurchdringung schafft sowie

⇨ Ansprache stark kostenbewusster Käufersegmente, die durch Weitergabe von Kostenvorteilen im Preis darstellbar ist.

Dem stehen allerdings auch gewichtige Nachteile entgegen:

⇨ Standardisierung der Leistungsprozesse, die keine individuelle
Erstellung beziehungsweise Modifikation nach Kundenwünschen
zulässt,

⇨ Verlust des ursprünglichen Charakters des persönlichen Dienstes,
der kundenbindend wirkt,

⇨ Vernachlässigung wichtiger sozialer und psychologischer Bedürfnisse des Menschen, die zum Verlust serviceorientierter Kunden
führen,

⇨ Überforderung und Angst von Kunden bei der Bedienung von
Automaten, die abschreckend wirken,

⇨ mangelndes Vertrauen in die Funktionsfähigkeit der Automaten,
die möglicherweise gewünschte Dienstleistungen vereitelt.

Die Externalisierung von Kundendiensten

Der Vorteil der Verlagerung der Dienstleistungserstellung vom Anbieter auf den Nachfrager (Externalisierung) ist offensichtlich, denn
Kunden übernehmen dabei Aufgaben, die vorher dem Anbieter zuge-
fallen sind. Dies gelingt praktisch nur unter vier Voraussetzungen:

⇨ *Wenn kein ausreichendes alternatives Angebot ohne externalisierte
Leistungserstellung zur Verfügung steht.* Dies erleben etwa Hersteller
gegenüber nachfragemächtigen Händlern, die sie zur Übernahme
von Merchandising-Aktivitäten nachdrücklich veranlassen.

⇨ *Wenn dadurch eine bessere Leistungserstellung für Kunden möglich ist.*
Dies gilt zum Beispiel bei vorausgefüllten Überweisungsträgern in
Kreditinstituten, die nur noch abgezeichnet und abgegeben wer-
den müssen, so dass lästige Wartezeiten entfallen.

⇨ *Wenn dadurch eine Kostenersparnis bei Kunden erreicht wird.* So
nimmt man bei PC-Versandhändlern die fehlende Beratung gern
hin, weil man weiß, dass die dadurch ersparten Kosten vom Ver-
sender ganz oder großenteils als günstiger Preis weitergegeben werden.

⇨ *Wenn damit ein positives Erlebnis bei Kunden verbunden ist.* So bedeutet das Probefahren eines Dienstwagens vor der Abnahme über
die reine Sachnotwendigkeit hinaus auch eine erhebliche Freude
am Fahren, entsprechende Umfeldbedingungen einmal vorausgesetzt.

Unterteilt man Kundendienste nun zur näheren Betrachtung nach
dem Grad der Integration des externen Faktors (Kunde/Kunden-
objekt) einerseits und dem Immaterialitätsgrad andererseits (jeweils
niedrig/hoch), so ergeben sich wiederum vier Kombinationen:

⇨ *Bei einem Angebot ist sowohl eine hohe Integration des externen Faktors als auch eine hohe Immaterialität des Kundendienstes gegeben.*
Erstere kommt durch die Intensität und Bedeutung der Interaktion mit dem Anbieter zustande, letztere ergibt sich durch eine stark
personenbezogene Leistungserstellung mit geringem Arbeitsmittel-
einsatz. Ein typisches Beispiel ist hier die Rechtsberatung.

⇨ *Bei einem Angebot ist eine hohe Integration des externen Faktors bei gleichzeitig niedriger Immaterialität des Kundendienstes gegeben.* Letztere ergibt sich durch den Einsatz von Maschinen anstelle menschlicher Arbeitskraft. Ein typisches Beispiel hierfür ist die Nutzung von Online-Diensten zur Recherche.

⇨ *Bei einem Angebot ist eine niedrige Integration des externen Faktors bei gleichzeitig hoher Immaterialität des Kundendienstes gegeben.* Erstere ergibt sich aus Sicht des Nachfragers infolge problemloser und eher beiläufiger Interaktion. Ein Beispiel ist die Ausführung einer Überweisung am Bankautomaten.

⇨ *Bei einem Angebot ist sowohl eine niedrige Integration des externen Faktors als auch eine niedrige Immaterialität des Kundendienstes gegeben.* Dabei wird die Dienstleistung nur noch durch unterstützende Elemente wie Bedienungshandbuch, Hotline, Upgrading-Angebot etc. als Angebotsbestandteil erlebt. Ein Beispiel ist etwa die Nutzung von Datenbank-Software am Computer.

		Grad der Integration des externen Faktors	
		gering	hoch
Immaterialitätsgrad des Kundendienstes	gering	Geringe Integration des externen Faktors bei geringem Immaterialitätsgrad	Geringe Integration des externen Faktors bei hohem Immaterialitätsgrad
	hoch	Geringe Integration des externen Faktors bei hohem Immaterialitätsgrad	Hohe Integration des externen Faktors bei hohem Immaterialitätsgrad

Abb. 4:   *Kundendienst-Matrix 4*

Eine Externalisierung von Leistungsanteilen ist unabhängig vom Grad der Integration des externen Faktors möglich. Ein geringer Integrationsgrad kann auf zweierlei Weise ausgelegt werden: Zum einen erleichtert ein geringer Integrationsgrad eine Verlagerung, weil die Gefahr einer dem Anbieter zuzurechnenden schlechten Qualität durch wenig Interaktion begrenzt bleibt, also eher hohe Kundenzufriedenheit vorauszusetzen ist. Zum anderen führt wenig Interaktion zu wenig Kundenbindung, macht Kunden damit also anfällig für Abwanderungen beziehungsweise Abwerbungen durch Konkurrenten.

Gleichzeitig entsteht mit der Externalisierung immer auch ein Problem der Preisbereitschaft, denn Kunden sind um so weniger zu zahlen bereit, je mehr sie zum Gelingen der Leistungserstellung selbst beigetragen haben. Ärgerlich ist daher das Erlebnis, dass trotz Verlagerung Preise unverändert bleiben oder sogar noch steigen. Die Argumentation ist dann meist, dass die Preise noch weitaus stärker stiegen, würden sie nicht durch mehr oder minder große Verlagerung der Leistungserstellung auf Nachfrager begrenzt. Das kann jeder Nutzer öffentlicher Nahverkehrsmittel bestätigen, dem zugemutet wird, externalisierte Leistungen wie Fahrtroutenwahl, Fahrscheinlösung, Fahrscheinentwertung oder Haltepunktmeldung zu übernehmen.

Die Externalisierung ist jedoch abhängig von der Immaterialität einer Leistung und um so schwieriger, je immaterieller diese ist, das heißt, je mehr geistiges anstelle manuellen Potenzials zur Leistungserstellung erforderlich ist. Überschaubare Verrichtungen wie Gebäudereinigen oder Formularausfüllen lassen sich noch leicht externalisieren, weil sie breiten Kundenkreisen zumutbar sind. Komplexe Verrichtungen hingegen, die spezielle Kenntnisse und Fertigkeiten erfordern, sind kaum externalisierbar, denn sonst könnten die Kunden sie ja ebensogut selbst erbringen. Zugleich sind dafür am Markt höhere Preise durchsetzbar, so dass die höheren Produktionskosten aufgefangen werden können. Während einfache Verrichtungen auf geringere Preisbereitschaft treffen und daher die Verlagerung der Leistungserstellung erfordern.

Der Integrationsgrad kann dabei in Zusammenhang mit der Interaktionsdauer betrachtet werden. Dies macht die Unterteilung in die Dimensionen der Beziehung zwischen Dienstleister und Kunde (stark/schwach) und der Interaktionsdauer zwischen ihnen (kurz/lang) deutlich. Daraus ergeben sich vier Kombinationen:
⇨ *Starke Beziehungen zwischen Dienstleister und Kunden bei kontinuierlicher, langer Interaktionsdauer* (zum Beispiel Anlageberatung,

Telekommunikation). Hier kann ein hohes Maß an Kundenbindung aufgebaut werden, da sowohl die Intensität als auch die Kontaktchancen groß sind.

⇨ *Starke Beziehungen zwischen Dienstleister und Kunden bei diskreter, kurzer Interaktionsdauer* (zum Beispiel Arztbehandlung, Reparaturservice). Hier kommt es darauf an, Kundenkontaktsituationen zu inszenieren, das heißt erlebnisreich und fehlerfrei zu gestalten, denn die wenigen Kontaktchancen müssen intensiv genutzt werden.

⇨ *Schwache Beziehungen zwischen Dienstleister und Kunden bei kontinuierlicher, langer Interaktionsdauer* (zum Beispiel Wartungsvertrag, Sicherheitsdienst). Hier sind im Zeitablauf Anlässe zu stärkerem Involvement der Kunden zu schaffen, um die Kundenkontaktsituationen dann gewinnbringend zu nutzen.

⇨ *Schwache Beziehungen zwischen Dienstleister und Kunden bei diskreter, kurzer Interaktionsdauer* (zum Beispiel Taxikurier, Autoverleih). Hier ist es schwierig, überhaupt eine nennenswerte Kundenbindung aufzubauen. Insofern ist gezielt nach Anlässen zu suchen beziehungsweise auf eine stärkere Einbindung des Kunden, etwa durch zusätzliche Services, abzuzielen.

		Beziehung zwischen Anbieter und Kunde	
		schwach	stark
Interaktionsdauer zwischen Anbieter und Kunde	kurz	Schwache Beziehung zwischen Anbieter und Kunde mit kurzer Interaktionsdauer	Starke Beziehung zwischen Anbieter und Kunde mit kurzer Interaktionsdauer
	lang	Schwache Beziehung zwischen Anbieter und Kunde mit langer Interaktionsdauer	Starke Beziehung zwischen Anbieter und Kunde mit langer Interaktionsdauer

Abb. 5: *Kundendienst-Matrix 5*

Ein Kundendienstanbieter ist demnach um so erfolgreicher, je mehr es ihm gelingt, die Interaktionsdauer zu verlängern beziehungsweise die Beziehungsintensität zu steigern. Ersteres ist Schwerpunkt der Nachkaufphase, denn nach dem Kauf ist immer auch vor dem Kauf. Das Ziel jedes Anbieters kann somit nicht im erfolgreichen einmaligen Abschluss mit Kunden liegen. Das würde nämlich die kontinuierliche Akquisition neuer Kunden erforderlich machen, die in weithin stagnierenden Märkten aber nicht mehr möglich ist, sondern nur in der Perpetuierung des Kontakts. Ideal ist es, wenn während dieses ohnehin erforderlichen Nachkaufablaufs zusätzliche Erlöse erwirtschaftet werden können, wie dies bei Wartungsverträgen (etwa für Fotokopierer, Computer, Anlagen) der Fall ist.

Die Erhöhung der Beziehungsintensität widerspricht jedoch der Externalisierung wie auch der Automatisierung von Kundendiensten. Denn durch Externalisierung wird gerade beabsichtigt, die Kontaktbasis kostensparend zu verringern. Darin liegt ein großes Dilemma. So kennen viele Kreditinstitute die meisten ihrer Homebanking-Kunden nicht mehr persönlich. Naturgemäß ist deren Bindung an den Anbieter denn auch sehr viel lockerer als beim Filial-Banking. Wegen des einfachen Charakters der betroffenen Dienstleistungen ist zudem eine hohe Vergleichbarkeit der Angebote und Anbieter untereinander gegeben. Ebenso wird ein Cross-Selling erschwert, da Kunden bestimmen, welche Angebotsausschnitte sie nutzen wollen.

Insofern gibt es auch den gegenteiligen Trend zur Internalisierung von Dienstleistungen, das heißt, der Anbieter übernimmt Leistungen, die Kunden bislang selbst eingebracht haben. Darin liegen erhebliche Chancen durch Befriedigung der Bequemlichkeit, zu denken ist nur an Abhol- und Bring-Services bei der Reparatur, an die Frei-Werk-Lieferung im Versandhandel oder die Entsorgung von Altgeräten. Hier bieten sich große Potenziale für gewinnbringende Kundendienste und eine bessere Ausschöpfung des Kundenlebenszeitwerts.

Die Kapazitätsanpassung bei Kundendiensten

Bei Kundendiensten entsteht aber nicht nur ein Absatz-, sondern auch ein Beschäftigungsrisiko. Es geht also betriebswirtschaftlich um die Auslastung bereits aufgebauter, vorhandener oder geplanter Kapazitäten durch Vermeidung sowohl von Unter- als auch Überauslastung. Unterauslastung führt zu ungedeckten Leerkosten, welche die Rentabilität belasten, Überauslastung führt zu Opportunitätskosten durch entgangene Erlöse. Kapazitätsrestriktionen ergeben sich bei Kundendiensten meist durch folgende Elemente der Angebotsspezifikation:

⇨ *Kundenkontaktmitarbeiter,* in Bezug auf Wissen, Fähigkeit, Geschicklichkeit, Erfahrung, Schulung, Sozialverhalten, Interaktionsfähigkeit. Besteht in den genannten Bereichen ein Defizit führt dies dazu, dass Leistungen zu langsam, unzuverlässig oder unzutreffend ausgeführt werden, was dann eine Wiederholung erfordert und damit Kapazitäten blockiert. Deshalb erzeugt Fluktuation und Anlernung erhebliche Kosten.

⇨ *Externer Faktor,* in Bezug auf Inputqualität, Handlungen, Duldung, Information, Integration, Objekte, Sozialverhalten. So ist die Nutzung der Leistungskapazität wegen der Integration des externen Faktors zu einem guten Anteil davon abhängig, wie überlegt, geschickt und sachkundig er sich anstellt. Kunden oder deren Objekte außerhalb von »Toleranzen« blockieren hingegen Kapazität.

⇨ *Materielle Hilfsmittel,* in Bezug auf Standort, Gebäude, Einrichtung, Ausstattung, Geräte, Gegenstände, Unterlagen, Modernität, Funktionstüchtigkeit, Erreichbarkeit, Raumangebot/-aufteilung, Orientierungshilfen, Ordnung, Sauberkeit. Je besser ein Betrieb die interne Vorkombination der Produktionsfaktoren im Griff hat, desto effizienter kann er unter sonst gleichen Bedingungen arbeiten.

⇨ *Prozesse,* in Bezug auf Zeitpunkt, Zeitdauer, Ablauf, Organisation, Interaktion. Hier ist nicht nur die rein quantitative Erledigung von Arbeiten gemeint, sondern auch die Kontaktqualität. Denn bei allen kapazitativen Betrachtungen darf bei Kundendiensten nicht vergessen werden, dass Freundlichkeit erstens unerlässlich und zweitens kostenlos ist. Die Realität straft diese Erkenntnis meist Lügen.

Letztlich kommt es auf eine perfekte Abstimmung von Nachfrage und Kapazitätsbereitstellung an. Letztere ist weitgehend systematisch steuerbar, denn eine Kapazitätsanpassung kann in vielerlei Richtung erfolgen:

⇨ als quantitative Anpassung durch Bereitstellung von mehr oder weniger Leistungsfaktoren mittels Aufstockung der Kapazität oder vorübergehender oder dauernder Stilllegung von Kapazitäten,

⇨ als intensitätsmäßige Anpassung durch höhere oder niedrigere Leistungsabgabe dieser Faktoren mittels entsprechender Justierung der Leistungsabgabe, diese führt allerdings sowohl bei »Hochtourigkeit« als auch bei »Niedertourigkeit« verstärkt zu Fehlern,

⇨ als zeitliche Anpassung durch Ausdehnung oder Einschränkung der Bereitschaftszeit von Mitarbeitern und Anlagen mittels Überstunden/Mehrschicht und Kurzarbeit/Teilzeitarbeit, dagegen sind immer Mehrkosten beziehungsweise Kostenremanenz zu rechnen,

⇨ als quantitative Anpassung über Änderung der Leistungserstellung durch die Produktionsfaktoren mittels Umstellung der Verfahren.

Allerdings unterliegt die Nachfrage auch autonomen Schwankungen. Eine Unterteilung nach Nachfrageschwankungen im Zeitablauf (niedrig/hoch) einerseits und Kapazitätsbereitstellung (ohne Engpass/mit Engpass) andererseits führt dabei zu vier Kombinationen:

⇨ *Hohe Nachfrageschwankungen im Zeitablauf ohne Engpass in der Kapazitätsbereitstellung.* Dies wird durch einen Überschuss *(slack)* an Kapazität erreicht, wie er in der freien Wirtschaft jedoch kaum dauerhaft zu finanzieren ist. Diese Möglichkeit ist daher dem Non-Business-Bereich vorbehalten, zum Beispiel Polizei, Feuerwehr oder Rettungsdienst.

⇨ *Niedrige Nachfrageschwankungen im Zeitablauf ohne Engpass in der Kapazitätsbereitstellung.* Hier ist eine Abstimmung per se unproblematisch, sofern erst einmal einschlägige Erfahrungswerte für die Geschäftstätigkeit vorliegen, zum Beispiel Versicherung oder Rechtsberatung. Das Niveau pendelt sich nach einiger Zeit entsprechend ein.

⇨ *Hohe Nachfrageschwankungen im Zeitablauf mit Engpass in der Kapazitätsbereitstellung.* Dies ist eine typische Situation bei Dienstleistungen, die bei Überauslastung zwangsläufig ärgerliche Opportunitätskosten bedingt, zum Beispiel Hotel (etwa während Messezeiten) oder Callcenter (etwa unmittelbar nach DR-TV-Spots).

⇨ *Niedrige Nachfrageschwankungen im Zeitablauf mit Engpass in der Kapazitätsbereitstellung.* Diese Möglichkeit sollte eigentlich nicht gegeben sein, ist aber in der Wirtschaftspraxis überall dort verbreitet, wo ein heilsamer Wettbewerbsdruck fehlt, zum Beispiel Öffentliche Verwaltung, Post, Kindergarten, Pflegeheim.

		Nachfrageschwankungen im Zeitablauf	
		niedrig	hoch
Kapazitätsbereit-stellung	... ohne Engpass	Niedrige Nachfrage-schwankungen ohne Kapazitätsbereit-stellungsengpass	Hohe Nachfrage-schwankungen ohne Kapazitätsbereit-stellungsengpass
	... mit Engpass	Niedrige Nachfrage-schwankungen mit Kapazitätsbereit-stellungsengpass	Hohe Nachfrage-schwankungen mit Kapazitätsbereit-stellungsengpass

Abb. 6:   *Kundendienst-Matrix 6*

Nun sind maschinelle Anlagen in ihrer Kapazität leichter steuerbar als Mitarbeiter. Denn bei diesen stößt die Kapazitätsanpassung bei Überwie bei Unterauslastung an enge sozialpolitische Grenzen. Daher sind Kundendienste mit hohem Anteil an persönlicher Leistungserstellung besonders anfällig für Kapazitätsanpassungen. Eine Unterteilung nach der Personalintensität und dem Interaktionsgrad des externen Faktors (jeweils in niedrig/hoch) ergibt folgende Kombinationen:

⇨ *Geringe Personalintensität bei gleichzeitig geringer Interaktion des externen Faktors führt zum Typ der »Service Factory«.* Dies ist zum Beispiel bei Fluglinien, Speditionen oder Hotels gegeben. Hierbei ist die Leistungserstellung in hohem Maße anlagenlastig.

⇨ *Geringe Personalintensität bei hoher Interaktion des externen Faktors führt zum Typ des »Service Shop«.* Dies ist zum Beispiel bei Reparaturbetrieben, Sanatorien oder Seminaranbietern gegeben. Die Leistungserstellung erfolgt hier in hohem Maße internalisiert.

⇨ *Hohe Personalintensität bei geringer Interaktion des externen Faktors führt zum Typ des »Mass Service«.* Dies ist zum Beispiel im Großhandel gegeben. Dabei werden zumeist große Teile der Leistungserstellung externalisiert (Cash&Carry).

⇨ *Hohe Personalintensität bei gleichzeitig hoher Interaktion des externen Faktors führt zum Typ des »Professional Service«.* Dies ist zum Beispiel bei Ärzten, Architekten oder Steuerberatern gegeben. Damit ist eine stark personenlastige Leistungserstellung verbunden.

		Personalintensität des Kundendienstes	
		niedrig	hoch
Interaktionsgrad des externen Faktors	niedrig	Niedrige Personalintensität bei niedrigem Interaktionsgrad des externen Faktors	Hohe Personalintensität bei niedrigem Interaktionsgrad des externen Faktors
	hoch	Niedrige Personalintensität bei hohem Interaktionsgrad des externen Faktors	Hohe Personalintensität bei hohem Interaktionsgrad des externen Faktors

Abb. 7:   *Kundendienst-Matrix 7*

In dieser Reihenfolge steigt zugleich tendenziell die Gefahr von Kundenunzufriedenheit. Diese muss jedoch unbedingt vermieden werden, weil es sonst nicht gelingt, den Kundenlebenszeitwert (Customer Lifetime Value) zu realisieren, der erforderlich ist, aus einem mit womöglich viel Aufwand akquirierten Kunden einen ertragreichen Kunden werden zu lassen. Der Kundenlebenszeitwert ist vom durchschnittlichen Umsatz pro Kundenkontakt sowie von der Länge der Kundenbeziehung abhängig. Eine Unterteilung stellt sich bei näherer Betrachtung folgendermaßen dar:

⇨ Sowohl niedriger Durchschnittsumsatz je Kundenkontakt als auch kurzer Kundenbindungszeitraum (zum Beispiel Konferenzraum im Hotel). Hier ist eine aufwendige Kundenakquisition kaum tragfähig. Wichtig ist eine Steigerung des Durchschnittsumsatzes, etwa durch das Angebot von Zusatzleistungen, sowie eine Steigerung der Kundenbindungsdauer, etwa durch Networking. Für beides muss Kapazität bereitgestellt werden.

⇨ Kurzer Kundenbindungszeitraum bei hohem Durchschnittsumsatz je Kundenkontakt (zum Beispiel Architekturbüro für Gewerbeimmobilien). Hier muss beim seltenen Kundenkontakt ein Maximum an Umsatz abgeschöpft werden. Zusätzlich soll versucht werden, durch das Angebot von Zusatzleistungen den Durchschnittsumsatz weiter zu steigern, um eine maximale Kundenausschöpfung zu erreichen.

⇨ Langer Kundenbindungszeitraum bei niedrigerem Durchschnittsumsatz je Kundenkontakt (zum Beispiel Kreditkartenorganisation). Hier ist Kundenzufriedenheit oberstes Gebot, da eine lange Kundenbindung Voraussetzung für die Erreichung eines relevanten Kundenwerts ist. Gleichzeitig kann versucht werden, den Durchschnittsumsatz durch Zusatzleistungen zu steigern.

⇨ Sowohl hoher Durchschnittsumsatz je Kundenkontakt als auch langer Kundenbindungszeitraum (zum Beispiel Dauerliefervertrag). Dies ist die vergleichsweise beste Ausgangssituation. Zugleich ist aber hier auch die Verlustgefahr am größten, so dass große Umsicht im Handling erforderlich ist. Durch Abhängigkeit *(lock in)* kann versucht werden, einen Wechsel des Kunden zu erschweren, durch Zusatzleistungen kann der Umsatzwert weiter gesteigert werden.

		Durchschnittsumsatz je Kundenkontakt	
		niedrig	hoch
Kundenbindungszeitraum	kurz	Niedriger Umsatz je Kundenkontakt bei kurzem Kundenbindungszeitraum	Hoher Umsatz je Kundenkontakt bei kurzem Kundenbindungszeitraum
	lang	Niedriger Umsatz je Kundenkontakt bei langem Kundenbindungszeitraum	Hoher Umsatz je Kundenkontakt bei langem Kundenbindungszeitraum

Abb. 8:   *Kundendienst-Matrix 8*

Eine Erhöhung des Kundenlebenszeitwerts ist auch durch Verringerung der Kaufabstände und durch das Angebot von Randleistungen (Cross-Selling) möglich. Jeweils greifen also ganz unterschiedliche Marketing-Mix-Aktivitäten.

Die Kapazität der Leistungserstellung kann durch eine professionelle Ausführung der Services gegenüber einer nicht-professionellen erhöht werden. Daher dient als weitere Einteilung die nach der Professionalität der Leistungserstellung einerseits und der Intensität des Kundenkontakts andererseits:

⇨ *Professionelle Leistungserstellung und intensiver Kundenkontakt* (zum Beispiel Bank, Unternehmensberatung). Hier ist eine hohe Effektivität der Dienstleistung unerlässlich, eine emotionale Zuwendung wird im Zuge erhöhter Austauschbarkeit der Leistungen jedoch immer bedeutsamer.

⇨ *Professionelle Leistungserstellung und extensiver Kundenkontakt* (zum Beispiel Finanzamt, TÜV). Die Effektivität ist hier ebenso wie die emotionale Zuwendung nicht primäres Kriterium für Kundenzufriedenheit.

⇨ *Nicht-professionelle Leistungserstellung und intensiver Kundenkontakt* (zum Beispiel Erste Hilfe). Hier ist die emotionale Bindung zu Kunden überwiegend wichtiger als reine Effizienzaspekte.

⇨ *Nicht-professionelle Leistungserstellung und extensiver Kundenkontakt* (zum Beispiel Spendenorganisation). Hierbei sind sowohl Effizienz als auch Emotionalität als Aspekte wichtig.

Werner Pepels studierte nach kaufmännischer Berufsausbildung Wirtschaft und Wirtschaftswissenschaften mit den Abschlüssen Diplom-Betriebswirt und Diplom-Kaufmann. Anschließend war er zwölf Jahre als Marketingberater tätig, davon drei Jahre selbstständig als Geschäftsführer in einer der seinerzeit größten rein deutschen Werbeagenturgruppen. 1989 wurde er zum Professor für BWL ernannt und ist nunmehr an der FH Gelsenkirchen im Studienschwerpunkt Marketing tätig. Er hat zahlreiche Beiträge zu Themen aus Marketing und Management in Monografie-, Sammelwerk-, Lexikon- und Aufsatzform veröffentlicht und zählt zu den meistverkauften Fachautoren in diesem Bereich im deutschsprachigen Raum.

Literatur

[1]   BIEBERSTEIN, INGO: *Dienstleistungs-Marketing, 3. Auflage, Ludwigshafen 2001*

[2]   BRUHN, MANFRED: *Qualitätsmanagement für Dienstleistungen, 4. Auflage, Berlin u.a. 2003 Wiesbaden 2001*

[3]   BRUHN, MANFRED/HOMBURG, CHRISTIAN (HRSG.): *Handbuch Kundenbindungsmanagement, 4. Auflage, Wiesbaden 2003*

[4]   CORSTEN, HANS: *Dienstleistungsmanagement, 3. Auflage, München, Wien 1997*

[5]   HALLER, SABINE: *Dienstleistungsmanagement, 2. Auflage, Wiesbaden 2002*

[6]   MEFFERT, HERIBERT: *Kundendienst-Management, Frankfurt a.M.-Bern 1982*

[7]   MEFFERT, HERIBERT/BRUHN, MANFRED: *Dienstleistungsmarketing, 4. Auflage, Wiesbaden 2003*

[8]   MEYER, ANTON (HRSG.): *Handbuch Dienstleistungs-Marketing, 2 Bände, Stuttgart 1998*

[9]   PEPELS, WERNER (HRSG.): *Kundendienstpolitik, München 1999*

[10] PEPELS, WERNER: *Servicemanagement, Rinteln 2005*

Zusammenfassung

Kundendienste können hinsichtlich vielfältiger Merkmale charakterisiert werden. Dabei sind vor allem drei Dimensionen von Belang: Automatisierung, Externalisierung und Kapazitätsanpassung. Die Automatisierung von Kundendiensten betrifft die Substitution menschlicher Arbeitskraft durch Maschinen bei der Leistungserstellung, was vor allem in teilweise prohibitiv hohen Arbeitskosten begründet liegt. Allerdings setzt dies bis zu einem gewissen Grad eine Standardisierung des externen Faktors, also der Personen und/oder Sachen, an denen Dienste erbracht werden, voraus. Weil dies unter Rationalisierungsaspekten häufig noch nicht ausreicht, kommt eine Externalisierung von Kundendiensten hinzu. Dabei übernimmt es der externe Faktor (Nachfrager), Leistungsanteile zu erbringen, die zuvor der Anbieter erbracht hat. Allerdings darf der Komplexitätsgrad der Anforderungen ein meist niedriges Niveau nicht übersteigen. Als Ausgleich für den übernommenen Aufwand erhalten Nachfrager Preisnachlässe oder vermeiden Preissteigerungen. Aufgrund der ausgeprägten Fixkostenproblematik stellt vor allem auch die Kapazitätsanpassung an eine typischerweise schwankende Nachfrage eine hohe Herausforderung dar.

-

Mit Informationen den After Sales Service optimieren

Viele Unternehmen sind nicht in der Lage, die Leistungsfähigkeit ihres eigenen After Sales Service einzuschätzen. Dabei ist die systematische Messung von Kundenwünschen erfolgsentscheidend für die Verbesserung der eigenen Wettbewerbssituation.

In diesem Beitrag erfahren Sie:
- warum Informationen im After Sales Service wichtig sind,
- welche unterschiedlichen Informationsquellen dem Unternehmen zur Verfügung stehen,
- mit welchen Methoden sich Informationen erheben und auswerten lassen.

Klaus S. Kastin

Die Zielsetzungen der Informationsbereitstellung

Informationen helfen, Entscheidungen sicherer und fundierter zu treffen, und sind damit ein wichtiger Erfolgsfaktor für die Wettbewerbsfähigkeit von Unternehmen. Ihr Stellenwert wird auch dadurch deutlich, dass sie verschiedentlich als *vierter Produktionsfaktor* neben Boden, Kapital und Arbeit eingestuft werden. Sie erhalten damit eine zentrale Bedeutung, um Fortschritt und Innovationen zu unterstützen und zu sichern.

Bezogen auf den Bereich des After Sales Service benötigen Sie Informationen, um

⇨ sich Klarheit zu verschaffen über den derzeitigen Stand Ihres Service-Angebotes. Dazu gehört auch, Messgrößen für die Leistungsfähigkeit im Service zu definieren und zu verfolgen *(interne Bestandsaufnahme, Reportingsystem)*,

⇨ sich im Service mit anderen zu vergleichen, um besser oder einfach anders agieren zu können und um Wettbewerbsvorteile ausfindig zu machen und zu festigen *(Wettbewerberanalyse, Benchmarking)*,

⇨ den Bedarf, die Motivation, die Erwartungen und Verhaltensweisen Ihrer Kunden besser kennenzulernen mit dem Ziel einer zielgruppenorientierten Differenzierung des Serviceangebotes; außerdem ist es wichtig, den Ablauf der Prozesse beim Kunden zu kennen und zu verstehen *(Kundenanalyse)*,

⇨ Ihre Serviceleistungen im Meinungsbild Ihrer Kunden beurteilen zu lassen und um mögliche Verbesserungsansätze aufzuzeigen *(Kundenmeinungen, Kundenzufriedenheit)*,

⇨ all die übrigen Umfeldfaktoren in Ihre Servicestrategie einbeziehen zu können, wie zum Beispiel Trends in der Serviceversorgung und Logistik (zum Beispiel Remote Service, zentrale Ersatzteilversorgung usw.), gesetzliche Bestimmungen (zum Beispiel die Mindestgarantiefrist für Produkte), konjunkturelle Entwicklungen (zum Beispiel Aufschieben von erforderlichen Wartungen), Zukunftsszenarien *(Rahmenbedingungen)*.

Diese Informationsanforderungen im Service gipfeln letztlich in folgende Grundfragen:

⇨ Wozu sind Informationen erforderlich? *(Ziele und Konsequenzen)*

⇨ Welche Informationen werden benötigt und sind auch verfügbar? *(Informationsinhalte)*

⇨ Woher, wie und zu welchen Kosten können diese Informationen beschafft werden? *(Methoden, Quellen, Kosten)*

⇨ Wann sollen die Informationen erhoben werden? *(Zeitpunkt der Erhebung)*

⇨ Wie gestaltet sich der Prozess der Informationsbereitstellung und Auswertung? Was sind die einzelnen Vorgehensschritte? *(Bereitstellungsprozess)*

Zweifellos liegt in der Beschaffung der erforderlichen Informationen der eigentliche Pferdefuß. Dieses Dilemma hat schon Goethe erkannt,

50

wie er es seinen Faust sagen lässt: »Was man nicht weiß, das eben brauchte man, und was man weiß, kann man nicht brauchen.«

Dies sollte einen jedoch nicht davon abhalten, die Informationsbereitstellung optimistisch und positiv anzugehen. Denn es gibt eine Reihe von Möglichkeiten und Informationsquellen, die Sie zielführend in Ihr Servicekonzept einbringen können. Und vergessen Sie nicht, ein guter After Sales Service ist ein starkes Mittel der Kundenbindung, eine gute Möglichkeit zur Differenzierung im Wettbewerb und damit die Basis für neue Geschäfte. Außerdem ist gerade der Kundendienst in vielen Unternehmen ein profitabler Bereich, der näher analysiert werden sollte, um die Ertragskraft zu sichern und auszubauen. Untersuchungen der Harvard Business School beweisen andererseits, dass im Service erfolgreiche Firmen auch in ihrer gesamten Performance besser abschneiden als andere Unternehmen.

Wie kommen Sie nun am besten an Informationen für Ihre Servicestrategie heran? Welche Anwendungstechniken und Tools stehen Ihnen dabei zur Verfügung? Abbildung 1 zeigt diesbezüglich, wie Sie Informationen schrittweise als Basis für Entscheidungen im After Sales Service heranziehen und in die Servicestrategie einbinden können.

In Schritt 1 wird verdeutlicht, dass jeder Entscheidung und jeder Aktion im After Sales Service Informationen zugrunde liegen müssen, die die Art und das Ausmaß der Aktionen beeinflussen.

Schritt 2 gliedert die Informationen in eine Unternehmens- und Umfeldanalyse, die Ihr Angebot, das der Wettbewerber und die Anforderungen der Kunden in den Mittelpunkt stellt.

Im Schritt 3 kommt zum Ausdruck, dass für eine Entscheidungsfindung im After Sales Service neben den Bedingungen und Erfordernissen des Marktes (Was soll man tun?) die eigenen Vorstellungen und Zielsetzungen im Servicekonzept in den Vordergrund treten (Was will man tun?). Damit wären die Grundlagen für Entscheidungen eigentlich gelegt, wäre da nicht eine weitere wichtige Randbedingung zu berücksichtigen. Gemeint sind Mittel und Ressourcen (in Form von Kapitalbedarf, Serviceorganisation, Erfahrungen und Fähigkeiten

51

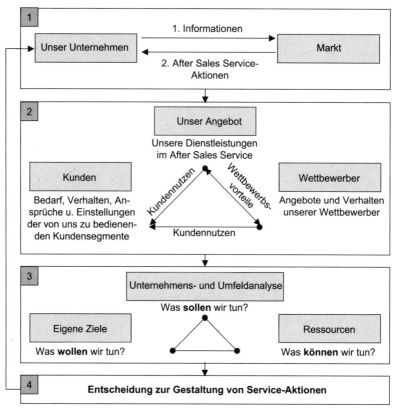

Abb. 1:   *Die Informationsbasis für Entscheidungen im After Sales Service*

von Mitarbeitern) im eigenen Unternehmen, die wiederum wohlge-
meinte Ziele begrenzen und einengen (Was kann man erreichen?).

Erst aus den Bedingungen dieses Dreiklangs »Umfeld – Ziele – Res-
sourcen« heraus entsteht das Fundament für Ihre Entscheidungen im
Servicebereich *(Schritt 4),* die Sie dann entsprechend Ihres Service-
Mix in Einzelmaßnahmen festlegen und umsetzen können.
Für die Beschaffung von Informationen lassen sich grundsätzlich zwei
Wege unterscheiden:

⇨ die unternehmensinternen Quellen und
⇨ die externen Quellen.

Die unternehmensinternen Informationen

Bei der Recherche nach Informationen innerhalb des Unternehmens stehen folgende Fragen im Vordergrund:
⇨ Welche Informationen sollten verfügbar sein?
⇨ Wie können diese in ein aussagefähiges Berichts- und Kontroll-system (Reportingsystem) einbezogen werden?
⇨ Wie kann diese Berichterstattung unter Aufwand-Nutzen-Aspekten Entscheidungshilfen liefern?

Die interne Verfügbarkeit und Relevanz von Daten für die Geschäfts-steuerung hängt zum einen davon ab, welchen Stellenwert das Service-geschäft im Unternehmen innehat, beispielsweise ob der After Sales Service als unabhängiges Geschäft geführt wird oder als erfor-derliche Unterstützung des laufenden Produkt- oder Systemgeschäftes (produktnaher Service). Zum anderen ist von Bedeutung, welcher Partner den Service durchführt, ob es das eigene Unternehmen, ein unabhängiges Service-Unternehmen (Third Party) oder ein Absatz-mittler mit Servicefunktionen ist. Generell gilt: Je selbstständiger das Servicegeschäft geführt wird (zum Beispiel eigenes Profitcenter oder eigener Geschäftsbereich), umso wichtiger werden Informationen zur Geschäftssteuerung. Wird das Servicegeschäft von Dritten durchge-führt, muss vertraglich fixiert werden, welche Daten (Kundenadres-sen, Kaufdaten etc.) und Leistungsgrößen (Servicefall, Servicegrund, Zufriedenheit mit der Serviceleistung etc.) Ihrem Unternehmen zur Verfügung gestellt werden müssen.

Anforderungen an ein Reportingsystem im After Sales Service

Für die Informationsbeschaffung ist die Frage entscheidend, was die wichtigsten Informationen sind, welche die Effizienz des internen

Leistungsprozesses widerspiegeln. Die dazu erforderlichen Anforderungen lassen sich in fünf Schritte gliedern.

1. Servicestandards

In einem ersten Schritt müssen Sie Servicestandards beziehungsweise Leistungskriterien definieren, wobei Sie sich an folgenden Gruppierungen orientieren können:

⇨ *Servicebereitschaft* – Verfügbarkeit, Erreichbarkeit, Serviceorganisation, Qualität

⇨ *Serviceverhalten* der Mitarbeiter – persönliche Erreichbarkeit, Qualität, Zuverlässigkeit, Freundlichkeit, Kompetenz

⇨ *Serviceprozesse* – Abwicklung, Schnelligkeit

2. Mess- und Leistungsgrößen

Im zweiten Schritt legen Sie zu diesen Qualitätskriterien fest, welche Mess- und Leistungsgrößen überhaupt unter Aufwand-Nutzen-Aspekten erhoben werden sollen, zum Beispiel wie die Schnelligkeit oder die Zuverlässigkeit bei Lieferung gemessen werden sollen. Dabei ist zu beachten, dass weniger oft mehr ist. Das heißt, Sie treffen Ihre Auswahl, indem Sie sich auf wenige Messgrößen beschränken, die

⇨ geschäftsspezifisch sind,

⇨ kritische Prozesse betreffen,

⇨ direkt und laufend erfasst und kontrolliert werden können und

⇨ vor allem an der Zufriedenheit Ihrer Kunden orientiert sind.

Eine Zusammenstellung solcher Mess- und Leistungsgrößen im After Sales Service zeigt der Kasten »Messgrößen für die Leistungsfähigkeit im After Sales Service«, gegliedert nach Prozessschritten. Diese Übersicht aus der betrieblichen Praxis soll Ihnen als Checkliste dienen und Beispiele geben, aus denen Sie auswählen können.

Wie auch immer Sie Ihr Kennzahlensystem gestalten, eines ist dabei wichtig: Die Leistungsfähigkeit des After Sales-Prozesses soll dadurch transparenter und nachvollziehbarer und nicht bürokratischer werden. Das Kennzahlensystem soll sich flexibel an die sich

Messgrößen für die Leistungsfähigkeit im After Sales Service

Auslieferung und Montage
⇨ Einhaltung der zugesagten Lieferzeit/Liefertreue: zum Beispiel Überschreitung in Tagen
⇨ Qualität der Lieferung/Auspackqualität: zum Beispiel komplett, beschädigte, richtige Ware, Teillieferung
⇨ Montage und Inbetriebnahme: zum Beispiel Besonderheiten und Probleme bei der Montage (durch Montagebericht) beziehungsweise Auftreten und Freundlichkeit des Monteurs, Eingehen auf Änderungswünsche des Kunden (durch Rückmeldung des Kunden)
⇨ Grundeinweisung in Anlage und Endgeräte: zum Beispiel aufgewendete Zeit, Anzahl eingewiesener Personen
⇨ Dokumentation, Bedienungsanleitungen: zum Beispiel Vollständigkeit, Verständlichkeit

Störungsbearbeitung/ Beschwerdeverhalten
⇨ Art und Anzahl der Servicekontakte: zum Beispiel Hotline, Teleservice (Remote Service), Feldservice, Bring-in-Service, Abholservice, Austauschservice
⇨ Art der Störungen, Beschwerden: zum Beispiel genaue Beschreibung (welcher Schaden an welchem Produkt beziehungsweise System, Maßnahmen zur Beseitigung (was wurde veranlasst?), sofortige Weiterleitung an kompetente Stelle
⇨ Reaktionsgeschwindigkeit: zum Beispiel in welcher Zeit wurde reagiert nach Kundenmeldung, Wartezeit auf Service-Techniker, Bearbeitungszeit (Durchlaufzeit) der Störmeldung
⇨ Reparaturdauer: zum Beispiel Zeitdauer, bis das Problem gelöst ist (MTTR = Meantime to Repair), Einsatzdauer vor Ort
⇨ Retouren: zum Beispiel Art, Anzahl und Gründe für Retouren, Durchlaufzeit bei Austausch von Geräten
⇨ »Soll«-Bruchstelle: zum Beispiel MTBF = Meantime between Failure, Laufzeit bis zum Ausfall
⇨ Kompetenz und Qualität des Service: zum Beispiel Zufriedenheit nach der Störungsbeseitigung
⇨ Service-Techniker: zum Beispiel Beratungsqualität, Auftreten und Freundlichkeit des Service-Technikers
⇨ Erfüllung von Sonderwünschen
⇨ Erreichbarkeit des Kundendienstes: zum Beispiel 24-Stunden-Service durch persönliche Anwesenheit oder Hotline-Verfügbarkeit beziehungsweise telefonische, persönliche Erreichbarkeit
⇨ Verrechenbarkeit von Serviceleistungen: zum Beispiel Anteil Garantie- oder Kulanzleistungen im Vergleich zu fakturierbaren Leistungen

Ersatzteil-, Zubehörversorgung
⇨ Ersatzteile- beziehungsweise Zubehörlieferungen: zum Beispiel je nach vertraglicher Verpflichtung, Ersatzteil-Schnelldienst, Auswahl des Transportmittels, weltweite Verfügbarkeit von Ersatzteilen und Zubehör, A-B-C-Ersatzteile

Wartungsverträge
⇨ Möglichkeiten der Fernwartung: zum Beispiel Überprüfung der Funktionsfähigkeit der Produkte (Fernüberwachung, Ferndiagnose) und eventuell
Korrektur
⇨ Anzahl und Umfang von Wartungsverträgen: zum Beispiel im Verhältnis zu
Kaufabschlüssen ohne Wartungsvertrag, Dauer der Wartungsverträge in Jahren, zeitlicher Umfang der Wartungsleistungen (zum Beispiel Standardvertrag
8:00 bis 17:00, Mehrleistung für 24-Stunden-Service, 7-Tage-Woche oder
24-Stunden Montag bis Freitag oder 8:00 bis 21:00 Montag bis Freitag)

Beratung/ Betreuung/ Auskunft
⇨ zum Beispiel Aufnahme, Analyse und Bearbeitung von Kundenwünschen

ändernden Kundenanforderungen anpassen und zielgerichtet weiterentwickelt werden können.

Einige dieser Informationen fallen direkt bei der Ausführung der
Service-Leistung an und können von den Mitarbeitern direkt als Ist-
Größen in das Berichtswesen eingebracht werden, während sich andere
Informationen erst durch eine aktive Rückmeldung beziehungsweise
Befragung des Kunden ermitteln lassen.

3. Verbesserungsziele

Im dritten Schritt nach der Festlegung der Messgrößen und Erfassung
der Ist-Werte müssen quantitativ messbare *Verbesserungsziele* als Soll-
Größen definiert werden, die als ökonomische Treiber maßgeblichen
Einfluss auf die Profitabilität des After Sales Service und die Zufriedenheit der Kunden haben. Ferner ist der Termin zu fixieren, bis zu
dem das Ziel erreicht werden soll. Beispiele für solche Ziele (Missions)
sind in Tabelle 1 aufgeführt.

4. Benchmarks

Definierte Messgrößen (so genannte Scorecards) und Verbesserungsziele gewinnen erst recht an Bedeutung, wenn Sie diese in einem
vierten Schritt an einer weiteren Messlatte justieren können. Gemeint
ist die Fixierung und Messung des After Sales Service an den Bestleistungen definierter Funktionen anderer Unternehmen (funktionales
Benchmarking). Diese Unternehmen und deren Bestleistungen

Tabelle 1: Beispiele für Verbesserungsziele	
Allgemein	⇨ Beitrag zur Erhöhung der globalen Kundenzufriedenheit beziehungsweise Zufriedenheit mit einzelnen Leistungen, wie Schnelligkeit oder Telefonkontakt ⇨ angemessener Deckungsbeitrag zum Gesamtergebnis des Unternehmens
Störungs-bearbeitung	⇨ personelle Erreichbarkeit des Kunden-Service-Centers an jedem Tag 24 Stunden weltweit ⇨ Störungsbeseitigung in weniger als 15 Minuten im Remote Service (Teleservice) ⇨ Störungsbeseitigung in weniger als einer Stunde (zuzüglich Rüst- und Fahrzeit) vor Ort ⇨ 95 Prozent der eingegangenen Störmeldungen müssen im Remote- beziehungsweise Feldservice erledigt werden (davon circa 60 Prozent im Remote Service) beziehungsweise 100 Prozent aller Software-Störungen im Remote Service ⇨ Ausfallraten von weniger als einem Prozent der gelieferten Geräte/Systeme ⇨ Rechnungsstellung sofort beim Kunden mit Transparenz der erbrachten Leistungen sowie ⇨ weltweite Ersatzteilversorgung innerhalb 24 Stunden
Beschwerde-verhalten	⇨ personelle Erreichbarkeit (Telefon darf nicht öfter als dreimal klingeln, keine Störung des Kundenkontaktes durch Gleitzeit, Hotline, Erreichbarkeit des Service-Technikers über Mobil-telefon) ⇨ qualifizierte Rückantwort auf Kundenbeschwerden innerhalb von 24 Stunden, spätestens am nächsten Arbeitstag ⇨ sofortige Weiterleitung der Beschwerde an die richtige und kompetente Stelle (was bei größeren Unternehmen besonders wichtig ist). Generell wird gemessen, in wie viel Prozent der Fälle diese Vorgaben eingehalten wurden.

ausfindig zu machen, ist kein leichtes Unterfangen, zumal wenn das Vergleichsunternehmen zu den Konkurrenten zählt. Dagegen sind Unternehmen aus anderen Branchen eher geneigt, Informationen und Daten auszutauschen. Die Benchmarks helfen Ihnen dabei, einen Verbesserungsprozess kontinuierlich und marktorientiert durchzuführen.

Aus der Fülle der aufgezeigten Möglichkeiten gilt es nun, die für Ihr Unternehmen relevanten Daten herauszufiltern und in ein laufendes Berichtswesen einzubinden, das Ihnen monatlich oder zumindest quartalsweise Auskunft über den Leistungsstand Ihres After Sales Service bringt. Sie werden unschwer feststellen, dass es sich bei den erwähnten Leistungsgrößen im Wesentlichen um die drei Stellgrößen Zeit, Qualität und Kosten handelt.

5. Auswertung

Im fünften Schritt erfolgt die Auswertung. Aktuelle Ist-Werte werden mit den Verbesserungszielen (Soll-Werte) und eventuell Benchmarks verglichen und der Zielerreichungsgrad (ZEG = Ist / Soll in Prozent) ermittelt (siehe Tabelle 2).

Tabelle 2: Beispielhafte Auswertung			
	Ist	**Soll**	**ZEG**
Störung: Anteil Entstörung innerhalb einer Stunde	63 Prozent	70 Prozent	90 Prozent
Kundenzufriedenheit mit Beschwerdebearbeitung	67 Prozent	80 Prozent	84 Prozent

Außerdem können Sie aktuelle Ist-Werte den Werten der Vorperiode gegenüberstellen, um den Verbesserungsprozess sichtbar zu machen. Abschließend kann man die Anforderungen an ein Reportingsystem im After Sales Service wie folgt zusammenfassen:

⇨ Festlegung von Servicestandards mit ausgewählten Mess- und Leistungsgrößen für den eigenen After Sales Service und Erfassung der Ist-Werte,

⇨ Definition von Verbesserungszielen als Soll-Größen mit Zieltermin für diese Leistungen und Verfolgung der Soll-Ist-Abweichungen mit entsprechenden Korrekturmaßnahmen,

⇨ Ermittlung von Benchmarks, also Leistungsgrößen und Best-Practice-Lösungen von Firmen aus dem Wettbewerbsumfeld oder aus anderen Branchen (Wie gut erfüllt der »Klassenbeste« diese oder jene Servicefunktion?). Danach muss sich der ernsthafte Versuch anschließen, sich diesen Benchmarks zu nähern.

Für eine weiterführende interne Unternehmensanalyse müssten Sie schließlich noch die folgenden Aspekte bewerten: die Struktur der Serviceorganisation (wie Anzahl der Servicestellen, Einbindung von externen Partnern usw.), die Leistungsprozesse im Rahmen des After Sales Service (wie zeitliche Leistungsbereitschaft und Abfolge der einzelnen Prozessschritte), die Fähigkeiten/Skills der Servicemitarbeiter (fachliche und soziale Kompetenz, mitarbeitergerechte Systeme und Hilfsmittel etc.) und die Eingliederung des After Sales Service in die Wertschöpfungskette des Unternehmens.

Die externen Informationsquellen

Externe Informationen gehen methodisch auf zwei Quellen zurück. Zum einen können Daten und Informationen bereits in irgendeiner Form (auf Papier oder elektronisch) vorliegen und Sie müssen sie nun für Ihren Untersuchungszweck »finden« und auswerten *(Sekundärquellen)*. Zum anderen müssen die gewünschten Informationen erst bei Kunden oder anderen Erfahrungsträgern erfragt beziehungsweise durch Beobachtung ermittelt werden *(Primärquellen)*.

Sekundärquellen

Die Sekundärforschung (Desk Research) beginnt in aller Regel mit der Sichtung verfügbaren Materials, das Sie sich von bestimmten Stellen beschaffen. Das rechtzeitige »Gewusst wo« ist hier entscheidend und bringt Informationsvorteile. Am geeignetsten für Informationen zum After Sales Service sind die in dem nachfolgenden Kasten dargestellten und nach ihrer Bedeutung und Effizienz gegliederten Quellen. Wie kommen Sie nun am effektivsten an diese Sekundärinformationen heran? Folgende Grundsätze können Ihnen dabei helfen:

Externe Sekundärquellen für Informationen zum After Sales Service

1. Publikationen der einzelnen Firmen zum Thema Service, zum Beispiel:
   ⇨ Geschäftsberichte und andere Pflichtveröffentlichungen (Handelsregister, Bundesanzeiger, 10-K-Berichte von börsennotierten Firmen in USA, Japan und anderen Ländern)
   ⇨ Veröffentlichungen im Rahmen der Firmenwerbung, wie Haus- und Kundenzeitschriften, Firmenbroschüren, Kataloge, Prospekte, Anzeigen, Serviceunterlagen (Service-Manuale, Montageanweisungen, Bedienungsanleitungen, Struktur der Serviceorganisationen)
   ⇨ Aussagen der Firmen in der Presse und in den elektronischen Medien
   ⇨ Unterlagen von Ausschreibungen
   ⇨ Stellenanzeigen im Servicebereich von Mitbewerbern
2. Recherchen im Internet beziehungsweise in anderen externen Datenbanken, zum Beispiel die Suche nach ausgewählten Firmendaten oder nach entsprechenden Begriffen in verschiedenen Suchmaschinen
3. Fachliteratur und elektronische Medien, zum Beispiel Beiträge zu Rahmenbedingungen und Servicetrends sowie zum aktuellen Stand des After Sales Service und Firmeninformationen in Fachzeitschriften, im Wirtschaftsteil der Tageszeitungen sowie in den elektronischen Medien
4. Auskunfteien (Creditreform, Dun & Bradstreet), zum Beispiel Aussagen zur Serviceorganisation und -effizienz bei ausgewählten Firmen (Mitbewerber und Kunden)
5. Adressbücher, zum Beispiel Informationen zur Serviceorganisation Ihrer Mitbewerber
6. Verbände, Kammern, Institute, zum Beispiel Strukturuntersuchungen zur Serviceorganisation der Verbandsmitglieder beziehungsweise Auswertung entsprechender Fachliteratur, Betriebsvergleiche, Trendberichte
7. Banken, Firmenanalysten, zum Beispiel Branchenanalysen, Betriebsvergleiche aus den Daten Ihrer Kunden, Firmenanalysen
8. Forschungsinstitute, Beratungsunternehmen, zum Beispiel Branchen- und Trendanalysen oder Multiclientstudien über Serviceanforderungen bestimmter Kundengruppen sowie gezielte Firmeninformationen von Beratern zum Thema Benchmarking
9. Amtliche Statistik, zum Beispiel Statistisches Bundesamt und Landesämter, Ministerien und andere Behörden, Bundesagentur für Außenwirtschaft, internationale Organisationen

⇨ Beginnen Sie mit einer Quelle, bei der Sie in der Vergangenheit gute Erfahrungen gemacht haben, oder die man Ihnen empfohlen hat (zum Beispiel Surfen im Internet oder eine Anfrage bei einem Informationsbroker; das sind Fachleute, die sich bei Datenbankrecherchen sehr gut auskennen).

⇨ Fahren Sie nach dem Schneeballsystem fort und fragen Sie sich durch bei weiteren Erfahrungsträgern und Quellen, die man Ihnen nennt, bis Sie am Ziel sind. Spätestens nach drei bis vier Kontakten sind Sie ein gutes Stück weiter.

⇨ Grenzen Sie den Rechercheumfang ein, indem Sie nach der bekannten 80/20-Regel vorgehen, das heißt, hören Sie mit der Informationssuche auf, wenn Sie circa 70 bis 80 Prozent der gewünschten Informationen beisammen haben. Die restlichen Informationen würden nur unnötig Zeit beanspruchen. Setzen Sie sich Prioritäten und beschränken Sie sich auf dringende und für Ihre Entscheidungen wichtige Informationen.

Der Schwerpunkt der Sekundärinformationen liegt zweifellos bei den Quellen (1) bis (4), wobei die Informationssuche aus dem Internet beziehungsweise anderen externen Datenbanken in den vergangenen Jahren stark zugenommen hat. Die beste Sekundärinformation erhalten Sie allerdings dort, wo sich die Firmen zu ihrem Servicegeschäft selbst äußern oder dies in ihren Werbeschriften dokumentieren. Dort erfahren Sie auch etwas über *Ziele, Strategien, Organisation und Leistungsangebote* im After Sales Service bei Ihren Mitbewerbern und Geschäftspartnern.

Einen hohen Informationswert enthält hierbei insbesondere das nicht veröffentlichte Material, das somit von entscheidender Bedeutung sein kann. Doch wie kommt man an diese Informationen heran? Man muss dazu nicht gleich auf kriminelle Methoden der Industriespionage zurückgreifen, es gibt auch eine Reihe von legalen Beschaffungswegen, wie zum Beispiel:

⇨ gute Kontakte zu ehemaligen und gegenwärtigen Außendienst- oder Servicemitarbeitern sowie anderen Mitarbeitern der Wettbewerber,

⇨ gute Beziehungen zu den Geschäftspartnern (Kunden, Lieferanten, Banken),

⇨ Einschaltung von Beratungsunternehmen und Instituten,

⇨ Einsatz von Zeitpersonal (Werkstudenten, Praktikanten, Diplomanden) und

⇨ direkte Kontakte zu Mitanbietern und gegenseitiger Austausch von Informationen zum Servicegeschäft.

Einerseits werden Sie manchmal verwundert darüber sein, welche Informationen auf diese Weise verfügbar sind. Andererseits aber gelingt die Informationsbeschaffung oft nicht auf Anhieb. Hier hilft nur, die gefundenen Informationen schrittweise zusammenzutragen, bis sich die Informationen – Mosaiksteinchen gleich – zu einem Gesamtbild verdichten. Sie können Ihre Arbeit in diesem Zusammenhang so organisieren, dass Sie anfallende Informationen laufend sammeln und für eine spätere Bearbeitung bereit halten und/oder für einen aktuellen Anlass ad hoc Sekundärmaterial erheben.

Primärquellen

Die Primärquellen setzen eine Arbeit im »Feld« voraus, das heißt, die Informationen liegen nicht vor, sondern müssen zunächst durch Methoden der »Field Research« erhoben werden.

Die entscheidenden Vorteile der Primärquellen gegenüber den Sekundärquellen liegen darin, dass ihre Erhebungsmethoden direkt am aktuellen Geschehen im Markt orientiert sind, spezifische, detaillierte Auskünfte ermöglichen und den direkten Dialog mit den Geschäftspartnern fördern und zum Feedback herausfordern. Letztlich sind aber beide Wege – Primär- wie Sekundärforschung – gleichermaßen wichtig als Informationsbasis und ergänzen sich gegenseitig.

Zu den Primärquellen und Methoden der Primärforschung im Servicebereich gehören:

⇨ Rückmeldung des Kunden (spontan nach Servicefall, Beschwerde),

⇨ Befragungen (persönlich, telefonisch oder schriftlich – immer häufiger auch online über Internetseiten oder per E-Mail),

⇨ Gruppendiskussionen, Brainstorming mit Mitarbeitern oder Kunden,
⇨ Beobachtungen (auf Messen und bei Kundenkontakten),
⇨ Testverfahren (Maßnahmensplitt, Verständlichkeit von Bedienungs-
anleitungen und Manualen, Testkäufe).

Rückmeldung des Kunden

Diese von Seiten des Kunden aktive Form der Informationsüber-
mittlung kann für Ihre Servicepolitik sehr hilfreich sein, da sie auf
Eigeninitiative des Kunden zurückgeht. Grundsätzlich kann man zwei
Formen unterscheiden:
⇨ die spontane Reaktion auf einen Servicefall, in der Regel positiv
gestimmt und Zufriedenheit signalisierend,
⇨ die Beschwerde, zurückgehend auf einen Störfall oder auf Unzufriedenheit mit Produkt und Service.

Erfahrungsgemäß erreichen Sie diese Kundenreaktionen in den meisten Fällen mündlich oder telefonisch (mehr als 90 Prozent), weniger
in schriftlicher Form (weniger als 10 Prozent). Vor allem bei der
Beschwerde wird eine unmittelbare, schnelle und zufriedenstellende
Reaktion von Ihnen erwartet.

Anregen können Sie diese Art der Kundenrückmeldungen durch
die bekannten Service-Telefon-Nummern, einer direkten E-Mail-Ver-
bindung zum Kundendienst sowie durch die Einrichtung einer Hotline oder einer »Customer Care Division«.

Befragung

Hierbei wird der Kunde um eine Reaktion und um eine Stellungnah-
me gebeten. Inhalte können sein:
⇨ Tatsachen/Fakten und Meinungen/Bewertungen sowie
⇨ Einstellungen und Motive,
wobei Fakten und Bewertungen in der Regel leichter und direkter zu
erfragen sind als Einstellungen und Motive.

Befragungsart

Im Servicebereich hat sich in erster Linie die *telefonische* und die *schriftliche* Befragung durchgesetzt, mit steigender Tendenz zur On-line-Befragung über das Internet, angeregt über eine E-Mail-Anfrage. Die *mündliche, persönliche* Befragung bleibt oft der Einzelbefragung, dem Kundengespräch und der Gruppendiskussion vorbehalten.

Eine *telefonische Befragung* und/oder eine *schriftliche Online-Befragung* haben zweifellos den entscheidenden Vorteil, dass sie rasch und unmittelbar nach dem Servicefall kostengünstig eingesetzt werden können. Meist gibt es dabei nur wenige Verweigerungen. Außerdem sind sie gut für die Selbstanwendung im Unternehmen geeignet.

Außerdem lassen sich für die telefonische Befragung motivierte Mitarbeiter verhältnismäßig leicht finden. Voraussetzung ist eine freundliche »Telefonstimme« und ein entsprechender Gesprächsleitfaden (Skript) oder ein ausformulierter Fragebogen.

Die *schriftliche (Offline-)Befragung* – zum Beispiel über das Serviceverhalten Ihres Unternehmens und die Zufriedenheit mit Ihren Serviceleistungen – eignet sich dagegen eher für eine turnusmäßige Routinebefragung über das generelle Serviceverhalten des Unternehmens, ohne dass sie sich dabei aktuell auf einen bestimmten Servicefall bezieht. Sie lässt sich ebenfalls gut im Unternehmen anwenden, birgt aber das Problem der Nichtsteuerbarkeit der zurücklaufenden Fragebogen in sich.

Wenn Sie allerdings einige Erfahrungen mit der schriftlichen Befragung gesammelt haben, werden Sie mit einer Rücklaufquote zwischen 30 und mehr als 50 Prozent rechnen können, je nach Brisanz, Aktualität und Bedeutung für den Kunden. Um den Rücklauf der Fragebögen zu fördern, eignen sich folgende Maßnahmen:

⇨ ansprechendes Anschreiben mit Zielperson und überzeugenden Nutzenargumenten für den Befragten,

⇨ klar gegliederter Fragebogen (Layout) mit Interesse weckenden, klaren und verständlichen Fragestellungen,

⇨ begrenzter Fragebogenumfang,

⇨ Anreize durch Kleinpräsent, Preisausschreiben oder Feedback mit
 einer Kurzauswertung an den Befragten,
⇨ Nachfassaktion (schriftlich oder telefonisch).

Auch wenn der Rücklauf bei den schriftlichen Befragungen nicht dem
einer telefonischen oder Online-Befragung entspricht, ist es für die
praktische Verwertbarkeit trotzdem wichtig, eine gewisse »statistische
Masse« für die Auswertung zur Verfügung zu haben (zum Beispiel
mehr als 100 Fragebögen). Aber eine methodisch gesicherte repräsentative Stichprobe sollten Sie bei einer schriftlichen Befragung ohnehin
nicht anstreben.

Für die Streuung des Fragebogens haben Sie neben dem Versand
per Post und Fax oder als Beilage zur Servicerechnung auch die Möglichkeit, dass der Mitarbeiter, zum Beispiel der Servicetechniker, dem
Kunden nach erfolgter Serviceleistung einen Fragebogen überreicht.

Wenn Ihnen weder telefonische noch schriftliche Befragungen
nutzbringend erscheinen, bleibt Ihnen noch die *persönliche, mündliche
Befragung*. Außer einer Einzelbefragung – etwa nach einem konkreten
Servicefall – können mündliche Befragungen bei entsprechender
Stichprobengröße sehr kostspielig ausfallen und mitunter beträchtlich
viel Zeit beanspruchen. Andererseits bringen mündliche Interviews
umfangreiche und tiefergehende Informationen über das zu diskutie-
rende Servicethema. Und ebenfalls für Einzelgespräche zum Beispiel
mit Experten, Mitbewerbern und wichtigen Geschäftspartnern ist die
persönliche Kommunikation (auch telefonisch) am zielführendsten.

Eine weitere Form der Befragung in Kombination mit der Beobachtung ist die *Gruppendiskussion*, bei der sich entweder eigene
Mitarbeiter (interne Gruppendiskussion, Brainstorming) oder Geschäftspartner (externe Gruppendiskussion) zusammenfinden, um
anstehende Servicefragen zu besprechen. Gruppendiskussionen sind
besonders geeignet, um
⇨ auf schnellem Weg zu ersten Eindrücken (zum Beispiel über geän-
 derte Servicemaßnahmen) zu kommen,
⇨ verschiedene Erfahrungen mit Servicemaßnahmen auszuloten oder

⇨ mehr qualitative, spontane Äußerungen im gegenseitigen Schlagabtausch zu erhalten (zum Beispiel zu Einstellungen, Verhalten und Motiven).

Gesprächspartner
Für die Aussagefähigkeit von Informationen ist es unerlässlich, den richtigen Partner anzusprechen. An erster Stelle stehen natürlich die *Kunden* (ehemalige, aktuelle und potenzielle) als Empfänger und Betroffene von Serviceleistungen. Dabei ist es wichtig, die richtige Zielperson zu finden, weshalb Fragen zu klären sind wie: Wer geht mit dem Produkt um? Der Anwender, der Operator, der Bediener? Wer entscheidet und beeinflusst? Die Fachabteilung, der Einkäufer, der Konstrukteur, der Entwickler?
Oft müssen mehrere Gespräche geführt werden, um anstehende Fragen fachmännisch beantwortet zu bekommen.
Andere Geschäftspartner sind Lieferanten, auch Wettbewerber, zu denen man ein gutes Verhältnis hat, sowie Absatzmittler, vor allem in ihrer Funktion als Servicepartner.
Experten sind in der Branche und im Servicegeschäft erfahrene Gesprächspartner und Meinungsführer, meist tätig in Hochschulen, Universitäten, Instituten, Beratungsunternehmen und in den Medien (Presse, Funk, Fernsehen). Sie haben einen umfangreichen Erfahrungsschatz, kommen viel herum und können zum Beispiel Innovationen im Servicegeschäft kreativ gestalten helfen beziehungsweise beurteilen.
Überbetriebliche Erfahrungsaustauschgruppen finden sich zum Beispiel in den verschiedenen Landesgruppen des Rationalisierungs- und Innovationszentrums der Deutschen Wirtschaft (RKW) oder im Kundendienstzirkel des Vereins Deutscher Ingenieure (VDI). Kurzvorträge, Erfahrungsaustausch, Diskussion aktueller Themen und Praxisberichte aus dem Kundendienst stecken den Rahmen solcher Foren ab. Außerdem bringt der Besuch von Vorträgen, Seminaren, Kongressen zum Thema Servicegeschäft wertvolle Erkenntnisse.

Fragen und Fragebogen

Die richtige Formulierung von Fragen und die Gestaltung des Fragebogens sind das A und O einer guten Befragungsaktion. Selbst bei einem Befragungsgespräch mit unstrukturiertem Gesprächsleitfaden kommt es wesentlich darauf an, wie eine Frage gestellt wird. Fragen müssen klar, verständlich, einfach und in der Sprache der Befragten abgefasst sein.

Der Fragebogen sollte so gestaltet sein, dass eine gewisse Spannung und Neugierde aufrechterhalten bleibt, um einer Ermüdung des Befragten vorzubeugen. Fachleute sprechen in diesem Zusammenhang auch von der »Dramaturgie« des Fragebogens. Interessante und einfache Fragen stellt man dabei an den Anfang. Die so genannten Statistik-Fragen gehören dagegen stets ans Ende. Auch das Layout, also die Anordnung der Fragen beziehungsweise Antwortvorgaben, sowie ein begrenzter Fragebogenumfang erleichtern die Bearbeitung erheblich. Vor allem ist eines sehr wichtig: Testen Sie Ihren Fragebogen bei Mitarbeitern oder vertrauten Kunden, bevor Sie ihn ins Feld geben.

Zwei Fragenkategorien sind in der Primärforschung von besonderer Bedeutung: die offenen und die geschlossenen Fragen.

Bei der *offenen Frage* werden keine Vorgaben für mögliche Antworten gemacht, Formulierung und Umfang bestimmt allein der Befragte. Der Vorteil offener Fragen liegt darin, dass mit ihnen spontane Äußerungen und Reaktionen festgehalten werden können – allerdings meist aus dem aktiven Kurzzeitgedächtnis heraus. Beispiel: »Wenn Sie an die Firma X denken, wie beurteilen Sie ganz generell den After Sales Service dieser Firma?«

Angesichts ihrer individuellen Antworten sind offene Fragen schwieriger auszuwerten. Sie eignen sich aber sehr gut als Ergänzung zu einer geschlossenen Frage mit Antwortvorgaben (»was sonst noch...«), als Eröffnungsfrage (so genannte »Eisbrecherfrage«) oder als Abschluss einer Befragung, zum Beispiel »Was gefällt Ihnen an unserem Serviceangebot besonders gut?«

Bei den *geschlossenen Fragen* werden bestimmte Antwortmöglich-
keiten zum Ankreuzen vorgegeben, die genaue Abstufungen und
Skalierungen ermöglichen. Allerdings engen sie die Beantwortung auf
den vorgegebenen Rahmen ein. Beispiel: »Wenn Sie an die Firma X
denken, wie beurteilen Sie diese im Hinblick auf folgende Leistungen
im After Sales Service? Bitte kreuzen Sie für jede Leistung eine Note
von 1-6 an« (siehe Tabelle 3).

Tabelle 3: Beispiel für Antwortmöglichkeiten einer geschlossenen Frage						
»Wie beurteilen Sie mit Schulnoten Firma X im Hinblick auf folgende Leistungen im After Sales Service?«	1	2	3	4	5	6
Einhalten von zugesagten Lieferterminen	❑	❑	❑	❑	❑	❑
Qualität der Montage	❑	❑	❑	❑	❑	❑
Reaktionsschnelligkeit bei auftretenden Problemen	❑	❑	❑	❑	❑	❑
usw.	❑	❑	❑	❑	❑	❑

Bei dieser Art der Antwortvorgabe muss jedes Leistungskriterium einzeln bewertet werden. Geschlossene Fragen erleichtern das Ausfüllen
und lassen sich besser vergleichen und auswerten. Wenn irgendwie
möglich sollten Sie daher geschlossene Fragen verwenden. Am zweck-
mäßigsten sind – ähnlich wie im Verkaufsgespräch – die W-Fragen
(Wer - Was - Wann - Wo - Wie - Warum - nach Welcher Quelle?).
Folgende Gestaltungsmöglichkeiten für Fragestellungen stehen Ihnen
zur Verfügung:

Ja/Nein-Fragen

Diese Fragen sollten Sie nach Möglichkeit vermeiden, weil sie wenig
aussagekräftig sind, außer als so genannte Filterfrage. Filterfragen
sollen nämlich klären, ob der Befragte zu bestimmten Themen überhaupt Aussagen machen kann, zum Beispiel: »Haben Sie unseren
After Sales Service schon einmal in Anspruch genommen?« Wer hier
verneint, also unerfahren ist mit dem After Sales Service des Unternehmens, sollte im Anschluss mit einer anderen Fragestellung kon-

frontiert werden, zum Beispiel mit dieser Frage: »Welche Voraussetzungen müssten gegeben sein, damit Sie unseren Service in Anspruch nehmen?«

Behauptung

Sie stellen eine Behauptung (Statement) auf und die Gesprächspartner sollen bewerten, inwieweit diese zutrifft (siehe Tabelle 4).

Tabelle 4: Beispiel für eine Bewertung von Statements					
Inwieweit trifft es zu...?	**voll und ganz**	**weit- gehend**	**teils teils**	**weni- ger**	**über- haupt nicht**
Mein Auftrag wird termin- gerecht ausgeliefert.	❑	❑	❑	❑	❑
Die Ware kommt ordentlich bei mir an.	❑	❑	❑	❑	❑
Ihr Service ist immer zur Stelle, wenn ich ihn brauche.	❑	❑	❑	❑	❑
Wenn es zu Reklamationen kommt, werden diese zu meiner Zufriedenheit erledigt.	❑	❑	❑	❑	❑
Die Bedienungsanleitung ist verständlich und aussagekräftig.	❑	❑	❑	❑	❑

Beurteilungen

Sie bitten den Befragten, den zu untersuchenden Service nach bestimmten Merkmalen zu bewerten. Beispiel: »Wie beurteilen Sie unseren After Sales Service nach folgenden Leistungskriterien? Bitte geben Sie für jedes Leistungskriterium eine Note von 1-6 an« (siehe Tabelle 5).

Tabelle 5: Beispiel für Beurteilungen mittels Schulnoten						
Wie beurteilen Sie unseren After Sales Service nach folgenden Leistungskriterien?	**1**	**2**	**3**	**4**	**5**	**6**
Dauer, bis das Problem gelöst ist	❑	❑	❑	❑	❑	❑
Kompetenz und Qualität des Service	❑	❑	❑	❑	❑	❑
Unsere technischen Dokumentationen	❑	❑	❑	❑	❑	❑
Beratungsqualität des Servicetechnikers	❑	❑	❑	❑	❑	❑
Auftreten und Freundlichkeit des Service-Technikers	❑	❑	❑	❑	❑	❑
usw.						

Eine andere Möglichkeit besteht darin, nach Punkten (beispielsweise von 0 bis 10), in Prozenten (von 0 bis 100 Prozent) oder nach einer Abstufung bewerten zu lassen (zum Beispiel sehr gut, gut, befriedigend, könnte besser sein, schwach). Als weitere Komponente der Bewertung können Sie die Bedeutung von Leistungskriterien für den Kunden auf einer Skala abschätzen lassen (zum Beispiel graduell von niedrig bis hoch, von sehr wichtig bis unwichtig oder von 0 bis 100 Prozent).

Zur besseren Anschaulichkeit der Antworten können Sie auch optische Zeichen in abgestuften Größen einsetzen, wie zum Beispiel Smilies, Kreise oder Quadrate.

Plus-/Minus-Zeichen sind zum Beispiel interessant beim Wettbewerbsvergleich: -- viel schlechter; - schlechter; = gleich; + besser; ++ viel besser

Welche Form der Skalierung Sie letztlich auch verwenden, wichtig ist, dass Sie zumindest für eine bestimmte Zeit Ihrem System treu bleiben. Sie erleichtern sich dadurch den Vergleich der Ergebnisse.

Polaritätenprofil (bipolare Skala)
Hierbei werden gegensätzliche Begriffspaare (zum Beispiel kompetent versus inkompetent) als Endpunkte eines gestuften Bewertungsbereichs vorgegeben. Innerhalb dieses Bereichs nimmt man durch Ankreuzen eine Beurteilung in Richtung des einen oder anderen Pols

vor. Dabei kann auch eine neutrale Weder-noch-Entscheidung in der Mitte möglich sein, was durch eine ungerade Zahl von Abstufungen erreicht wird. Bei einer geraden Zahl von Vorgaben muss sich der Befragte dagegen für die rechte oder linke Seite entscheiden. Welche Form der Skalierung Sie wählen, hängt davon ab, ob Sie ein neutrales Urteil zulassen wollen oder nicht. Neutrale Urteile sind vor allem dann problematisch, wenn sie von den Befragten zu häufig gewählt werden, dann verliert sich unter Umständen die Aussagekraft der Skala. Neutrale Urteile sind außerdem nicht eindeutig interpretierbar: Sie können sowohl Gleichgültigkeit als auch eine zwiespältige Einstellung im Hinblick auf den fraglichen Gegenstand signalisieren. Wenn Sie allerdings nach dem Schulnotensystem bewerten lassen, ist die gerade Zahl der Abstufungen automatisch vorgegeben. Gern werden in der bipolaren Skala bewusst die Positiv-negativ-Pole vertauscht, um einer Gleichförmigkeit der Beantwortung vorzubeugen und den Denkprozess anzuregen.

Beispiel: »Wie beurteilen Sie im Allgemeinen unseren After Sales Service? Bitte bewerten Sie aus dem Blickwinkel Ihrer bisherigen Erfahrungen und Antworten spontan und ohne lange zu überlegen« (siehe Tabelle 6).

Tabelle 6: Beispiel für eine bipolare Skala						
»Wie beurteilen Sie im Allgemeinen unseren After Sales Service?«						
kompetent	❑	❑	❑	❑	❑	inkompetent
langsam	❑	❑	❑	❑	❑	schnell
innovativ	❑	❑	❑	❑	❑	konservativ
zögerlich	❑	❑	❑	❑	❑	entscheidungsfreudig
originell	❑	❑	❑	❑	❑	langweilig
kundennah	❑	❑	❑	❑	❑	kundenfern
usw.						

Beobachtung und Testverfahren

Seltener als Befragungen werden Beobachtungen und Testverfahren als Instrumente der Marktforschung eingesetzt.

Bei der *Beobachtung* geht es darum, objektive Tatbestände und Verhaltensweisen zu erfassen, ohne dass eine spezifische Äußerung von einer Person erwartet wird. Bei den *Testverfahren* handelt es sich entweder um eine Beobachtung oder um eine Befragung. Der Zweck ist zu testen, wie beispielsweise Verkäufer bei Servicefragen im Verkaufsgespräch reagieren, oder wie sich Kunden mit Produkten und Bedienungsanleitungen vertraut machen.

Solche Verfahren werden eingesetzt, um Erfahrungen zu sammeln und einen besseren Umgang mit Produkt und Service zu gewährleisten. Einsatzmöglichkeiten für Beobachtungen und Tests zeigt der nachfolgende Kasten auf.

Abschließend ist zum Thema Primärquellen zu sagen, dass Servicethemen oft in eine umfassendere Felderhebung eingebunden sind, zum Beispiel im Rahmen von Kundenzufriedenheitsmessungen, Be-

---

Mögliche Beobachtungs- und Testfelder im Servicegeschäft

⇨ Beobachtung von Veränderungen *beim Kunden,* zum Beispiel geben Ihre Servicetechniker beim Feldeinsatz Acht darauf, ob der Kunde eine neue Konkurrenzmaschine angeschafft oder Werbematerial der Konkurrenz vorliegen hat

⇨ Beobachtung des *Werbeverhaltens* und der Serviceaktionen Ihrer Mitbewerber anhand der eingesetzten Medien

⇨ *Standortbesichtigung* von Servicestellen der Mitbewerber (Lage, Fläche, Ausstattung, Mitarbeiter)

⇨ Beobachtung auf *Messen* (zum Beispiel Messeauftritt der Mitbewerber und Betonung des Servicegeschäftes)

⇨ Feststellung des *Kundenverhaltens* und der Akzeptanz von geänderten Servicemaßnahmen (zum Beispiel differenzierte Angebote bei Wartungsverträgen)

⇨ *Test von Verkäufern* der Absatzmittler bezüglich Umgang und Beantwortung von Servicefragen (zum Beispiel Testkaufsimulation)

⇨ Test der eigenen Serviceorganisation durch *Simulation eines Servicefalls* (zum Beispiel telefonischer Test von Reaktionsgeschwindigkeit, Freundlichkeit und Zuverlässigkeit)

⇨ *Beobachtung von Testpersonen,* wie sie mit Bedienungsanleitungen, Montageanweisungen und dem Produkt umgehen, um dadurch die Verständlichkeit dieser Dokumente und die Handhabung der Geräte im Allgemeinen zu testen

⇨ Beobachtung der Teilnehmer einer *Gruppendiskussion* über Servicethemen auch mit Hilfe von Videoaufzeichnungen

---

darfsermittlungen bei Kunden oder Wettbewerbsvergleichen. Service als eigenständiges Thema ist meist einer Befragung unmittelbar nach einem Servicefall vorbehalten.

Die zeitlichen Aspekte der Informationsbeschaffung

Wann ist es nun am sinnvollsten, eine Untersuchung zum Servicegeschäft, insbesondere eine Befragung, durchzuführen? Im Hinblick auf den Anlass und Zeitpunkt der Informationsbereitstellung kann man unterscheiden zwischen

⇨ einer fremdbestimmten und

⇨ einer selbstbestimmten Informationsverfügbarkeit, jeweils aus der Sicht des zu beurteilenden Unternehmens.

Fremdbestimmt und damit zunächst unbeeinflusst von Ihren Informationsanforderungen sind – wie bereits erwähnt – Rückmeldungen des Kunden. Sie signalisieren Interesse und Dialogbereitschaft und bieten hilfreiche Ansatzpunkte für Verbesserungen. Die Kunden reagieren in der Regel auf einen konkreten Vorfall. Beispiele sind die spontane Äußerung aufgrund eines Servicevorgangs (meist positiv) oder eine Beschwerde aufgrund einer Störung oder einer Unzufriedenheit (negativ).

Selbstbestimmt sind alle Informationen, die Sie anfordern, beispielsweise um eine anstehende Entscheidung im Servicegeschäft zu untermauern oder um Informationen zur Beurteilung Ihrer Leistungsfähigkeit auch im Vergleich zu Ihren Mitbewerbern einzuholen. Demnach gibt es folgende Möglichkeiten und Notwendigkeiten zur Informationsbereitstellung:

⇨ Anstehende Entscheidungen zu Veränderungen in der Servicepolitik. Hierbei werden Sie sowohl Sekundär- als auch Primärquellen nutzen.

⇨ Beurteilung Ihrer Leistungsfähigkeit im After Sales Service und der Zufriedenheit Ihrer Kunden im Rahmen einer turnusmäßigen periodischen oder aperiodischen unregelmäßigen Befragung (zeitraumorientiert). Diese erfolgt entweder als spezifische Service-Befragung oder ist eingebunden in eine allgemeine Kundenbefragung auch zu anderen Leistungsthemen.

Der Kunde bewertet seine allgemeinen Erfahrungen der letzten Wochen und Monate und gibt eine allgemeine Einschätzung Ihrer Leistungsfähigkeit im Service. Die Meinungsäußerungen orientieren sich nicht so sehr an aktuellen Ereignissen, obwohl nicht auszuschließen ist, dass jüngste Ereignisse Einstellung und Meinung prägen. Erfolgt diese Befragung regelmäßig, zum Beispiel einmal pro Jahr, so lassen sich sehr anschaulich Veränderungen im Zeitvergleich aufzeigen, und das Ergebnis von Verbesserungsmaßnahmen wird messbar.

⇨ Beurteilung eines gerade abgeschlossenen Servicefalls (ereignisorientiert). Die Aussagen beziehen sich auf eine ganz bestimmte Situation. Sie sind daher nicht zu verallgemeinern, geben aber unmittelbar Auskunft über ein konkretes Serviceverhalten.

Der Kunde wird unmittelbar nach Abschluss des Servicevorgangs gebeten, seine Meinung und den Grad seiner Zufriedenheit zu äußern. Beispielsweise könnte der Servicetechniker einen Fragebogen überreichen, oder Sie legen dem Schriftverkehr einen Fragebogen bei oder Sie schließen kurz nach dem Service-Ereignis eine telefonische oder schriftliche Online-Befragung an.

Erfahrungen aus der Praxis zeigen, dass Sie bei diesen Fällen mit einem hohen Rücklauf und einer großen Akzeptanz rechnen können. Solche Befragungen haben unter anderem auch den Zweck, dass der Kunde das Gefühl bekommt, man kümmert sich um ihn und schätzt seine Meinung.

Regelmäßige Abfragen zur Kundenzufriedenheit werden immer häufiger, sind sie doch ein wesentlicher Faktor bei der Beurteilung des Qualitätsmanagements. Zum Beispiel erhält die Kundenzufriedenheit in dem Modell der European Foundation for Quality Management (EFQM) mit 200 von 1.000 möglichen Punkten den höchsten Stellenwert unter den neun Bewertungsfaktoren. In größeren Unternehmen werden oft beide Vorgehensweisen kombiniert und zum Beispiel folgende Intervalle für Kundenabfragen im Servicebereich festgelegt:

⇨ regelmäßig mindestens einmal pro Jahr in einer repräsentativen
  Auswahl zusammen mit weiteren Themen zur Leistungsfähigkeit
  und zum Verkaufsprozess allgemein,
⇨ mindestens jede tausendste Störung (aus einer sehr großen Anzahl
  von Installationen),
⇨ mindestens nach jeder hundertsten Anlagenerweiterung.

Die Vorgehensweise zur Informationsbereitstellung

Welche einzelnen Schritte sind bei der Durchführung zu berücksichtigen? In welchen Fällen können Sie in eigener Regie vorgehen und
wann benötigen Sie fremde Hilfe? Den Prozess der Informationsbereitstellung können Sie in folgende Phasen und Prozessschritte gliedern (siehe Abb. 2):

Ausgangssituation

Sie gibt den Anstoß für eine Untersuchung. Entweder sind die zuvor
beschriebenen periodischen, aperiodischen oder situativen Abfragen
fällig oder ein aktueller Vorfall gibt Anlass, Informationen zu beschaffen.

Zielsetzung

Die Zielsetzung leitet sich meist aus Schritt eins ab und beschreibt,
was Sie mit der Untersuchung ermitteln beziehungsweise erreichen
wollen. Beachten Sie dabei das Prinzip der Schriftlichkeit, das heißt,
dokumentieren Sie die Problemstellung und Zielsetzung. Sie können
sich damit viel Ärger ersparen, vor allem, wenn die schriftlich fixierte
Zielsetzung Bestandteil eines Briefings an ein externes Institut ist.

Klärung des Informationsbedarfs

Es hat sich bewährt, über die zu erhebenden Informationen in einer
internen Runde ausgiebig zu diskutieren und die Prioritäten festzulegen, zum Beispiel nach A-, B- und C- Kriterien. Die Methode des
Brainstormings hat sich dabei bestens bewährt. Damit gewinnen Sie
gleichzeitig die Grundlage für einen späteren Fragebogen. Sie müssen

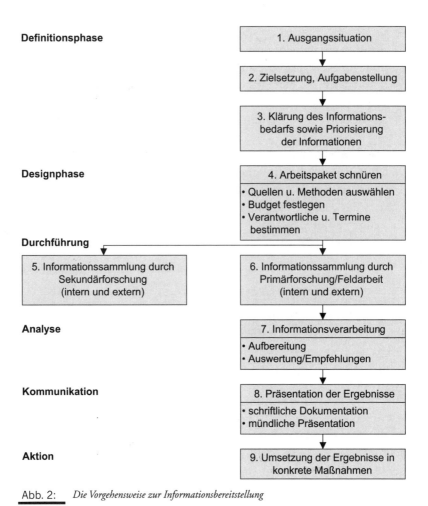

Abb. 2:   *Die Vorgehensweise zur Informationsbereitstellung*

auch prüfen, welche Informationen aus dem Unternehmen herangezogen werden können.

Arbeitspaket schnüren

In diesem Prozessschritt sind folgende Fragen zu klären:

⇨ Wie ist die interne Berichterstattung und wo gibt es Ansatzpunkte und Notwendigkeiten für eine Verbesserung des Reportingsystems?

⇨ Woher könnten die Informationen stammen? Aus welchen externen Quellen?

⇨ Wie ist bei der Informationssammlung methodisch vorzugehen: Datenrecherchen in Sekundärquellen oder Durchführung einer Befragung?

⇨ Welche Fragen wollen Sie in den Fragebogen aufnehmen?

⇨ Wie wollen Sie die Befragung durchführen: telefonisch, schriftlich oder persönlich?

⇨ Wie hoch darf das Budget für die Aktion sein, und wer hat bis wann seine Aufgaben zu erledigen?

Durchführung
Spätestens hier müssen Sie sich entschieden haben, ob eine Sekundärrecherche ausreicht oder eine Befragung durchzuführen ist. Ferner sollte geklärt werden, ob man ein Institut für die Feldarbeit einsetzt oder ob die Arbeiten in eigener Regie mit eigenen Leuten zu bewerkstelligen sind. Diese Entscheidung hängt weitgehend davon ab, welche Kommunikationsart Sie bei der Befragung ausgewählt haben, über welches Know-how Ihre Mitarbeiter verfügen, welcher Zeitaufwand erforderlich ist und wann die Ergebnisse benötigt werden (quantitative und qualitative Verfügbarkeit von Ressourcen).
Vielfach hat sich bei der Eigenanwendung bewährt, Zeitarbeitskräfte wie Werkstudenten, Praktikanten und Diplomanden einzusetzen. Außerdem sind auch in begrenztem Umfang eigene Mitarbeiter im Innen- und Außendienst sowie Servicetechniker als persönliche/telefonische Interviewer oder Fragebogenüberbringer geeignet.

Bei repräsentativen oder nicht repräsentativen Routinebefragungen ist zu entscheiden, welche Servicekunden in welcher Anzahl zur Befragung ausgewählt werden: Teilerhebung und Auswahl nach Quoten (zum Beispiel nach Regionen, Betriebsgröße, A-B-C-Kunde, kritischer/unkritischer Kunde, ehemaliger/aktueller Kunde usw.) oder per Zufall (zum Beispiel jeder x-te Servicekunde). Bei einer kleineren

Zahl von zu bedienenden Kunden in der Größenordnung von nur mehreren hundert können Sie auch eine Vollerhebung (im Sinne der Grundgesamtheit) anstreben.

Informationsverarbeitung und Präsentation
Die Aufbereitung und Auswertung der gewonnenen Informationen sowie die übersichtliche Dokumentation und anschauliche Präsentation der Ergebnisse können Sie heutzutage sehr gut mit den gängigen Office-Software-Produkten realisieren. Äußerst wichtig für den Nutzen und den Erfolg einer Service-Analyse ist aber letztlich die Ableitung von Empfehlungen und Schlussfolgerungen und die Umsetzung in konkrete Maßnahmen.

Umsetzung in konkrete Maßnahmen
Gleich, ob nun die Zufriedenheit, die Leistungsbeurteilung oder das Beschwerdeverhalten Gegenstand der Befragung war, in den meisten Fällen sind daraus Konsequenzen abzuleiten, die in konkrete Maßnahmen zur Verbesserung oder Veränderung einmünden müssen. Erst mit diesem Prozessschritt ist gewährleistet, dass sich die Analyse gelohnt hat, auch wenn das Ergebnis »nur« Ihre Leistungsfähigkeit bestätigt hat und Sie mit Ihrem Serviceangebot auf dem richtigen Weg sind. Eine Wettbewerbsanalyse allerdings kann ein solches Ergebnis wieder relativieren.

Die Auswertung, Dokumentation und Präsentation der Ergebnisse
Wie können Sie nun die gewonnenen Daten und Informationen wirtschaftlich sinnvoll und vor allem aussagefähig auswerten und darstellen? Dieser Vorgang entspricht den zuvor beschriebenen Prozessschritten Analyse und Kommunikation.
Es ist dabei zu unterscheiden zwischen dem
⇨ internen Reportingsystem und den
⇨ externen Sekundär- und Primärinformationen.

Das *interne Reportingsystem* folgt einer gewissen Zwangsläufigkeit und
Eigendynamik und ist in laufenden periodischen Abständen – monatlich oder vierteljährlich – nach folgendem Schema zu absolvieren:

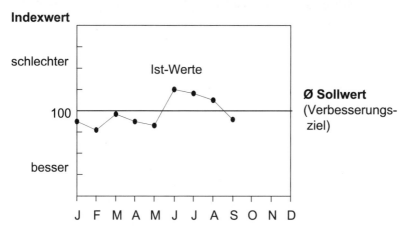

Abb. 3: *Beispiel Störanfälligkeit, Ausfallraten*

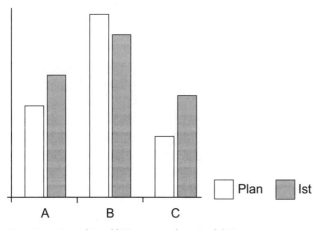

Abb. 4: *Beispiel Anzahl Wartungsstunden je Produkt/System*

⇨ Ist-Werte werden mit Sollvorgaben zum Beispiel mit eigenen Verbesserungszielen beziehungsweise Benchmarks von den Klassenbesten (Best in Class) verglichen und im Zeitverlauf dargestellt.

⇨ Abweichungen werden sofort sichtbar und müssen erläutert und begründet werden. Die Ursachen hierfür müssen ungeschminkt auf den Tisch.

⇨ Aus den gewonnenen Erkenntnissen müssen Schlussfolgerungen gezogen, Verbesserungsansätze aufgezeigt und Maßnahmen eingeleitet werden. Es ist zu unterscheiden zwischen kurzfristig und mittelfristig wirkenden Maßnahmen, um dem gesetzten Sollwert näher zu kommen. Beispiel: Auszug aus einem Servicebericht »Bedingt durch eine erhöhte Anzahl von Störmeldungen wurde das Produkt X vorübergehend nicht mehr ausgeliefert. Bei der Diagnose der aufgetretenen Fehler gab es eine Häufung beim Leistungsmerkmal Y, das daraufhin gesperrt wurde. Mittlerweile ist der Fehler behoben, der Lieferstopp wurde aufgehoben. Wir erwarten, dass daraufhin die Fehlerrate sich drastisch verringern wird ...«

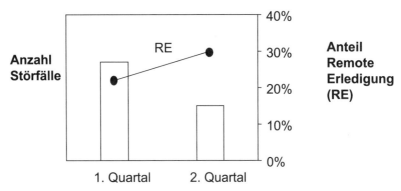

Abb. 5: *Beispiel Störvolumen und Remote Erledigungsrate (ohne Zielvorgaben)*

Die Größe des Unternehmens, Ihr eigener Informationsbedarf und die kritischen Größen bestimmen das Ausmaß des Reportingsystems und das Darstellungsniveau.

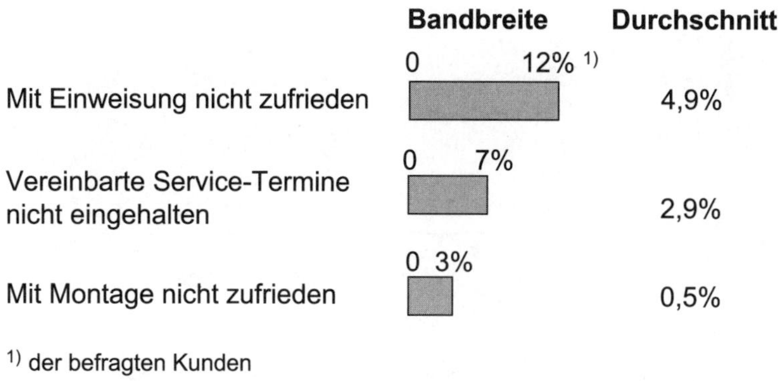

	Bandbreite	**Durchschnitt**
Mit Einweisung nicht zufrieden	0 12% [1]	4,9%
Vereinbarte Service-Termine nicht eingehalten	0 7%	2,9%
Mit Montage nicht zufrieden	0 3%	0,5%

[1] der befragten Kunden

Abb. 6:   *Auswertung der Unzufriedenheiten, Definition der Problembereiche*

Bei der Auswertung *externer Daten und Informationen* ist es wichtig, die Sachverhalte und Ergebnisse anschaulich und übersichtlich zu dokumentieren, daher sind besser grafische Darstellungen anstelle von »Zahlenfriedhöfen« oder überschwänglichen Texten zu verwenden. Eine klare und logische Gliederung trägt ein Übriges zur besseren Kommunikation bei.

Falls Fragebogen zur Auswertung vorhanden sind, überprüfen Sie zunächst, ob diese vollständig ausgefüllt und alle Daten verwertbar sind. Dann können Sie die Daten zum Beispiel in ein Excel-Spreadsheet übernehmen und auswerten. Dies erleichtert auf jeden Fall Querauswertungen und bietet die Möglichkeit zu diversen grafischen Darstellungsmöglichkeiten.

Offene Fragen müssen zuerst in Antwortkategorien eingeteilt werden (Nachverschlüsselung). Oder die Antworten werden je nach ihrer Bedeutung im Wortlaut erfasst. Umfangreiche Tabellen gehören in den Anhang und sind nur für den Spezialisten und bei Bedarf interessant. Anschauliche Grafiken hingegen schaffen eine hohe Akzeptanz bei den Empfängern und können auch komplexe Zusammenhänge einfach visualisieren (vgl. die Beispiele in Abb. 6, 7, 8).

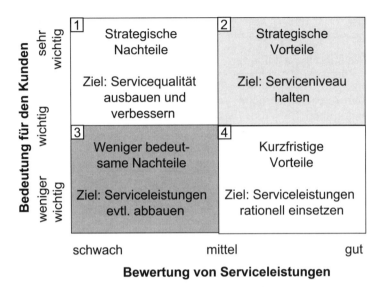

Abb. 7: *Stärken und Schwächen in der Leistungsbewertung durch die Kunden (Prinzipdarstellung)*

In Abbildung 8 müssen vor allem die Serviceleistungen im Quadrant eins verbessert werden.

Neben den Auswertungen in Tabellen und Grafiken kommt der textlichen Interpretation der Ergebnisse eine wichtige Bedeutung zu. Sie soll insbesondere Querverbindungen aufzeigen, Schwerpunkte setzen und Entscheidungen untermauern helfen. Der *schriftliche Bericht* ist ein Muss, schon allein um Ihre Arbeit zu dokumentieren und später Zeitvergleiche anstellen zu können. Trennen Sie darin aber eindeutig zwischen Fakten, Vermutungen und eigener Meinung.

Die *mündliche Präsentation* sollte ebenfalls zur Gewohnheit werden, vor allem wenn es sich um erklärungsbedürftige externe Informationen handelt. Außerdem fördern Sie damit den Dialog und die Diskussion zwischen den Betroffenen und fordern gleichzeitig zu Handlungen auf. Allerdings benötigen Sie dazu in der Regel Auszüge aus Ihrer Arbeit in Form von Highlights und stichhaltigen Folien.

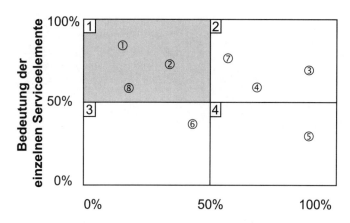

① Schnelligkeit bei Störungen
② Schnelllieferservice bei Zubehör und Ersatzteilen
③ Kulanzleistungen
④ Kompetenz bei Beschwerden
⑤ Telefonische Erreichbarkeit des Kundendienstes
⑥ Verfügbarkeit der Servicetechniker nach Feierabend
⑦ Aufbau und Verständlichkeit der Bedienungsanleitung
⑧ Zuverlässigkeit bei Terminzusagen

Abb. 8:   *Bedeutung einzelner Serviceelemente für die Gesamtzufriedenheit*

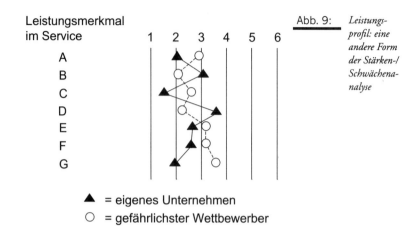

Leistungsmerkmal
im Service   1   2   3   4   5   6

Abb. 9: *Leistungs-profil: eine andere Form der Stärken-/ Schwächena-nalyse*

▲ = eigenes Unternehmen
○ = gefährlichster Wettbewerber

Klaus S. Kastin, Dipl.-Kaufmann, Marktforscher BVM, war nach Ausbildung zum Industriekaufmann und erfolgreich absolviertem betriebswirtschaftlichen Studium zunächst als Projektleiter in einem Investgüter-Marktforschungsinstitut tätig. Danach stieg er zum Marketingleiter in einem Unternehmen der Papierindustrie und schließlich zum Mitglied der Geschäftsleitung einer internationalen Unternehmensberatung auf. Zum Schluss war er lange Jahre Referent für Unternehmensplanung bei einem der weltgrößten Anbieter in der Elektroindustrie. Sein Wissen und seine Erfahrungen gibt er in Seminaren und Schulungen weiter. Er hat Beiträge zur Marktforschung in Fachzeitschriften veröffentlicht und ist Autor des Buches »Marktforschung mit einfachen Mitteln« sowie Mitautor in verschiedenen Marketingbüchern.

Literatur

[1]   BEREKOVEN, L.; ECKERT, W; ELLENRIEDER P.: *Marktforschung, Methodische Grundlagen und praktische Anwendung, 10. Auflage, Wiesbaden 2004*

[2]   *BVM Handbuch Marktforschungsunternehmen, Berlin, erscheint jährlich neu*

[3]   HAMMANN, P.; ERICHSON, B.: *Marktforschung, Stuttgart 2006*

[4]   HÜTTNER, M.; SCHWARTING, U.: *Grundzüge der Marktforschung, München 2002*

[5]   KASTIN, K.S.: *Marktforschung mit einfachen Mitteln, München 1999, 3. Auflage in Vorbereitung*

[6]   KASTIN, K.S.: *Gemeinsam forschen, getrennt vermarkten, in: Absatzwirtschaft, 11/1984, Düsseldorf*

[7]   KONRAD, K.: *Mündliche und schriftliche Befragung, Landau 2005*

[8]   MAYER, H.O.: *Interview und schriftliche Befragung, München 2003*

[9]   PEPELS, W.: *Lexikon der Marktforschung, München 1997*

[10]   TSCHEULIN, D.K.; HELMIG, B.: *Gabler Lexikon Marktforschung, Wiesbaden 2004*

[11]   WEIS, H.CH.; STEINMETZ, P.: *Marktforschung, Modernes Marketing für Studium und Praxis, Ludwigshafen 2005*

[12]   WELKER, M.; WERNER, A.; SCHOLZ J.: *Online-Research Markt- und Sozialforschung mit dem Internet, Heidelberg 2005*

Zusammenfassung

Informationen richtig ausgewählt und ausgewertet bilden eine wertvolle Basis für eine zielgruppenorientierte Gestaltung Ihrer After Sales Service-Konzeption. Ziel muss es daher sein, durch bessere und schnellere Informationen Wettbewerbsvorteile frühzeitig zu sichern und auszubauen. Sowohl das interne Berichtswesen als auch Informationen über den Markt, die Mitbewerber und die Kunden sind ein wichtiger Seismograph für die eigene Leistungsfähigkeit und sorgen für kontinuierliche Verbesserungen im After Sales Service.

Daten und Informationen machen Ergebnisse und Verbesserungen mess- und kontrollierbar und geben Antwort auf die Fragen: Welches sind die Wünsche und Erwartungen der Kunden? Wie zufrieden sind die Kunden, global und auf einzelne Serviceleistungen bezogen? Inwieweit trägt guter Kundendienst zur Erhöhung der Cross-Selling-Rate bei? Wie hoch ist die Weiterempfehlungsrate?

Es ist außerordentlich wichtig, den strategischen »Vermögenswert« (Asset) des (zufriedenen) Kundenpotenzials zu erkennen und richtig zu managen, vor allem durch bessere Prozessabläufe im Unternehmen und übergreifend mit den Kunden selbst.

Die Produktpolitik im After Sales Service

Ob und wie man einen After Sales Service einführt, muss anhand von ökonomischen und kundenbezogenen Zielsetzungen entschieden werden. Verbessert der Service den Umsatz? Erfüllt er bestimmte Kundenerwartungen? Wie lässt er sich entsprechend konzipieren und umsetzen?

In diesem Beitrag erfahren Sie:
- worin die produktpolitischen Ziele und Erfolgsfaktoren des After Sales Service bestehen,
- welche Arten des After Sales Service es gibt,
- wie sich der After Sales Service entwickeln, differenzieren und pflegen lässt.

KLAUS HÜTTEL

Die produktpolitischen Ziele und Erfolgsfaktoren des After Sales Service

Ziele

Die produktpolitischen Ziele des After Sales Service (ASS) sind Marketing-Mix-Ziele, die in der Regel für einen kurzfristigen operativen Planungszeitraum von ein bis zwei Jahren ausgearbeitet werden. In vielen Fällen können die Ziele des After Sales Service auch mit den produktpolitischen Zielen identisch sein. Im konkreten Fall müssen diese Ziele primär unter Beachtung der Dimensionen Inhalt, angestrebtes Ausmaß und zeitlicher Bezug formuliert werden.

Man unterscheidet dabei

⇨ ökonomische und

⇨ außerökonomische Ziele.

Im Bereich der *ökonomischen Ziele* stehen Deckungsbeitrag, Absatz- und Umsatzerwartungen im Vordergrund.

Die Bedeutung der Umsätze kommt zum Beispiel in einer Absatz-wirtschaftstudie bei 102 Unternehmen des Maschinen- und Anlagen-baus zum Ausdruck. Danach betrug der Anteil der Umsätze des After Sales Service 25 Prozent, während 75 Prozent auf Neumaschinen beziehungsweise Anlagen entfielen. Der After Sales Service wird dabei als Ertragssparte der Maschinenbauer gesehen. »Die Nettorenditen erreichten zwischen zwei und 40 Prozent. Im Neumaschinengeschäft herrschten niedrigere (bis fünf Prozent), zum Teil sogar negative Ren-diten (bis minus fünf Prozent) vor« ([19], S. 40).

In der Gruppe der *außerökonomischen Ziele*, der so genannten psycho-graphischen Ziele, stehen an vorderster Stelle:
⇨ Image,
⇨ Bekanntheitsgrad und
⇨ Präferenzen (vgl. [9], S. 228ff.).

Hinzu kommen vor allem folgende Zielsetzungen:
⇨ Verbesserung der Wettbewerbssituation gegenüber Hauptkonkur-renten,
⇨ Sicherung der Markt-, Preis- oder Qualitätsführerschaft des Unter-nehmens,
⇨ Erschließung neuer Kundensegmente ([8], S. 58).

Erfolgsfaktoren

Die Suche nach Erfolgsfaktoren des After Sales Service kann analog der Suche nach den Erfolgsfaktoren der Produktpolitik geschehen. Sie »muss unternehmensindividuell unter Berücksichtigung der Kun-denerwartungen, des Vorgehens der Konkurrenten sowie der Stärken und Schwächen des eigenen Unternehmens erfolgen« ([7], S. 36).

Erfolgsfaktoren des After Sales Service überschneiden sich dabei durchaus mit Erfolgsfaktoren der Marketing- und Produktpolitik.

Diese Erfolgsfaktoren sind umwelt- beziehungsweise marktbezogene und unternehmensinterne Größen, die für die Erreichung der Marketingziele, der produktpolitischen Ziele und der Ziele des After Sales Service wesentlich sind.

Unternehmensinterne Erfolgsfaktoren des After Sales Service umfassen im engeren Sinne alle Größen, die zu einer effektiven und effizienten Leistungserstellung beitragen wie Leistungsbereitschaft, Leistungsintensität, Qualitätsmanagement oder Zeitmanagement. Im weiteren Sinne wirken sich in den einzelnen Unternehmen generelle Erfolgsfaktoren wie die der Strategie, Struktur und Systeme mehr oder weniger stark auf Effektivität und Effizienz des After Sales Service aus.

Zu den *unternehmensexternen Erfolgsfaktoren* des After Sales Service können insbesondere gerechnet werden:
⇨ Image (Vorstellungsbilder der Kunden über das Leistungsvermögen des After Sales Service),
⇨ eine hohe wahrgenommene Servicequalität (subjektive, kundenbezogene Qualität),
⇨ Glaubwürdigkeit (umfasst die eigentliche Kompetenz, Höflichkeit und Vertrauenswürdigkeit der Mitarbeiter) ([15], S. 276),
⇨ zeitliche Leistungsbereitschaft (zum Beispiel 24-Sunden-Service),
⇨ Schnelligkeit (Zeitspanne zwischen Eingang und Erledigung von ASS-Aufträgen),
⇨ Zuverlässigkeit (zum Beispiel Termineinhaltung bei Ersatzteillieferungen),
⇨ kundenindividuelle Leistungspakete (auf spezielle Kundenbedürfnisse maßgeschneiderter After Sales Service) ([16], S. 517).

Die Erfolgsfaktoren des After Sales Service unterscheiden sich für viele Unternehmen nach Zahl und Gewichtung. In der Regel trifft auf jedes Unternehmen nur eine gewisse Zahl von Erfolgsfaktoren zu.

Die einzelnen Erfolgsfaktoren dürfen nicht isoliert betrachtet werden, sie beeinflussen sich auch wechselseitig. So wird beispielsweise eine hohe zeitliche Leistungsbereitschaft die wahrgenommene Servicequalität wie bei Schlossnotdiensten, Heizungsnotdiensten positiv beeinflussen.

Die Arten des After Sales Service

Die ASS-Arten können entsprechend den Klassifizierungen von Dienstleistungen verschiedenartig dargestellt werden wie für den Haupteinsatzfaktor (personell und maschinell erbrachte Dienstleistungen), die Anzahl der externen Faktoren (Individual- und Kollektivdienstleistungen), die Mittelbarkeit zum Konsum (konsumtive und investive Dienstleistungen), der Individualitätsgrad (individuelle und standardisierte Dienstleistungen) ([5], S. 39).

Aus der Kombination von mehreren Kriterien können auch Typologien gebildet werden wie durch Verbindung der Kriterien Haupteinsatzfaktor (personell erbrachte Dienstleistungen und maschinell erbrachte Dienstleistungen) und Art des externen Faktors (personenbezogene Dienstleistungen und objektbezogene Dienstleistungen) ([5], S. 42f.).

Ein weiterer mehrdimensionaler Ansatz ergibt sich aus der Erwartungshaltung der Kunden und dem Grad der Affinität zwischen Primär- und Sekundärleistung ([15], S. 957).

Für die Erwartungshaltung kann unterschieden werden zwischen

⇨ Muss-Leistungen (Leistungen, die die Nutzung des Produktes erst ermöglichen wie die Installation von Einbauküchen),

⇨ Soll-Leistungen (Leistungen, die zwar zwangsläufig anfallen, aber nicht zu einem genau vorhersehbaren Zeitpunkt wie Instandhaltung bei Aufzügen und Fahrtreppen, Ersatzteilservice bei Turboladern),

⇨ Kann-Leistungen (Leistungen, die für den Kunden Zusatznutzen bringen wie Hotline-Services).

Im Zusammenhang mit Muss-, Soll- und Kann-Leistungen ([15], S. 957) wird auch von unvermeidbaren Leistungen, Reliability-Leistungen und nachfragebedingten Leistungen gesprochen ([15], S. 956f.). Hinsichtlich des Affinitätsgrades kann ausgegangen werden von hoher, mittlerer und geringer Affinität von Primärleistung (zum Beispiel Pkw) und Sekundärleistungen wie technischer Kundendienst (hohe Affinität), Mietwagenvermittlung (mittlere Affinität), Cafeterien (geringe Affinität ([15], S. 445). Dieser mehrdimensionale Ansatz kann für verschiedene Branchen genutzt werden (vgl. Tabelle 1).

Tabelle 1: After Sales Service – Kundenerwartungen bei Primärleistungen (Beispiele: Pkw/Reinigungsgeräte/Tageszeitungen

Kunden-erwartungen	Affinitätsgrad		
	hoch	**mittel**	**gering**
Muss-Leistung	Technischer Kundendienst	Reise-Nachsendung	Hol- und Bringservice
	Audi AG: Inspektion (30.000 km), Ölwechsel (15.000) Alfred Kärcher: 24h-Telefonservice, Übernacht-Express-dienst	Frankfurter Allgemeine Zeitung, Landeszeitung, Tagesspiegel u.a.	BMW-Niederlassung Hamburg (gegen Berechnung)
Soll-Leistung	Pannendienst	Mietwagen	Cafeteria
	Audi AG: Notdiensttelefon BMW AG: Servicecard Daimler Benz AG: Mobilitäts-Paket	Audi AG: Individuelle Angebote BMW Niederlassung Hamburg: Mobilitätsfahrzeuge Daimler Benz AG: Mobilitäts-Paket	Havemann GmbH (VW- und Audi-Vertretung)
Kann-Leistung	Entsorgung	Kundenkarte	Geschenkgutschein
	Alfred Kärcher: Altgeräte, Altstoffe	Audi AG: A Plus Kundenkarte, Streckenplanung, Lotsendienst, Staumeldungen, Ticketservice, Audireisen, Audi-Accessoires Pluspunkte u.a.	Landeszeitung, Spendenzeitung

Programmbreite und Programmtiefe

Die Programmstruktur eines Unternehmens ergibt sich in der Regel aus Primärleistungen (Sachgüter und Dienstleistungen), die als Produkte oder Artikel Produktlinien zugeordnet werden. Der einem Produkt zugeordnete After Sales Service kann wiederum eine eigene Programmbreite und -tiefe aufweisen, je nachdem, wie viele Arten und Verrichtungsvarianten angeboten werden. Die Arten des After Sales Service werden üblicherweise nach Klassen und/oder Typologien gegliedert (das heißt Einteilung nach Gruppen von einheitlichen Merkmalskomplexen) (vgl. Tabelle 2).

After Sales Service-Programme unterscheiden sich wie alle Dienstleistungsprogramme durch ihre Breite und Tiefe. Nach den verschiedenartigen Dimensionierungen können Programm-Oberbegriffe gebildet werden wie Fachprogramme (breit und flach) zum Beispiel von Automobil-Reparaturwerkstätten oder Spezialprogramme beispielsweise von Auto-Service-Partnern (Auspuff-, Bremsen-, Stoßdämpfer-Reparaturen).

Generell ist der Umfang der Programme abhängig von den einzelnen Märkten, insbesondere von den Bedürfnissen und Wünschen der Nachfrager wie von Unternehmen, Institutionen, Haushalten, Einzelpersonen sowie von den Zielsetzungen und Ressourcen der Anbieter von After Sales Services. Dadurch wird der theoretisch mögliche Umfang des Programmes in den meisten Fällen begrenzt. Die Leistungen müssen nicht unbedingt im eigenen Hause erbracht werden (Make-or-Buy-Entscheidungen). So bedienen sich viele Kfz-Werkstätten für bestimmte Reparaturleistungen der Dienste von spezialisierten Unternehmen wie zum Beispiel von Autolackierereien, Autosattlereien oder Autoelektrikbetrieben. Textilhandelsunternehmen greifen zum Beispiel bei Reklamationen auf Änderungsschneidereibetriebe zurück. Schmuckwarengeschäfte lassen häufig Reparaturen von Gold- und Silberschmieden ausführen. Bei Hausratsversicherungen bieten zum Beispiel die Gothaer Versicherungen das Gothaer Service-Telefon an. Im Schadensfall wie Einbruch oder Brand kümmert sich die Versicherung nach einem gebührenfreien Anruf darum, dass so schnell wie

Tabelle 2: Programmstruktur für After Sales Services, dargestellt an Beispielen der Mercedes-Benz-Vertretung Stern Partner GmbH & Co KG in Lüneburg

After Sales Service-Arten	Verrichtungen Varianten (Beispiele)				
Reparaturen	Zylinderkopf dichten	Hinterachse ersetzen	Vergaser justieren	Stoßfänger erneuern	Kotflügel austauschen
Garantie-leistungen	Getriebe austauschen	Zylinderkopf austauschen	Wischermotor austauschen	Heizungsgebläse austauschen	Kraftstoffpumpe austauschen
Instandhal-tung	Reifenwechsel	Ölwechsel	Batterie aufladen	Zündkerzen erneuern	Ölfilter austauschen
Pflege	Politur	Oberwäsche	Innenreinigung	Motorwäsche	Felgenpflege
Pannenhilfe	Starthilfe	Abschleppen	Teilebeschaffung	Pannenreparatur	Fahrzeugzuführung
Fahrsicher-heitstraining	Lenken	Bremsen	Kurvenfahren	Gefahrentraining	Theoretische Einführung
Erlebniskarte	Exklusivangebote	Kundenmagazin	Aktuelle Produktinfo	Travelservice	Servicehilfen
Events	Einladung zur Europäischen Taxi-messe	Vorpremiere: neues Modell	Ausstellung: Plakate und Anzeigen	Modell-Auto-Börse	Tag der Sicherheit: Kostenloser Sicherheitstest
Kundennach-betreuung	Foto und Blumen-strauß bei Fahr-zeugübergabe	Info-Anruf inner-halb von vier Wochen	2 x p.a. Ansprache durch Verkäufer	Frühjahr-/Winter-durchsicht-Ange-bote	Kundenzufrieden-heitsbefragung

möglich die benötigten Handwerker vor der Tür stehen. Oder es wird ein Hotelzimmer in Wohnungsnähe gebucht, wenn die Wohnung vorübergehend nicht bewohnbar ist. Gegebenenfalls wird im Urlaubsfall ein Wachdienst beauftragt, bis der Hauseingang beziehungsweise die Wohnungstüre wieder gesichert ist.

Die Programmstrukturanalyse für After Sales Service

After Sales Services bedürfen ebenso der Struktur-Analyse wie die von ihnen begleiteten Produkte (Primärleistungen). Ziele dieser Analyse sind neben einem strukturierten Programmüberblick vor allem die Gewinnung von Informationen für

⇨ Basisunterlagen für Programm-Optimierungen (Straffung, Verbesserung, Erweiterung),

⇨ artenbezogene ASS-Anstöße zur Umsatz- und Deckungsbeitragsverbesserung,

⇨ Unterlagen über die Konzentration der After Sales Services nach Umsätzen, Deckungsbeiträgen, Lebenserwartungen und Kunden. ([9], S. 163)

Ausgangspunkt der Programmstrukturanalyse sind die klassischen Schritte der produktbezogenen Strukturanalyse mit

⇨ Umsatzstrukturanalyse,

⇨ Erfolgsstrukturanalyse (Rangfolge realisierter Deckungsbeiträge, absolut oder engpassbezogen),

⇨ Kundenstrukturanalyse ([8], S. 133).

Programmstruktur-Analysen für After Sales Services werden neben artenbezogenen Anstößen zur Umsatz- und Deckungsbeitrags-Verbesserung vor allem genutzt als eine Ausgangsbasis für die Optimierung des Dienstleistungsangebotes nach dem Verkauf. Zur Entscheidung über ASS-Maßnahmen müssen – neben einer Vielzahl von Kriterien wie rechtliche Rahmenbedingungen, kundenbezogene Kriterien, lieferantenbezogene Kriterien oder konkurrenzbezogene Kriterien – vor allem auch mögliche Auswirkungen auf die von den Dienstleistungen begleiteten Produkte berücksichtigt werden.

Veränderungen im After Sales Service können den Erfolg von Primärleistungen wesentlich beeinflussen. So wird sich beispielsweise die Qualität von Garantie- und Reparaturleistungen auch auf die Beurteilung von Primärleistungen auswirken. Ein mäßiger oder gar unzulänglicher After Sales Service kann zum Beispiel bei Automobilen nicht nur zu einem Wechsel der Werkstatt, sondern auch zu einem Markenwechsel führen.

Häufig reicht es auch nicht aus, nur das eigene Service-Angebot zu analysieren. Zahlreiche Anbieter sind bei der Erstellung ihrer After Sales Services von komplementären Anbietern abhängig, deren Leistungen das eigene Programm abrunden oder ergänzen (vgl. [5], S. 271).

Von der Entwicklung bis zur Elimination von After Sales Services

Innovation

Der Begriff der Innovation wird in der Literatur unterschiedlich verwendet. Es geht aber im Prinzip um Marktneuheiten und/oder Betriebs- beziehungsweise Unternehmensneuheiten ([18], S. 693). Dies gilt auch für After Sales Services.

Innovationen sind durch wichtige Merkmale gekennzeichnet, wie Neuheitseffekt, höhere Problemlösungsfähigkeit, bessere Befriedigung von Bedürfnissen, leichte(re) oder erweiterte Anwendbarkeit, größere Nutzen oder Zusatznutzen. Die Zahl der möglichen Innovationspotenziale in der Produktpolitik ist groß. Sie reichen vom gesamten Produkt über dessen Bestandteile bis hin zu den produktbegleitenden Dienstleistungen.

Der Prozess der Dienstleistungsinnovation wird in der Literatur auch als Service-Blueprint ([17], S. 387 u. S. 390) bezeichnet. Ablaufdiagramme, Projektpläne oder Netzpläne fassen die Vorgänge während der Erstellung sowie die erforderlichen Potenzialfaktoren und den Zeitbedarf im Innovationsprozess zusammen.

Ideenfindung und -auswahl

Für die Suche nach Ideen für den After Sales Service bieten sich zwei grundsätzliche Wege an: das Sammeln und das Erzeugen von Ideen.

Sammeln von Ideen

Der Leistungsanbieter kann auf eine ganze Reihe von Informationen aus betriebsinternen und -externen Quellen zurückgreifen wie

⇨ Reklamation der Kunden,

⇨ betriebliches Vorschlagwesen,

⇨ Auswertung von Außendienstberichten,

⇨ Bildung von Kreativ-Teams,

⇨ Kundenbefragungen,

⇨ Beobachtungen des Wettbewerbs,

⇨ Besuch von Messen und Ausstellungen,

⇨ Auswertungen von Fachzeitschriften,

⇨ Einschaltung von Unternehmensberatern ([5], S. 195; vgl. [15], S. 390).

Eine neue Qualität des Sammelns von Ideen wird durch Benchmarking ermöglicht. Mit den Zielen

⇨ Lernen von den Besten, um selbst die Führerschaft zu erlangen,

⇨ Verbesserung von Qualität und Wettbewerbsleistung,

begibt man sich auf die Suche nach Benchmarks (Höhenmarken oder Orientierungspunkte in der Landvermessung – im übertragenen Sinne Leistungsvorgaben) über das eigene Unternehmen, die eigene Branche, das eigene Land hinaus, sozusagen weltweit. Die Ausprägungen von After Sales Service- und Prozessparametern der besten Unternehmen (Best Practice) werden als Ziel- und Orientierungsgrößen genutzt (vgl. [9], S. 181f.; [13], S. 70f.; [15], S. 391f.). Unternehmen mit der besten Problemlösung werden als Vergleichsmaßstab ermittelt, so zum Beispiel der Vergleich der Abfertigungszeiten von Ferrari-Rennwagen in der Box bei Grand-Prix-Rennen (insbesondere die Zusammenarbeit des Abfertigungsteams) mit den Abfertigungszeiten in der eigenen Werkstatt.

Erzeugen von Ideen

Für das Erzeugen von Ideen für After Sales Services stehen vor allem intuitiv-kreative Methoden wie Brainstorming, Brainwriting, Synektik und systematisch-analytische Verfahren wie die Methode des morphologischen Kastens zur Verfügung (s.a. [9], S. 182ff.).

Vorauswahl von Ideen

Eine wirtschaftliche Verwirklichung aller Ideen stößt an die Grenzen des Machbaren in den Unternehmen und der Aufnahmefähigkeit der Märkte. Daraus ergibt sich die Notwendigkeit einer Ideenprüfung in Form einer Vorauswahl (Screening). »Bei der Prüfung der Produktideen sollten alle Kriterien berücksichtigt werden, die auch zu einem späteren Zeitpunkt relevant sind« ([9], S. 190), wenn eine oder mehrere Ideen zu marktreifen After Sales Services und ihrer Aufnahme in das Programm geführt haben. Zu diesen Kriterien gehören beispielsweise

⇨ Image-Einflüsse,
⇨ Kundenerfordernisse,
⇨ Schaffung von Kundenbindung und Kundenzufriedenheit,
⇨ Wettbewerbserfordernisse,
⇨ rechtliche Voraussetzungen,
⇨ Umsatzerwartung,
⇨ Deckungsbeitragserwartung,
⇨ positive Beeinflussung der Primärleistung,
⇨ Beitrag zu einer Unic Selling Proposition beziehungsweise Unic Marketing Proposition.

Für die Vorauswahl von Ideen stehen vor allem Checklisten, Produktbewertungsverfahren (Scoringverfahren) und eine Reihe weiterer Auswahlverfahren zur Verfügung. Sie dienen zur systematischen Bewertung und Diskussion der neuen Ideen. In vielen Unternehmen verlässt man sich allerdings weitgehend auf die Erfahrungen und Kenntnisse der mit der Vorauswahl betrauten Mitarbeiter.

Konzepte und Konzeptionen

Für Ideen des After Sales Service, die die Vorauswahl erfolgreich durchlaufen haben, müssen geeignete Konzepte und Konzeptionen erarbeitet werden.

Konzepte

Kunden beziehungsweise Verbraucher nutzen nicht Ideen sondern Konzepte von After Sales Services. Ein solches Konzept »ist eine im einzelnen erarbeitete Darstellung dieser Idee, und zwar in einer Ausdrucksweise, die dem Verbraucher etwas bedeutet« ([13], S. 531). Das Konzept wird verbal und/oder visuell erstellt, für seine Erarbeitung müssen in der Praxis eine Reihe von Fragen beantwortet werden (vgl. auch [11], S. 516):

⇨ Wie soll das After Sales Service-Konzept verwirklicht werden?
⇨ Wer soll den After Sales Service nutzen?
⇨ Welchen Nutzen soll der After Sales Service haben?
– Worin besteht der Primärnutzen ?
– Was sind sonstige Nutzen?
⇨ Bei welchem Anlass soll der After Sales Service verwendet werden?
– Was ist der Hauptanlass?
– Sonstige Anlässe?

In vielen Unternehmen entstehen die Konzepte auf Grund von Erfahrung und Intuition. Viele erfolgreiche beziehungsweise besser bewertete After Sales Service-Konzepte werden ganz oder teilweise vom Wettbewerb übernommen. Weitere marktnahe Beiträge für Konzepte kommen vor allem von Kunden, Lieferanten, Kapitalgebern und Beratern. Für die Entwicklung von Konzepten stellt auch die Marktforschung eine Reihe von Verfahren zur Verfügung:

Bei *Gruppengesprächen* auf Kundenebene und Fachgesprächen mit potenziellen Kunden stehen dem Vorteil der direkten Befragung (mit der Möglichkeit vergleichender Gewichtung) Nachteile gegenüber wie die relativ isolierte Einstufung einzelner Teilqualitäten sowie die Gefahr banaler oder willkürlicher Antworten ([4], S. 272f.).

Beim *Conjoint Measurement* handelt es sich um ein spezielles Analyse- und Messverfahren, das die relativen Beiträge einzelner Merkmale (Attribute) für die Gesamtpräferenz von Konzepten und Produkten beziehungsweise Dienstleistungen erfassen soll (vgl. [3], S. 184). Neben dem Begriff des Conjoint Measurements werden in der Literatur auch die Begriffe Conjoint Analyse, Verbundmessung und konjunkte Analyse synonym verwendet ([2], S. 544). Es werden Gesamturteile zum Beispiel zu alternativen Konzepten erhoben (Gesamtnutzenwert), aus denen der Beitrag einzelner Eigenschaften (Teilnutzenwert) zum Gesamturteil bestimmt wird (dekompositioneller Ansatz). Der Gesamtnutzen ergibt sich danach additiv aus den Teilnutzen. Nachteile werden vor allem gesehen in einer möglichen Überforderung der Untersuchungsteilnehmer und in der Untersuchungsbegrenzung auf technisch-ökonomische Aspekte ([4], S. 277).

Für After Sales Services können auch *Service-Portfolios* nach ABC-Klassifizierung erstellt werden. So hat die Festo-Gruppe, ein weltweit führender Anbieter von Automatisierungstechnik, ihre After Sales Services unterteilt nach

⇨ A-Services (bieten direkten und messbaren Kundennutzen),

⇨ B-Services (basieren auf den speziellen Bedürfnissen der Kunden),

⇨ C-Services (werden vom Kunden grundsätzlich vorausgesetzt) [14], S. 34-37).

ASS-Konzepte können ähnlich wie Konzepte für physische Produkte durch *Konzepttests* beurteilt werden. Nicht immer stehen Prototypen in dieser Phase zur Verfügung. Verbale Konzepttests gegebenenfalls mit bildlicher Unterstützung sind in diesen Fällen auch möglich allerdings mit eingeschränktem Zuverlässigkeitsgrad. Die Beantwortung folgender Fragen ist im Konzepttest von besonderem Interesse:

⇨ Wie verständlich und glaubwürdig erscheint das Konzept?

⇨ Welche Verrichtungen sind letztlich für das Kundenverhalten bedeutsam?

⇨ Welche Vorteile und Nachteile des Konzeptes erkennen die Probanden?

Der Konzepttest kann erweitert werden in Richtung Positionierung und Segmentierung:
⇨ Welche Verwender(-gruppen) sind erkennbar?
⇨ Wie können die einzelnen Segmente unterschieden beziehungsweise charakterisiert werden?
⇨ Welche Wettbewerbsdienstleistungen sind die stärksten Konkurrenten des After Sales Service-Konzeptes?
⇨ Welche eigenen After Sales Services könnten kannibalisiert werden?

Der eigentliche Konzepttest umfasst drei Elemente: die Gruppendiskussion, die mündliche oder schriftliche Befragung von Bedarfsträgern sowie Verhaltenstests (vgl. [18], S. 703).

Die Befragungsergebnisse unterstützen die Entscheidungsfindung für die Konzeptwahl und können zur Änderung beziehungsweise zur Verbesserung des Konzeptes führen.

Konzeption des After Sales Service
Die Entwicklung neuer After Sales Services beinhaltet auch Risiken. Dem oft nicht unerheblichen Kostenaufwand können auch nach der Markteinführung geringe Erträge oder sogar Flops gegenüberstehen. Aussichtsreich erscheinende Konzepte sollten deshalb vor der Entwicklungsentscheidung in den Bezugsrahmen von Aufgabenstellung, Marktsituation und Erwartungen wie Marktentwicklung, Kundenakzeptanz, finanzielle Ergebnisse gestellt werden (vgl. Tabelle 3).

Die Konzeption schließt mit der Entwicklungsempfehlung ab. »Eine in sich schlüssige Konzeption muss mit einer für das jeweilige Unternehmen angemessenen Gewinnerwartung nicht zwangsläufig zu einer Weiterführung des Projektes führen. Unterschiedliche Gründe können dagegen sprechen: Konkurrierende Konzeptionen, die für das Unternehmen von größerem Interesse sind, befürchtete Kannibalisierungsfolgen zu Lasten ertragsgleicher oder ertragsstärkerer Produkte beziehungsweise Services, das Bekanntwerden hoher Entwicklungskosten, langer Entwicklungszeiten, ungeklärter Möglichkeiten der

Tabelle 3: Strukturierte Checkliste zur Konzeption von After Sales Services
Aufgabenstellung
1. In welche Richtung soll der neue After Sales Service entwickelt werden?
2. Soll der neue After Sales Service mit oder ohne kommunikative Unterstützung eingeführt werden?
Marktsituation
3. Wie sind die Potenziale bei Markt und Absatz?
4. Welche Bedürfnisse, Wünsche, Einstellungen hat die Zielgruppe?
5. Wie ist die Konkurrenzsituation?
6. Welche Handelserfordernisse sind gegebenenfalls zu berücksichtigen?
7. Welche Umwelterfordernisse müssen beachtet werden?
Der neue After Sales Service
8. Welches sind die charakteristischen Merkmale des neuen After Sales Service (insbesondere Muss-, Soll-, Kann-Leistung; Affinitätsgrad zur Primärleistung; Potenzial-, Prozess- und Ergebnisinhalte, Image, Markierung)?
Erwartungen
9. Wie wird sich der Markt entwickeln?
10. Wie wird sich die Kundenakzeptanz in der Einführungs- und in der Marktdurchdringungsphase entwickeln?
11. Welche finanziellen Ergebnisse werden erwartet?
12. Wie werden sich Absatz und Umsatz entwickeln?
Wirtschaftlichkeitsanalyse
13. Wird der neue After Sales Service wirtschaftlich sein?
Empfehlung
14. Soll der neue After Sales Service entwickelt werden?

Reproduzierbarkeit, hoher Investionsaufwendungen, rechtlicher Barrieren (zum Beispiel neue Gesetzesvorlagen, Patentschutzrechte anderer Unternehmen) u.a.m.« ([9], S. 222).

Grundsätzlich sollte jede zur Entwicklung empfohlene Konzeption von After Sales Services aus sich heraus wirtschaftlich sinnvoll sein. Ausnahmen können erforderlich sein wie bei Muss-Leistungen oder Wettbewerbseinbrüchen.

Entwickeln und Testen neuer After Sales Services

Nach der Entwicklungsentscheidung auf der Basis der Produktkonzeption beginnt die Erstellung eines Prototyps des After Sales Service. Bezüglich des Marktpreises können als Fokus für die Entwicklung alternativ der neue After Sales Service oder Zielpreis/Zielkosten (Target Price/Target Costs) gewählt werden ([9], S. 255f.). Aus der Sicht des Kunden muss der Prototyp der Konzeption des After Sales Service entsprechen und aus der Sicht des Dienstleisters reproduzierbar sein zu den vorgesehenen Herstellkosten. Im Prototyp werden die Begriffsinhalte miteinander verbunden, die einen After Sales Service ausmachen. Im Einzelnen sind dies die folgenden Punkte:

Potenzialorientierter Begriffsinhalt

Darunter wird die Fähigkeit eines Dienstleisters zur Kombination interner Produktionsfaktoren wie Sachmittel oder Personal für die Dienstleistung verstanden. Zur Leistungsfähigkeit gehört auch die Leistungsbereitschaft.

Prozessorientierter Begriffsinhalt

Bei Inanspruchnahme der Dienstleistung tritt der prozessorientierte Begriffsinhalt in den Vordergrund. Die Dienstleistung kann erst erstellt werden, wenn der Kunde sich selbst oder seine Objekte (zum Beispiel Maschine zur Wartung) in den Dienstleistungsprozess einbezieht.

Ergebnisorientierter Begriffsinhalt

Hier geht es um den bei der Dienstleistung entstehenden Nutzen für den Kunden, wie etwa bei der Reparatur eines Autos (vgl. [5], S. 33ff.).

Test vor Markteinführung

Das Testen vor Prototypen im Sinne der Konsumgütermarktforschung wird in der Literatur für personendominante After Sales Services weitgehend als nicht machbar gesehen (vgl. [5], S. 194). Für zahlreiche After Sales Services können aber zumindest Testansätze genutzt werden beispielsweise in Form von Gruppendiskussionen oder Ad-hoc-Befragungen potenzieller Kunden mit eingeschränkter Repräsentativität. Betriebsintern können Leistungsfähigkeit und Leistungsbereitschaft getestet werden. Objektdominante After Sales Services wie zum Beispiel Servicecards können gegebenenfalls auch auf Testmärkten erprobt werden.

Die Markteinführung von Innovationen ohne Testphase mit nachträglicher Anpassung an Markt- und Wettbewerbsreaktionen dürfte aber die Regel sein. Diese Auffassung wird gestützt durch die Ergebnisse einer Marktbefragung von Martin und Horne (1993). »Dabei stellte sich heraus, dass nur 57,6 Prozent der befragten Firmen überhaupt über einen formalisierten Prozess zur Entwicklung von Dienstleistungsinnovationen verfügen« ([17], S. 391f.).

Markierung
Im Zusammenhang mit der Innovation von After Sales Services ist wie bei Dienstleistungen generell, die mit der Primärleistung eng verbunden sind, die Frage der Markierung zu prüfen. Es muss entschieden werden, ob der neue After Sales Service als Marke oder markenlos angeboten werden soll. Es bietet sich an, die After Sales Service-Art mit der Marke der Primärleistung zu verbinden wie beispielsweise Ford-Garantie, Quelle-Reparaturservice, ADAC-Pannenhilfe. Deutliche Vorteile der Markierung sind Identifikation, Wiedererkennung, rechtlicher Schutz, Differenzierung vom Wettbewerb.

Einführungsentscheidungen für After Sales Services
Zentrale Voraussetzung für die Einführungsentscheidung ist der erfolgreiche Abschluss der Entwicklung. Der Abschluss erfolgt zunächst formal. Eine Reihe von Firmen haben für die Vorstellung der neuen Dienstleistung Formblätter geschaffen. In diesen sind beispielsweise beschreibende Informationen enthalten – etwa über die Kombination interner Produktionsfaktoren (Sachmittel, Personal), den Dienstleistungsprozess, die Einsatzbereiche oder die gewünschten Eigenschaften. Aber auch Angaben über Entwicklungskosten und Er-

wartungen (Absatzzahlen, Preise, Plankosten, Deckungsbeiträge) spielen eine wesentliche Rolle. Alle involvierten Unternehmensbereiche sollten in die Vorstellung des neuen After Sales Service einbezogen werden. Zu diesem Zeitpunkt können auch noch begründete Änderungswünsche oder gar die Ablehnung geäußert werden. Auch Wünsche nach Mitarbeiterschulung und Pilotversuche können eingebracht werden.

»Im Unternehmen mit kooperativem Führungsstil wird ein möglichst umfassender Konsens angestrebt bei der Entscheidung über die Produkt- (hier Service-) Vorstellung« ([9], S. 286). Schließlich werden nur überzeugte Mitarbeiter den Prototyp optimal reproduzieren, die Kunden überzeugen und nachhaltigen Einsatz bei der Durchsetzung des neuen After Sales Services im Markt zeigen. So kann in der Vorstellung des neuen After Sales Services eine wichtige Vorentscheidung für den erwarteten Erfolg der Innovation gesehen werden.

Die Genehmigung der Vorstellung führt zu Aufnahme in das Programm. Vor der generellen Einführung kann der neue After Sales Service durch Markttests überprüft werden. Denkbar sind regionale oder lokale Testmärkte. Die Testphase sollte jedoch zeitlich eng begrenzt bleiben, da wegen der Immaterialität der Dienstleistung Innovationen in der Regel weder patentfähig noch für den Gebrauchs- oder Geschmacksmusterschutz tauglich sind (vgl. [1], S. 106f.). Wettbewerbsvorteile können somit schnell vergehen, weil für Wettbewerber die Möglichkeit besteht, innovative Dienstleistungen rasch zu übernehmen.

Variation

Definition

Der Begriff Variation meint in diesem Zusammenhang die Veränderung bestehender After Sales Services, die im Markt an die Stelle der bisherigen treten. Die Variation weist fünf inhaltliche Ansatzpunkte auf, »die auf fast jedes Dienstleistungsunternehmen zutreffen:
⇨ Angebot von Zusatzleistungen,

⇨ Art und Umfang der Einbeziehung des externen Faktors,
⇨ Automatisierung und Veredelung der Dienstleistung,
⇨ zeitliche Veränderung des Dienstleistungsprozesses,
⇨ Veränderung symbolischer Eigenschaften.« ([17], S. 368)

In engem Zusammenhang mit der Variation wird in Literatur und Praxis der *Relaunch* gesehen. Vielfach wird die absatzbezogene Wirkung der Variation durch Veränderungen bei anderen Marketing-Mix-Instrumenten unterstützt wie durch Preisänderungen, Konditionenänderungen, neue Werbebotschaften, andere kommunikative Instrumente, veränderte Vertriebsstrukturen (vgl. [15], S. 438). Diese Kombination der Marketing-Mix-Instrumente wird zwar als Relaunch bezeichnet ([6], S.48). Der Relaunchbegriff wird aber auch modifiziert verwendet als »grundlegende Änderung auch des Produktes« beziehungsweise hier des After Sales Services (vgl. [20], S. 428) und als ein Vorgang, der sich auch lediglich auf Marketing-Mix-Instrumente beziehen kann.

Vom Relaunch wird das Facelifting unterschieden, das man auch mit Produkt- beziehungsweise Servicepflege umschreiben kann (vgl. [10], S. 37).

Gegenstand dieser Betrachtung ist der Relaunch im Sinne der leistungspolitischen Veränderung (Variation) einer oder mehrerer Komponenten eines im Markt befindlichen After Sales Service.

Relaunch-Ablauf
Die meisten Methoden und Vorgehensweisen, die bei der Entwicklung neuer After Sales Services angewandt werden, finden auch im Falle eines Relaunches Anwendung – allerdings mit unterschiedlicher Intensität. Das Ausmaß der Variation ist ausschlaggebend. Schrittweise Änderungen benötigen und rechtfertigen nicht den gleichen Aufwand wie bei völlig neuen After Sales Services. Anstöße für einen Relaunch sind
⇨ nachfragebedingt (wie durch Änderungen im Kundenverhalten, Kundenwünsche oder Konkurrenzdruck),

⇨ umweltbedingt (wie durch ökologische Gesichtspunkte oder rechtliche Vorschriften),

⇨ angebotsbedingt (wie durch neue Ideen, Alterungsprozesse bei After Sales Services, Schwächen der Positionierung oder auch Defizite bei der Realisierung der Marketing-Mix-Aktivitäten).

Die unterschiedlichen Anstöße für den Relaunch lassen es ratsam erscheinen, Variationen nicht ungeplant einzusetzen. Vielfältige Anregungen aus dem Markt und dem eigenen Unternehmen können sonst leicht in einen Aktionismus führen, der Kunden ebenso irritiert wie die eigene Verkaufsorganisation und andere Bereiche des Unternehmens. »Bei der Variation stellt sich also die Frage nach der richtigen Mischung von Kontinuität und Aktualität« ([21], S. 1421).

Differenzierung

Definition (hier für Angebotsdifferenzierung)
Wird im Angebotsprogramm sowie für After Sales Services »das ursprüngliche Angebot durch ein verändertes Angebot ergänzt, dass auf die Ansprüche unterschiedlicher Marktsegmente ausgerichtet ist, spricht man von einer Angebotsdifferenzierung« ([5], S. 191).
   Die Differenzierung kann entweder das gesamte Angebotsprogramm oder einen Teil der Marketing-Mix-Instrumente betreffen. Wir befassen uns hier ausschließlich mit der Differenzierung des leistungsbezogenen Teils des Angebotsprogramms von After Sales Services im Sinne der Marktsegmentierung.

Erscheinungsformen
Die Leistungsdifferenzierung von After Sales Services kann eine oder mehrere Dienstleistungsebenen betreffen:
⇨ Dienstleistungspotenziale,
⇨ Dienstleistungsprozesse,
⇨ Dienstleistungsergebnisse.

Am Beispiel des After Sales Service »Autowäsche« soll dies im Folgenden veranschaulicht werden.

Leistungsdifferenzierung auf der Ebene von Dienstleistungspotenzialen

Es geht hier um Variationen der internen Faktoren wie Sachmittel, Personal für After Sales Services. Eine Automobilvertretung kann beispielsweise die Autowäsche als After Sales Service anbieten. Eine automatische Waschanlage mit Chip-Bedienung wird zunächst eingesetzt. Im Laufe der Zeit werden sich Reklamationen von Cabrio-Besitzern häufen. Sie können für ihre Wagen die automatische Waschanlage wegen der Beschädigungsgefahr nicht nutzen, wollen aber am After Sales Service »Autowäsche« teilhaben. Es bietet sich für den Dienstleister als Problemlösung eine Leistungsdifferenzierung an. Neben der automatischen Waschanlage wird ein Raum für manuelle Wäsche installiert.

Leistungsdifferenzierung auf der Ebene der Dienstleistungsprozesse

Die Inanspruchnahme der Dienstleistung kann in der Regel nur stattfinden, wenn der Kunde sich selbst oder sein Objekt (zum Beispiel Pkw zur Wagenwäsche) in den Dienstleistungsprozess mit einbezieht. Die Art und Intensität der Einbeziehung des so genannten externen Faktors kann auch Gegenstand von Differenzierungen sein. Bleiben wir bei dem Beispiel der Wagenwäsche als After Sales Service. Vielleicht wird der Dienstleister zuerst die Wagen der Kunden durch sein Personal übernehmen und gewaschen zurückgeben. Einigen Kunden wird das nicht schnell genug gehen. Eine Leistungsprozessdifferenzierung könnte die Lösung bringen. Eilige Kunden können sich zum Beispiel stärker einbringen, indem sie ihre Wagen selbst in die automatisierte Waschstraße fahren, einen Chip einwerfen und ihren Pkw nach dem Waschvorgang gleich wieder mitnehmen. Für eilige Cabrio-Fahrer würde sich eine analoge Lösung anbieten.

**Leistungsdifferenzierung auf der Ebene der
Dienstleistungsergebnisse**

Dienstleistungsergebnisse sind für den Kunden entstandene Nutzen.
Im Beispiel der Autowäsche ist dies der äußerlich saubere Wagen.
Einmal an den After Sales Service »Autowäsche« gewöhnt, wird eine
Reihe von Kunden finden, dass der gewaschene Wagen zusätzlich eine
Art Imprägnierung erhalten sollte. Der Dienstleister könnte – viel-
leicht gegen Bezahlung – gewaschene Autos mit einer schützenden
Wachsschicht überziehen und/oder die Unterseite der Wagen mit
einem anderen Schutzmittel besprühen. So würde eine Nutzendiffe-
renzierung entstehen.

Analoge Differenzierungen für unterschiedliche Segmente lassen sich
für viele, wenn nicht sogar für die meisten Service-Angebote entwickeln. Machbar sind nicht nur Differenzierungen für substanzielle
Nutzen von After Sales Services (s.o. Autowäsche), sondern auch für
räumliche Nutzen wie Lieferung ab Rampe oder Lieferung frei Haus
und für zeitliche Nutzen wie zum Beispiel Güterlagerung beim Hersteller, Händler oder Spediteur.

Angebotspflege

Die im Markt befindlichen Angebote von After Sales Services bedürfen der ständigen Pflege beziehungsweise der ständigen Betreuung.
    Die Fachliteratur konzentriert sich dabei überwiegend auf die
großen Ereignisse im Lebenszyklus wie Innovation, Variation, Differenzierung und Elimination. Zwischen dem ersten Tag der Einführung bis zum letzten Tag des Ausscheidens überwiegen aber die
Zeiträume, in denen der After Sales Service in seiner jeweiligen Er-
scheinungsform weitgehend unverändert bleibt. Das Tagesgeschäft
dominiert. Es handelt sich gleichwohl um wichtige Abschnitte für die
Service-Politik. Man kann sie im Blick auf die Veränderungsereignisse
im After Sales Service als Vorstufe, Zwischenzeiten oder schöpferische

Pausen sehen, in denen Politik für den After Sales Service mit den üblichen Instrumenten des Marketing-Mix und der Qualitätssicherung, den Ergebnissen der Markt-, Umsatz und Ergebnis-Beobachtungen sowie der Bewertung im Programm gemacht wird. Dadurch können produktpolitische Veränderungen sich aber nicht nur anbahnen, initiiert oder vorbereitet werden (vgl. die Abschnitte zur Variation und Differenzierung) sondern bereits auch in kleinen Schritten vollzogen werden.

Es wird in diesem Zusammenhang von den Erscheinungsformen des Faceliftings (»Face-lifts«) ([3], S. 740) und der Varietät ([15], S. 440) gesprochen, worum es im Folgenden geht.

Nach der Einführung neuer After Sales Services (vgl. Abschnitt zur Innovation) gilt es, den neuen Service möglichst lange wettbewerbsfähig zu halten in den einzelnen Phasen seines Lebenszyklus. Produktpolitische Maßnahmen spielen dabei eine unterschiedliche Rolle. Im Verlauf der Einführungsphase sollten sich Veränderungen des After Sales Service in der Regel auf die Behebung von offenkundig werdenden Mängeln beschränken, um die Zielgruppe nicht unnötig zu verunsichern. In den Phasen der Marktdurchdringung und der Reife können beispielsweise durch verstärkte Wettbewerbsaktivitäten Veränderungen in den Kundenwünschen, Relaunches durch technologische Neuerungen und segmentierende Differenzierungen erforderlich werden.

Ansonsten wird man sich produktpolitisch der Angebotspflege widmen, die kleinere Veränderungen des After Sales Service einschließen kann (siehe oben). So kann auch die Zeitspanne bis zu einem Relaunch oder der Markteinführung einer Innovation absatz- und ergebnisstabilisierend überbrückt werden. Zur produktpolitischen Angebotspflege gehören auch differenzierende Maßnahmen, die sich an den Gesamtmarkt beziehungsweise an den gesamten Kundenkreis wenden, ohne spezifisch segmentierend zu wirken. Beispiele: Dem Kunden kann auf Wunsch beim Wartungsservice ein Bring- und Holdienst angeboten werden, in der Cafeteria des Dienstleisters können mehrere Getränke offeriert werden, ein Hotelbetrieb kann seinen

Frühstücksservice im Restaurant um einen Zimmerservice erweitern, eine Versicherung kann neben der Schadenserstattung auch die Schadensbeseitigung anbieten, ein Auto-Reifenhändler kann zum Reifenwechsel-Service eine Winter- und Sommerreifenlagerung für den Kunden anbieten.

Auf diese Weise kann eine Art Baukastensystem entstehen, aus dem sich der Kunde die ihm entsprechende Serviceleistung wählt. Beim Dienstleister können auch Service-Prozesse in die Pflegephase einbezogen werden mit dem Ziel einer effizienteren Dienstleitung wie Verkürzung der Wartungs-, Reparatur- oder Reklamationsbearbeitungszeiten. Eine exakte Abgrenzung zwischen der Pflege von After Sales Services mit kleineren Service- und Prozessvariationen und/oder -differenzierungen zum Relaunch beziehungsweise zur Segmentierung wird allerdings häufig kaum möglich sein. Überschneidungen oder fließende Übergänge werden sich in der Praxis immer wieder ergeben.

Elimination

Definition
Unter dem Begriff der Elimination versteht man hier die Entfernung eines After Sales Service beziehungsweise einer Leistung aus dem Angebotsprogramm (vgl. u.a. [5], S. 155; [15], S. 450; [17], S. 392; [18], S. 710; [20], S. 430; [22], S. 239). Dabei müssen After Sales Services nicht unbedingt die Verfallphase ihres Lebenszyklus erreicht oder einen Flop erlitten haben. Strategische Überlegungen, gesetzliche Änderungen, Konkurrenz der After Sales Services um knappe Ressourcen des Unternehmens (vgl. [15], S. 450) oder Kooperationsvereinbarungen können zum Beispiel zur Aufgabe einzelner Verrichtungen oder ganzer Services führen. Unter Einbeziehung des Dienstleistungserstellungsprozesses können drei Typen der Elimination unterschieden werden:

⇨ Elimination aus dem Angebots- und Erstellungsprogramm,

⇨ Elimination nur aus dem Angebotsprogramm,

⇨ Elimination nur aus dem Erstellungsprogramm.

Bei den Eliminationskriterien ist zu unterscheiden zwischen
⇨ einer rein formalen Elimination bei gewaltsamem, natürlichem
oder gewolltem Ende einer ASS-Art oder Verrichtungsvariante,
⇨ der eigentlichen Elimination des After Sales Service und
⇨ bestimmten strategischen Unternehmensentscheidungen wie die
Aufgabe von Markt- beziehungsweise Kundensegmenten.

Die eigentliche Elimination betrifft das Ausscheiden von After Sales
Services oder von Verrichtungsvarianten, die in der Einführungsphase
gescheitert sind (Flops), oder die sich in der Verfallphase des Lebenszyklus befinden oder die generell schwach sind.

Elimination nach einem Flop

Scheitert ein After Sales Service oder eine Verrichtungsvariante, stellen
sich zunächst die Fragen nach den Ursachen und den Folgen. Häufig
wurden Risikofaktoren übersehen oder falsch eingeschätzt wie:
⇨ Problemanalysen sind unterblieben,
⇨ Umweltfaktoren wurden falsch bewertet,
⇨ die verfügbare Zeit von der Idee bis zum marktreifen After Sales
Service war zu kurz,
⇨ die Pretest-Ergebnisse wurden nicht konsequent berücksichtigt,
⇨ der notwendige Markttest wurde eingespart beziehungsweise Umfang und Laufzeit zu gering angesetzt,
⇨ das Leistungspotenzial (Leistungsfähigkeit und Leistungsbereitschaft des Anbieters) wurde nicht richtig ausgeschöpft oder falsch
bewertet,
⇨ das Serienangebot entsprach nicht dem Prototyp,
⇨ der Leistungserstellungsprozess (Endkombination des leistungsbe-
reiten Potenzials unter der zeitlichen Einbeziehung externer Faktoren ([5], S. 31) war nicht optimal,
⇨ die ausgewählten Marketing-Mix-Instrumente waren nicht
ausreichend,

⇨ eine Anbieterkompetenz fehlte oder wurde nicht richtig penetriert,

⇨ die Nutzenstiftung und Akzeptanz beim Kunden war nicht ausreichend,

⇨ die Reaktionsalternativen der Konkurrenz wurden nicht richtig erkannt beziehungsweise falsch bewertet.

Die Folgen der Elimination nach einem Flop müssen auch bedacht werden. Die eingesetzten Mittel sind dann weitgehend verloren, und die Stellung des Leistungsanbieters im Markt kann auf vielfältige Weise tangiert werden. Künftige Innovationen werden vorbelastet. Ursachen und Folgeanalyse können so dazu führen, eine erneute Einführung unter veränderten Voraussetzungen zu wagen, oder andere Alternativen, wie die Veräußerung von Programmteilen an dritte Unternehmen oder die Vergabe von Lizenzen, in Betracht zu ziehen.

Die Elimination nach Erreichen der Verfallphase des Lebenszyklus
Die Elimination von After Sales Services oder Verrichtungsvarianten in der Verfallphase seines Lebenszyklus setzt voraus, den Eintritt des After Sales Service in die Verfallphase zu erkennen beziehungsweise Kriterien aufzustellen, die für die Einstufung Gültigkeit beziehungsweise Orientierungscharakter haben. Hierzu gehören quantitative Merkmale der Lebenszyklusanalyse wie anhaltende Rückgänge von Absatzmengen, Umsätzen, Deckungsbeiträgen, Rentabilität des eingesetzten Kapitals. Hinzu kommen qualitative Entscheidungskriterien wie negativer Einfluss eines After Sales Service auf das Image der Primärleistung oder des Anbieters, Änderungen bei den Kundenbedürfnissen, technologische Alterungsprozesse, die Einführung besserer Leistungen durch den Wettbewerb.

Selbst wenn die Kriterien bekannt sind, werden in vielen Firmen After Sales Services nicht eliminiert. Präferenzen im Management, Wünsche von Kunden, ein gewisses Beharrungsvermögen, prioritätsstärkere andere Aufgaben, Hoffnungen auf bessere Zeiten für den After Sales Service oder mangelnde Alternativen zu entfallenden Deckungsbeiträgen sind einige der wesentlichen Gründe (vgl. [9], S. 345).

Aus dem Verlauf des Lebenszyklus wird plausibel, dass After Sales Services ebenso wie Produkte nur über beschränkte Zeiträume wirtschaftlich eingesetzt werden können (vgl. [6], S. 321). Darüber hinaus binden degenerierende After Sales Services personelle und sachliche Kapazitäten, die für wachstumsfördernde Aktivitäten sinnvoller eingesetzt werden könnten.

Elimination generell schwacher After Sales Services
In der Marketing-Literatur hat besonders Philip Kotler seit den 60er Jahren auf die periodische Überprüfung aller schwachen Produkte (hier: After Sales Services) hingewiesen ([12], S. 107ff.), für die Ziele und Verfahren festgelegt werden sollten.

Identifikation und Analyse eliminationsverdächtiger
After Sales Services
Für die Identifikation und Analyse eliminationsverdächtiger After Sales Services können im Wesentlichen herangezogen werden:
⇨ stückbezogene und/oder periodenbezogene Größen wie zum Beispiel Deckungsbeiträge, Erstellungskosten, Marketingkosten, Umsätze, Marktanteile,
⇨ ein Katalog von anbieterspezifischen Fragen, ob beispielsweise die After Sales Services zur Zielsetzung eines Unternehmens passen, in das Angebotsprogramm gehören oder mit dem Image des Unternehmens vereinbar sind.
In der Regel wird ein Mix aus firmeninternen und -externen Daten verwendet. Es ist zunächst zu klären, welche Merkmale einen After Sales Service oder eine Verrichtungsvariante als eliminationsverdächtig ausweisen. Die Festlegung von Untergrenzen oder Schwellenwerten für die zur Identifikation und Analyse verwendeten Daten ist erforderlich. Ein After Sales Service wird dann eliminationsverdächtig, wenn er sich einem Schwellenwert nähert oder überschreitet (zum Beispiel eine Deckungsbeitragsgrenze von x Prozent).
Unter den Gesichtspunkten der Service-Politik ist zunächst zu prüfen, wie es vermieden werden kann, in die Gefahrenzone des Eli-

minationsverdachtes zu kommen beziehungsweise wie die Gefahrenzone wieder verlassen werden kann ohne Elimination. Entsprechend
den unterschiedlichen Ursachen für das Erreichen der Gefahrenzone
sind beispielsweise Kostensenkungsmaßnahmen vor allem bei der
Leistungserstellung, Veränderung von Preisen und Änderungen im
Marketing-Mix zu prüfen. Die Position bisher schwacher After Sales
Services kann so verbessert werden. Ferner ist herauszufinden, ob die
Gefahrenzone möglicherweise aus bestimmten Gründen nur vorübergehend gestreift wird, zum Beispiel wegen saisonaler oder konjunktu-
reller Marktschwankungen oder wegen vorübergehender beziehungsweise behebbarer Engpässe in der Leistungserstellung. Aus der Analyse
ergeben sich im Wesentlichen drei Gruppen von eliminationsverdächtigen After Sales Services:

⇨ After Sales Services, die durch Maßnahmen vom Eliminationsver-
  dacht befreit werden können,
⇨ After Sales Services, die nur vorübergehend unter Eliminationsver-
  dacht stehen und deshalb nicht ausgeschieden werden sollen,
⇨ After Sales Services, die einer Eliminationsentscheidung zugeführt
  werden.

Zur Vorbereitung des Aufgabenentscheides werden in der Literatur
vor allem vorgeschlagen:

⇨ Punktbewertungsverfahren ([12], S. 197ff.),
⇨ Indexwerte ([4], S.79f.),
⇨ Rangstufenbildung (ebd.),
⇨ Risikoanalysen ([13], S. 545),
⇨ computergestützte Modelle,
⇨ generell der Einsatz moderner Informationstechnologien.

Die Zweckmäßigkeit der Anwendung einzelner, mehrerer oder aller
Verfahren muss unternehmens- und projektbezogen geprüft werden unter Berücksichtigung von Voraussetzungen und Grenzen der Verfahren.

114

Prüfung der Auswirkungen von Eliminationsentscheidungen

Bei der Prüfung der Auswirkungen eines Eliminationsentscheides dürfen nicht nur die oben genannten Kriterien herangezogen werden. Auch mögliche Wettbewerbseinbrüche, die Gefährdung von Cross Selling-Potenzialen und Synergieeffekten mit anderen Leistungen, das Entstehen von unausgelasteten Kapazitäten, die Frage von Verbundeffekten im Programm (zum Beispiel notwendige Programmergänzungen) müssen geprüft werden. Einige Beispiele sollen dies verdeutlichen:

Wettbewerbseinbrüche

Die Wettbewerbssituation sollte in die Überlegungen einbezogen werden. Wie sind beispielsweise die Konkurrenzprogramme im Vergleich zum eigenen strukturiert? Es kann sicher sinnvoll sein, After Sales Services, die umsatz- und/oder deckungsbeitragsschwach bleiben, anderen Dienstleistern zu überlassen. Die Gefahr von Wettbewerbseinbrüchen darf aber nicht unterschätzt werden. Dies kann sich nicht nur auf weitere Servicearten auswirken, sondern auch auf einen möglichen Markenwechsel bei der Primärleistung des After Sales Service.

Cross Selling-Potenziale

Eine Versicherungsgesellschaft, die beispielsweise bei der Hausratversicherung den After Sales Service »Hilfe bei der Schadensbeseitigung« (siehe Abschnitt zur Programmbreite und Programmtiefe) aufgeben würde, könnte Cross Selling-Potenziale für zusätzliche Versicherungen wie für Unfall, Rechtsschutz, Berufsunfähigkeit, Todesfall gefährden.

Synergieeffekte

Ein Autohändler, der den After Sales Service »Sommer- und Winterreifen-Lagerung« für den Kunden einstellen würde, könnte entsprechende Synergieeffekte beim Wartungsdienst (wie gleichzeitigen Reifenwechsel) und natürlich auch Cross Selling-Potenziale für den Reifenhandel verlieren.

Unausgelastete Kapazitäten

Bei der Reparaturwerkstatt einer Autovermietungsgesellschaft treten beispielsweise Überkapazitäten auf nach dem Wegfall von After Sales Services, die sie künftig als Kundenleistung fordert wie Ölwechsel oder Wagenwäsche.

Notwendige Programmergänzungen

Der Reparatur-Service für größere Haushaltsgeräte wie für Waschmaschinen, Kühlschränke, Gefriertruhen, Geschirrspülautomaten wird in der Regel nicht auskommen ohne Hol- und Bringservice.

Nach Prüfung der Auswirkungen eines Eliminationsentscheides muss der Entscheid selbst getroffen werden. Im Verlauf der Prüfung können die eliminationsverdächtigen Produkte einer von drei Kategorien zugeordnet werden:

⇨ unzweifelhaft und unverzüglich auszuscheidende After Sales Services oder Verrichtungsvarianten,

⇨ After Sales Services, die nach einer Übergangszeit zu eliminieren sind,

⇨ After Sales Services, die trotz negativ ausgefallener Schwellenwertbetrachtung beibehalten werden müssen.

Die Elimination muss nicht zwangsläufig zu einem Ausscheiden des After Sales Service aus dem Markt führen. Es ist zu prüfen, ob ein Verkauf beziehungsweise eine Übertragung an dritte Unternehmen, eine Unternehmenskooperation oder eine Lizenzvergabe mit den Unternehmensgrundsätzen vereinbar und wirtschaftlich wäre. »Die Entscheidung wird letztlich in einem gewissen Ermessensspielraum zu treffen sein unter Abwägung der Vorteile und Nachteile, wie dies bei schlecht strukturierten Marketingproblemen, die unter Risiko oder Unsicherheit entschieden werden müssen, erforderlich ist« ([9], S. 350).

Klaus Hüttel studierte Volkswirtschaft, Betriebswirtschaft, Statistik und Jura an der Universität Basel/Schweiz. Promotion zum Dr. rer. pol.; berufliche Praxis im Marketing-Management branchenführender Unternehmen (Food-Produkte, Nonfood-Produkte, Investitionsgüter).
Zuletzt arbeitete er als Professor für Marketing in Lünbeburg mit Gastvorlesungen an Hochschulen in Hamburg, Nizza und Paris. Seine Forschungsschwerpunkte sind Produktpolitik und Produkt-Management. Darüber hinaus ist er in der Marketingberatung und Implementierung des Produkt-Managements in Industrieunternehmen engagiert. Er ist durch zahlreiche Veröffentlichungen, darunter das Standardwerk »Produktpolitik«, ausgewiesen und gilt als Experte im Bereich Produktmanagement im deutschsprachigen Raum.

Literatur

[1]   AHLERT, D.; SCHRÖDER, H.: *Rechtliche Grundlagen des Marketing, Stuttgart 1996*

[2]   BACKHAUS, K.; ERICHSON, B.; PLINKE, W.; WEIBER, R.: *Multivariate Analysemethoden, Berlin u.a. 2003*

[3]   BECKER, J.: *Marketing-Konzeption, München 2002*

[4]   BEREKOVEN, L.; ECKERT, W.; ELLENRIEDER, P.: *Marktforschung, Wiesbaden 2004*

[5]   BIEBERSTEIN, I.: *Dienstleistungsmarketing, Ludwigshafen 2006*

[6]   BROCKHOFF, K.: *Produktpolitik, Stuttgart 1999*

[7]   BRUHN, M.: *Marketing, Wiesbaden 1997*

[8]   BRUHN, M.: *Marketing, Wiesbaden 2002*

[9]   HÜTTEL, K.: *Produktpolitik, Ludwigshafen 1998*

[10] HÜTTEL, K.: *Die Verkaufsförderung in der Produkt- und Programmpolitik, in: Pepels, W. (Hrsg.): Verkaufsförderung, München 1999, S. 25-56*

[11] HÜTTEL, K.: *Produktkonzepte und Produktkonzeptionen, in: Kamenz, U.: Applied Marketing, Berlin, Heidelberg 2003, S. 513-522*

[12] KOTLER, PH.: *Phasing out Weak Products, in: Harvard Business Review, März-April 1965, S. 107-118*

[13] KOTLER, PH.; BLIEMEL, F.: *Marketing-Management, München 2005*

[14] LENSDORF, S.; BURGESS, I.: *Ein Serviceportfolio für langfristigen Kundennutzen, in: absatzwirtschaft 10/2003, S. 34-37*

[15]   MEFFERT, H.: *Marketing, Wiesbaden 2000*

[16]   MEFFERT, H.; BRUHN, M.: *Dienstleistungsmarketing, Wiesbaden 1997*

[17]   MEFFERT, H.; BRUHN, M.: *Dienstleistungsmarketing, Wiesbaden 2003*

[18]   NIESCHLAG, R.; DICHTL, E.; HÖRSCHGEN, H.: *Marketing, Berlin 2002*

[19]   N. N.: *Service, in: absatzwirtschaft, 6/2003, S. 40-42*

[20]   PEPELS, W.: *Marketing, München 2004*

[21]   SABEL, H.; BROCKHOFF, K.: *Produktvariation, in: Diller, H. (Hrsg.): Vahlens Großes Marketing Lexikon, München 2001, S. 1421-1422,*

[22]   WEIS, H. CHR.: *Marketing, Ludwigshafen 2004*

Zusammenfassung

After Sales Services (ASS) sind produktbegleitende Dienstleistungen, die bestimmten Zielen und Faktoren folgen. Man unterscheidet dabei ökonomische Ziele (Deckungsbeitrag, Absatz- und Umsatzerwartungen) und außerökonomische Ziele (Image, Bekanntheitsgrad, Präferenzen). Erfolgsfaktoren im Bereich der After Sales Services sind marktbezogene und unternehmensinterne Größen, die für die Erreichung von Marketingzielen, produktpolitischen Zielen und Zielen des After Sales Service wesentlich sind (Servicequalität, Leistungsbereitschaft, Glaubwürdigkeit, Zuverlässigkeit etc.).

After Sales Services lassen sich nach bestimmten Kriterien wie dem Haupteinsatzfaktor, der Mittelbarkeit zum Konsum oder dem Individualitätsgrad der Dienstleistungen differenzieren. Wesentlich sind dabei auch die Kundenerwartungen, die sich nach Muss-, Soll- und Kann-Leistungen kategorisieren lassen.

Um den Bereich der After Sales Services sinnvoll gestalten zu können, sind bestimmte Phasen zu berücksichtigen, die von der Entwicklung bis hin zum Ausscheiden des After Sales Service reichen und entsprechend die Ideenfindung/Innovation, Variation, Leistungsdifferenzierung, Angebotspflege und schließlich Elimination des After Sales Service betreffen.

Die Preispolitik
im After Sales Service

Die Preispolitik im After Sales Service hat entscheidenden Einfluss auf die Gewinnsituation des Unternehmens. Um so wichtiger ist es, die angebotenen Dienstleistungen optimal zu bepreisen. Dafür gibt es mehrere Ansätze, die sich jeweils an Wettbewerb, Nachfrage, Kosten oder Betriebszielen orientieren.

In diesem Beitrag erfahren Sie:
- welche Bedeutung die Preispolitik im After Sales Service hat,
- wie zentrale Formen der Preispolitik funktionieren,
- was man unter Preislinienpolitik versteht.

WERNER PEPELS

Die Bedeutung der Preispolitik im After Sales Service

Der Preis von Serviceleistungen gehört zur täglichen Erfahrung in der Wirtschafts- wie in der Privatsphäre. Die komplexen Zusammenhänge der Preisbildung lassen sich dabei oftmals nur unvollständig nachvollziehen, weswegen im Folgenden die grundlegenden Angelpunkte der Preisbildung dargestellt werden sollen. Dazu wird zunächst ein Überblick über die Bedeutung der Preispolitik gegeben, um im Anschluss detailliert auf ausgewählte Aspekte der Preispolitik einzugehen. Dabei ist zu bedenken, dass Dienstleistungen hinsichtlich ihrer Preisbildung zwar im Wesentlichen den gleichen Überlegungen wie Sachleistungen unterliegen. Aber wegen ihres dominanten Charakters als Vertrauensgut rufen Dienstleistungen – mehr noch als Sachleistungen – Unsicherheiten in der subjektiven Einschätzung ihrer Angemessenheit hervor.

Preisabsatzfunktion und Preiselastizität

Preisbestandteile beziehungsweise deren Änderungen sind unmittelbar erfolgswirksam. Dabei führt eine vergleichsweise geringe Preissenkung bereits zu einer relativ hohen Änderung des Deckungsbeitrags beziehungsweise des Gewinns, und zwar umso mehr, je höher der Anteil der variablen Kosten an den Gesamtkosten ist. Zum Ausgleich wird meist eine weit überproportionale Absatzsteigerung erforderlich. Insofern will die Preispolitik für Services wohl überlegt sein. Inwiefern Nachfrager bereit sind, den geforderten Preis für ein Produkt zu zahlen, wird im Wesentlichen bestimmt durch ihre Bedürfnisse beziehungsweise Kaufkraft und den von ihnen wahrgenommenen Produktnutzen. Die individuellen Preisbereitschaften der potenziellen Nachfrager können zur Preisabsatzfunktion aggregiert werden, die für gewöhnlich eine negative Steigung hat. Von diesem Steigungswinkel hängt die Preiselastizität der Nachfrage ab (relative Nachfrageänderung infolge einer relativen Preisänderung für dasselbe Produkt). Insofern ist eine möglichst genaue Vorstellung über die beiden Parameter Preisabsatzfunktion und Preiselastizität notwendig, um sich dem optimalen Preis zumindest anzunähern.

Dafür stehen als Verfahren primär Expertenbefragungen, Käufererhebungen, Auswertung von Preistests und Analyse von Marktumfelddaten zur Verfügung. Die Expertenbefragung eignet sich nur bedingt, am ehesten für völlig neue Vermarktungssituationen (Serviceeinführung, Konkurrenzzugang etc.). Fraglich ist vor allem, wer genau Experte für was ist. Kundenerhebungen sind direkt oder indirekt möglich, direkt durch Befragung, indirekt durch Präferenzmessung. Während die Befragung eher zu unsicheren Ergebnissen führt, ist die Präferenzmessung (Conjoint Measurement) hingegen außerordentlich aussichtsreich, weil sie den Gesamtnutzen und damit die Preisbereitschaft auf die einzelnen Eigenschaften eines Serviceangebots und ihre Preiswürdigkeit aus subjektiver Nachfragersicht dekomponiert (Quantifizierung qualitativer Größen). Dies trägt vor allem der Nutzenorientierung des Preises Rechnung. Wird eine solche Präferenzmessung bereits in der Entwicklungsphase eines Serviceangebots vorgenommen, können gezielt gewinnerhöhende Eigenschaften – das sind solche, deren Nutzen über ihren Gestehungskosten liegt – in die Gesamtleistung aufgenommen werden. Preistests und die Analyse von Marktumfelddaten sollten allerdings flankierend eingesetzt werden.

Hinzu tritt notwendigerweise die Kenntnis der internen Kostenfunktion (Selbstkosten) aus dem betrieblichen Rechnungswesen. Dabei darf jedoch nicht nach einer simplen Aufschlagkalkulation vorgegangen werden, da diese falsche Preissignale indiziert. Vielmehr ist die Kostenfunktion erforderlich, um die lang- und kurzfristigen Preisuntergrenzen zu berücksichtigen. Die kurzfristige Preisuntergrenze liegt in der Höhe der variablen Kosten (meist die Grenzkosten) beziehungsweise der Opportunitätskosten (bei Engpass), die langfristige Preisuntergrenze liegt in Höhe der Deckung der gesamten (variablen und fixen) Stückkosten. Allerdings dürfen nicht immer alle Kosten für die Bestimmung der Preisuntergrenze einbezogen werden, sondern nur die entscheidungsrelevanten, tatsächlich beeinflussbaren. Alle anderen, unabhängig vom Absatz festgelegten Kosten (Sunk Costs) bleiben folglich bei der Entscheidung außen vor.

Preisdifferenzierung

Nun ist die Preisbereitschaft der Nachfrager von zahlreichen, komplexen Einflussfaktoren abhängig, die häufig nicht zureichend bekannt sind und über die vor allem keine entscheidungsrelevanten Informationen vorliegen. Intuition ist dabei kein adäquater Ersatz, da Preisreaktionen der Nachfrager von außen betrachtet oftmals willkürlich erscheinen. Tatsächlich sind sie nur einzelfallabhängig, so dass Erfahrungen aus vergleichbar scheinenden Situationen nur eingeschränkt übertragen werden können. Ausgangspunkt muss in jedem Fall der Nutzen eines Produkts für den konkreten Nachfrager sein, nicht die Höhe der Selbstkosten. Da die Nutzenschätzung von Nachfrager zu Nachfrager variiert, bietet sich die Durchführung einer Preisdifferenzierung an. Diese kann soweit vorangetrieben werden, dass jedem Nachfrager ein unterschiedlicher Preis berechnet wird (One-to-one-Marketing). Allerdings darf das Preissystem nicht zu kompliziert werden. Auch empfiehlt sich eine schrittweise Preisdifferenzierung, also zuerst zwei Preissegmente, dann weitere. Vorsicht ist aber bei der Kombination mit Preisnachlässen geboten, die unmittelbar deckungsbeitrags- beziehungsweise gewinnwirksam werden (Erlösschmälerungen). Außerdem sind in jedem Fall die gesetzlichen Rahmenbedingungen (Diskriminierung/GWB) zu beachten.

Vor allem bietet sich eine Preisdifferenzierung nach Ländermärkten an. Dabei sind die beiden Größen Wechselkurse (außerhalb der EU) und Arbitrage (innerhalb der EU) von entscheidender Bedeutung. Zur Verhinderung kontraproduktiver Effekte dient die Einrichtung eines »Preiskorridors«. Dessen Grenzen können umso weiter auseinander liegen, je kostenaufwendiger eine Arbitrage (Re-Import/Parallel-Import) ist (geographische Preisdifferenzierung), beziehungsweise müssen sie umso enger beieinander liegen, je kostengünstiger eine Arbitrage ist (Harmonisierung). Der Transfer von Dienstleistungen ist üblicherweise mit hohen Arbitragekosten bewehrt, wenn man den Distanzabsatz ausnimmt. Auf alle Fälle ist eine zentrale Preiskoordination erforderlich.

In weiten Teilen der Märkte sind aktionale Preise besonders bedeutsam. Auch hier sind die Informationsanforderungen erheblich, deren Kosten wiederum, ebenso wie die Handlingkosten, gegen mögliche zusätzliche Gewinne gegenzurechnen sind. Eine positive Wirkung ist vor allem in Zweifel zu ziehen, wenn die Nachfrage im Zeitablauf im Wesentlichen stabil ist, denn dann führen Aktionspreise nur zu einem Vorziehen des Umsatzes und zu einem entsprechenden Nachfrageausfall im weiteren Verlauf. Allerdings kann damit auch der Absatz von Konkurrenten vereitelt werden beziehungsweise lassen sich über Erstkontakte anbietertreue Folgekäufe (dann möglichst zu regulären Konditionen) induzieren. Es sind also nicht nur die Wirkungen während der Preisanpassung, sondern auch danach zu bedenken (Carry-over-Effekte). So führt die Bildung von gegenwärtig niedrigen Bezugspreisen zu einer ungünstigen Beurteilung zukünftiger Normalpreise. Auch wird die zukünftige Nachfrage durch die gegenwärtige Absatzmenge beeinflusst: negativ bei vorgezogenen Käufen, positiv bei anbietertreuen Folgekäufen. Zudem geben gegenwärtige Preise, und damit die Attraktivität der Branche, wichtige Signale für den Markteintritt und die Wertschöpfungsbedingungen potenzieller Konkurrenten. Des Weiteren sind zukünftige Erfahrungskurveneffekte durch gegenwärtige Aktionspreise möglich. Dies lässt gerade zu Beginn der Marktpräsenz niedrige (Penetrations-)Preise angezeigt erscheinen, um über hohe Absatzmengen rasch die gewünschte Kostendegression zu erreichen. Umgekehrt führt mangelnde Nachfrage dann geradewegs in den Ruin. Hinzu kommt, dass Services aufgrund der meist personenbedingten Erstellung nur begrenzten Erfahrungskurveneffekten zugänglich sind.

Nichtlineare Preissetzung

Der Preis muss jedoch je Serviceeinheit nicht gleich hoch bleiben (Einheitspreis), sondern kann in Abhängigkeit von der abgenommenen Menge variieren (nichtlineare Preissetzung), was sich aufgrund der Individualität der Leistungserstellung vor allem für Dienstleistungen anbietet. Allerdings führt die nichtlineare Preissetzung rasch zu einer hohen Komplexität der Preiskommunikation und bei Nachfragern zum irrationalen Gefühl der Ungleichbehandlung, weil die Zusammenhänge des Preisgefüges nicht durchschaubar sind. Daher muss sehr sensibel vorgegangen werden, was wiederum umfangreiche zugrundeliegende Informationen, insbesondere über die maximale Preisbereitschaft, die es auszuschöpfen gilt, erfordert. Die Kosten dieser Informationsbeschaffung sind gegen den zusätzlich zu erzielenden Gewinn zu saldieren, nur bei positivem Saldo ist eine nichtlineare Preissetzung wirtschaftlich. Dies wird jedoch durch ihre Eigenschaft relativiert, das Nachfrager sich, sofern im Preisset vorgesehen, selbst dem von ihnen präferierten Preis zuordnen (Self Selection), das heißt, das Nachfragerverhalten bestimmt den faktisch zu zahlenden Durchschnittspreis. Um Arbitrage auch hier zu vermindern, ist vorab eine exakte Identifizierung (Kriterienkatalog) der Anspruchsberechtigten erforderlich, und anschließend eine hinreichende Abschottung gegenüber Wiederverkauf gegen Einbehalt einer Mittlerprovision. Dies setzt freilich eine veredelte Dienstleistung voraus.

Denkbar ist auch ein preispolitischer Ausgleich derart, dass bei einem Service auf einen Teil oder den ganzen Gewinn verzichtet wird, um über dessen vermehrten Absatz einen höheren Gesamtgewinn für das Serviceprogramm insgesamt zu erzielen. Dabei sind zusätzlich zur Konkurrenzsituation sowohl Komplementär- als auch Substitutionsbeziehungen innerhalb des eigenen Programmes zu berücksichtigen. Substitutionsbeziehungen führen zu einer Preislinienpolitik, deren Einzelpreise höher sind als die gewinnmaximalen isolierten Preise am oberen Ende der Preisskala. An deren unteren Ende können die Einzelpreise niedriger sein, um eine Kannibalisierung zu vermeiden. Komplementärbeziehungen können symmetrisch (beidseitig) oder asymmetrisch (Haupt- und Nebenprodukt) ausgelegt sein, sie führen zu einer Preislinienpolitik, deren Einzelpreise niedriger sind als die gewinnmaximalen isolierten Preise. Dabei ist vor allem die Preissetzung für strategische (Serviceinnovation, Zweitmarken-Service) und taktische Services (Kampfpreisangebote, Premiumangebote) äußerst sensibel. Dies gilt etwa auch für Preise von Serviceversionen oder Aufpreise für Zusatzservices. Ihre Preissetzung hat, wie die Preissetzung für den Basisservice, nicht nach kosten- sondern ausschließlich nach nutzenbezogenen Aspekten (abweichende Preisbereitschaften) zu erfolgen (vorausgesetzt, die Preisuntergrenze wird dabei eingehalten). Dabei ist weiterhin auf eine adäquate Abstimmung der Preise innerhalb des Serviceprogramms zu achten, was vor allem bei unterschiedlichen Zuständigkeiten im Marketing oft schwierig ist.

Preisbündelung

Mit Hilfe der Preisbündelung kann die für einen Angebotsteil des Bündels nicht ausgenutzte Preisbereitschaft der Nachfrager für den anderen Angebotsteil in erheblichem Umfang monetarisiert werden. Zur zweckmäßigen Preissetzung bei Bündelung ist jedoch ein hoher Informationsaufwand (Preisabsatzfunktion, Preiselastizitäten) erforderlich. Die Ermittlung über das Conjoint Measurement ist zu bevorzugen, sofern die Versuchsanlage nicht durch zu viele beurteilenswerte Varianten zu unübersichtlich wird. Dabei gibt es allerdings variantenreduzierende Designs, die zwar in ihrer Aussage etwas unschärfer sind, jedoch immer noch bessere Näherungswerte liefern als direkte Kundenerhebungen. Bei Preisbündelung in reiner Form können die Angebotsteile nur im Bündel erworben werden (Pure Bundling), bei Preisbündelung in gemischter Form können sie auch einzeln erworben werden (Mixed Bundling), wobei sich dann die Frage der Einzelpreissetzung stellt. Beim Pure Bundling ist, vor allem bei marktbeherrschenden Unternehmen, das wettbewerbsrechtliche Verbot des Kopplungsgeschäfts zu beachten. Ebenso ist auch eine Entbündelung von Angebotsteilen (Unbundling) denkbar, wenn der Gewinn aus dem isolierten Verkauf der Einzelservices kumuliert höher zu erwarten ist als bei Verkauf im Bundle. Das Bundle kann zudem aus mehreren Dienstleistungen, aus dominierenden Dienstleistungen und begleitenden Sachleistungen sowie dominierenden Sachleistungen und begleitenden Dienstleistungen bestehen.

Unternehmensleitung als Mittler

Da die Preisbetrachtung durch Nachfrager immer eine relative ist, nämlich gebotene Leistung zu gefordertem Preis, ist der nach wie vor beste, wenngleich schwierigste Weg zur Durchsetzung gewünschter hoher Preise das Angebot hoher Qualität, vor allem attraktiver Serviceinnovationen. In die Entscheidung müssen neben der Marketing-

abteilung auch das Finanz- und Rechnungswesen/Controlling einbezogen werden. Doch stellt sich die Zusammenarbeit dieser Bereiche
nicht selten als kontraproduktiv heraus, weil ihre Denkweisen zu verschieden sind. Dann kann nur die Unternehmensleitung als Mittler
auftreten und die Entscheidung fällen. Vor allem ist die Verlagerung
der Preiskompetenz an die Vertriebsabteilung gefahrvoll, da das Prob-
lembewusstsein über die Konsequenzen von Preisentscheiden dort oft
nicht weit fortgeschritten ist. Insofern besteht ein hoher Sensibilisie-
rungs- und Qualifizierungsbedarf, der eine überlegte Vorgehensweise
und eine kommunikative interne Stützung erforderlich scheinen lässt.

Wettbewerbsorientierte Preisbildung

Üblich ist eine Strukturierung von Märkten durch Aufteilung sowohl
der Angebots- wie auch der Nachfrageseite nach drei Kriterien der
Beteiligten:

⇨ Der *Monopolfall* ist gegeben, wenn ein Marktteilnehmer damit
   rechnet, dass sein Markterfolg allein vom Verhalten der anderen
   Marktseite, nicht jedoch von der Preispolitik anderer Teilnehmer
   auf der gleichen Marktseite abhängt oder diese anderen erst gar
   nicht vorhanden sind. Eine solche komfortable Situation ist ausgesprochen selten möglich, weil in der Regel uneingeschränkte Konkurrenz vorherrscht.

⇨ Der *Oligopolfall* ist gegeben, wenn ein Marktteilnehmer damit
   rechnet, dass sein Markterfolg von seinen eigenen preispolitischen
   Maßnahmen und vom Verhalten der Teilnehmer der anderen
   wie der eigenen Marktseite abhängt. Und er erwartet, dass Änderungen im Einsatz seines Marketing-Mix die Konkurrenten zu
   Verhaltensänderungen veranlassen, was zu einer Ambivalenz zwischen Wirtschaftsfrieden, -kampf und -verständigung führt.

⇨ Der *Polypolfall* ist gegeben, wenn ein Marktteilnehmer damit
   rechnet, dass sein Markterfolg von seinem eigenen Verhalten, vom
   Verhalten sowohl der anderen wie auch der eigenen Marktseite
   abhängt, er jedoch nicht erwartet, dass eine Änderung seines Verhaltens Konkurrenten zu Gegenreaktionen veranlasst.

Diese drei Perspektiven können nun sowohl auf die Angebots- als auch die Nachfrageseite bezogen werden. Durch Kombination ergeben sich daraus mindestens neun Marktformen. Ist die Homogenitätsbedingung dabei nicht erfüllt, handelt es sich um unvollkommene Märkte, ist die Markttransparenz nur vorübergehend nicht gegeben, um temporär unvollkommene Märkte. Ziel im Marketing ist nun die *Monopolisierung von Märkten* für die angebotenen Kundendienste.

Akquisitorisches Potenzial

In der Realität ist eine mehr oder minder große Anzahl partieller Monopole oder enger Oligopole gegeben. Das Ausmaß der Alleinstellung wird im ersten Fall durch das akquisitorische Potenzial jedes Anbieters determiniert. Darunter versteht man einen autonomen Bereich, innerhalb dessen ein Anbieter ähnlich einem Monopolisten Nachfrager an sich zu binden vermag; wird dieser Bereich aber veranlassen, führt dies zum sofortigen Verlust der Nachfrager an die Konkurrenz. Grundlagen dafür sind der Einsatz des Marketing-Mix und die Nutzung der Marke. Ziel ist es, durch hohes akquisitorisches Potenzial einen möglichst großen autonomen Bereich am Markt zu realisieren. Dies gilt vor allem für den oberen Grenzpreis, oberhalb dessen die akquisitorischen Potenziale der Konkurrenz dominieren. Je unelastischer dabei die Nachfrage ist, desto geringer reagiert sie zudem auf Preiserhöhungen im Zeitablauf. Dies schafft willkommenen Handlungsspielraum beim Preis.

Einfach-geknickte Preisabsatzfunktion

Bei der einfach-geknickten Preisabsatzfunktion handelt es sich um ein Phänomen, das vor allem von oligopolistischen Märkten her bekannt ist. Die dort häufig anzutreffende Preisruhe (zum Beispiel in der Allfinanz-Branche) begründet sich folgendermaßen: Wenn ein einzelner Anbieter eine Preissteigerung durchführt, ohne dass die Mitbewerber mitziehen, folgt daraus für ihn ein stark sinkender Absatz, also ein flacher Verlauf der Preisfunktion. Umgekehrt bewirkt die Preissenkung eines einzelnen Anbieters eine entsprechende Reaktion aller Mitbewerber, was ihm – infolge eines steilen Verlaufs der Preisabsatzfunktion – kaum eine Absatzsteigerung einbringen wird. Daher ist es für keinen Anbieter ratsam, isoliert vom gegebenen Marktpreis abzuweichen. So kommt es zur Preisruhe. Bei nicht funktionsfähigem Wettbewerb können sich die Anbieter allerdings kollektiv auf eine Preisanhebung verständigen, wodurch bei kaum sinkendem Absatz Preisruhe auf einem höheren Niveau eintritt. Dies ist die Realität vieler Märkte.

Elastizitäten beschreiben allgemein das Ausmaß einer Wirkung (im Zähler) auf eine Ursache (im Nenner) eines Quotienten, hier speziell die Reaktion der Nachfrage auf Preis- beziehungsweise Einkommensänderungen. Man unterscheidet direkte und indirekte Elastizitäten der Nachfrage sowie Einkommenselastizitäten.

Preiselastizität der Nachfrage

Die Preiselastizität der Nachfrage beschreibt das Ausmaß der Auswirkungen einer relativen Preisänderung eines Kundendienstes auf die daraus resultierende relative Mengenänderung dieses Kundendienstes. Bestimmend für die Elastizität ist unter anderem die Möglichkeit des Ausweichens auf ein anderes Angebot, die Mühelosigkeit der Bedürfnisbefriedigung am Markt, die Dauerhaftigkeit einer Serviceleistung oder die Dringlichkeit des Bedarfs. Mögliche Ausprägungen der Preiselastizität der Nachfrage sind: völlig elastisch, völlig starr, direkt proportional, unterproportional und überproportional. Ihre Kenntnis ist bedeutsam für die Abschätzung von Nachfragereaktionen auf eigene Preisveränderungen.

Kreuzpreiselastizität der Nachfrage

Die Kreuzpreiselastizität der Nachfrage gibt an, wie sich die Nachfrage nach einem Kundendienst (Zähler) bei Veränderung des Preises eines anderen Kundendienstes (Nenner) verändert. Ausprägungen sind hierbei: unverbunden, völlig austauschbar, völlig zusammengehörig, substitutiv oder komplementär.

Bei unverbundenen Angeboten hat die Preisänderung eines Services keinerlei Nachfrageänderung beim anderen Service zur Folge. Bei substitutiven Services führt die Preisänderung eines Dienstes zu einer gleichlaufenden Nachfrageänderung beim anderen, die proportional, unter- oder überproportional ist, denn Nachfrager weichen vom preiserhöhten Service auf einen als austauschbar angesehenen anderen Service aus, und umgekehrt. Bei komplementären Services führt die Preisänderung eines Dienstes zu einer gegenläufigen Nachfrageänderung beim anderen Dienst, die proportional, unter- oder überproportional zu dieser ist, denn die Nachfrage nach einem Dienst sinkt als Folge der Preiserhöhung des anderen komplementären Dienstes, und umgekehrt. Diese Verbundwirkungen sind bei der Preisbildung zu berücksichtigen.

Einkommenselastizität der Nachfrage

Die Einkommenselastizität der Nachfrage gibt an, wie sich die Nachfrage nach einem Kundendienst bei Veränderung des Einkommens der Nachfrager verändert. Ausprägungen sind dabei:
⇨ *unabhängig,* wenn eine Einkommensänderung keinerlei Auswirkungen auf die Nachfrage nach einem Service hat,
⇨ *gleichlaufend,* wenn steigendes Einkommen zu verstärkter Nachfrage führt, und umgekehrt (normale Reaktion), sowie
⇨ *gegenläufig,* wenn steigendes Einkommen zu geringerer Nachfrager führt, und umgekehrt (anomale Reaktion).

Dies ist bedeutsam zur Abschätzung der Nachfragerreaktionen bei Einkommensveränderungen.

Zu den praktischen Phänomenen der Marktrealität gehört die Preisführerschaft. Deren Durchsetzbarkeit ist von der Wettbewerbsintensität abhängig und bei funktionsfähigem Wettbewerb kaum möglich. Andernfalls sind auch die Grundwerte der Freiheit, des Wohlstands und der Gerechtigkeit in Gefahr, die der Wettbewerb besser schützt als jeder andere Steuerungsmechanismus.

Nachfrageorientierte Preisbildung

Das Preisinteresse aus Nachfragersicht beruht auf verschiedenen Einflussgrößen. Techniken der *Kaufvereinfachung* erfolgen, wenn das empfundene Kaufrisiko gering bleibt, etwa durch:

⇨ Preisinformationsaufnahme erst bei Kaufdurchführung, etwa anhand der veröffentlichten Preisliste,

⇨ passive Aufnahme von Preisinformationen ohne eigene aktive Suche, etwa durch Medien oder Hörensagen,

⇨ Kauf gemäß Anbieterempfehlung,

⇨ generalisierende Kaufregeln bei limitierten Kaufentscheidungsprozessen, zum Beispiel Normen der Referenzgruppe,

⇨ Absicherung über Angebotsattribute wie Servicetest-Ergebnis, (vertragliche) Garantiezusage oder Anzahlung des Kaufpreises,

⇨ preisabhängige Qualitätsbeurteilung (Preis-Qualitäts-Vermutung).

Diese Situation ist bei oftmals komplexen, vertrauensbedürftigen Services (Credence Goods) allerdings eher nicht gegeben.

Preisliche *Ankergrößen* beruhen auf der subjektiven Preisempfindung und erfolgen durch

⇨ Preisgegenüberstellung über Kontextinformationen (der aktuelle ersetzt daher den vorherigen Preis),

⇨ Preiserfahrung aus früheren Käufen (mittlere Preiseinstufung/ Preisnorm),

⇨ verbale Preisvorteilssuggestion (»nur«).

Die *Preisoptik* spielt im Rahmen der Preispsychologie eine große Rolle und manifestiert sich durch die Orientierung an gebrochenen Preisen unterhalb von Preisschwellen, denn Preise – selbst unmittelbar vor runden Zahlen – werden erfahrungsgemäß der darunterliegenden Preisschwelle zugeordnet. Außerdem sind Preisbandbreiten von Bedeutung, wobei Preisschwankungen innerhalb eines Intervalls (Preislage/Zonenpreis) weniger Nachfragewirkung zukommt als von Intervall zu Intervall. Das Preisgefüge ergibt sich innerhalb eines Programms über mehrere Service-Produkte hinweg als Mischung aus besser und schlechter kalkulierten Leistungen. Denkbar ist daher eine Mischkalkulation mit taktisch bedingtem Preisgefüge bei diversifizierten oder differenzierten Dienstleistungsprogrammen.

Schließlich ist auch die *Kaufkraft* als ausgabefähiger (disponibler) Geldbetrag der Zielpersonen für die Preissetzung von Bedeutung beziehungsweise bei nicht obligatorischen Services die tatsächlich frei verfügbare (diskretionäre) Kaufkraft. Die disponible Kaufkraft ergibt sich aus dem laufenden Nettoeinkommen aus Arbeitsentgelt, Nebenerwerb, Versorgungsbezügen oder Kapital-/Vermögensverzehr durch Auflösung von Sparguthaben und Aufnahme von Krediten, vermindert um die Summe der Sparbeträge und Kreditrückzahlungen. Setzt man zudem die festen Ausgabebeträge davon ab, verbleibt die frei verfügbare, diskretionäre Kaufkraft. Diese Werte kommen, allerdings nur näherungsweise, in Kaufkraftkennziffern zum Ausdruck, die regional und lokal starken Schwankungen unterliegen.

Die Preiswahrnehmung von Kundendiensten erfolgt entweder nach ihrer (absoluten) *Preisgünstigkeit,* wobei ausschließlich die einseitige Preisdimension bewertet und das Angebot mit dem absolut niedrigsten Preis gewählt wird, oder nach ihrer (relativen) *Preiswürdigkeit,* wobei der Preis in Abhängigkeit von der dafür gebotenen Gegenleistung betrachtet und das Angebot mit dem besten *Preis-Leistungs-Verhältnis* ausgewählt wird.

Diese Denkweise besteht aus einem gedanklichen Wert für den Preis eines Services im Zähler und der Leistung im Nenner (PLQ). Je kleiner dieser Quotient, desto günstiger ist der Kauf. Allerdings unterliegt das Ergebnis erheblichen intra- und interindividuellen Schwankungen und ist durch seine Abstraktheit wenig operational. Dennoch hat dieser Ansatz hohe didaktische Bedeutung. Der Wert des Quotienten schwankt zwischen 0 und ∞. Null ist der Wert zum Beispiel bei Geschenken (Preiszähler = 0, Leistungsnenner > 0), unendlich zum Beispiel bei Verschwendung (Preiszähler > 0, Leistungsnenner = 0). Relevant ist der Wertebereich zwischen 0 < PLQ < ∞. Am oberen Ende ist der Kauf wirtschaftlich gerade noch sinnvoll, denn die gebotene Leistung entspricht dem dafür geforderten Preis. Für Werte > 1 fehlt diese Äquivalenz, diese Services kommen daher für eine Inanspruchnahme nicht mehr in Betracht. In Richtung des unteren Endes wird ein Kauf immer vorteilhafter, weil die Leistung immer größer in Relation zum dafür aufzuwendenden Kaufpreis wird. Je besser die Preis-Leistungs-Relation eines Services ist, desto wahrscheinlicher wird damit dessen Markterfolg. Denn gedanklich werden die Preis-Leistungs-Quotienten aller Angebote von jedem Nachfrager individuell in aufsteigender Folge gereiht und alle Angebote bis zu einer kaufkraftbedingten Budgetgrenze realisiert. Alle Angebote außerhalb dieser Budgetgrenze bleiben hingegen ohne subjektive Nachfrage. Für die Anbieterseite stehen verschiedene Maßnahmen zur Beeinflussung des Preis-Leistungs-Quotienten zur Verfügung:

⇨ Verbesserung der Leistung bei gleichem Preis (zum Beispiel Upgrading des Angebots),

⇨ Senkung des Preises bei unveränderter Leistung (zum Beispiel Downgrading des Angebots),

⇨ Verbesserung der Leistung bei sinkendem Preis (zum Beispiel Weitergabe von Erfahrungskurveneffekten),

⇨ überproportionale Verbesserung der Leistung im Vergleich zur Preiserhöhung,

⇨ überproportionale Senkung des Preises im Vergleich zur Leistungsverringerung.

Letztlich bedeutet jede dieser Möglichkeiten eine Verkleinerung des Quotienten. Dabei am Preiszähler anzusetzen, ist jedoch ausgesprochen risikoreich, denn dies darf sich nur leisten, wer dauerhaft die kostengünstigste Dienstleistungsproduktion gewährleisten kann. Nur dann ist ein preisaggressives Angebot noch gewinnbringend. Überzeugender ist daher ein Ansatz beim Leistungsnenner. Dafür bieten sich zwei Hebel, zum einen die rein sachlich erbrachte Leistung und zum anderen die wahrgenommene Leistung. Der erste Hebel ist betriebswirtschaftlich schwierig zu erreichen, sind die Kundendienste einer Branche doch sachlich auf hohem Niveau annähernd gleichwertig und Steigerungen der Dienstleistungsqualität zumeist mit Kosten versehen, so dass neben dem Leistungsnenner auch der Preiszähler wächst. Insofern kommt eher der zweite Hebel in Betracht, das heißt, bei als gleichwertig hinzunehmendem Kundendienstangebot wird dessen subjektive Wahrnehmung gesteigert, was wiederum nur durch Markenartikelpolitik im Rahmen des Marketing-Mix unter

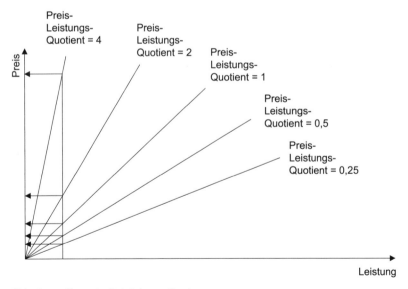

Abb. 1:   *Alternative Preis-Leistungs-Quotienten*

besonderem Einsatz der Werbung möglich ist. Denn entscheidend für den Markterfolg ist nicht die Realebene der Leistungserstellung durch Anbieter, sondern allein die Metaebene der Leistungswahrnehmung durch Nachfrager. Gelingt es, diese hochzufahren, wächst der Leistungsnenner, sinkt damit der Preis-Leistungs-Quotient und steigt dadurch die Nachfrage.

Kostenorientierte Preisfindung

Die kostenorientierte Preisfindung stellt insofern einen Fremdkörper innerhalb der marktorientierten Preisermittlung dar, als der Markt grundsätzlich nur Nutzen honoriert, nicht aber Kosten. Dennoch erfolgt in der Praxis weit überwiegend die Preisfindung mit der Absicht der Kostendeckung. Dies ist gerade bei Dienstleistungen bedenklich, weil sie durch einen hohen Anteil von Fixkosten gekennzeichnet sind, die kaum eine verursachungsgerechte Zurechnung auf einzelne Teilleistungen zulassen. Diese Fixkosten entstehen sowohl durch die obligatorische kontinuierliche Potenzialbereitstellung als auch durch die konkrete Prozessabwicklung mittels Personen oder Anlagen. Nach der Durchführung unterscheidet man im Übrigen die Vorkalkulation als Angebotspreisermittlung, die Zwischenkalkulation bei langlaufenden Projekten und die Nachkalkulation als Erfolgsrechnung.

Vollkostenrechnung

In der traditionellen Vollkostenrechnung werden die gesamten Kosten und Erlöse der Periode auf alle Kostenträger (Services) zugerechnet. Als wichtigste Kalkulationsverfahren der Vollkostenrechnung gelten die folgenden:
⇨ Die *Divisionskalkulation* erfolgt durch Division der Gesamtkosten durch die Gesamtzahl der erbrachten Leistungseinheiten (ein-, zwei- oder mehrstufig).

⇨ Die *Äquivalenzziffernkalkulation* verrechnet die gesamten Kosten im Verhältnis ihrer Einsatzfaktoren als gewichtete Multiplikation (einfach oder mehrstufig).

⇨ Die *Zuschlagskalkulation* erfolgt durch Aufschlag von Gemeinkostenzuschlägen auf Geräte-/Arbeits-/Einsatzstoff-Einzelkosten (einfach oder differenziert).

⇨ Die *Kuppelkalkulation* erfolgt durch Kostenverteilung bei gemeinsamer Produktion mehrerer Services nach Marktpreis oder direkt zurechenbaren Kosten.

Eine Differenzierung in Einzel- und Gemeinkosten beziehungsweise Einzel- und Gemeinerlöse wird anhand des Zurechnungsobjekts Kostenträger vorgenommen:

⇨ Einzelkosten beziehungsweise -erlöse sind dem Kostenträger direkt zurechenbar, sie werden von der Kosten- und Erlösartenrechnung direkt in die Trägerrechnung übernommen.

⇨ Gemeinkosten beziehungsweise -erlöse fallen immer für mehrere Kostenträger gemeinsam an, ihre Zurechnung auf die Kostenträger kann daher nur mittelbar erfolgen, und zwar mit Hilfe der Kosten- und Erlösstellenrechnung; über diese Stellen werden Kosten und Erlöse auf einzelne Kostenträger zugeschlüsselt. Gemeinkosten und -erlöse werden dabei nach unterschiedlichen Prinzipien verteilt.

Das Verursachungsprinzip strebt eine verursachungsgerechte Verteilung der Gemeinkosten an. In der Ausprägung des Proportionalitätsprinzips wird eine »Bezugsgröße« gesucht, zu der sich die Höhe der stellenbezogenen Gemeinkosten proportional verhält. Solche Bezugsgrößen sind Mengengrößen wie Arbeitszeiten, Gewichtseinheiten, Raumeinheiten etc., Wertgrößen wie der Umsatz oder die Einzelkosten Einsatzstoffe und Löhne. Erscheint dieses Vorgehen unmöglich oder zu aufwendig, so wendet man das Durchschnitts- oder das Tragfähigkeitsprinzip an. Beim Durchschnittsprinzip wird zum Beispiel ein Kostensatz pro Leistungseinheit gebildet, ohne Verursachungsbeziehungen tiefergehend zu untersuchen. Beim Tragfähigkeitsprinzip entscheidet der »Gewinn« je Kostenträger über die Höhe der zuzurechnenden Kosten, je höher dieser ist, umso mehr Kosten erhält er zugeschlüsselt.

Die Vollkostenrechnung führt zu falschen Entscheidungen durch (prozyklisch wirkende) Proportionalisierung der Fixkosten und eine vorgegebene Mengenfixierung auf Normalbeschäftigungsbasis. Dafür ist sie einfach und bequem durchzuführen, hinreichend stabil als Rechnungsbasis und entspricht den Preisermittlungsvorschriften bei öffentlichen Aufträgen.

Teilkostenrechnung

In Teilkostenrechnungen erhalten die Kostenträger nur einen Teil der angefallenen oder geplanten Kosten zugerechnet, die restlichen Kosten werden mehreren oder allen Kostenträgern gemeinsam zugeordnet. Teilkostenrechnungen mit variablen Kosten differenzieren die Periodenkosten in variable und fixe Kosten. Die variablen Kosten setzen sich dabei aus den Einzelkosten und den variablen Gemeinkosten zusammen. Die Kostenträger erhalten deshalb ausschließlich diese variablen Kosten zugerechnet, weil sich nur diese bei einer Änderung der Beschäftigung (Leistungsmenge) verändern (lassen) und damit für unternehmerische Entscheidungen relevant sind. Daraus ergibt sich der Deckungsbeitrag. Die variablen Kosten werden meist als proportional angesehen. Unterschiedlich ist allerdings die Behandlung der Fixkosten:

⇨ Beim einstufigen *Direct Costing* (Blockkostenrechnung) werden die fixen Kosten als nicht weiter zu verteilender und untersuchender Kostenblock, der von der Gesamtheit der Services zu erwirtschaften ist, behandelt.

⇨ Bei der *stufenweisen Fixkostendeckungsrechnung* wird der Fixkostenblock dann weiter differenziert, indem man eine Fixkostenhierarchie entwickelt, meist zunächst nach kostenträgerbezogenen Stufen (Einzelservice, Servicegruppe), und dann nach Kostenstellen (Abteilung, Bereich, Unternehmen).

In die Bewertung strategischer Handlungsmöglichkeiten gehen dabei neben den variablen Kosten auch die kostenträgerzurechenbaren Fixkosten sowie die kostenstellenzurechenbaren Fixkosten ein. Problematisch ist, dass die Entscheidungsrelevanz dieser Fixkosten ebenso fraglich ist wie das Ausmaß von Anpassungen auch bei diesen Fixkosten. Im Ergebnis werden aus dem Deckungsbeitrag etwa die folgenden Preisuntergrenzen 1 bis 6 ausgewiesen:

⇨ Preisuntergrenze 1: Angebotspreis abzüglich Gewinn, aber bei Deckung der vollen Kosten (langfristige Preisuntergrenze),

⇨ Preisuntergrenze 2: Angebotspreis abzüglich Gewinn, ohne Deckung der unternehmensbezogenen Fixkosten, aber bei voller Deckung aller variablen Kosten,

⇨ Preisuntergrenze 3: Angebotspreis abzüglich Gewinn, ohne Deckung der unternehmens- und bereichsbezogenen Fixkosten, aber bei voller Deckung aller variablen Kosten,

⇨ Preisuntergrenze 4: Angebotspreis abzüglich Gewinn, ohne Deckung der unternehmens-, bereichs- und abteilungsbezogenen Fixkosten, aber bei voller Deckung aller variablen Kosten,

⇨ Preisuntergrenze 5: Angebotspreis abzüglich Gewinn, ohne Deckung der unternehmens-, bereichs-, abteilungs- und produktgruppenbezogenen Fixkosten, aber bei voller Deckung aller variablen Kosten,

⇨ Preisuntergrenze 6: Angebotspreis abzüglich Gewinn, ohne Deckung der unternehmens-, bereichs-, abteilungs-, produktgruppen- und artikelbezogenen Fixkosten, aber bei voller Deckung aller variablen Kosten (kurzfristige Preisuntergrenze).

Problematisch ist dabei generell die tendenzielle Preisnachgiebigkeit der Teilkostenrechnung durch falsches Kosten-/Erlösverständnis und die vorausschauende Fixierung eines Marktpreises als Ausgangsbasis. Dafür erfolgt eine deutliche Trennung von Entscheidungs- und Er-

Preis	800		
- variable Kosten	440	6. Preisuntergrenze	440
= Deckungsbeitrag I	360		
- dienstbezogene Fixkosten	180	5. Preisuntergrenze	620
= Deckungsbeitrag II	180		
- dienstegruppenbezogene Fixkosten	50	4. Preisuntergrenze	670
= Deckungsbeitrag III	130		
- abteilungsbezogene Fixkosten	60	3. Preisuntergrenze	730
= Deckungsbetrag IV	70		
- bereichsbezogene Fixkosten	30	2. Preisuntergrenze	780
= Deckungsbeitrag V	40		
- unternehmensbezogene Fixkosten	20	1. Preisuntergrenze	780
Plangewinn	20		
		Planverkaufspreis	800

Abb. 2:   *Abgestufte Preisuntergrenzen*

wartungsparametern und eine Berücksichtigung der Abhängigkeit zwischen Preis und Kosten.

Dennoch erlaubt sie vor allem Entscheidungen über die Einhaltung von Preisuntergrenzen bei der Deckung aller entstehenden Kosten, auch ohne Gewinnerzielung (langfristig) oder bei Deckung nur der variablen (oder ausgabewirksamen) Kosten unter zumindest vorübergehender Auslassung der Fixkostenbestandteile (kurzfristig). Auch ist die Bestimmung der optimalen Serviceprogramm-Struktur durch Ermittlung der jeweiligen engpassbezogenen (relativen) Deckungsspanne und Zuweisung von Kapazitäten an die Angebote mit den höchsten Deckungsspannen möglich. Die Make-or-Buy-Beurteilung wird durch Gegenüberstellung der abbaubaren fixen sowie der ersparten variablen Kosten bei Selbstausführung sowie des Zukaufpreises bei Fremderstellung objektiviert. Schließlich erfolgt eine Unterstützung des Management-by-Objectives-Führungsstils durch differenzierte Beurteilung auf Basis nur der Kostenbestandteile, die jeder Verantwortungsebene direkt zurechenbar sind.

Break-even-Punkt

Beim Break-even-Punkt handelt es sich um diejenige Absatzmenge, bei welcher der Deckungsbeitrag zum ersten Mal ausreicht, neben der Deckung der Fixkosten auch eine Gewinnerzielung zu ermöglichen (Teilkostensicht) beziehungsweise bei der zum ersten Mal die Erlöse über den Gesamtkosten liegen (Vollkostensicht). Der Break-even-Punkt ist abhängig

⇨ vom Preis je Leistungseinheit, wobei ein höherer Preis je Einheit zum anzustrebenden Break-even bei niedrigerer Menge führt,

⇨ von der Kapazitätsgrenze, wobei ein Break-even oberhalb der Kapazitätsgrenze dazu führt, dass die Gewinnschwelle ohne Erweiterungsinvestitionen unerreichbar bleibt,

⇨ vom Fixkostenblock, wobei niedrigere fixe Kosten zum anzustrebenden Break-even bei niedrigerer Menge führen,

⇨ von den variablen Kosten, wobei niedrigere variable Kosten ebenfalls zu einem Break-even bei niedrigerer Menge führen.

Jedes Unternehmen ist daran interessiert, bei möglichst niedriger Menge rentabel zu sein, um das Betriebsrisiko zu senken. Im Zuge dieser Kosten-Volumen-Gewinn-Analyse (KVGA) werden mehrere Break-even-Punkte unterschieden:

⇨ Der *liquiditätswirksame* Break-even-Punkt liegt bei derjenigen Menge, deren Erlöse ausreichen, die ausgabenwirksamen Kosten zu decken. Dabei können verschiedene Liquiditätsgrade differenziert werden.

⇨ Der *deckungsbeitragswirksame* Break-even-Punkt liegt bei derjenigen Menge, deren Erlöse ausreichen, die direkten (variablen) Kosten zu decken. Dort ist der Deckungsbeitrag = 0.

⇨ Der *kostenwirksame* Break-even-Punkt liegt bei derjenigen Menge, deren Erlöse ausreichen, sämtliche Kosten zu decken. Dort ist der Deckungsbeitrag gleich den Fixkosten. Dabei können mehrere Fixkostendeckungsgrade unterschieden werden.

⇨ Der *gewinnwirksame* Break-even-Punkt liegt bei derjenigen Menge, deren Erlöse ausreichen, um den Plangewinn zu realisieren.

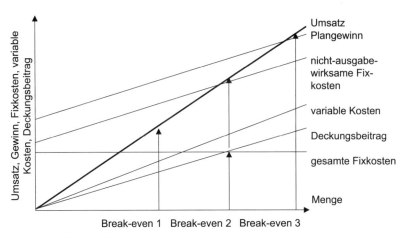

Abgestufte Break-even-Punkte

Der Break-even-Punkt errechnet sich allgemein als Quotient aus Fixkostenblock der Leistungsbereitstellung durch Deckungsbeitrag (preisvariable Stückkosten) je Leistungseinheit.

Prozesskostenrechnung

Für Kundendienste lohnt sich vor allem der Einsatz moderner Kostenrechnungsverfahren. Die Prozesskostenrechnung (Activity Based Costing/ABC) nimmt dabei eine Zuordnung der Fixkosten nicht nach Hierarchie, wie in der Deckungsbeitragsrechnung, sondern nach der Arbeitsphase vor – eine Sichtweise, die der Dienstleistungsproduktion entspricht. Die ganze Kostenrechnung erfolgt also nicht mehr kostenstellenorientiert, sondern vorgangsorientiert. Eine hinreichende Zerlegung in Arbeitsphasen vorausgesetzt, kann damit der Fixkostenblock exakt aufgespalten werden. Für jede Phase wird daher die kostenverursachende Größe identifiziert (Cost Driver) und als Bemessungsgrundlage gewählt. Die entsprechenden Kostenanteile können damit Leistungserstellungen variabel zugerechnet werden.

Dies ergibt den leistungsmengeninduzierten (Lmi-)Kostensatz. Dazu erforderliche (fixe) Unterstützungsleistungen werden als leistungsmengenneutrale (Lmn-)Kosten auf die Leistungserstellung umgelegt. Hierfür wird ein Kennwert als Quotient aus Lmn-Kosten und den restlichen Lmi-Kosten gebildet. Durch dessen Multiplikation mit den Lmi-Kosten ergibt sich der Lmn-Kostensatz. Die Addition aus Lmi- und Lmn-Kostensätzen ergibt dann den Planprozesskostensatz. Somit ist dies eigentlich eine Form der Vollkostenrechnung, die für vorgangsorientiert korrekten Kostenausweis (etwa beim Vergleich von eigenerstellten oder outgesourcten Services) und für die Konzipierung von Spezial-Services und kleinvolumigen Services sorgt.

Zielkostenrechnung

Die Zielkostenrechnung (Target Costing/TC) sieht eine marktorientierte Kalkulation vor. Ausgehend von einem am Markt für erzielbar gehaltenen Preis wird eine Obergrenze der Selbstkosten (Target Price abzüglich Target Profit) festgelegt. Dies sind die *Allowable Costs.* Die zu kalkulierende Leistung wird dann in ihre kostenverursachenden Elemente zerlegt (Reverse Engineering). Für jedes dieser Elemente wird die Kostenobergrenze festgelegt. Damit wird der produktive und administrative Aufwand auf allen Stufen der Wertschöpfung bestimmt. Dabei ist die Bedeutung jeder Teilleistung für die honorierbare Angebotsqualität ausschlaggebend. Werden die Zielkosten auf allen Stufen eingehalten, ist gewährleistet, dass ein konkurrenzfähiges Angebot gemacht werden kann. Werden Zielkosten jedoch auf einer oder mehreren Arbeitsstufen überschritten, muss nach Einsparpotenzialen bei der bestehenden Lösung oder nach kostengünstigeren Lösungen gesucht werden. Damit wird vor allem verhindert, dass neue Services zunächst in allen Teilleistungen fertig konzipiert werden, sich dann aber als preislich nicht durchsetzbar herausstellen, und von Neuem konzipiert werden müssen. Denn dadurch ist ein erheblicher Zeitverzug am Markt und eine höhere Kostenbelastung verursacht, die am Ende faule Kompromisse wahrscheinlich macht. Diese haben aber erst recht keine Marktberechtigung mehr.

Betriebszielorientierte Preisbildung

Beim *Preisbaukasten* ergeben sich eine Reihe von Gestaltungsmöglichkeiten. Zunächst kann hinsichtlich der Aufteilung zwischen fixen und variablen Preisbestandteilen unterschieden werden. Da Kundendienste in hohem Maße fixkostenlastig sind, was durch das Erfordernis zur Kapazitätsbereitstellung (Vorkombination) bedingt ist, besteht ein wesentliches Interesse von Anbietern daran, auch feste Einnahmen von Kunden zu erreichen. Denn, einer alten Kaufmannsweisheit folgend, ist festes Geld doppeltes Geld. Dies wird dadurch zu erreichen gesucht, dass Kunden, die sich zur festen Abnahme einer bereitgestellten Dienstleistung verpflichten, diese je Einheit preisgünstiger erhalten als Kunden, die nur fallweise Leistungen abnehmen. So bieten Sportveranstalter Eintrittskarten zu günstigen Preisen im Abonnement an, da damit ein fester Einnahmesockel gewährleistet werden kann. Zudem ergibt sich dadurch eine bessere Planbarkeit der Kapazitätsauslastung. Der fixe Betrag kann sich dabei auf eine im vorhinein genau festgelegte Anzahl von Leistungseinheiten (Zeit, Menge, Qualität etc.) beziehen (zum Beispiel 17 Heimspiele je Fußballsaison) oder eine beliebig häufige Nutzung des Angebots offen lassen (zum Beispiel Pay-per-Channel wie beim Fernsehsender Premiere).

Weiterhin ist eine Kombination aus fixen und variablen Preisbestandteilen zu beobachten. Keiner der beiden Preisanteile gewährt dabei allein die Inanspruchnahme eines Kundendienstes. Die Entrichtung des fixen Preisanteils ist vielmehr regelmäßig Voraussetzung, fallweise Angebote zu niedrigeren Preisen je Leistungseinheit in Anspruch nehmen zu können. Durch den variablen Preisanteil steigen die Einnahmen jedoch in dem Maße wie Dienstleistungen erbracht werden. So erlaubt der Kauf einer Bahn-Card der Deutschen Bahn gegen Entrichtung einer einmaligen (hohen) Gebühr den verbilligten Kauf von DB-Tickets in unbegrenzter Zahl. Ob dies für Kunden kostengünstiger ist als Einzel-Tickets zu lösen, ergibt sich für diese aus einer einfachen Break-even-Rechnung. Wiederum erhält der Anbieter auf diese Weise einen festen Einnahmesockel, zusätzlich aber auch eine Abdeckung der aus der Leistungsinanspruchnahme (Endkombination) resultierenden variablen Kosten.

Eine weitere Kombination sieht einen geringen anteiligen Fixbetrag vor, mit dem neben der Leistungsbereitschaft eine im vorhinein bestimmte Anzahl von Leistungseinheiten abgegolten wird. Werden darüber hinausgehend von Kunden Leistungseinheiten abgefordert, sind dafür »normale« Preise fällig, die neben den variablen Kosten der Leistungserstellung auch die durch die Pauschale noch ungedeckten Fixkosten abdecken. Dies ist zum Beispiel beim Pricing der Banken zu beobachten, wo fixe Kontoführungsgebühren einen definierten Mindestumfang von Transaktionen abdecken und weitere Transaktionen von Kunden einzeln zu entgelten sind. Oder bei der Telekom, wo die Grundgebühr eine begrenzte Anzahl von Gesprächseinheiten abdeckt und weitere Einheiten nach Tarif zusätzlich belastet werden.

Schließlich kann auf einen fixen Preisanteil auch ganz verzichtet und der Preis ausschließlich einzelleistungsbezogen erhoben werden. Dies ist immer dort notwendig, wo keine dauerhaften, meist vertraglichen Kundenbeziehungen vorhanden sind. Denn dann ist die Notwendigkeit einer nutzungsunabhängigen Preisentrichtung für Kunden uneinsichtig. Dies impliziert allerdings für Anbieter das große Risiko, dass ihrem weitgehend fixen Kostenblock ausschließlich variable Erlöse gegenüberstehen. Ist absehbar, dass Leerkosten entstehen, ist es daher sinnvoll, vorübergehend auf Vollkostendeckung zu verzichten und stattdessen wenigstens noch Deckungsbeiträge zu erwirtschaften.

Denkbar ist auch die Kombination eines fixen mit einer Mindesthöhe des variablen Preisanteils (zum Beispiel Telefonie bei Mobilfunkanbietern). Ebenso ist die Berechnung einer gesonderten Gebühr zur Inanspruchnahme der Offerte beziehungsweise einer Gebühr nach Ende der Vertragslaufzeit möglich.

Preisbündelung

Die Preisbündelung bezieht sich auf die Zusammenfassung mehrerer, ansonsten auch getrennt marktfähiger Leistungen zu einem Angebotsbündel, das gegen einen gemeinsamen, notwendigerweise günstigeren, Preis abgegeben wird. Bei diesem Bündel kann es sich (neben der Kombination mehrerer Sachleistungen) um eine Kombination aus Sachleistung und Dienstleistung handeln oder um die Kombination mehrerer Dienstleistungen. Ersteres ist etwa der Fall, wenn ein Pay-TV-Sender neben dem Programmangebot die zur Freischaltung des encodierten Sendesignals erforderliche Decoder-Box mitliefert, letzteres, wenn Fotokopiergeräte mit einem zusätzlichen Wartungsvertrag verkauft werden. Es ist aber auch denkbar, zwei oder mehr Dienstleistungen zu koppeln. Dies ist etwa bei den Kontoführungspaketen der Kreditinstitute der Fall, wo in einem Preis Freiposten, Kontokarte, Codewort oder Überziehungsrahmen enthalten sind.

Weiterhin kann das Bundle wahlweise durch zusätzliche Einzelleistungen ergänzt werden. Dann wird ein Paketpreis vereinbart, und die zusätzlichen Einzelleistungen sind gemäß einer Preisliste zu honorieren. Dies kennt jeder zum Beispiel von Friseuren. Das Bundle besteht dabei aus Haare waschen, schneiden und fönen, zusätzlich gewünschte Leistungen wie Tönung, Kopfhautmassage etc. sind dann getrennt zu bezahlen.

Ein Bundle kann schließlich aus zwei beziehungsweise mehr Kernleistungen bestehen oder aus einer oder mehreren Kernleistungen und einer oder mehreren Randleistungen. Denkbar ist zudem der Tausch einzelner Randleistungen gegen andere, und zwar ohne Berechnung, mit Zuzahlung/Erstattung oder gegen zusätzliche Berechnung.

Ist das Bundle nicht aufzuknüpfen, spricht man von einem *Pure Bundle,* ist es hingegen möglich, selektiv nur Teilleistungen aus dem Bundle in Anspruch zu nehmen, ohne auch die nicht in Anspruch genommenen Teilleistungen bezahlen zu müssen, spricht man von einem *Mixed Bundle.* Pure Bundles bieten vor allem den Vorteil der vereinheitlichten Leistungserstellung (Standardisierung), die angesichts der ansonsten vorherrschenden Heterogenität von Dienstleistungen betriebswirtschaftliche Vorteile bietet (Kapazitätsplanung, Leerkostenvermeidung, Mengendegression etc.). Mixed Bundles schränken diesen Vorteil zwar ein, ermöglichen dafür aber ein individuelleres Eingehen auf die Bedürfnisse der Nachfrager.

Beim Mixed Bundle können also Teilleistungen beliebig oder in weiten Grenzen so kombiniert werden, wie es den jeweiligen Bedürfnissen entspricht, ohne dass dadurch der Preisvorteil eines Bundles gegenüber den addierten Preisen der Teilleistungen verloren geht (Cafeteria-System). Meist ist dies an bestimmte Vorgaben gebunden, etwa Einhaltung von Mindestumsatzgrenzen oder Berücksichtigung von Pflichtangebotsbestandteilen, die Berechnung erfolgt dann zum Beispiel nach Punktsystemen.

Wichtig ist, bei Bundles die jeweils eingeschlossenen Leistungen deutlich zu machen, um den Preis zu rechtfertigen. Außerdem kann ein Anbieter damit einer direkten Preisvergleichbarkeit entkommen. Mit welchem Preisanteil die Teilleistungen in den Gesamtpreis eingehen, bleibt seiner Ausgleichskalkulation überlassen, solange nur in der Summe die addierten Einzelkosten mindestens gedeckt sind.

Unbundling

Ebenso wie eine Schnürung von Bundles ist auch eine bewusste Entkopplung bisher nur verbunden angebotener Teilleistungen möglich, man spricht dabei von Unbundling. Unbundling ist dann lukrativ, wenn eine geringe individuelle Attraktivität einzelner Teilleistungen im Bundle Nachfrager davon abhält, dieses in Anspruch zu nehmen und damit auch die Verkäuflichkeit von ansonsten attraktiven Teilleistungen unterbleibt, weil sie nicht einzeln zugänglich sind. Durch das Aufknüpfen des Pakets können solche Teilleistungen fortan auch getrennt in Anspruch genommen werden. Problematisch ist dies, wenn dadurch zwangsläufig anfallende (verbundene), wenig attraktive Teilleistungen nicht mehr oder vermindert gekauft werden. Dann müssen deren Kosten überwälzt werden, wodurch an sich attraktive Teilleistungen nicht selten so teuer werden, dass ihre Nachfragewirkung leidet. Sinnvoll ist dies aber nur angesichts heterogener Präferenzen der Nachfrager, die zu stark abweichender Akzeptanz der einzelnen Teilleistungen führen.

Preislinienpolitik

Die Preislinienpolitik dient der Abstufung der Kundendienstpreise innerhalb des Programms zur Vermeidung unerwünschter gegenseitiger Beeinflussung. Dabei ist eine Differenzierung (Preisspreizung) oder Unifizierung (Preisvereinheitlichung) möglich. Wird ein Preis durch einen höheren oder niedrigeren abgelöst, handelt es sich hingegen um eine Preisvariation.

Voraussetzungen der *Preisdifferenzierung* sind die

⇨ physikalische, funktionelle, reaktive Abweichung der Angebote auf den verschiedenen Teilmärkten,

⇨ Aufteilbarkeit des Gesamtmarkts in mindestens zwei Teilmärkte ohne Arbitragemöglichkeit,

⇨ ökonomische Effizienz einer Differenzierung, das heißt, die zusätzlichen Erlöse sind größer als die zusätzlichen Kosten durch Segmentierung,

⇨ Vermeidung jeglicher Diskriminierung durch eine dem Gerechtigkeitsempfinden des Marktes zuwiderlaufende Preisstruktur,

⇨ Durchsetzbarkeit der Marktspaltung durch Nachfragerbeeinflussung oder Marktmacht.

Bei *horizontaler* (deglomerativer) Preisdifferenzierung erfolgt die künstliche Aufspaltung eines natürlichen Gesamtmarkts in Teilmärkte, bei *vertikaler* (agglomerativer) Preisdifferenzierung liegen bereits gegebene, natürliche Einzelmärkte vor, die zu abweichenden Preisen führen. Preisdifferenzierung setzt insofern immer auch Marktsegmentierung voraus.

Bei der Preisdifferenzierung werden für einen grundsätzlich gleichen Kundendienst systematisch unterschiedliche Preise gefordert (ausnahmsweise auch für verschiedene Dienste ein gemeinsamer Preis). Ziel ist dabei die Abschöpfung der Nachfragerrente beziehungsweise der Einbehalt einer Anbieterrente, indem die unterschiedliche Preisbereitschaft und Leistungserwartung der Nachfrager ausgenutzt wird. Denn der kumulierte Umsatz (Gewinn) liegt bei Preisdifferenzierung erheblich höher als bei Unifizierung. Dies wird erreicht, indem die Kaufkraft derjenigen Käufer, die bereit sind, einen höheren als den Gleichgewichtspreis zu zahlen, durch einen oder mehrere differenzierte Preise gemäß ihrer individuellen Preisbereitschaft abgeschöpft werden. Eine vollständige Abschöpfung gelingt (nicht mehr nur theoretisch) durch eine totale Preisdifferenzierung, das heißt, von jedem Kunden wird ein anderer Preis gefordert.

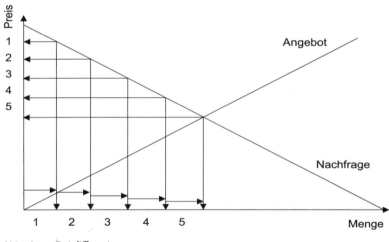

Abb. 4:   *Preisdifferenzierung*

Customized Marketing

Die Sichtweise des Customized Marketings geht davon aus, dass jeder Käufer sein eigenes Marktsegment darstellt und daher individuell bedient werden muss, was gerade bei Dienstleistungen bereits lange gang und gäbe ist, aber auch eine individuelle Preisbereitschaft hat, die ausgelotet werden kann. Sie ist umsohöher, je größer der Aufforderungswert einer Dienstleistung für einen potenziellen Nachfrager ist. Der Aufforderungswert kann erhöht werden, indem ein Service mit besserem Grundnutzen versehen wird (mehr Leistung), der bedarfsgerechtere Zusatznutzen bietet (individuelles Leistungsprofil) oder bei Nachfragern höhere Präferenzen aufbaut (bei ansonsten unveränderter Leistung).

Als Bezugsgrößen der Preisdifferenzierung dienen dabei folgende Faktoren:

⇨ *Raum,* indem auf verschiedenen, räumlich gut abgegrenzten Märkten unterschiedlich hohe Preise für die gleiche Dienstleistung gefordert werden (zum Beispiel Dumping),

⇨ *Zeit,* indem in Abhängigkeit von verschiedenen Zeitpunkten/-räumen für die gleiche Dienstleistung unterschiedliche Preise gefordert werden (zum Beispiel Hotelübernachtung zu Messezeiten),

⇨ *Person,* indem je nach Person des Nachfragers verschieden hohe Preise für die gleiche Dienstleistung gefordert werden (zum Beispiel Beförderungstarife für Rentner, Schüler/Studenten im ÖPNV),

⇨ *Menge,* indem für die gleiche Dienstleistung je nach Ausmaß der abgenommenen Mengeneinheiten unterschiedliche Grundpreise (kein Mengenrabatt) gefordert werden,

⇨ *Verwendung,* indem je nach Einsatz für die gleiche Dienstleistung abweichende Preise verlangt werden (zum Beispiel gewerbliche versus private Inanspruchnahme),

⇨ *Funktion,* indem verschieden hohe Preise je nach Art und Umfang der mit einem Angebot verbundenen Zusatzleistungen gefordert werden (zum Beispiel Grün-/Gold-/Platin-Kreditkarten),

⇨ *Anspruch,* indem die abweichende Preisbereitschaft der Käufer genutzt wird (zum Beispiel First-, Business- und Economy-Class-Paxe im Flugzeug).

Beim preispolitischen Ausgleich wird die Preisfindung nicht mehr für jeden Kundendienst isoliert vorgenommen, sondern für alle Angebote im Verbund, um für das gesamte Programm einen maximalen Nutzen zu erreichen. Dabei sind zwei Prinzipien anwendbar: Beim *Tragfähigkeitsprinzip* werden Services, bei denen der taktische Angebotspreis unter dem betriebswirtschaftlichen Zielpreis liegt, als Ausgleichsnehmer bezeichnet, und Services, bei denen es sich umgekehrt verhält, als Ausgleichsgeber. Diese kompensieren dann die fehlende Rendite der Ausgleichsnehmer auf den Durchschnitt. Beim *Ausgleichsprinzip* wird die Preisstruktur des Programminhalts im Wege des Simultanausgleichs verschiedener Dienstleistungen innerhalb des Programms oder im Zeitablauf im Wege des Sukzessivausgleichs bei ein und derselben Dienstleistung gesteuert.

Sofern es sich um grenzüberschreitende oder konzerninterne (industrielle) Dienstleistungs-Transfers handelt, kommen *Transferpreise* zum Tragen, die sowohl systemkritischen als auch restriktiven gesetzlichen Bestimmungen unterliegen.

Der Unterschied zur *Nettopreispolitik* liegt übrigens darin, dass bei der Preisdifferenzierung verschiedene Grundpreise gegeben sind, während bei der Nettopreispolitik von einem einheitlichen Grundpreis ausgehend verschiedene Konditionen in Ansatz gebracht werden. Im Ergebnis kann beides durchaus zum selben effektiven Preis führen.

Preisunifizierung bedeutet andererseits, dass verschiedene Leistungen zu einem einheitlichen Preis angeboten werden. Dabei ist im Regelfall ein interner kalkulatorischer Ausgleich erforderlich. Meist wird eine Unifizierung von Dienstleistungen auf besonders niedrigem Preisniveau angestrebt. Dies hat früher zu Einheitspreisgeschäften im Handel geführt (heute findet sich ein solcher Ansatz noch in Havarieläden, die bei stark überschaubarem Qualitätsniveau allerdings eher nur untere soziale Schichten ansprechen).

Preisnachlässe und -zuschläge

Preisnachlässe und -zuschläge stellen naturgemäß erhebliche Möglichkeiten der Preisfeinsteuerung dar. Sie führen auf die Ebene des

Nettopreises gegenüber dem Bruttopreis der Liste. Der *Rabatt* ist ein Nachlass auf einen Listenpreis aufgrund folgender Kriterien:

⇨ Funktion bei Übernahme von Leistungen durch den Abnehmer, die ansonsten vom Anbieter zu erbringen wären und deren Kostenersparnis er somit im Preis weitergibt *(Funktionsrabatt)*,

⇨ Menge in Abhängigkeit vom abgenommenen Leistungsumfang je Einzelauftrag, von Leistungsumfängen in einem Sammelauftrag oder auch gesamten Abnahmevolumen innerhalb eines Abschlusszeitraums *(Mengenrabatt)*,

⇨ Zeit, analog zur Zeit des Kaufs bei Frühauftrag (Subskription), Anbietertreue (Kundenloyalität), Saison (unterjähriger Zeitraum) oder Auslauf (Geschäfts- oder Angebotsaufgabe) *(Zeitrabatt)*.

Der *Skonto* als Belohnung für frühzeitige Rechnungsbetragsbegleichung kommt in seiner Wirkung zwar einem Rabatt gleich, gehört jedoch von der Systematik her nicht zu den Nachlässen.

Ausgestaltung von Rabatten

Für die Ausgestaltung von Rabatten ergeben sich verschiedene Möglichkeiten. Zunächt einmal unterscheidet man nach der *Form* Natural- und Geldrabatte. Der Naturalrabatt besteht in der Draufgabe von mehr Services zum gleichen Preis, der Geldrabatt in der Dreingabe von weniger Preis für die gleichen Services (bei privaten Endabnehmern ist der Geldrabatt gesetzlich auf drei Prozent des Kaufpreises bei Barzahlung begrenzt. Die Höhe des Naturalrabatts ist nicht festgesetzt, findet aber ihre Grenze in der Lauterkeit des Wettbewerbs.

Nach der *Berechnung* unterscheidet man Fest- und Relativrabatte. Der Festrabatt ist in einem absoluten Betrag definiert, der Relativrabatt ist als Prozentsatz einer Bezugsgröße (meist Menge oder Wert der Leistungen) definiert.

Nach dem *Ausmaß* unterscheidet man Staffel- und Einheitsrabatte. Der Einheitsrabatt ist unabhängig von einer Bezugsgröße (absolut oder relativ) immer konstant definiert, der Staffelrabatt verändert sich mit einer Bezugsgröße. Nach dem Verlauf kann er progressiv, degressiv oder linear ausgestaltet sein:

⇨ Der *progressive* (überlineare) Rabatt steigt schneller an als seine Bezugsgröße (zum Beispiel zwei Prozent bei 10.000 Euro, fünf Prozent bei 20.000 Euro, 15 Prozent bei 40.000 Euro). Der Preisnachlass eskaliert dabei, so dass der hohen Anreizwirkung für Kunden womöglich sinkende Erträge beim Anbieter gegenüberstehen.

⇨ Der *degressive* (unterlineare) Rabatt steigt langsamer an als diese (zum Beispiel zwei Prozent bei 10.000 Euro, drei Prozent bei 20.000 Euro, vier Prozent bei 40.000 Euro). Dies sichert zwar die Ertragssituation, bietet jedoch nur geringe Anreizwirkung für Kunden.

⇨ Der *lineare* (proportionale) Rabatt entwickelt sich parallel zu seiner Bezugsgröße (zum Beispiel zwei Prozent bei 10.000 Euro, vier Prozent bei 20.000 Euro, acht Prozent bei 40.000 Euro).

Theoretisch denkbar ist auch noch ein regressiver Rabatt, das heißt, der Rabattsatz sinkt mit steigender Bezugsgröße.

Nach der *Größe* unterscheidet man durchgerechnete und angestoßene Rabatte. Der durchgerechnete Rabatt bezieht sich immer auf die volle Bezugsgröße, der angestoßene Rabatt jeweils nur auf den Zuwachs gegenüber der vorherigen Bezugsgrößenebene. Eine angestoßene Rabattierung kann etwa folgenden Verlauf haben (siehe Tabelle 1).

Tabelle 1: Beispielhafter Rabattierungsverlauf	
Umsatz (Euro)	**Rabatt (Prozent)**
über 50.000	1
über 75.000	3
über 100.000	5
über 150.000	7

Daraus ergibt sich bei einem tatsächlichen Umsatz von 220.000 Euro
ein Gesamtrabatt von 16.950 Euro, nämlich:
⇨ ein Prozent auf die Differenz zwischen 220.000 Euro und 50.000
   Euro, also 170.000 Euro,
⇨ plus drei Prozent auf die Differenz zwischen 220.000 Euro und
   75.000 Euro, also 145.000 Euro,
⇨ plus fünf Prozent auf die Differenz zwischen 220.000 Euro und
   100.000 Euro, also 120.000 Euro,
⇨ plus sieben Prozent auf die Differenz zwischen 220.000 Euro und
   150.000 Euro, also 70.000 Euro.
Ein entsprechender durchgerechneter Rabatt von sieben Prozent auf
220.000 Euro (Umsatz über 150.000 Euro) ergibt einen Betrag von
15.400 Euro.

Rabatte sollten vor allem genutzt werden, um eine bessere Auslastung
der infolge der Servicebereitstellung starren Kapazitäten zu erreichen.
Allerdings sind folgende Probleme bei der Rabattierung zu vermeiden:
⇨ Randunschärfen, also die Rabattgrenzen überschneiden einander,
   so dass keine eindeutige Zuordnung möglich ist,
⇨ Unattraktive Stufen, das heißt wenig Anreiz zu gewünschtem Verhalten,
⇨ Unregelmäßige Klassengrößen, zwar nicht unbedingt gleich groß,
   aber in eine Richtung,
⇨ Pseudokalkulation durch gebrochene Rabattsätze (wirkt nicht immer glaubwürdig),
⇨ Einladung zum Feilschen, etwa durch »Rabatt auf Anfrage« bei
   einer oder mehreren Kategorien.

Ebenso wie Nachlässe auf den Listenpreis möglich sind, sind auch
Aufpreise möglich. Denkbar sind diese Negativrabatte etwa für Klein-
aufträge (Mindermengenzuschlag / Mindestauftragsgrößenzuschlag),
Eilaufträge (Zeitzuschlag) oder Sonderausführungen (Individualzu-
schlag). Oft stellt die Basisleistung aber auch nur eine abgestrippte
Angebotsversion dar, die erst durch Hinzunahme von kostenmäßig

gesondert erfasstem Zubehör (zum Beispiel Funktions- und Komfort-
ausstattung) wirklich akzeptabel wird.

Werner Pepels studierte nach kaufmännischer Berufsausbildung Wirtschaft
und Wirtschaftswissenschaften mit den Abschlüssen Diplom-Betriebswirt
und Diplom-Kaufmann. Anschließend war er zwölf Jahre als Marketingberater
tätig, davon drei Jahre selbstständig als Geschäftsführer in einer der seinerzeit
größten rein deutschen Werbeagenturgruppen. 1989 wurde er zum Professor
für BWL ernannt und ist nunmehr an der FH Gelsenkirchen im Studienschwerpunkt Marketing tätig. Er hat zahlreiche Beiträge zu Themen aus Marketing und
Management in Monografie-, Sammelwerk-, Lexikon- und Aufsatzform veröffentlicht und zählt zu den meistverkauften Fachautoren in diesem Bereich im
deutschsprachigen Raum.

Literatur

[1]   BURGER, ANTON: *Kostenmanagement, 2. Auflage, München 1995*

[2]   DILLER, HERMANN: *Preispolitik, 3. Auflage, Stuttgart u.a. 2000*

[3]   HANSEN, URSULA: *Absatz- und Beschaffungsmarketing des Einzelhandels, 2. Auflage, Zürich
       1990*

[4]   SIMON, HERMANN: *Preismanagement, 2. Auflage, Wiesbaden 1991*

[5]   SIMON, HERMANN: *Preismanagement kompakt, Wiesbaden 1995*

Zusammenfassung

Die Preispolitik im After Sales Service hat entscheidenden Einfluss auf die Gewinnsituation des Unternehmens. Denn häufig ist die Gesamtkalkulation so ausgelegt, dass Gewinnbeiträge nicht schon mit der Primärleistung realisiert werden, sondern erst mit produktbegleitenden Dienstleistungen. Umso wichtiger ist es, diese dann optimal zu bepreisen. Dafür gibt es mehrere Ansätze, vor allem die wettbewerbsorientierte, die nachfrageorientierte, die kostenorientierte und die betriebszielorientierte Preisbildung. Praktisch dominiert die kostenorientierte Preisbildung, die auf die Ermittlung der Preisuntergrenze abzielt. Betriebswirtschaftlich weitaus sinnvoller sind jedoch die anderen Ausrichtungen, die auf die Ermittlung einer Preisobergrenze abzielen. Denn es steht zu vermuten, dass wesentliches Gewinnpotenzial durch falsche Preisorientierung vergeben wird. Die Preislinienpolitik bestimmt die Preisstruktur innerhalb des Kundendienstprogramms. Dabei handelt es sich immer um Listen-/Bruttopreise, ausschlaggebend sind jedoch die Effektiv-/Nettopreise. Dazwischen liegen Preisnachlässe und -zuschläge, die vielfältigen Raum zur Gestaltung lassen.

Die Distributionspolitik im After Sales Service

Eine Profilierung im Wettbewerb ist oft nur über den Service nach Abschluss des Kaufvertrages möglich. Bei der Suche nach der optimalen Distribution dieses Serviceangebotes spielen kaufmännische und logistische Aspekte eine herausragende Rolle.

In diesem Beitrag erfahren Sie:
- welche Bedeutung die Distributionspolitik im After Sales Service hat,
- was die Distributionspolitik im After Sales Service beeinflusst,
- welche Maßnahmen der Distributionspolitik im After Sales Service zur Verfügung stehen.

MICHAEL LERCHENMÜLLER

Positionierung der Distributionspolitik im After Sales Service innerhalb des Marketings

Bei zunehmender Homogenität der Produkte der Industrie und der Sortimente des Handels ist eine Profilierung im Wettbewerb in vielen Fällen nur noch über die Kundendienst- oder Servicepolitik möglich. Beim Kundendienst handelt es sich um Sekundärleistungen, die zusätzlich zu einer Haupt- oder Primärleistung dem Kunden angeboten werden. Die Begriffe »Kundendienst« und »Service« werden in diesem Beitrag gemäß dem allgemeinen Sprachgebrauch synonym verwendet ([35], S. 13f.). Unter Servicepolitik wird die zielorientierte Festlegung und Erbringung von – immateriellen – Dienstleistungen verstanden, durch die der Kundennutzen von Produkten und Sortimenten erhöht wird. Dienstleistungen können vor, während und nach dem Kaufvorgang erbracht werden ([36], S. 410). Mattmüller und Irion unterscheiden analog zwischen *Sekundärdienstleistungen des Akqui-sitions-Service (in der Vorkaufsphase), des Fulfillment-Service (in der Verkaufsphase) und des After-Sales-Service (in der Nachkaufphase)* ([24], S. 23).

Für die Summe aller Marketingmaßnahmen nach Abschluss des eigentlichen Kaufkontraktes ist der Ausdruck »*After Sales Marketing*« in den Sprachgebrauch eingeführt worden ([32], S. 5). Zuweilen wird synonym hierzu der Begriff »Nachkaufmarketing« verwendet. Aus der Zusammenführung der Begriffsbestandteile »After Sales« und »Service« lässt sich der »*After Sales Service*« *als Summe aller sekundären Dienstleistungen* definieren, die nach dem Kaufabschluss erbracht werden.

Die gesamte kundengerichtete Marketingpolitik setzt sich aus den Komponenten der Leistungspolitik, der Distributionspolitik, der Entgeltpolitik und der Kommunikationspolitik zusammen, die kombiniert den Marketing-Mix des Unternehmens ergeben. Während die Leistungspolitik die Sach- und Dienstleistungen festlegt, die den aktuellen und potenziellen Kunden des Unternehmens angeboten werden sollen, beinhaltet die Distributionspolitik die Entscheidungen über die geeigneten kaufmännischen wie logistischen Wege, über welche die hergestellten Produkte beziehungsweise Dienstleistungen den Kunden angeboten und übermittelt werden sollen. Mit der Entgeltpolitik wird über die marktkonforme Gegenleistung für Sachgüter und Dienste sowie Distributionsaktivitäten entschieden, und im Rahmen der Kommunikationspolitik werden die adäquaten Formen der Information und Beeinflussung der Zielgruppen des Unternehmens festgelegt.

Bei dem als After Sales Service bezeichneten marketingpolitischen Teilbereich handelt es sich um ein zusammengesetztes Instrument, das Elemente aller vorgenannten Einzelinstrumente enthält. Es wird eine Leistung definiert, hier konkret Dienste nach Abschluss des Kaufvertrages, die kaufmännische und logistische Distributionsform für diese Leistung bestimmt, ein kostendeckendes und nach Möglichkeit gewinnbringendes Entgelt ermittelt, und es wird über leistungsadäquate Informations- und Kommunikationsmaßnahmen entschieden.

Gegenstand des vorliegenden Beitrags ist ausschließlich die *distributionspolitische Komponente*. Es geht also um die Frage der Übermittlung von ökonomischen und technischen Dienstleistungen an die Kunden, wobei die Analyse auf Investitionsgüter und langlebige, höherwertige Konsumgüter beschränkt bleibt.

Der Charakter der Distributionspolitik im After Sales Service wird durch eine Besonderheit determiniert, die für alle Dienstleistungen und somit auch für jene nach Abschluss des Kaufvertrages konstitutiv ist: Da die Erzeugung von Dienstleistungen selten auf Vorrat möglich ist, sondern vielmehr im direkten Kontakt mit dem Leistungsempfänger in unmittelbarer Kopplung an den Zeitpunkt der Bedarfsentstehung vorgenommen wird, sind Erstellung und Distribution einer Dienstleistung in vielen Fällen untrennbar miteinander verbunden ([6], S. 35; [32], S. 225). Dies lässt sich anhand von Beispielen wie der Beratung hinsichtlich der Einsatzmöglichkeiten eines komplizierten Großkopierers im laufenden Geschäftsbetrieb, der Pannenbehebung bei einer Verpackungsanlage im Betrieb des Kunden oder des Einbaus eines Ersatzteils bei einer Heizungsanlage im Kundenunternehmen unmittelbar nachvollziehen. Die oft fehlende Trennbarkeit der Leistung und ihrer Distribution stellt somit ein Merkmal dar, das sich auf alle Einzelentscheidungen der Distributionspolitik im After Sales Service auswirkt.

Bedeutung des After Sales Service und der Dienstleistungsdistribution

Die grundlegende Bedeutung der Dienstleistungspolitik für die Profilierung des Unternehmens im Wettbewerb wurde oben bereits angesprochen. Die Relevanz des After Sales Service im Rahmen der gesamten Servicepolitik wurde lange Zeit vernachlässigt. Vor allem aus Kostengründen betrachtete man Wünsche der Kunden nach Abschluss eines Kaufes als lästiges Übel. Erst in jüngerer Zeit ist – unter anderem durch empirische Belege über die günstige Kostenrelation der Kundenbindung gegenüber der Neugewinnung von Kunden – der Betreuung nach dem Kauf eine größere Aufmerksamkeit gewidmet worden. Man erkannte, dass aus den Dienstleistungsangeboten im Rahmen des Nachkaufmarketings eine Reihe wesentlicher Vorteile zu ziehen sind: Einmalkunden können zu Stammkunden gemacht, zusätzliche Käufe können induziert, Weiterempfehlungen ausgelöst werden, und aus dem Feedback der Käufer der Unternehmensleistungen, insbesondere aus kritischen Reaktionen, lassen sich wertvolle Anregungen für die Qualitätsverbesserung der eigenen Produkte gewinnen. Hansen betont in diesem Zusammenhang die Möglichkeiten zur Schaffung von Loyalität mit dem Unternehmen und zur »Entwicklung von informellen Kommunikationsnetzen unter zufriedenen Kunden« ([12], S. 396).

Die Bedeutung der Distribution im After Sales Service resultiert aus der Tatsache, *dass die beste Unternehmensleistung ohne jede Wirkung bleibt, wenn sie nicht in geeigneter Form an die Kunden übermittelt wird.* Bei Wahl des falschen Absatzweges, bei fehlender Motivation des Außendienstes, bei unzureichender Logistik etwa hinsichtlich der Ersatzteilversorgung für Maschinen entstehen selbst im Falle der Bereitstellung ansonsten optimierter Dienste häufig kontraproduktive Effekte. Es muss daher sichergestellt werden, dass die distributionspolitischen Entscheidungen in Bezug auf die Nachkaufdienste mit der gleichen Intensität geplant, gesteuert und kontrolliert werden, die man der Dienstleistungsproduktion als solcher zukommen lässt.

Wesentliche Einflussfaktoren für die Distributionspolitik im After Sales Service

Anbieter und Produkt

Um die richtigen Entscheidungen über die Distributionspolitik im After Sales Service treffen zu können, müssen die Merkmale der verschiedenen heterogenen Anbieter- und Produktkategorien berücksichtigt werden. Als Service-Anbieter lassen sich Industrie-, Großhandels- und Einzelhandelsunternehmen unterscheiden. Reine Dienstleistungsunternehmen und Handwerksbetriebe werden hier vernachlässigt, da bei ihnen der Service keine Sekundärleistung darstellt. Sie werden lediglich als Alternative innerhalb der Entscheidung über Selbsterstellung oder Fremdbezug von Dienstleistungen berücksichtigt.

Als wesentliche Produktkategorien sind Investitionsgüter (Werkzeugmaschine), Konsumgüter (Fernsehgerät) sowie solche Produkte zu nennen, die sowohl als Investitions- als auch als Konsumgüter (Personal Computer) auftreten können. Allerdings ist hier der Hinweis von Bedeutung, dass fast alle gewöhnlich als Konsumgüter eingestuften Produkte unter bestimmten Bedingungen auch Investitionsgüter darstellen können. Dies gilt beispielsweise für eine in einem kleineren Gastronomiebetrieb eingesetzte haushaltsübliche Spülmaschine oder für einen Videorekorder, der für die betriebliche Fortbildung genutzt wird.

Tabelle 1: Gestaltungssituationen der Distributionspolitik im After Sales Service			
Anbieter/Produkt	**Investitionsgut**	**Investitions-/ Konsumgut**	**Konsumgut**
Industrieunternehmen			
Großhandelsunternehmen			
Einzelhandelsunternehmen			

Die Gestaltungssituationen im After Sales Service lassen sich unter Zusammenführung beider Kriterien durch eine Matrix veranschaulichen (siehe Tabelle 1).

Industrieunternehmen als Anbieter von Service-Leistungen verfolgen gewöhnlich die Zielsetzung, *eigenerstellte Produkte* durch begleitende Dienste für die Kunden attraktiver auszustatten. Großhandelsunternehmen werden demgegenüber versuchen, durch Dienstleistungen das *Gesamtsortiment* bedarfsgerechter zu gestalten, wobei die einzelnen im Sortiment enthaltenen Artikel durchaus in Konkurrenz zueinander stehen können. Einzelhandelsunternehmen verhalten sich strategisch analog, bedienen im Gegensatz zum Großhandel jedoch den Endverbraucher, dessen Kaufverhalten mit jenem eines gewerblichen Abnehmers nicht identisch ist.

Daraus folgt, dass Hersteller vor allem direkt am Produkt(-Programm) ausgerichtete After Sales Services distribuieren, das heißt, produktspezifische Wartung, Ersatzteilversorgung oder Reparatur anbieten werden. Bei der Formulierung der Serviceziele eines Handelsunternehmens wird dagegen der gesamte durch das Sortiment abdeckbare Bedarf des Kunden im Vordergrund stehen, weshalb eher produktunspezifische Leistungen (allgemeiner Wartungs-Service, Hotline zur Lösung von Anwendungsproblemen, produktübergreifende Ersatzteilvorhaltung etc.) *dominieren* ([33], S. 85). Hier deutet sich offensichtlich ein Problem für Hersteller an, die hochqualifizierte Dienste für ihre Erzeugnisse auf dem indirekten Absatzweg über den Handel distribuieren wollen.

Investitionsgüter dienen dem langfristigen gewerblichen Einsatz, während Konsumgüter im privaten Umfeld genutzt werden. Bei Mischgütern hängt die Verwendung vom Käufertyp – gewerblich oder privat – ab. Bei Investitionsgütern finden Erstellung und Distribution von After Sales Services also im Bereich Business-to-Business statt, folgen somit kaufmännischen Gepflogenheiten und Rechtsverhältnissen, während sich bei Konsumgütern die Dienstleistungsdistribution an Privatpersonen richtet, was Verträge, darin fixierte Rechtspositionen und Abwicklungsprozeduren im Sinne eines stärkeren

Endverbraucherschutzes beeinflusst. Hierauf wird im Abschnitt über die Kunden als Einflussgrößen der Distributionspolitik im After Sales Service noch genauer eingegangen.

Als Einfluss nehmende Anbietermerkmale sind neben der Wirtschaftsstufe auch die Unternehmensgröße, die Faktorausstattung mit Personal, Sachmitteln – hierzu gehört speziell im Handel der verfügbare Geschäftsraum – und Kapital, die Unternehmens- und insbesondere die Marketingorganisation zu beachten ([15], S. 188f.).

Entscheidungen über mögliche Distributionswege, einsetzbare Distributionsorgane, den Umfang einer Ersatzteillogistik oder auch nutzbare technische Hilfsmittel werden offensichtlich durch Größe und Faktorausstattung eines Unternehmens nachhaltig beeinflusst. So kann beispielsweise der Direktabsatz von Dienstleistungen über einen eigenen Außendienst nur von hinreichend großen Unternehmen – Größe hier bezogen auf Mitarbeiterzahl, Absatzgebiet und Kapitalausstattung – bewältigt werden, während kleinere Unternehmen sich des indirekten Absatzes bedienen müssen. Fassott führt in Bezug auf die erforderliche Ressourcenausstattung das Beispiel von Sony an, wo sich zwischen 1988 und 1991 wegen des Erfolgs der Primärleistungen das Reparaturaufkommen verdreifachte, woraus Kapazitätsprobleme beim Technischen Kundendienst resultierten ([11], S. 209).

Die Marketingorganisation wirkt sich zum Beispiel auf die Aufgaben des Außendienstes aus, die stärker verkaufs- oder aber nachkaufsorientiert definiert sein können. Dominiert die Verkaufsorientierung, wird nahezu zwangsläufig der After Sales Service durch diese strategische Grundausrichtung negativ beeinflusst.

Als zusätzlich zu den oben erwähnten Produktkategorien (Investitions- oder Konsumgut) zu berücksichtigende Einflussfaktoren der Sachleistung sind die Komplexität sowie die Verwendung eines Gutes im Betriebsprozess zu nennen ([35], S. 95ff.). Nach einer Untersuchung von Teichmann im deutschen Maschinen- und Anlagenbau (Basis 152 Einzelbefragungen, vgl. [35], S. 76) steigt der Dienstleistungsbedarf in der Nachkaufphase mit zunehmender Produktkomplexität ebenso an wie mit der Prozessbedeutung eines Produkts, insbesondere mit den zu erwartenden Stillstandskosten. Dies ist naheliegend, wenn auch durch sekundäre Serviceleistungen das Risiko etwa eines Produktionsausfalls nicht völlig ausgeschlossen, sondern nur verringert werden kann.

Distributionssysteme und Verfügbarkeit externer Dienstleister

Die Einflussfaktoren der bestehenden Distributionssysteme und der Verfügbarkeit externer Dienstleister sind insbesondere für die Entscheidungen über die Nutzung indirekter Absatzwege, die Einschaltung unternehmensexterner Absatzorgane und damit für die Ausgliederungsmöglichkeiten von After Sales Services von Bedeutung.

Im Business-to-Business-Bereich können dem volkswirtschaftlichen Distributionssystem für Nachkaufdienste Industrieunternehmen, der Großhandel – hier insbesondere der Produktionsverbindungshandel und der Technische Großhandel –, das Handwerk sowie spezialisierte Dienstleister zugerechnet werden. Im Endverbrauchergeschäft kommen für die Servicedistribution wiederum Industrie- und Handwerksbetriebe sowie Spezialdienstleister infrage, darüber hinaus sind Konsumgütergroßhandlungen, kooperative Handelsgruppen und vertikal organisierte Einzelhandelsfilialunternehmen zu berücksichtigen.

Informationen über potenzielle Distributeure lassen sich zum Beispiel bei Statistischen Ämtern, Industrie- und Handelskammern, Handwerkskammern, Verbänden, Marktforschungsinstituten, Adressverlagen oder einschlägig tätigen Unternehmen gewinnen. Wesentlich sind dabei zum Beispiel Angaben über Anzahl, Größe und Absatzgebiete von Unternehmen, über Marktanteile beim Vertrieb von dienstleistungsrelevanten Primärprodukten und – soweit erhältlich – von Serviceleistungen, sowie über die qualitative Leistungsfähigkeit und die Kooperationsbereitschaft möglicher Partner für die Erstellung und Distribution von Dienstleistungen.

Generell lässt sich feststellen, dass im Falle der Existenz von externen Distributionssystemen mit Bedeutung für geplante oder bisher wahrgenommene After Sales Services die Alternative der *Ausgliederung* dieser Dienste möglich ist und geprüft werden sollte. Maßgeblich für die Entscheidung wird zum einen die Fähigkeit Dritter zur Deckung der Kundenbedürfnisse, zum anderen das Resultat eines Kostenvergleichs sein. Es darf dabei aber nicht außer acht gelassen werden, dass selbst bei Know-how- und/oder Kostenvorteilen externer Dienstleister Nachteile für das eigene Unternehmen wie etwa der Verlust an Steuerungsmöglichkeiten und eine auftretende Distanz zum Kunden gegengerechnet werden müssen. Als Vorteil kann sich wiederum die Verlagerung von Risiken auf Dritte auswirken ([33], S. 388ff.).

Von zunehmender Bedeutung bei der Entscheidung über die Einschaltung externer Distributionssysteme ist ihre Fähigkeit, Daten über elektronische Kommunikationssysteme auszutauschen (zum Beispiel unter Nutzung von Standards wie EDIFACT). Dies war beispielsweise für ABB Turbo Systems ein wesentliches Kriterium bei der Auswahl der globalen Speditionspartner ([3], S. 107).

Auf einen marketingrelevanten Aspekt der Ausgliederung der Dienstleistungserstellung und -distribution an unternehmensexterne Dienstleister weist Laakmann hin: Er führt aus, dass das Unternehmen, welches extern die Dienstleistung erstellt, nicht immer auch vom Kunden als Anbieter wahrgenommen wird. Als Beispiel nennt er den Fall eines von einem selbstständigen Dienstleister betreuten Kundenclubs, bei dem die Kunden die Tatsache der externen Dienstleistung überhaupt nicht erkennen können. Er gibt zu bedenken, dass es bedeutsam sein kann, »ob die Kenntnis des tatsächlichen Leistungsträgers Auswirkungen auf die Nutzenbeurteilung durch den Konsumenten hat.« ([19], S. 64).

Im Falle der Entscheidung, im After Sales Service auf verfügbare externe Dienstleister zurückzugreifen, ist also in Bezug auf diesen Aspekt die *Analyse von Bedeutung,* ob eine offene oder eine verdeckte – vom Kunden nicht erkennbare – Ausgliederung einer Dienstleistung unter dem Gesichtspunkt der Nutzen- und Imagebeurteilung seitens der Kunden positiver zu beurteilen ist.

Gewerbliche beziehungsweise private Kunden

Im Einflussfaktor Kundenkategorie, hier also in der Differenzierung zwischen gewerblichen und privaten Kunden, spiegelt sich die Produktdifferenzierung zwischen Investitions- und Konsumgütern wider. Bei der Behandlung des Produktes als Einflussfaktor für Nachkaufdienste war bereits darauf hingewiesen worden, dass Geschäftsbeziehungen im Business-to-Business-Bereich anderen Regeln unterliegen als solche zwischen gewerblichen Anbietern und Privatpersonen.

Ist der Kunde einer primären Sachleistung mit langlebigem Charakter (Maschine, Möbel, EDV-Anlage etc.) ein gewerbliches Unternehmen, kommen juristisch wie kaufmännisch vereinfachte Abläufe zum Tragen. Bei privaten Kunden bestehen zu ihrem Schutz erlassene Rechtsvorschriften, die sich beispielsweise auf die Schriftform von Verträgen, Rücktrittsrechte, Gewährleistung und Informationsverpflichtungen beziehen. Dies gilt nicht nur für die zugrunde liegende Primärleistung, sondern auch für die Dienstleistungen, die vor, während und nach dem Kauf zu erbringen sind.

In kaufmännischer Hinsicht besteht beim Privatkunden üblicherweise im Hinblick auf die Kontrahierungsbedingungen ein größerer Informationsbedarf als bei gewerblichen Abnehmern. Dieser bezieht sich beispielsweise auf die Lieferungs- und Zahlungskonditionen, ein Aspekt, der insbesondere seit Wegfall des Rabattgesetzes und der Zugabenverordnung an Bedeutung gewonnen hat; er kann sich aber auch auf die Nutzungsberatung, auf Wartungsmodalitäten oder Recyclingprozeduren erstrecken. Letzteres gewinnt beispielsweise in der Elektro- und Elektronikbranche durch die 2005 in Kraft getretene Europäische Abfallverordnung für Elektro- und Elektronikschrott (WEEE Directive) erheblich an Bedeutung. Eine Vorreiterrolle auf diesem Gebiet kann Herstellern nicht nur Kosten- sondern auch Wettbewerbsvorteile im Servicemarkt einbringen ([18], S. 117).

Beim gewerblichen Abnehmer von Investitionsgütern wird gewöhnlich eine höhere Rationalität und Professionalität unterstellt als bei den privaten Käufern von langlebigen Gebrauchsgütern, wenn auch in der jüngeren Vergangenheit diese Annahme zum Teil wieder relativiert wurde. In jedem Falle darf bei Business-Kunden ein größerer kaufmännischer und technischer Erfahrungshintergrund unterstellt werden, insbesondere dann, wenn der Kauf von Investitionsgütern in »*Buying Centers*« ([4], S. 541) vollzogen wird, in denen Kaufleute und Ingenieure oder anderes technisches Personal zusammenarbeiten ([20], S. 181).

Andererseits ist aber gerade bei technisch komplexen Produkten des Investitionsgütersektors oft ein höherer Anspruch an die Qualität von After Sales Services zu stellen, aus dem sich wiederum entsprechende Anforderungen an die Qualifikation des Dienstleistungspersonals ableiten lassen. Dem muss sowohl bei der Auswahl der Absatzorgane als auch bei der Planung und Durchführung von Fortbildungsmaßnahmen Rechnung getragen werden.

Maßnahmenentscheidungen der Distributionspolitik im After Sales Service

Absatzkanaldesign für After Sales Service: Absatzwege und Absatzorgane

Die Festlegung des Absatzkanaldesigns für After Sales Services setzt sich aus den Teilentscheidungen über die *Absatzwege* einerseits und über die *Absatzorgane* andererseits zusammen. Bei ersterer geht es um den Weg, über welchen die Serviceleistung den Kunden erreichen soll, bei letzterer um die Bestimmung der unternehmensinternen oder -externen Personen, Organisationen beziehungsweise Organisationsbestandteile, durch welche die Leistungsübermittlung vorgenommen werden soll.

Entscheidung über Absatzwege

Im Rahmen der Absatzwegeentscheidung ist zwischen dem *direkten Absatz* unter Nutzung betriebseigener Absatzorgane und dem *indirekten Absatz* mit Einschaltung betriebsfremder Absatzmittler zu differenzieren ([20], S. 89). Der direkte Dienstleistungsabsatz sichert einerseits im Sinne eines Total Quality Managements die unmittelbare Steuerungsmöglichkeit der Servicequalität zum Beispiel im Hinblick auf Installation, Wartung, Schulung oder Reparatur bei Investitions- oder bei langlebigen, höherwertigen Konsumgütern. Andererseits setzt er die Vorhaltung von personellen und sachlichen Ressourcen voraus, wodurch wiederum *Kapazitätsauslastungs- und Qualitätssicherungsprobleme* resultieren.

Nach der oben bereits erwähnten Untersuchung von Teichmann ([35], S. 76) dominiert im deutschen Maschinen- und Anlagenbau eindeutig der Direktabsatz bei technischen Kundendienstleistungen. Lediglich 14 Prozent der befragten Unternehmen setzen in beachtenswertem Umfang Fremdkräfte ein. Doch selbst in dieser Gruppe von Unternehmen erfolgt der Dienstleistungsabsatz zu circa 80 Prozent mit eigenem Personal ([35], S. 170).

Einen aktuellen direkten Absatzweg für Leistungen des After Sales Service bietet das Internet über Electronic Commerce. Dabei werden Verbindungen zwischen der Internet-Präsenz und den vorhandenen betrieblichen Informationssystemen geschaffen.

Recherchen im Internet zufolge nutzen mittlerweile mehrere zehntausend Firmen weltweit die Möglichkeit, ihren After Sales Service über eine Homepage direkt zu offerieren. Als Beispiel soll das Angebot von APV Anhydro Copenhagen in Auszügen wiedergegeben werden [1]:

»The after-sales service activities include:

⇨ Service visits

⇨ Repair

⇨ Trouble-shooting at your location or at our test facilities

⇨ 24 hours hot-line service

⇨ Staff training«

Um Missverständnissen vorzubeugen, erscheint der Hinweis erforderlich, dass das Internet an dieser Stelle nicht in seiner Nutzungsmöglichkeit im Rahmen der Kommunikationspolitik, sondern innerhalb der Distributionspolitik im After Sales Service betrachtet wird. Das Internet als direkter Absatzweg erlaubt beispielsweise den kundenseitigen Abruf von Beratungsinformationen, das Herunterladen von Schulungsprogrammen oder die Vornahme von Terminvereinbarungen für Reparaturen. Generell können Direktkontakte über Internet beziehungsweise über E-Mail das Telefon, das Fax-Gerät oder sogar ein persönliches Treffen ersetzen. Es ist für die Zukunft damit zu rechnen, dass der Vertriebsweg über das Internet sich im After Sales Service-Bereich weiter durchsetzen wird.

Der indirekte Absatz von After Sales Services entlastet vordergründig von Kosten und Risiken und erübrigt die Bereitstellung von eigenem Know-how. Bei genauerer Prüfung ergibt sich jedoch, dass hierdurch erstens ein *Teilverlust von Steuerungsmöglichkeiten* im After Sales Service eintritt (vgl. [3], S. 76), zweitens eingeschaltete Absatzmittler bei nicht kostendeckend kalkulierbaren Dienstleistungen entsprechende *Preis- und Konditionenzugeständnisse* der Hersteller der Sachleistung einfordern werden und drittens ein *Transfer negativer Konsequenzen* einer unzureichenden Dienstleistungserbringung in jedem Falle zu erwarten ist. Wenn beispielsweise ein Handelsbetrieb die Reparatur eines Elektrogroßgerätes für den Kunden nicht zufriedenstellend erledigt, werden ungünstige Imagefolgen nicht nur für den Händler, sondern auch für den Hersteller des Gerätes die Folge sein. Hiergegen versuchen sich Produzenten durch den Selektivvertrieb zu schützen: Sie wählen nur solche Absatzmittler aus, »die einen angemessenen, den herstellerspezifischen Anforderungen genügenden After Sales Service anzubieten in der Lage sind« ([33], S. 207).

Ähnliche Überlegungen sind anzustellen, wenn der Handelsbetrieb die Dienstleistungsfunktion seinerseits ausgliedert. So hat etwa

Karstadt den After Sales Service an einen Vertragsbetrieb, das heißt einen autorisierten Kundendienstbetrieb [30] übertragen. Benötigt der Kunde zum Beispiel eine Beratung für ein bei Karstadt erworbenes Fax-Gerät oder wünscht die Behebung einer Funktionsstörung, fordert er einen Kundendiensttechniker bei Profectis an und bezahlt nach erbrachter Leistung an diese Gesellschaft die entstandenen Kosten für An- und Abfahrt, Arbeitszeit und gegebenenfalls Ersatzteile. Wurde die Leistung nicht zufriedenstellend erbracht, schädigt dies das Image nicht nur von Profectis, sondern auch von Karstadt und dem betroffenen Hersteller des Fax-Gerätes.

Eine effiziente Form des indirekten Absatzes von After Sales Services besteht in deren Einbettung in *Partnerschafts- beziehungsweise Vertragshändlersysteme,* die im Hinblick auf die Händlerbindung und -unterstützung eine erhebliche Bandbreite aufweisen können. Neben anderen Verpflichtungen können Kooperationshändlern auch Erstellung und Distribution von Nachkaufservices auferlegt werden. Insbesondere kann der Vertrieb von Ersatz- und Zubehörteilen auf diesem Wege durchgeführt werden.

Mielmann stellt ein Modell eines Vertriebspartnersystems im EDV-Sektor vor, das von der Siemens Nixdorf Informationssysteme AG entwickelt wurde. Dieses beinhaltet auch den indirekten Absatz von After Sales Service-Komponenten: Die beteiligten Händler übernehmen für Siemens Nixdorf die PC-Anlieferung und -installation, die Kundenschulung sowie die professionelle Wartung ([25], S. 226ff.).

Vergleichsweise häufig wird der indirekte Absatzweg für Dienstleistungsanrechte gewählt ([11], S. 86). Im Rahmen des After Sales Service ist hier beispielsweise die Gerätegarantie anzusprechen, die dem Kunden innerhalb festgelegter Fristen die kostenlose Instandsetzung beziehungsweise den Umtausch eines fehlerhaften Geräts zusichert. Dank ihrer materialisierten Form (zum Beispiel Garantieurkunde) können solche Dienstleistungsanrechte problemlos über den einschlägigen Einzelhandel, also auf dem indirekten Absatzweg vertrieben werden. Es ist hier allerdings auf die rechtliche Restriktion des § 15

GWB hinzuweisen, die einen unmittelbaren rechtlichen Einfluss eines Industrieunternehmens auf das Gewährleistungsangebot der Handelsunternehmen im Rahmen vertraglicher Vertriebssysteme untersagt ([11], S. 183).

Das Internet ermöglicht nicht nur, wie oben beschrieben, den Direktabsatz von Dienstleistungen, sondern kann auch für die Übermittlung indirekter Leistungsangebote genutzt werden. So bietet etwa HERMES Technischer Kundendienst GmbH & Co. über Internet für die Kunden der Versandhäuser Otto, Schwab und Corso Serviceleistungen an: Einen Leihgeräte-Service bei Reparaturen von Fernseh- und Videogeräten sowie Satelliten-Receivern, einen Anschluss-Service für Gasherde und einen Montage-, Ausrichtungs- und Einstellungs-Service für SAT-Antennen-Anlagen [14]. Auch hier ist – wie oben bereits angemerkt – nicht die kommunikationspolitische, sondern allein die distributionspolitische Bedeutung des Internets angesprochen, also die Möglichkeit, das Netz für die Weitergabe von Beratungs- und Sachinformationen oder für die terminliche oder problembezogene Absprache zwischen Servicepersonal und Kunde zu nutzen.

Entscheidung über Absatzorgane

Im Rahmen der Entscheidung über die Absatzorgane für After Sales Services lassen sich drei grundsätzliche Alternativen unterscheiden:
⇨ *Alternative 1:* unternehmenseigene Absatzorgane,
⇨ *Alternative 2:* unternehmensfremde Absatzorgane,
⇨ *Alternative 3:* Kombination aus unternehmenseigenen und -fremden Absatzorganen.

Die genannten Alternativen werden von Teichmann als unterschiedliche distributionspolitische Ausrichtungen verstanden. Er differenziert zwischen *Autonomiepolitik, Beauftragungspolitik und Kooperationspolitik* ([35], S. 250).

Der ausschließliche Einsatz *unternehmenseigener Absatzorgane* ist gleichbedeutend mit der Entscheidung für den direkten Absatzweg. Umgekehrt bedeutet der ausschließliche oder teilweise Einsatz unternehmensfremder Absatzorgane, dass (auch) der indirekte Absatzweg beschritten wird. Hieraus könnte man ableiten, dass die Entscheidung über die Absatzorgane letztlich eine Subentscheidung im Rahmen der Absatzwegepolitik darstelle. Dies trifft jedoch nicht zu, da auch bei Distribution über fremde Absatzmittler innerhalb des Unternehmens eine steuernde Instanz vorhanden sein muss, bei der es sich zum Beispiel um den Vertrieb, das Marketing, eine eigenständige After Sales Service-Abteilung oder um die Geschäftsleitung selbst handeln kann ([20], S. 89).

Unternehmenseigene Absatzorgane für die Distribution von After Sales Services – Beschäftigte eines internen Callcenters, Technischer Außendienst, Schulungspersonal etc. – bieten insbesondere den Vorteil einer unmittelbaren Steuerung durch das Unternehmen. Ziele wie einheitlicher Marktauftritt, Qualitätssicherung oder Erforschung von Kundenreaktionen lassen sich bei dieser distributionspolitischen Alternative am besten verfolgen.

Vor allem bei stark individualisierten After Sales Services mit hohem Qualitätsanspruch ist der Einsatz eigener Distributionsorgane als nahezu zwingend anzusehen. Ein Beispiel hierfür ist das von Schütz beschriebene Servicekonzept des exklusiven Hannoveraner Autohauses SEA (Spezialisten-Team Exklusiver Automobile). Im Zusammenhang mit Leistungen wie dem nachträglichen Einbau von Stereoanlagen, der Wiederbefüllung von Klimaanlagen oder der Wartung von Zwölfzylindermotoren bei hochwertigsten Automobilen und Oldtimern wird festgestellt, dass hierfür »ein Team hochspezialisierter Experten« nötig und der Erfolg bei Spitzenservice von den beteiligten Personen maßgeblich abhängig sei. Als Gegenbeispiel nennt Schütz das Preismengengeschäft eines Auspuff-Schnellservice, bei dem im Umkehrschluss ein Einsatz von externem Dienstleistungspersonal möglich, wenn nicht sogar empfehlenswert ist ([31], S. 127f.).

Als Nachteile der Autonomiepolitik im Sinne der Nutzung unternehmenseigener Absatzorgane sind der resultierende Organisationsbedarf, die Problematik einer hohen anzustrebenden Kapazitätsauslastung (vgl. [27], S. 23) und damit letztlich der Fixkostencharakter unternehmensinterner Ressourcen anzuführen.

Die Situation bei überwiegender Dienstleistungsdistribution durch *unternehmensexterne Absatzorgane* lässt sich als analoge Umkehrung der vorgenannten Argumente beschreiben. Schwächer ausgeprägten Steuerungsmöglichkeiten stehen als Vorteile auf die eigenen Kernkompetenzen konzentrierte Geschäftsprozesse und Verlagerung des Kapazitätsrisikos gegenüber.

Als schwierigste Variante erweist sich die *Kombination von interner und externer Dienstleistungsdistribution.* Hierbei tritt ein hoher Abstimmungsbedarf auf, der sich auf die räumliche, sachliche und kundenbezogene Dimension erstreckt. Es muss eine überschneidungsfreie Servicedistribution gewährleistet werden, die eine gleichmäßig hohe Qualität der Leistung sicherstellt. Schließlich sind auch gleichartige Imagewirkungen trotz möglicherweise unterschiedlicher Zielvorgaben bei internen und externen Dienstleistern anzustreben.

Dass jedoch auch dieser Weg mit Erfolg beschritten werden kann, zeigt ein von Kreuzer und Tennstedt referiertes Beispiel aus der Automobilbranche, bei dem im Rahmen eines erfolgreichen Kooperationsprojektes mehrere Automobilhersteller mit über 2.000 Händlern und zusätzlich mit unabhängigen Werkstätten zusammenarbeiten, denen über ein Intranet die individuellen Produktkataloge mit Originalersatzteilen zur Verfügung gestellt werden. Bereits in der Pilotphase des gegen Ende der neunziger Jahre gestarteten Projekts konnte ein Umsatzanstieg von 20 bis 30 Prozent realisiert werden ([17], S. 133ff.).

Als Fazit aus diesen Überlegungen lässt sich festhalten, dass in der Regel das für den After Sales Service verantwortliche Unternehmen sinnvollerweise die Steuerung wesentlicher Dienste durch den Einsatz eigener Absatzorgane absichern wird, während weniger relevante Serviceleistungen eine Ausgliederung eher zulassen. Weiterhin wird sich aus Gründen einer gleichmäßigen Auslastung der betriebseigenen Absatzorgane die Abdeckung von Bedarfsspitzen durch fremde Absatzmittler empfehlen.

Eine Ausgliederung von Leistungen des After Sales Service wird sich ferner dann anbieten, wenn im eigenen Unternehmen das erforderliche Know-how für bestimmte Dienstleistungen fehlt und nur durch unwirtschaftlich hohe Aufwendungen geschaffen werden könnte. Schließlich kann auch ein unverhältnismäßig großes Risiko aus der Wahrnehmung von Serviceleistungen die Einschaltung externen Personals nahelegen. Letzteres wird allerdings überhaupt nur dann möglich sein, wenn unternehmensfremde Dienstleister durch einen hohen Spezialisierungsgrad in der Lage sind, das objektive Risiko zu verringern, da ansonsten die Bereitschaft zur Übernahme solcher Dienste kaum vorhanden sein wird.

Standortentscheidungen für Einrichtungen des After Sales Service

Für die Erbringung von After Sales Services sind *verschiedene Standortentscheidungen* zu treffen: Erstens ist darüber zu befinden, wo das Personal für die Leistungserbringung (zum Beispiel Technischer Außendienst) angesiedelt werden soll, zweitens müssen Standorte für dienstleistungsbegleitende Sachleistungen (zum Beispiel Ersatzteile) festgelegt und drittens solche für die Investitionsgüter bestimmt werden, mit deren Einsatz erst bestimmte Serviceleistungen erbracht werden können (zum Beispiel für Funktionstests erforderliche Maschinen).

Alle genannten Entscheidungen sind einerseits im Zusammenhang mit den gewählten Absatzwegen und Absatzorganen zu sehen. Andererseits determinieren diese nicht automatisch den möglichen Standort. Beispielsweise kann sich bei Nutzung des direkten Absatzweges sowohl eine zentrale als auch eine dezentrale Lösung als günstiger erweisen. Ein zentraler Standort wiederum kann am Hauptsitz des Unternehmens oder in räumlich ausgegliederter Lage platziert werden. Beim indirekten Absatz wird in der Regel der Standort für Dienstleistungspersonal/-sachmittel nicht am Firmensitz des Anbieters der Hauptleistung sein, der eingeschaltete Absatzmittler wird aber seinerseits die zuvor dargelegten Entscheidungsalternativen prüfen müssen.

Die Standorte für Personal, servicebegleitende Sachmittel und Investitionsgüter schließlich können örtlich zusammengefasst oder aber räumlich getrennt sein.

Um das angedeutete Geflecht von Entscheidungen zu optimieren, müssen als Einflussfaktoren neben dem bestehenden Absatzkanaldesign die Eigenschaften der primären Hauptleistungen sowie der Dienstleistungen des After Sales Service und die Bedürfnisse und Erwartungen der Kunden berücksichtigt werden, die in den vorangegangenen Abschnitten dargelegt wurden.

Fassot führt hierzu aus, dass ein Anbieter von Dienstleistungen seine Standorte so wählen muss, »dass er für die Nachfrager möglichst gut erreichbar ist beziehungsweise die Nachfrager erreichen kann. Insbesondere ist eine Ausdehnung des Absatzraumes vielfach nur durch eine Standortmultiplikation (zum Beispiel Filialisierung, Franchising oder Annahmestellen) möglich. Dies zieht aber vermehrte Führungs- und Kontrollaufgaben nach sich« ([11], S. 66).

Diese Feststellung trifft jedoch nur auf Dienstleistungen zu, die zeitsensibel und für den laufenden Leistungserstellungsprozess des Kunden beziehungsweise für die tägliche Nutzung der Primärleistung bedeutend sind und die nicht auf Distanz erbracht werden können. Beispiele hierfür sind die Fehlerbehebung bei Maschinen im Produktionsprozess oder die Reparatur eines Fernsehgerätes beim Privatkunden. Als Gegenbeispiele können die jährliche Wartung von Maschinen oder die Beratung über eine Hotline genannt werden.

Bei der erstgenannten Kategorie von Dienstleistungen dominiert als Einflussgröße in der Tat die räumliche Kundennähe, weshalb dezentrale Lösungen hier dominieren ([33], S. 406); bei der letzteren ist dieser Gesichtspunkt mehr oder weniger irrelevant, sodass die in der Regel kostengünstigere zentrale Standortvariante vorherrscht.

Mit Ausnahme der mit Einzelhandelsobjekten gekoppelten Standorte von Dienstleistungseinrichtungen (zum Beispiel Reparaturannahmen für Elektrogeräte) gilt *generell die Regel, dass für die Festlegung des Mikrostandortes Kostengesichtspunkte vorrangig* sind. Baulichkeiten für die Unterbringung von Außendienstpersonal, von Callcentern, von Ersatzteillagern, von Reparaturwerkstätten etc. werden demzufolge in gewöhnlich kostengünstigeren Gewerbegebieten oder anderen teilintegrierten beziehungsweise Außenlagen platziert werden. In den meisten Fällen wird ein günstiger Verkehrsanschluss für PKW, erforderlichenfalls auch für LKW, zwingend sein. Gleiches gilt für weitere infrastrukturelle Voraussetzungen etwa im Kommunikationsbereich ([21], S. 772).

Wesentliche ablauforganisatorische Entscheidungen

Neben den bisher behandelten strukturellen Merkmalen des After Sales Service müssen auch verschiedene *ablauforganisatorische Fragen* einer zufriedenstellenden Lösung zugeführt werden. Im Rahmen des vorliegenden Beitrags können aus der Vielzahl der prozessorientierten Fragestellungen nur die wesentlichsten betrachtet werden. Hierzu sind die Entscheidungen über den Einsatz des Servicepersonals, über die Absatzlogistik servicebegleitender Sachleistungen sowie über die Erfolgsmessung der Dienstleistungsdistribution zu rechnen.

Personaleinsatzentscheidungen

Für die *Planung des Personaleinsatzes* im After Sales Service lassen sich zwei wesentliche Trends konstatieren: Der Einsatz aktueller (Kommunikations-)Mittel und eine verstärkte *Selbststeuerung des Außendienstpersonals.* Unter den organisationsrelevanten Mitteln werden hier nicht jene Geräte und Einrichtungen verstanden, deren sich die Beschäftigten in Abhängigkeit der zu erfüllenden Dienstleistung bedienen, zum Beispiel Testapparaturen oder Werkzeuge, sondern nur die zur Einsatzsteuerung geeigneten Hilfsmittel. Dazu gehören beispielsweise Zeitplaner, Funktelefone, Laptops, Programme zur Tourenplanung etc.

Durch eine solche Ausstattung sind eine verzögerungsfreie Kommunikation mit der Einsatzzentrale, eine schnellere Reaktion auf Kundenanforderungen und eine unmittelbare Anpassung von Zeit- und Tourenplänen möglich. Dies begünstigt wiederum dezentrale Organisationsabläufe mit größerer Entscheidungskompetenz des Dienstleistungspersonals, ein Aspekt, der zur verstärkten Selbststeuerung der Außendienstorgane als dem zweiten eingangs genannten Trend überleitet.

Die organisatorische Führung von Beschäftigten im Außendienst kann entweder straff zentralisiert oder aber unter Delegation von Verantwortlichkeit für die kundenorientierte Erfüllung der Serviceanforderungen dezentral erfolgen. Zentrale Einsatzorganisation neigt zu einer gewissen Schwerfälligkeit und Inflexibilität der Abläufe, wenn dies auch keine zwingende Konsequenz ist. In jedem Falle entbindet diese organisatorische Variante aber den Außendienst von einer eigenverantworteten Situationseinschätzung, Prioritätensetzung und Zeiteinteilung. Da eine qualitativ hochwertige Dienstleistungserfüllung jedoch oft nur vor Ort unter Berücksichtigung von situativen Bedingungen und spezifischen Kundenerwartungen möglich ist, wird bei anspruchsvollen Servicetätigkeiten die vom Außendienstpersonal selbst entschiedene Festlegung von Tätigkeitszeitpunkt und -dauer beim einzelnen Kunden die überlegene Organisationsform zur Erzielung von Kundenzufriedenheit darstellen.

Ein Beispiel für den erstgenannten Trend bildet die Personalsteuerung der EMS Euro-Modul-Systeme Ulm GmbH. Diese gewährleistet im Rahmen ihres After Sales Managements die Aufrechterhaltung der Einsatzbereitschaft von Ambulanzfahrzeugen. Bei einer unterwegs auftretenden Panne kann über eine Hotline per Funktelefon die Einsatzleitung bei EMS alarmiert werden. Über das Warenwirtschaftssystem von EMS wird ermittelt, ob das benötigte Ersatzteil (Beispiel: Keilriemen) am Lager vorrätig ist. Ein Kurier transportiert das benötigte Teil zum liegengebliebenen Fahrzeug, repariert selbst oder organisiert eine Reparatur in der nächstgelegenen Werkstatt, so dass unverzüglich die Weiterfahrt angetreten werden kann [9].

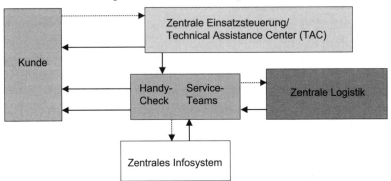

- Informationen über die Störung
- Vorabklärung über »Handy-Check«
- Telefonische Fehlerdiagnose

- Abstimmung im Team
- Nonverbales Feedback
  (Abschlussbericht, Administration)

Zentrale Einsatzsteuerung/
Technical Assistance Center (TAC)

Kunde

Handy-Check Service-Teams

Zentrale Logistik

Zentrales Infosystem

Abb. 1: *Außendienst-Selbststeuerung bei der Kodak AG (Quelle: [8], S. 148]*

Exemplarisch für den zweiten Trend kann das Beispiel eines ganzheitlichen Service-Managements der Kodak AG stehen, mit welchem eine partielle Selbststeuerung der Serviceteams eingeführt wurde. Die Funktionsweise dieses Konzepts ist in Abbildung 1 zu erkennen.

Das dargelegte Beispiel basiert auf einer teilweisen Dezentralisierung von Entscheidungsprozessen. Die Vorteile dieser Form der Leistungserbringung liegen insbesondere darin, dass hier beim Kunden direkt das durch die Dienstleistung zu lösende Problem in allen seinen Facetten vollständig erfasst werden kann und eine situationsadäquate Reaktion des Außendienstpersonals durch die vorgenommene Entscheidungsdelegation möglich wird. Der in den letzten Jahren in Analysen erfolgreicher Dienstleistungskonzepte häufiger so bezeichnete *»Augenblick der Wahrheit«* kann damit vom Außendienstmitarbeiter in der für den Kunden wie für das eigene Unternehmen optimalen Weise genutzt werden. Selbstverständlich erhöht sich dadurch aber auch das Risiko individueller Fehler, dem wiederum durch vermehrte Fortbildungsaktivitäten für den Außendienst entgegen getreten werden muss.

Bei zeitkritischen Serviceleistungen wie der Reparatur einer prozess-entscheidenden maschinellen Komponente oder der Wiederherstellung der Funktionsfähigkeit einer EDV-Anlage entfällt somit eine Tourenplanung im traditionellen Sinne. Anders liegt der Fall bei regelmäßigen Diensten wie etwa der jährlichen Inspektion von Produktionsanlagen. Hierfür sind Tourenplanungsprogramme nutzbar, die eine Optimierung von Wegstrecken, Fahrzeiten und Kundenbesuchen erlauben ([33], S. 313).

Lösungsansätze für die im weitesten Sinne ebenfalls der Personalplanung zuzurechnenden Fragen der Entlohnung und der Kontrolle können hier nur angedeutet werden. Bei qualitativ komplexen und situativ zu lösenden Serviceproblemen gestaltet sich eine leistungsabhängige Entlohnung wie auch eine standardisierte Außendienstkontrolle schwierig ([15], S. 257). Hier kann letztlich nur der Kunde entscheiden, ob sein Problem schnell genug und zu seiner Zufriedenheit gelöst wurde. Insofern ist entsprechendes Außendienstpersonal nur über die Erhebung der Kundenzufriedenheit zu kontrollieren und möglicherweise durch Qualitätsprämien leistungsorientiert zu entlohnen. Bei regelmäßigen und/oder standardisierbaren Diensten ist dagegen eine an quantitativen Maßstäben orientierte Kontrolle und Leistungsentlohnung möglich.

Absatzlogistik für begleitende Sachleistungen

Obschon Dienstleistungen generell durch Immaterialität gekennzeichnet sind, können sie häufig nur in Verbindung mit Sachleistungen erbracht werden. Im After Sales Service treten als derartige servicebegleitende Sachleistungen zum Beispiel Ersatzteile, Zubehör, Verbrauchsmaterial, Schulungsunterlagen oder Anwendungsdokumentationen auf. Ohne eine effiziente Logistik ist in diesen Fällen die Dienstleistung (zum Beispiel Reparatur, Wartung) nicht kundengerecht zu erbringen. Die Distributionspolitik im After Sales Service erhält dadurch eine physisch-logistische Komponente.

Die wesentlichsten Entscheidungen im Zusammenhang mit den dienstleistungsbezogenen Sachleistungen sind bezüglich des *Transports und der Lagerhaltung* zu treffen. Beide Teilentscheidungen sind logisch miteinander verknüpft: Eine zentrale Lagerführung korrespondiert mit längeren Transportwegen zum Kunden, während bei dezentraler Lagerung dem Vorteil kürzerer Transportwege als Nachteil ein in der Summe höherer Lagerbestand gegenübersteht, wenn ein gleicher Grad an Lieferbereitschaft angestrebt wird.

Eine Untersuchung des Fachgebiets Unternehmensführung an der Technischen Hochschule Darmstadt belegt, dass für die befragten Kunden aus den Branchen Landmaschinenbau, Maschinen- und Anlagenbau, Nahrungs- und Genussmaschinen sowie Datenverarbeitung neben Dokumentation und Technischer Qualität von Ersatzteilen vor allem *Lieferzeit, Lieferzuverlässigkeit und Lieferungsbeschaffenheit* von großer Bedeutung sind. Im Gegensatz dazu wurde das Kriterium »Nähe« als weniger gewichtig eingestuft ([29], S. 192ff.).

Daraus könnte auf den ersten Blick abgeleitet werden, dass die Alternative zentrale versus dezentrale Lagerung irrelevant ist. Dies ist zweifellos aus Sicht des Kunden zutreffend, da für ihn letztlich ohne Bedeutung ist, mit welcher Logistik der Lieferant seine Wünsche erfüllt. Umgekehrt ist für den Dienstleistungsanbieter eine kurze Lieferzeit eher bei dezentraler Lagerung erreichbar. Daraus kann die Schlussfolgerung gezogen werden, dass bei prozesskritischen Ersatzteilen eine Dezentralisierung der Lagerführung angebracht ist, während sich bei weniger zeitsensiblen Ersatzteilen wegen der insgesamt geringeren Logistikkosten einer zentralen Lagerung diese als die überlegene Alternative darstellt.

Ähnlich argumentiert Teichmann, der für die Logistikgestaltung bei Technischen Kundendienstleistungen als wesentliches Entscheidungskriterium explizit die Kundennähe anführt. Daneben nennt er die Bedarfsdichte, die für die Kapazitätsauslastung und damit für die Kostenentstehung von erheblicher Bedeutung ist ([35], S. 252f.).

In der Praxis sind, abhängig von der individuellen Situation, beide Verfahrensweisen anzutreffen. Baumbach/Stampfl berichten von Caterpillar, dass das Unternehmen die Verantwortlichkeit für die Ersatzteilbestände an die Caterpillar-Händler delegiert habe. Es werde eine »Over the counter«-Verfügbarkeit von mindestens 80 Prozent erwartet. Im Gegensatz hierzu führe die Deutz AG ein weltweites Ersatzteil-Zentrallager in Köln mit 110.000 Lagerpositionen ([3], S. 102 und S. 105f.).

Maier und Schröck weisen demgegenüber in Bezug auf die Ersatzteilversorgung im Automobilbereich darauf hin, dass hier verstärkt herstellereigene zentrale Ersatzteillager und die »dazugehörige schwerfällige Logistik« aufgelöst und durch Streckenhandel ersetzt werden ([23], S. 212). Offensichtlich existiert im Hinblick auf die Frage der zentralen oder dezentralen Lagerung von Ersatzteilen kein »Königsweg«; vielmehr muss die Erfolg versprechende Verfahrensweise im Einzelfall unter Berücksichtigung aller Einflussfaktoren herausgefunden werden.

Erfolgsmessung

Im folgenden Unterabschnitt geht es nicht um eine Untersuchung der Erfolgsmessung von After Sales Services insgesamt, sondern um die Ermittlung des Erfolgs des Teilprozesses der Service-Distribution. Allerdings ist dabei zu berücksichtigen, dass wegen der logischen Verbindung von Erstellung und Produktion bei Dienstleistungen keine ganz scharfe Abgrenzung der diesbezüglichen Controllingmethoden möglich und sinnvoll ist.

Eine Erfolgsmessung der Distributionspolitik im After Sales Service kann nur auf dem Gebiet des Absatzes servicebegleitender Sachleistungen (Ersatzteile, Zubehör etc.) auf übliche Kennzahlen der Distributionspolitik wie zum Beispiel numerische oder gewichtete Distribution zurückgreifen, weshalb dieser Weg der Erfolgsmessung hier nicht weiter verfolgt werden soll.

Eine häufig genutzte Methode stellt die Ermittlung *personalbezogener Leistungskennziffern* dar, mit deren Hilfe der Distributionserfolg näherungsweise ermittelt werden kann. Solche Kennziffern sind beispielsweise die Zahl der distribuierten Serviceleistungen je Zeiteinheit, die Zahl der (erfolgreich) besuchten Kunden oder die Reklamationsquote bezogen auf durchgeführte Service-Akte. Die Qualität der Erfolgssteuerung steigt bei Vornahme von quantitativen Planungen mit nachfolgenden Plan-Ist-Vergleichen sowie bei Nutzung interner (Zeit-)Vergleiche und bei Heranziehung externer Betriebsvergleichsdaten spürbar an. Letztere werden allerdings in vielen Fällen für die Distributionspolitik im After Sales Service nur bedingt beschaffbar sein.

Einen Ausweg bietet hier eine innovative, in der wissenschaftlichen Literatur bisher nur wenig angesprochene Form der Erfolgskontrolle und Erfolgsverbesserung: *Der moderierte Benchmarking-Arbeitskreis zwischen nicht direkt konkurrierenden Unternehmen* ([5], S. 48ff.). Das Institut für Technologiemanagement an der Universität St. Gallen hat bisher sechs solcher Arbeitskreise zu verschiedenen Themen durchgeführt, darunter einen zu Fragen des After Sales Service. Der Arbeitskreis hatte folgende sechs namhafte Mitglieder: ABB Turbo Systems, AEG Electrocom, New Sulzer Diesel, Schindler Aufzüge AG, Sulzer Rüti AG und SAP.

Dabei wurden auch *»Successful Practices«* aus dem Bereich der Distributionspolitik für After Sales Services, insbesondere die Organisation des Ersatzteil-Service und des Ersatzteillagers gegenseitig besichtigt und getestet. Die Effizienzkontrolle besteht im Gegensatz zu anderen Verfahren hier aus einer ungemein praktischen Stärken- und Schwächenanalyse mit unmittelbarer Umsetzungsmöglichkeit gewonnener Erkenntnisse zum Zwecke der Verbesserung der Prozessabläufe. Damit ist die Methode des Benchmarking-Arbeitskreises auch unter der Zielsetzung *eines prozessorientierten Total Quality-Konzeptes* zu empfehlen.

Ein ganzheitliches System der Erfolgsmessung, das im Rahmen der Untersuchung der Distributionspolitik im After Sales Service von besonderer Bedeutung ist, wurde von Engelhardt/Reckenfelderbäumer vorgelegt. Es ist hier deshalb von hoher Relevanz, weil es die distributionspolitische Teilentscheidung über die Absatzorgane – Selbsterstellung der Leistung durch eigene Organe versus Fremdbezug bei externen Unternehmen – innerhalb des Erfolgsermittlungssystems explizit berücksichtigt. Die Struktur des Systems ist in Abbildung 2 erkennbar.

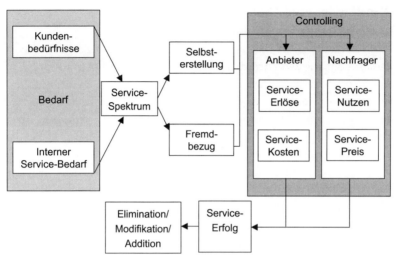

Abb. 2:   *Service-Optimierung durch Service-Controlling (Quelle: [10], S. 180)*

Die Entscheidung über *Selbsterstellung oder Fremdbezug von Serviceleistungen,* oder allgemeiner gesprochen über das Absatzkanaldesign, beeinflusst aus Anbietersicht die Serviceerlöse und -kosten, aus Nachfragersicht den Servicenutzen und -preis. Beide Aspekte zusammengenommen bewirken den Serviceerfolg, der sich seinerseits auf die Entscheidung über Hinzufügung, Eliminierung oder Modifikation von Serviceleistungen auswirkt.

Als spezifische Instrumente zur Planung, Analyse und Erfolgsmessung von Dienstleistungen nennen Engelhardt/Reckenfelderbäumer das Service-Blueprinting, die Prozesswertanalyse, das Benchmarking und die Prozesskostenrechnung in Verbindung mit dem Target Costing/Target Pricing ([10], S. 180ff.). Die genannten Verfahren sind deshalb von besonderem Gewicht für die Distributionspolitik im After Sales Service, weil sie nicht dem klassischen Produktverständnis folgend die »fertige« Dienstleistung in den Mittelpunkt der Betrachtung rücken, sondern den Prozess der Erstellung und Distribution planen und kontrollieren.

Distributionspolitik im After Sales Service und Kundenzufriedenheit

Den Abschluss dieses Beitrags bilden einige Überlegungen über den Zusammenhang zwischen dem hier betrachteten Teilinstrument des After Sales Service und der Zufriedenheit der Kunden, wobei nicht verkannt werden darf, dass sich eine isolierte Wirkungsanalyse wegen der zwingenden Verbundenheit von Erstellung und Distribution von Dienstleistungen außerordentlich schwierig gestaltet.

Bei der Analyse verschiedener Literaturquellen zu dieser Thematik fällt auf, dass im Zusammenhang mit der Kundenzufriedenheit relativ häufig von Wirkungen des Dienstleistungsprogramms, der Servicequalität, des Preises oder der Kommunikation für Dienstleistungen die Rede ist. Die Distributionspolitik im After Sales Service wird dagegen kaum erwähnt. Dies könnte seine Ursache darin finden, dass die wesentlichen distributionspolitischen Entscheidungen, zum Beispiel über Absatzwege und -organe, über ein- oder mehrstufigen Vertrieb, über die Außendienstorganisation und -entlohnung usw. für den Kunden letztlich »unsichtbar« bleiben. Tatsächlich ist es für den Abnehmer einer Leistung des After Sales Service irrelevant, auf welchem Wege oder mit welchem Personal die Leistung an ihn distribuiert wird, solange Zeitpunkt, Qualität und entstehende Kosten mit seinen Zielen kompatibel sind.

Versucht man eine Antwort auf die Frage zu geben, welche Distributionsmerkmale in direktem Zusammenhang mit der Kundenzufriedenheit stehen, so lassen sich beispielsweise die folgenden identifizieren:

⇨ Schnelligkeit der Leistungserbringung in Abhängigkeit von der Dringlichkeit des Problems,

⇨ Qualifikation des Dienstleistungspersonals,

⇨ Verhalten des Servicepersonals,

⇨ Zuliefermöglichkeiten von Ersatzgeräten, Ersatzteilen etc.,

⇨ Erreichbarkeit der Standorte von Reparaturannahmestellen etc.

Besondere Bedeutung misst Schwill der Qualität der Interaktionsprozesse zwischen Kunden und Servicepersonen zu, weswegen er inten-

sive Schulung im Hinblick auf deren soziale Kompetenz empfiehlt
([33], S. 184f.).

Im Gegensatz zu den vorgenannten zeichnen sich die meisten
distributionspolitischen Entscheidungen dadurch aus, dass sie von
den Dienstleistungsempfängern erst dann bewusst wahrgenommen
werden, wenn sie suboptimal oder gar mangelhaft getroffen wurden.
»Falsche« Absatzwege beziehungsweise Absatzorgane oder ein schlecht
organisierter Außendienst mit der Folge unzureichender Servicequalität wirken sich auf die Kundenzufriedenheit unmittelbar negativ aus.

Zur Schaffung und Stabilisierung von Kundenzufriedenheit
empfehlen verschiedene Autoren deshalb Kontrollsysteme, die das
gesamte After Sales Marketing und damit auch den Teilbereich der
Distributionspolitik systemisch erfassen. Dies gilt beispielsweise für
das Kontaktpunktverfahren, welches das gesamte Nachkaufmarketing
an der Schnittstelle zwischen leistendem Unternehmen und Kunden
auf den Prüfstand stellt ([34], S. 379ff.). Schwill beschreibt ganzheit-
liche Feedback-Systeme, welche die Kundenreaktionen als Maßstab
des Dienstleistungserfolgs heranziehen ([33], S. 318ff.). Ein Beispiel
eines solchen Systems findet sich bei Kaerner/Kasper/Mattmüller: Sie
berichten über die Alstom Power Boiler Service GmbH, bei der die
Kundenzufriedenheit auf Basis einer »*Critical-to-Customer*«-*Methodik
(CTC)* an den jeweiligen auftragsbezogenen Kundenanforderungen
gemessen wird. Als Haupterfolgskriterien dienen dabei der Service-
grad (»Compliance with Customer Lead Time«), die pünktliche
Abgabe des Angebots (»On Time Submission of Tenders«) und die
pünktliche Lieferung von Teilen und Projekten (»On Time Delivery«)
([16], S. 144).

Einigkeit besteht darüber, dass der After Sales Service nur dann
seinen wesentlichen Beitrag zur Kundenzufriedenheit zu leisten in der
Lage ist, wenn alle Komponenten, also auch die Distributionspolitik,
in optimaler Weise an den Bedürfnissen und Erwartungen der Leistungsempfänger ausgerichtet sind und damit den zentralen Marke-
tinggedanken – die Orientierung aller Unternehmensaktivitäten am
Markt – realisieren.

....

Dr. **Michael Lerchenmüller** ist seit 1985 Professor für Betriebswirtschaftslehre, insbesondere Handelsbetriebslehre und Marketing, an der Hochschule für Wirtschaft und Umwelt Nürtingen-Geislingen. Nach der Promotion an der Universität zu Köln war er als Berater tätig, zuletzt als Leiter der Abteilung Betriebsberatung bei der EDEKA Betriebsberatungs- und Kapitalbeteiligungsgesellschaft mbH Hamburg. Parallel zur Tätigkeit an der Hochschule betreibt Michael Lerchenmüller eine Unternehmensberatung für Handels- und Industrieunternehmen.

....

Literatur

[1]   APV Anhydro Copenhagen: *After-Sales Service, (1998), http://fm21.facility.pipex.com/anhydro/aftsales/*

[2]   Baader, Andreas; Barkawi, Karim; Montanus, Sven: *Erfolgreich mit After Sales Services. Geschäftsstrategien für Servicemanagement und Ersatzteillogistik, Heidelberg 2006*

[3]   Baumbach, Michael; Stampfl, Alexander T.: *After Sales Management. Marketing – Logistik – Organisation, München, Wien 2002*

[4]   Becker, Jochen: *Marketing-Konzeption. Grundlagen des ziel-strategischen und operativen Marketing-Managements, 7. Aufl., München 2001*

[5]   Boutellier, Roman; Baumbach, Michael; Schwarz, Gabriele: *Benchmarking-Arbeitskreise: Erfolgreiche Praktiken statt »Best Practices«, in: absatzwirtschaft Nr. 6/1997, S. 48-53*

[6]   Bruhn, Manfred: *Qualitätssicherung im Dienstleistungsmarketing – eine Einführung in die theoretischen und praktischen Probleme, in: Bruhn, Manfred; Stauss, Bernd (Hrsg.): Dienstleistungsqualität. Konzepte – Methoden – Erfahrungen, 2. Aufl., Wiesbaden 1995, S. 19-46*

[7]   Burger, Gerhard: *Handover-Management: Informationsversorgung für den After-Sales-Service, Zürich 2004*

[8]   Does, Karl-Josef: *Vom Kundendienst zum Service-Partner, in: absatzwirtschaft, Sondernummer »Dienen & Verdienen. Service-Marketing hat Zukunft«, Oktober 1995, S. 146-153*

[9]   EMS Euro-Modulsysteme Ulm GmbH: *After-Sales-Management, wie wir es verstehen (1998), http://www.isservice.com/ems/asales.htm*

[10] Engelhardt, Werner; Reckenfelderbäumer, Martin: *Service optimieren im System, in: absatzwirtschaft, Sondernummer »Dienen & Verdienen. Service-Marketing hat Zukunft«, Oktober 1995, S. 176-182*

[11] Fassott, Georg: *Dienstleistungspolitik industrieller Unternehmen. Sekundärdienstleistungen als Marketinginstrument bei Gebrauchsgütern, Wiesbaden 1995*

[12]   HANSEN, URSULA: *Absatz- und Beschaffungsmarketing des Einzelhandels, 2. Aufl., Göttingen 1990*

[13]   HAUSER, ANDREAS; STARK, MONIKA: *Trendstudie After-sales-service, Aachen 2003*

[14]   HERMES TECHNISCHER KUNDENDIENST GMBH & CO.: *Serviceangebote (1998)*, *http://www.hermes-tk.de/angebot/index.html*

[15]   JESCHKE, KURT: *Nachkaufmarketing. Kundenzufriedenheit und Kundenbindung auf Konsumgütermärkten, Frankfurt am Main 1995*

[16]   KAERNER, HENNING; KASPER, MARTIN; MATTMÜLLER, ROLAND (HRSG.): *After Sales. Der Service macht den Gewinn. Wie Sie Produkte erfolgreich mit Dienstleistungen verbinden, Frankfurt am Main 2004*

[17]   KREUZER, ROBERT; TENNSTEDT, FRANK: *Trends und Herausforderungen im Servicemanagement am Beispiel der Automobilindustrie, in: Kaerner, Henning; Kasper, Martin; Mattmüller, Roland (Hrsg.): After Sales. Der Service macht den Gewinn. Wie Sie Produkte erfolgreich mit Dienstleistungen verbinden, Frankfurt am Main 2004, S. 125-140*

[18]   KRUMME, JAN-HENNING; SCHEEFF, VOLKER: *Integriertes End-to-End-Servicemanagement, in: Kaerner, Henning/ Kasper, Martin; Mattmüller, Roland (Hrsg.): After Sales. Der Service macht den Gewinn. Wie Sie Produkte erfolgreich mit Dienstleistungen verbinden, Frankfurt am Main 2004, S. 107-122*

[19]   LAAKMANN, KAI: *Value-Added Services als Profilierungsinstrument im Wettbewerb, Frankfurt am Main 1995*

[20]   LERCHENMÜLLER, MICHAEL: *Handelsbetriebslehre, 4. Aufl., Ludwigshafen 2003*

[21]   LERCHENMÜLLER, MICHAEL: *Standortanalyse für Gewerbeimmobilien, in: Mändle, Eduard; Galonska, Jürgen (Hrsg.): Wohnungs- und Immobilien-Lexikon, Hamburg 1997, S. 772-773*

[22]   MAHNEL, MATTHIAS: *Service-Trends 2005: Wohin entwickelt sich der After-Sales-Service?, Düsseldorf 2005*

[23]   MAIER, KLAUS-DIETER; SCHRÖCK, MAXIMILIAN: *Quantensprung für Automobil-Zulieferer, in: absatzwirtschaft, Sondernummer »Dienen & Verdienen. Service-Marketing hat Zukunft«, Oktober 1995, S. 204-212*

[24]   MATTMÜLLER, ROLAND; IRION, TOBIAS: *Der konzeptionelle Status quo von After-Sales-Services im Industriegüterbereich, in: Kaerner, Henning; Kasper, Martin; Mattmüller, Roland (Hrsg.): After Sales. Der Service macht den Gewinn. Wie Sie Produkte erfolgreich mit Dienstleistungen verbinden, Frankfurt am Main 2004, S. 21-34*

[25]   MIELMANN, PETER: *PC-Vertriebspartner-Konzept als Basis des Geschäftserfolgs, in: Irrgang, Wolfgang (Hrsg.): Vertikales Marketing im Wandel. Aktuelle Strategien und Operationalisierungen zwischen Hersteller und Handel, München 1993, S. 226-237*

[26]   PEPELS, WERNER: *Einführung in das Distributionsmanagement, 2. Aufl., München, Wien 2001*

[27]   PEPELS, WERNER: *Die Merkmale von Kundendiensten, in: Pepels Werner (Hrsg.): Kundendienstpolitik. Die Instrumente des After-Sales-Marketing, München 1999, S. 13-28*

[28]   PEPELS, WERNER (HRSG.): *After-sales-Service: erfolgreiche Kundenbetreuung über den Verkauf hinaus, Landsberg/Lech 1998*

[29]   PFOHL, HANS-CHRISTIAN; ESTER, BIRGIT; JARICK, JENS: *Nach dem Kauf ist vor dem Kauf. Wie Kunden die Ersatzteilversorgung bewerten – Studienergebnisse, in: absatzwirtschaft, Sondernummer »Dienen & Verdienen. Service-Marketing hat Zukunft«, Oktober 1995, S. 192-202*

[30]   PROFECTIS: *Service für Privatkunden unter: http://www.profectis.de/Service_fuer_ Privatkunden.3.0.html (02.03.2006)*

[31]   SCHÜTZ, PETER: *Service der Sonderklasse, in: absatzwirtschaft, Sondernummer »Dienen & Verdienen. Service-Marketing hat Zukunft«, Oktober 1995, S. 126-130*

[32]   SCHÜTZE, ROLAND: *Kundenzufriedenheit. After-Sales-Marketing auf industriellen Märkten, Wiesbaden 1992*

[33]   SCHWILL, JÜRGEN: *Reparaturservice als Marketingaufgabe des Handels, Frankfurt am Main 1995*

[34]   STAUSS, BERND: *»Augenblicke der Wahrheit« in der Dienstleistungserstellung, in: Bruhn, Manfred; Stauss, Bernd (Hrsg.): Dienstleistungsqualität. Konzepte – Methoden – Erfahrungen, 2. Aufl., Wiesbaden 1995, S. 379-399*

[35]   TEICHMANN, JOCHEN: *Kundendienstmanagement im Investitionsgüterbereich, Frankfurt am Main 1994*

[36]   TIETZ, BRUNO: *Der Handelsbetrieb. Grundlagen der Unternehmenspolitik, 2. Aufl., München 1993*

Zusammenfassung

Der Begriff After Sales Service umfasst die Summe aller sekundären Dienstleistungen, die nach dem Kaufabschluss erbracht werden. Distributionspolitik im Rahmen von After Sales Services beinhaltet die Entscheidungen über die geeigneten kaufmännischen wie logistischen Wege, über die die hergestellten Produkte oder Dienstleistungen den Kunden angeboten und übermittelt werden sollen. Wesentliche Einflussfaktoren für die Distributionspolitik sind Anbieter und Produkt, die bestehenden Distributionssysteme und die Verfügbarkeit externer Dienstleister sowie die Art der Kunden – gewerblich oder privat.

Die in der Distributionspolitik einsetzbaren Maßnahmen betreffen die wählbaren Absatzwege und Absatzorgane. Bei letzteren ist vor allem zwischen unternehmenseigenen und unternehmensfremden Absatzorganen zu entscheiden, die jeweils ausschließlich oder aber kombinativ genutzt werden können. Weiterhin sind Standortentscheidungen für Einrichtungen des After Sales Service zu treffen. Zudem sind ablauforganisatorische Fragen zu klären, insbesondere im Hinblick auf den Personaleinsatz, die Absatzlogistik für begleitende Sachleistungen und die Erfolgsmessung.

Der Nutzen der Distributionspolitik im After Sales Service hängt vor allem von Leistungsmerkmalen ab, die von den Kunden unmittelbar wahrgenommen werden können, wie etwa Schnelligkeit der Leistungserbrinung oder Verhalten des Servicepersonals.

Bei erfolgreicher Distributionstätigkeit lässt sich insgesamt eine Steigerung der Kundenzufriedenheit mit positiven Folgen für die gesamte Marketingpolitik herbeiführen.

Die Kommunikationspolitik im After Sales Service

**In den meisten Fällen ist es kostspieliger, neue Kunden
zu gewinnen, statt einen bestehenden Kunden zu
halten. Kundenbindung ist daher das vornehmliche Ziel
der Kommunikationspolitik im After Sales Service. Dazu
werden Instrumente aus Werbung, Sales Promotion
oder PR eingesetzt.**

In diesem Beitrag erfahren Sie:
- wie sich die Kommunikationspolitik als Marketing-Mix-Faktor im After Sales Service darstellt,
- welche Kommunikationsinstrumente man im After Sales Service einsetzen kann,
- welche Möglichkeiten der Erfolgsmessung dabei bestehen.

DIETER PFLAUM

Begriffliche Abgrenzungen

Unter After Sales Service versteht man die Dienstleistungen, die nach
dem Kauf eines Produktes für Zielgruppen in materieller oder immaterieller Weise erbracht werden. Damit ist der After Sales Service ein
wichtiges Absatzinstrument, um mittel- und langfristig Kunden zu
binden, die zur Umsatz- und Gewinnsicherung beitragen sollen. In
allen Bereichen hat sich die Idee des After Sales Service durchgesetzt,
sowohl im Konsumgüter-, Investitionsgüter- als auch im Dienstleistungssektor. Auch die Marketing-Mix-Instrumente, wie Produkt- und
Preispolitik, ferner Distributions- und Kommunikationspolitik kommen im After Sales Service zum Einsatz, wenn auch in den verschiedenen Branchen mit unterschiedlicher Gewichtung.

Betrachtet man die jährlichen Kommunikationsaufwendungen
für klassische Werbung, Verkaufsförderung und Public Relations,

so kann man von einem Gesamtwert von circa 50 Milliarden Euro ausgehen, die für die Gestaltung und Konzeption der Kommunikationsmittel, ferner für die Produktion und schließlich für die Streuung aufgewendet werden. Von den circa 50 Milliarden jährlichen Kommunikationsaufwendungen gehen 20 Milliarden in die so genannte »klassische Werbung«, das heißt in die Absatz- beziehungsweise Medienwerbung. Darunter versteht man Instrumente, wie zum Beispiel die Zeitungs- und Zeitschriftenwerbung, ferner die Film- und Fernsehwerbung, die Außenwerbung und die Werbung im Internet ([33], S.13). Die restlichen 30 Milliarden werden zur Verkaufsförderung (circa 20 Milliarden) und für PR-Maßnahmen (circa 10 Milliarden) aufgewendet. Das bekannte Lebenszyklus-Modell – mit den Stadien der Einführungsphase, Wachstumsphase, Reife-, Sättigungs- und Rückgangsphase – lehrt, dass insbesondere während der Einführung die Kommunikationsaufwendungen über dem Branchendurchschnitt liegen sollen. Rein rechnerisch wären dies 20 Prozent der Kommunikationsaufwendungen, die auf die Einführungsphase entfallen, in der Praxis jedoch dürften dies 30 Prozent sein. Bei diesen Aufwendungen handelt es sich um Investitionen für den Verkauf von Produkten, das heißt also um Maßnahmen, die dem Pre Sale zuzuordnen sind, die restlichen 70 Prozent sind Aufwendungen, die dem Bereich der After Sales zuzuschreiben sind.

Die Kommunikationspolitik als Marketing-Mix-Faktor im Bereich After Sales Service

Insbesondere die Maßnahmen der Verkaufsförderung (Sales Promotion) spielen als Teilbereich der Kommunikationspolitik im Rahmen des After Sales Service eine herausragende Rolle. Gemeint sind insbesondere das Direktmarketing, das Zielpersonen direkt über die verschiedenen Medien mit dem Ziel anspricht, sie zu einer sofortigen Reaktion zu veranlassen ([3], S. 312) sowie Kundenzeitschriften ([2], S. 257), die als periodisch erscheinende Publikationen mit branchenorientiertem, informativ-unterhaltendem Charakter kostenlos abgegeben werden und der Verbraucher- beziehungsweise Zielpersoneninformation, dem Kundenkontakt und der Werbung dienen. Da Kundenzeitschriften als attraktive Zugabe – insbesondere für den Einzelhandel – im Bedienungsverkauf das Verkaufsgespräch ergänzen und bei Selbstbedienung bestehende Informationslücken schließen, sind sie ein geradezu prädestiniertes Instrument zur Pflege von Stammkunden. Weiterhin zählen zu den kommunikationspolitischen Maßnahmen das Event-Marketing, »ein Event, als besonderes Ereignis«, soll dabei als Plattform zur erlebnisorientierten Kommunikation und Präsentation eines Produktes, einer Dienstleistung oder eines Unternehmens genutzt werden« ([26], S. 59; [20], S. 16). Der wesentliche Vorteil ergibt sich aus der angenehmen, zwangfreien Situation heraus, in der ein Unternehmen in den Dialog mit seinen Kunden treten kann.

Die Klaviatur zur Ausgestaltung eines Events ist schier unerschöpflich – für Kreativität ist viel Raum geschaffen: Show-Einlagen, Talkshows, Multimediapräsentationen, beispielsweise im Rahmen von Händlerpräsentationen, Festakte, Messen, Ausstellungen oder auch Sport- und Musikveranstaltungen bilden die Bausteine erfolgreicher Events ([26], S. 59-62). Die Event-Formen können wie folgt eingeteilt werden: Freizeitorientierte Events, Infotainment, markenorientierte Events und unternehmensorientierte Events ([20], S. 42). In diesem Zusammenhang darf auch das Sponsoring mit seinen drei Ausprägungen, Sport, Kultur und Sozialsponsoring nicht unerwähnt bleiben, denn schließlich bietet gerade ein Event einem Unternehmen die Möglichkeit, dem gesponserten Subjekt/Objekt Geld, Sachzuwendungen oder Dienstleistungen zukommen zu lassen, um im Gegenzug unter anderem durch namentliche Nennung bei den Teilnehmern eine bleibende, gefühlsmäßige Verbindung zwischen dem sponsernden Unternehmen und dem gesponserten Subjekt oder Objekt herzustellen.

Durch die weiter steigenden Vertriebskosten und den Mangel an qualifizierten und einsatzwilligen Vertriebsmitarbeitern wird die Attraktivität des Telefonmarketings stetig zunehmen. Die Vorteile des Telefonmarketings sind klar zurückzuführen auf die Individualität,

Schnelligkeit, Messbarkeit und Dynamik ([27,] S.320). Inwieweit
eine Aufwand-Nutzeneffizienz bei diesem Medium gewährleistet ist,
muss im konkreten Einzelfall errechnet werden. Unterschieden wird
aktives Outbound- und passives Inbound-Telefonmarketing ([6], S.
445-450). Ein weiteres Kommunikationsinstrument im After Sales
Service bildet die Kundenkarte. Mit diesem Kommunikationsmittel
erhält der Kunde einen besonderen Zugang zum Unternehmen. Kundenorientierung beziehungsweise Serviceleistungen können greifbar
und erlebbar gemacht werden. Unterschieden werden Kundenkarten
ohne und mit Zahlungsfunktion: Erstere besitzen lediglich eine Legi-
timations- und Ausweisfunktion für die Inanspruchnahme verschiedener Unternehmensleistungen oder einer bevorzugten Behandlung
([30], S. 50). Letztere, das heißt die per Lizenzvergabe gemeinsam mit
Kreditkartengesellschaften herausgegebenen so genannten Co-Bran-
ding-Karten fungieren in erster Linie als Image- und Werbeträger.
Gleiches gilt für die Affinity-Karten, die nicht von Unternehmen,
sondern von Verbänden und Vereinen, zum Beispiel dem ADAC,
editiert werden. Von dieser Kooperation profitieren stärker die Kredit-
karten-Gesellschaften, die ohne Akquisitionskosten Zugang zu einem
großen Kundenpotenzial haben.

Die Kundenkarte ist ein äußeres Zeichen der Kundenclubs. Hier
steht das Beziehungsmarketing stark im Vordergrund. Die Vorgehensweise, das so genannte »Reward-Marketing«, zeichnet sich dabei
durch eine Konzentration auf die Stammkundschaft aus, der als Belohnung für ihre Treue besonders attraktive Leistungen im Rahmen
des Clubs offeriert werden. Man unterscheidet offene und geschlossene Kundenclubs ([22], S. 123).

Instrumente des After Sales Service in der Werbung sind zum Beispiel alle klassischen Medien, sofern sie mit Response-Möglichkeiten
ausgestattet sind, um den Zielpersonen einen materiellen oder einen
immateriellen Nutzen zu bieten. Response-Möglichkeiten sind der
Einsatz von Coupons, Angabe der Telefon-, Fax- und E-Mail-Adresse.
Auch telefonische Hotline-Nummern zählen dazu.

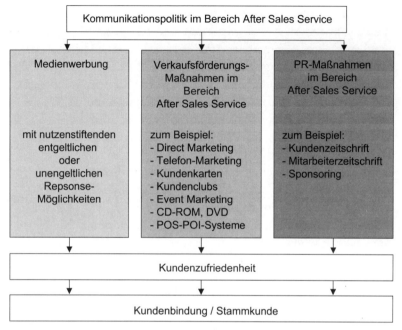

Abb. 1: *Die Kommunikationspolitik als Marketing-Mix-Faktor im Bereich des After Sales Service*

Instrumente der Public Relations im Bereich des After Sales Service sind Kundenzeitschriften, Mitarbeiterzeitschriften und Sponsoring-Aktivitäten (s. Abb. 1):

Als Sonderfall einer intensiven Nachkaufbetreuung im Rahmen einer persönlichen Interaktion, das heißt einer persönlichen Kommunikation, dient das Beschwerdemanagement. Ein Beschwerdemanager nimmt die eingehenden Beschwerden entgegen, ein Beschwerdekoordinator sorgt für den internen Workflow sowie für die Schnelligkeit der Abwicklung und für die faire und angemessene Behandlung der Beschwerde ([31], S. 532).

Die kommunikativen Serviceziele

Wie die übrigen Marketing-Mix-Faktoren, so hat auch die Kommunikationspolitik im Rahmen des After Sales Service eine übergeordnete Zielsetzung, die da lautet: Kundenbindung.

Die Zufriedenheit der Kunden ist eine der Ursachen, von denen der Grad beziehungsweise die Qualität der Kundenbindung abhängen. Weitere wichtige psychologische Komponenten sind die Beschwerde, die Zufriedenheit, die Wiederkauf-, die Zusatzkauf- und die Weiterempfehlungsabsicht. Aber auch qualitative Faktoren, wie zum Beispiel die Bequemlichkeit, oder auch rechtliche Faktoren, wie etwa eine vertragliche Gebundenheit, gelten als zusätzliche Erklärungsdeterminanten für die Kundenbindung ([17], Sp. 1341). Da den psychologischen Komponenten und insbesondere der Kundenzufriedenheit in der Literatur am meisten Aufmerksamkeit geschenkt wird, sollen sie auch im Folgenden als wesentliche Bestimmungsgrößen der Bereitschaft des Kunden zu einer engen Bindung herausgearbeitet werden. Optimale Kundenzufriedenheit liegt dann vor, wenn die subjektiven Konsumenten- beziehungsweise Zielgruppen Erwartungen durch objektive oder subjektive Leistungen von Anbietern erfüllt oder übererfüllt werden. Ein hoher wahrgenommener Übereinstimmungsgrad und damit also eine hohe Kundenzufriedenheit sind Grundlage für Kundenbindung beziehungsweise Kundentreue. Die Wirkungen der Kundenbindung werden sehr treffend als der »Aufbau von Markteintrittsbarrieren für Wettbewerber beziehungsweise Austrittsbarrieren für den Kunden« bezeichnet ([5], Spalte 1369). Kundenbindungskonzepte zielen darauf ab, mittels der Intensivierung der Kundenkontakte dauerhafte Beziehungen zwischen einem Unternehmen und seinen Kunden zu schaffen, die zu einer Unternehmens- beziehungsweise Produkt-Markentreue führen. Denn Kundenbindung/Treue hat ursächlichen Einfluss auf den gegenwärtigen und zukünftigen Umsatz und Gewinn eines Unternehmens. Heute werden im Schnitt 65 Prozent des Umsatzes mit Stammkunden generiert, deshalb investieren die Unternehmen hohe Marketingaufwendungen in die Kundenbindung ([1], S.15-19). Gemäß Schätzungen aus der

Praxis ist es fünf- bis sechsmal teurer, einen neuen Kunden zu gewinnen, als eine loyale Kundenbeziehung zu pflegen ([25], S. 85; [4], S. 41).

Die Ursachen dafür liegen auf der Hand ([11], S. 43f.; [31], S. 142):

⇨ Die Wiederkaufsrate nimmt mit steigender Kundenzufriedenheit zu.

⇨ Die Vertriebs- und Marketingkosten, die zur Erhaltung der Geschäftsbeziehung erforderlich sind, können sinken. Auch der Informations- und Koordinationsbedarf nimmt ab, die Beziehung zum Kunden spielt sich ein.

⇨ Stammkunden zu besitzen, hat den Vorteil einer exakteren Absatz- und Umsatzplanung sowie den Vorteil der Konzentration der Marketinganstrengungen auf eine interessierte Zielgruppe.

⇨ Meistens sind Stammkunden weniger preissensibel als Neukunden.

⇨ Zufriedene Kunden sind eher bereit, ihre guten Erfahrungen weiterzugeben. Durch ihre positive kostenlose Mund-zu-Mund-Propaganda wirken sie als Multiplikatoren und sichern so, ohne größere Werbeanstrengungen, den Umsatzerfolg. Customer Value Management (die Wertigkeit von Kundenbeziehungen) ist damit eine Führungsaufgabe und zielt auf eine kundenwertorientierte Allokation des Marketing- und Vertriebsbudgets, das immerhin 30 bis 50 Prozent der Gesamtkosten im Unternehmen ausmacht. So ist zum Beispiel bekannt, dass fünf Prozent der Stammkunden einer Fluggesellschaft circa 30 Prozent der verkauften Plätze in Anspruch nehmen, ferner gilt für die Pharma-Industrie, dass fünf Prozent der besuchten Ärzte für 40 Prozent der Verordnungen stehen. Dies bedeutet für das Unternehmen eine fokussierte Pflege der attraktiven Kundenbeziehungen, außerdem eine wertorientierte Potenzialausschöpfung, eine exakte potenzialorientierte Steuerung des Außendienstes und eine wertorientierte Kommunikationspolitik in Bezug auf die individuell gesteuerte Auswahl von Kundeninformationen und intensitätsmäßig abgestufte Kundenbearbeitung. Kosten innerhalb des Unternehmens für die aktive Kundenbindung sollten auf alle Fälle als Investitionen in die Zukunft betrachtet werden. Die aktuelle Marketing- und Managementliteratur stellt klar heraus, dass es in Zukunft nicht mehr alleine um den Abverkauf der produzierten Waren oder Dienste geht, sondern um die Rundumbetreuung des Kunden. Wenn nun statt der Märkte die Kunden im Mittelpunkt aller Bemühungen stehen sollen, ergeben sich aus dieser Neuausrichtung heraus konkrete marketingorientierte Handlungskonsequenzen für das Unternehmen ([32], S. 50; [7], S.107).

Abbildung 2 zeigt die einzelnen Stufen, die notwendig sind, um den Kunden zum Erstkauf zu veranlassen und schließlich dann zum Wiederkauf, wodurch er ein Stammkunde wird. Dabei sind sowohl der Einsatz der klassischen Marketing-MixFaktoren von Bedeutung, aber auch die Aktivitäten im Pre Sales Service und im After Sales Service. Dass die Kundenbindung nicht nur qualitative Vorteile für das anbietende Unternehmen, sondern auch quantitative Vorteile bringt, zeigt folgende Aufstellung, die den Lebenswert des Kunden (Lifetime-Value) untersucht.

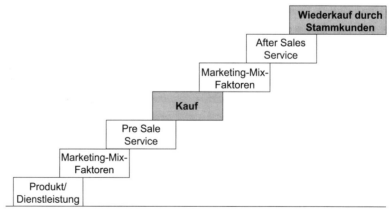

Abb. 2:   *Die 7 Stufen zum Stammkunden*

Wert des Kunden im ersten Jahr:
⇨ Auftragsvolumen jährlich = 20.000 Euro
⇨ Jährlicher Nettogewinn = 800 Euro

Wert des Kunden im Laufe von 20 Jahren (Lifetime-Value):
⇨ Auftragsvolumen in 20 Jahren = 400.000 Euro
⇨ Nettogewinn = 16.000 Euro
plus Multiplikatoreffekte, die ein Mehrfaches des Lifetime-Value darstellen.

Hauptzielsetzung der Maßnahmen des After Sales Service ist die Beseitigung der »kognitiven Dissonanz« bei Kunden. Unter kognitiver Dissonanz versteht man eine Kaufreue, die dann auftritt, wenn zwischen dem Handeln und dem Wissen einer Zielperson Widersprüche bestehen. Es ist dann Aufgabe insbesondere der Kommunikationspolitik, diese kognitive Dissonanz zu beseitigen und in kognitive Konsonanzen zu transferieren, denn aus dem Einmal-Kunden soll ein Wieder-Käufer werden. Ein Hauptinstrument hierfür ist die Nachkaufwerbung. Man versteht darunter kommunikationspolitische Maßnahmen nach dem Kauf eines Produktes oder einer Dienstleistung. Instrumente der Nachkaufwerbung sind zum Beispiel die Imagewerbung bei Investitionsgütern, Kundenzeitschriften, ferner Besuch von Außendienstmitarbeitern oder der Einsatz des Telefonmarketings, Gründung von Kundenclubs und Einsatz von Kundenkarten. Werden kognitive Dissonanzen nicht beseitigt beziehungsweise abgemindert, kann es nach der Kaufentscheidung zum Umtausch oder sogar zur Rückgabe der bereits gekauften Ware kommen. Kognitive Dissonanzen treten insbesondere bei höherwertigen Gebrauchsgütern beziehungsweise bei Investitionsgütern auf ([21], S. 214ff.; [14], S. 61).

Die kommunikativen Zielgruppen im After Sales Service

Hierbei muss zwischen Konsumgütersektor, Investitionsgüter- beziehungsweise Dienstleistungssektor unterschieden werden. Im Konsumgütersektor sind Privatpersonen die Zielgruppe für kommunikationspolitische Maßnahmen. Sie lassen sich durch soziodemographische, aktiographische oder durch psychologische Merkmale definieren. Unter soziodemographischen Merkmalen versteht man Angaben über das Alter, das Geschlecht, das Einkommen, die Wohnortgröße, die Ausbildung und den Familienstand der Werbesubjekte. Unter aktiographischen Merkmalen versteht man Attribute, die über die Konsumintensität Auskunft geben, wie zum Beispiel, ob es sich um intensive oder um extensive Verwender handelt, das heißt, ob das Kaufverhalten der Zielpersonen einen durchschnittlichen beziehungsweise einen über- oder einen unterdurchschnittlichen Verbrauch anzeigt. Bei den psychologischen Merkmalen hingegen handelt es sich um eine Zielgruppenbeschreibung, bei der nicht die Soziodemographie im Mittelpunkt steht, sondern das Einstellungsverhalten der Zielpersonen einem bestimmten Werbeobjekt gegenüber. Die Aktivitäten der Zielpersonen, die Interessen, deren Meinungen und Wertschätzungen spielen als Basis für eine psychologische Zielgruppenbildung (Clusters beziehungsweise Typologien) eine wesentliche Rolle. Für alle drei im Konsumgütersektor gebräuchlichen Zielgruppenbeschreibungen existieren zahlreiche sekundärstatistische Untersuchungen, die sehr preiswert beziehungsweise kostenlos insbesondere von Verlagen angefordert werden können. Zu erwähnen ist die unter der Federführung des Axel Springer Verlags jährlich erscheinende »Verbraucheranalyse«, ferner die vom Burda-Verlag in Offenburg herausgegebene Untersuchung »Typologie der Wünsche«, zudem die vom Spiegel-Verlag herausgegebenen psychologischen Untersuchungen über verschiedene Meinungsgegenstände, wie zum Beispiel die »Outfit«-Studie, die das Modeverhalten der Bevölkerung zum Gegenstand hat oder die ebenfalls vom Spiegel-Verlag veröffentlichte Studie »Soll und Haben«, die sich mit der Einstellung der Bevölkerung zum Sparen, mit Geldanlagen etc. beschäftigt. Was die aktiographischen Merkmale der Zielgruppe anbetrifft, so bieten hierfür Panel-Institute ihre Dienste an, wie zum Beispiel die Gesellschaft für Konsumforschung (GfK) in Nürnberg oder das Marktforschungsinstitut Nielsen in Frankfurt am Main und das EMNID-Institut in Bielefeld.

Bei der Festlegung der Zielgruppen im After Sales Service ist darauf zu achten, dass solche Personen als Zielgruppen identifiziert und gepflegt werden, die von ihrem finanziellen Potenzial sowie von ihrer Einstellung her geeignet sind, einen hohen Lifetime-Value im Laufe der Zeit für das eigene Unternehmen zu generieren. Es bedarf also genauer Untersuchungen und Analysen, welche Segmente aus dem gesamten Zielgruppenpotenzial als gewinnbringende, langfristig am Unternehmen haftende Kunden in Frage kommen. After Sales Service als Vorbedingung für eine langfristige Kundenzufriedenheit muss stets unter ökonomischen Gesichtspunkten betrachtet werden. Kundenzufriedenheit um ihrer selbst willen kann nicht Gegenstand betriebswirtschaftlicher und marktwirtschaftlicher Überlegungen sein. Deshalb muss mindestens jährlich das Umsatz- und Absatzverhalten der Verwenderschaft kritisch überprüft werden, um eventuell Korrekturen im Bereich des After Sales Service vorzunehmen. Das heißt, partiell werden After Sales-Aufwändungen im Bereich der Kommunikationspolitik erhöht, partiell aber auch gesenkt. Dies trifft auch für den Einsatz der übrigen Marketing-Mix-Faktoren zu.

Die Zielgruppenbestimmung für den After Sales Service im Investitionsgütersektor ist differenzierter zu sehen. Neben einem Selling-Center (Verkaufscenter) existiert hier das so genannte Buying-Center (Einkaufsgremium), das sich aus mehreren Personen zusammensetzt, die mit unterschiedlichen Zielerwartungen den Kauf beziehungsweise den Wiederkauf eines Investitionsgutes forcieren oder ablehnen. Für den Investitionsgüter-Hersteller ist es demnach sehr wichtig festzustellen, wer von den Mitgliedern des Buying-Centers für After Sales-Maßnahmen überhaupt in Frage kommt. In den meisten Fällen wird es nicht der Entscheider sein (Decider), sondern eher der Nutzer und damit zusammenhängende betriebsinterne oder externe Abteilungen, die sich mit folgenden Aufgaben beschäftigen:

Montage und Inbetriebnahme der Anlage

Mit der Montage beziehungsweise mit der Inbetriebnahme des Investitionsgutes beginnt der technische After Sales Service und damit auch der Aufbau zu einem kontinuierlichen Kundenkontakt.

Schulung

Um dem Kunden die wirtschaftliche Nutzung der Investition zu ermöglichen, besteht bei der Komplexität der heutigen Anlagen meist ein Schulungsbedarf. Dabei stellt sich die Frage der Ortswahl und des Outsourcings: Wo sollen die Schulungen durchgeführt werden? Beim Kunden, beim Hersteller oder in einem Schulungszentrum? Schulungen als zentrale Einarbeitungshilfe führen die Hersteller in der Regel selbst durch. Circa 50 Prozent der Kunden legen aber auch Wert auf die Eigendurchführung, sie sprechen aber dem Hersteller die größte Kompetenz zu.

Instandhaltung/Wartung

Die Instandhaltung und Wartung sichert die lückenlose Leistungsbereitschaft der Investitionsgüter und bedeutet aus Kundensicht eine Prophylaxe vor größeren Schäden und aufwändigen Produktionsunterbrechungen. Der Instandhaltungsservice ist eine typische Leistungskomponente innerhalb des After Sales Service und wird in der Mehrzahl der Fälle vom Hersteller selbst angeboten und auch durchgeführt.

Reparaturen

Auch Reparaturen gehören zum Spektrum der After Sales-Maßnahmen, denn Reparaturen sichern eine schnelle und effiziente Störfallbeseitigung und steigern damit die Kundenzufriedenheit. Außerdem kann das Servicepersonal des Herstellers zu einer wichtigen Marktforschungsquelle werden. Die beim Kunden durchgeführten Reparaturen führen zu Informationen, die die interne Marketingabteilung und Forschungs- und Entwicklungsabteilung des Herstellers in Konstruktionsverbesserungen umsetzen kann. Der Reparaturservice ist deshalb

ein wichtiges Bindeglied zwischen dem Kunden und dem hersteller-
internen Konstruktionsfertigungs- beziehungsweise Forschungs- und
Entwicklungsabteilungen.

Garantie/Kulanz

Bei Investitionsgütern spielt der Umfang und die Dauer von Garan-
tiezusagen sowie die Gewährung von Kulanzleistungen eine große
Rolle. Die Mehrheit der Hersteller grenzt die Garantie auf das gesetzliche Maß ein. Im Rahmen der Maßnahmen des After Sales Service
muss über eine flexiblere Handhabung bei Garantie und Kulanzleistungen im Käufermarkt nachgedacht werden.

Nachkauf-Beratung und Nachkauf-Information

Ein wichtiges Instrument zur langfristigen Kundenbindung ist die
Kommunikation nach dem Kauf. Kunden wollen regelmäßig über
Produktverbesserungen und Innovationen informiert werden. Dabei
können sowohl das persönliche Gespräch durch den Außendienst,
aber auch Messeeinladungen, Prospekte und Kundenzeitschriften zum
Einsatz kommen.

Schließlich sei noch das Kommunikationsinstrument einer Hotline erwähnt. Sie hat die Aufgabe, situative Bedienungsschwierig-
keiten sofort zu beseitigen, sowie Ferndiagnosen von Störungen mit
der Möglichkeit der Eigenbehebung zu bieten.

Im Dienstleistungssektor, zum Beispiel im Banken- und Versi-
cherungswesen, gelten sowohl die Zielgruppenbestimmungen wie
im Konsumgütersektor, als auch die Ausführungen für den Investitionsgütersektor, je nachdem, ob es sich um private oder gewerbliche
Bankkunden beziehungsweise Versicherungsnehmer handelt. Gerade
im Investitionsgüter- und Dienstleistungsbereich ist es notwendig,
den Lebenszyklus eines Produktes nicht nur theoretisch, das heißt
umsatz- und absatzmäßig zu verfolgen, sondern physisch, also über
primär-statistische Erhebungen exakt zu eruieren, welche Personen
wann, wie oft, wie lange mit dem Produkt in Kontakt kommen.
Darauf können sich dann sowohl die herstellereigenen After Sales-

Maßnahmen, aber auch herstellerfremde Serviceanbieter mit ihren Aktivitäten konzentrieren.

Die Instrumente der klassischen Werbung im Bereich After Sales Service

Die größte Veränderung innerhalb der klassischen Medien liegt darin, dass sie eine Umpositionierung erfahren haben: Von der klassischen Einweg-Kommunikation zu einer modernen aktiven Interaktivität. Das heißt, Sender und Empfänger werden enger miteinander verbunden. Dies geschieht entweder auf konventionelle Weise oder in Form moderner elektronischer Netze. Interaktives Marketing setzt den Einsatz interaktiver Massenmedien beziehungsweise den Einsatz interaktiver Multimediasysteme voraus. Die interaktive Kommunikation wird dadurch individualisierter, selektiver und vor allen Dingen teurer.

Um die individuelle Ansprache zu forcieren, sind heute schon 60 bis 70 Prozent aller klassischen Werbemittel mit Response-Möglichkeiten ausgestattet, das heißt, die Zielpersonen sind in der Lage, mit dem Werbungtreibenden (Sender) in direkten Kontakt zu treten. Damit erfüllen bereits die klassischen Medien eine After Sales Service-Funktion, das heißt, der Kunde kann Probleme, die nach dem Kauf auftreten, auch über klassische Medien im Dialog mit dem Sender lösen. Solche Probleme können zum Beispiel sein: Weitere Auskünfte bezüglich der nächstgelegenen Vertragshändler, Informationen über Produktdetails, Wartungsprobleme, Reklamationswünsche, Anforderung von weiterem Informationsmaterial, Anforderung von Messe- und Hausmesse-Unterlagen, Anforderung von Fachzeitschriften-Artikeln, Wunsch nach dem persönlichen Besuch eines Außendienstmitarbeiters etc. Die Response-Möglichkeiten in den klassischen Medien sind folgende:

⇨ Einsatz von Coupons bei den gedruckten Werbemitteln, wie zum Beispiel bei Anzeigen und Beilagen. Über den Coupon können Informationen direkt vom Sender angefordert werden – eine traditionelle, aber immer noch bewährte Methode.

⇨ Die gedruckten Werbemittel werden mit einer E-Mail-Adresse oder mit einer Fax-Nummer versehen, so dass der effektive oder potenzielle Kunde auf elektronischem Wege Informationen anfordern kann.

⇨ Angabe der Internet- beziehungsweise der E-Mail Adresse auf den gedruckten Werbemitteln.

⇨ Informationsanforderungen über die in den gedruckten Werbemitteln angegebenen Telefon-Nummern, vor allen Dingen über die kostenlose Service-Nummer 0800.

Auch bei den elektronischen Medien, wie zum Beispiel Film, Funk und Fernsehen, sind Dialogmöglichkeiten einsetzbar, wie das Einblenden oder Ansagen von Telefon-Nummern, Fax-Nummern, E-Mail-Adressen und Internet-Adressen. Heute sollte beim Einsatz der klassischen Medien auf die Möglichkeiten der Interaktivität nicht verzichtet werden, denn dadurch werden aus Pre Sale-Medien erst wirkungsvolle After Sales-Medien ([28], S. 534ff.). Gerade beim Fernsehen werden sich noch weitere Möglichkeiten der Interaktivität ergeben. Die Interaktivität soll auf Basis des digitalen Fernsehens (HDTV) in den Vordergrund rücken. Technische Grundvoraussetzung ist die so genannte Set-Top-Box, in der digitale Daten in fernsehgerechte Normen umgewandelt werden. Dass die über das Fernsehen angebotenen Dienstleistungen im After Sales Service nicht kostenlos sein müssen, beweisen die diversen Formen des Pay-TV. Unter Pay-TV versteht man eine individuelle Fernsehnutzung, die vom Nachfrager bezahlt werden muss. Es gibt dabei verschiedene Formen:

⇨ Pay per channel: Abonnenten bezahlen pro Monat und pro Kanal (zum Beispiel beim TV-Sender »Premiere«).

⇨ Pay per view: bezahlt wird hier die tatsächliche Sehzeit beziehungsweise Einheit. Dieser Abrechnungsmodus ist bei allen Angeboten der Datenhighways möglich. Ein Multimedia-Computer kann den Konsum genau registrieren und berechnet dann dem Nachfragenden die in Anspruch genommene Fernsehzeit.

⇨ Video on demand: Der Nutzer kann Programme oder Filme zu jeder gewünschten Zeit aus einem breiten Angebot abrufen.

Bei den so genannten neuen Medien (Multimedia) werden die Aspekte verschiedener klassischer Medien miteinander verbunden, das heißt, Daten, Texte, Sprache, Bewegtbild und Ton sind simultan in einem Informationssystem nutzbar. Dieses Informationssystem ist interaktiv, das heißt, es kann für den After Sales Service eingesetzt werden. Zu den Multimedia-Systemen gehören ferner das Internet, die kommerziellen Online-Dienste, die CD-ROM, die DVD-Systeme und die POS-Systeme.

Das Internet ist ein Verbund aus vielen Teilnetzen, an die Computer angeschlossen sind, die über das Transmission-Control-Protokoll/Internet-Protokoll (TCP/IP) miteinander kommunizieren können. Das TCP-IP ist ein technischer Übertragungsstandard, der sicherstellt, dass alle Rechner, egal mit welchem Betriebssystem sie ausgestattet sind, dieselbe Sprache im Netz sprechen und damit in der Lage sind, Daten und Informationen untereinander ohne Kompatibilitätsprobleme auszutauschen. Der wichtigste Dienst im Internet ist das World Wide Web, das heißt der Multimediateil des Internets. Das World Wide Web ist ein Dienst, der dem Anwender hilft, Informationen in vereinfachter Art und Weise in dem großen Datennetz zu finden und abzurufen. Es hilft also, eine Media-Online-Datenbank effektiv zu nutzen. Ein weiterer spezieller Dienst im Internet ist die Electronic Mail (E-Mail). Durch diesen Dienst können Briefe, Nachrichten, Bilder und sogar Sprache auf elektronischem Wege über Kabelleitungen verschickt werden. E-Mail ermöglicht somit die Kommunikation aller Internetbenutzer untereinander.

Bei den kommerziellen Online-Diensten handelt es sich im Gegensatz zum Internet um Datennetze, die zentral gepflegt und aktualisiert werden. Außerdem bieten die Online-Dienste gezielten Service, wie zum Beispiel Nutzung von Datenbanken, Nutzung von Adressenlisten, aktuelle Informationen, Hotlines für Interessenten. Der größte kommerzielle Online-Dienst in Deutschland ist ein Dienst der Deutschen Telekom AG, T-Online. Gerade im Bankenbereich hat sich T-Online stark durchgesetzt (Homebanking), denn fast alle deutschen Banken bieten eine Kontoführung online an. Weitere Möglichkeiten von T-Online sind die Abgabe von Bestellungen, das Einholen von Informationen und Auskünften, ferner der Zugang zum Internet und die Nutzung von E-Mails.

Betrachtet man den After Sales Service nicht nur als eine Beziehung zwischen Anbieter und Kunde, das heißt also extern, sondern auch als eine Beziehung zwischen Mitarbeitern innerhalb eines Betriebes (jede Abteilung ist »Kunde« einer anderen Abteilung), so kommen als moderne Kommunikationsinstrumente im After Sales Service auch noch das Intranet beziehungsweise das Business-TV in Frage. Beim Intranet handelt es sich um ein auf den Erkenntnissen des Internets basierendes Kommunikationsinstrument. Auch innerhalb von Intranets können Text, Grafik und Bilddaten ausgetauscht sowie Programmangebote abgerufen werden. Durch die Verwendung von Standard-Software lassen sich auch E-Mail-Funktionen problemlos nutzen ([24], S. 126ff.). Beim Business-TV handelt es sich um ein betriebsinternes, länderumspannendes, über Satelliten gesteuertes privates Fernsehnetz, das der unkomplizierten und schnellen Information inländischer und ausländischer Niederlassungen beziehungsweise Geschäftsstellen dient. Firmen wie Mercedes, IBM, HP, setzen seit Jahren erfolgreich und kostensparend Business-TV-Systeme ein.

Die Instrumente der Sales Promotion im Bereich After Sales Service

Direktmarketing

In 2006 wurde vom Marktforschungsinstitut Sensor im Auftrag der Österreichischen Post eine Studie über die Erfolgsfaktoren von Direct Mails durchgeführt. Zielpersonen waren sowohl Geschäftsführer beziehungsweise die Marketingmanager in den Unternehmen als auch Endverbraucher ([19], S.72.). Die Untersuchung erstreckte sich sowohl auf den B-to-B-Bereich, als auch auf den B-to-C-Bereich. Für B-to-B wurden folgende Erfolgskriterien festgestellt:

⇨ Mailings müssen persönlich gestaltet sein, das heißt mit persönlicher Adresse und mit persönlichem Absender versehen sein, sonst kommen sie über die Schwelle des Sekretariats nicht hinaus.

⇨ Mailings sollen schon von außen erkennen lassen, dass sie für den Empfänger von hoher beruflicher Relevanz sind, sonst fallen sie der »Gate-Keeper-Funktion« des Sekretariats zum Opfer.

⇨ Was den Inhalt der Mailings anbetrifft, so empfehlen sich kurze und prägnante Informationen, die sofort verständlich sind und auch den Nutzen für den Empfänger sofort erkennen lassen.

⇨ Außerdem wird ein wertiges Design erwartet, klare Strukturen sind ebenfalls notwendig für die Akzeptanz des Mailings.

Jedes zweite Unternehmen setzt Direktmarketing als ein Instrument für die Kundenbindung im Rahmen des After Sales Service ein ([8], S.20ff.). Dabei wird unter Direktmarketing sowohl das klassische Direct Mailing, ferner Telefonmarketing, außerdem Kataloge, Prospekte, Wurfsendungen und der Einsatz der Online-Dienste verstanden. Das klassische Direct Mailing im Bereich des After Sales Service besteht aus einem personalisierten Werbebrief, aus einem Prospekt, einer Response-Möglichkeit und schließlich aus einem kleinen Werbegeschenk, dem so genannten 3-D-Mittel. Voraussetzung für erfolgreiche Mailings sind nach wie vor detaillierte Datenbanken (Database), um Fehlstreuung zu vermeiden und um Kunden wirksam anzusprechen. Was die Akzeptanz bei Mailings für den B-to C-Bereich anbetrifft, so sind folgende Ergebnisse der Studie zu beachten:

⇨ Bewohner von Städten erhalten mehr Mails als die Landbewohner, Versandhandelsangebote werden in ländlichen Gebieten stärker und intensiver betrachtet.

⇨ Besonders viel Aufmerksamkeit erlangen bei bestehenden Kunden die Mailings von Banken und Versicherungen, sie wecken Neugier und werden selbst dann geöffnet, wenn sie eindeutig als Werbesendung identifiziert werden.

⇨ Auch Werbesendungen von Handelsbetrieben werden besonders beachtet, wenn erkennbar ist, dass sie mit Zugaben oder mit Preisaktionen werben.

⇨ Besteht das Mailing aus mehreren Komponenten, wie zum Beispiel aus einem Brief, einer Antwortkarte, aus einem Prospekt oder aus einer Zugabe, so wird damit die Zeit der Beschäftigung mit dem Mailing erhöht und damit auch die Erfolgschance.

Eine Datenbank sollte, wenn es sich zum Beispiel um private Endverbraucher handelt, folgende Variablen enthalten:

⇨ statistisch soziodemographische Merkmale (Name, Alter, Geschlecht, Ortsgröße, Kaufkraft, Bundesland)

⇨ Konsumaffinitäten (Verhalten im Bereich Freizeit, Reisen, Mode etc. sowie Verhalten gegenüber den Medien)

⇨ Wertetypologien (Ist die Zielperson eher aufstiegsorientiert, freizeitorientiert, sozialorientiert oder leistungs- beziehungsweise statusorientiert?)

Bei gewerblichen Zielpersonen, das heißt Personen im B-to-B-Bereich, ist eine Segmentierung nach Größe des Unternehmens, bisher getätigter Umsatz, möglicher Umsatz, letzter Kaufakt etc. notwendig. Bewährt haben sich in der Praxis so genannte RFM-Modelle (RFM steht für Recency, Frequency und Monetary Value). Mit Hilfe dieser drei Variablen lässt sich berechnen, ob eine Zielperson auf ein Mailing reagieren wird oder nicht. Einsatzgebiete dieser RFM-Modelle sind insbesondere der Versandhandel, Handelsorganisationen und auch Finanzdienstleister, wie Banken und Versicherungen ([16], S. 46-48). Eine weitere Möglichkeit zur Strukturierung von Kundendaten als Grundlage für eine Datenbank ist folgende Aufteilung:

⇨ Erfassung der Grunddaten, also der demographischen und geographischen Daten,

⇨ Erhebung der Potenzialdaten, das heißt möglicher Umsatz, der mögliche Absatz, effektive Umsätze und Absätze,

⇨ Analyse der Aktionsdaten, das heißt, welche Aktivitäten wurden der Zielperson präsentiert (wie zum Beispiel Mailing, Telefonkontakte, persönlicher Kontakt) und mit welcher Intensität,
⇨ Reaktionsdaten, zum Beispiel Kaufdaten, Angaben zum Feedback auf Marketingaktionen, Anfragen, Einstellungen ([9], Nr. 97/1).

Telefonmarketing

Das aktive Telefonmarketing, bei dem ein Unternehmen seine Zielpersonen anruft, unterliegt rechtlichen Beschränkungen gemäß UWG (Gesetz gegen unlauteren Wettbewerb). Im Privatbereich (Business-to-Private) können Personen nur dann angerufen werden, wenn eine aktive Geschäftsbeziehung besteht beziehungsweise wenn der Kunde schriftlich einer telefonischen Umwerbung ausdrücklich zugestimmt hat. Im geschäftlichen Bereich (Business-to-Business) genügt eine stillschweigende Einwilligung. Diese liegt dann vor, wenn der Anrufer davon ausgehen kann, dass die Anrufe im geschäftlichen Interesse des Angerufenen liegen.

Beim passiven Telefonmarketing lässt sich ein Anbieter entweder gezielt vom Kunden anrufen, oder nutzt einen Telefonkontakt. Da hier keinerlei rechtliche Beschränkungen existieren, provozieren viele Unternehmen die Kundeninitiative durch die Angabe von speziellen Service-Telefonnummern in Anzeigen, Fernseh- oder Radiospots.

Besonders der Versandhandel, Banken, Touristik und Telekommunikationsunternehmen arbeiten im Rahmen des Telefonmarketings mit Call-Centern. Call-Center sind Institutionen, in denen von mehreren Arbeitsplätzen aus Inbound- und Outbound-Telefonmarketing betrieben wird.

Call-Center werden als Marketinginstrument genutzt, um neue Vertriebsformen, wie Directbanking oder die Bestellannahme, im Versandhandel zu ermöglichen. Einige Unternehmen in Großbritannien und in den USA steuern bereits den gesamten Außendienst durch Call-Center. Der amerikanische Paketdienst UPS dirigiert so seine gesamte Fahrzeugflotte. In Zukunft werden sich die Call-Center zu Kommunikationscenter wandeln. Das heißt Fulfillment-Dienstleistungen werden sich zum »Electronic Commerce« entwickeln. Damit steigt der fachliche und sachliche Anspruch an die Qualifikation der Call-Center-Mitglieder. Die Firma Walther TeleMedien Gruppe (Karlsruhe) betreibt zum Beispiel Call-Center in Ettlingen bei Karlsruhe, ferner Call-Center in Magdeburg und Berlin mit 5.200 Call-Center-Agents und erwirtschaftete im Jahr 2005 einen Umsatz von 140 Millionen Euro, wobei der Versandhandel, die Markenartikelindustrie, Finanzdienstleister, Versicherungen, die Telekommunikation, der Automobilsektor, die Investitionsgüterbranche und der Handel die Hauptkunden darstellen.

Kundenkarten

Vorteile der Kundenkarte für die ausgebende Instanz:
⇨ Kundenkarteninhaber tätigen durchschnittlich höhere Umsätze als Barzahler. Darüber hinaus bequemen sie sich oft nicht zu einem Preisvergleich. Ein gewährter Kreditrahmen verlängert die Kundenliquidität und ermöglicht es dem Unternehmen, die Kaufkraft stärker auszuschöpfen. Außerdem bietet die bargeldlose Zahlung dem Kunden Sicherheit und einen Zinsvorteil für eine spätere Abbuchung.
⇨ Durch das gezielte Herausstellen der Kartenvorteile für den Kunden am Point of Sale (Laden) lässt sich zusätzlicher Bedarf und zusätzliche Kaufbereitschaft schaffen.
⇨ Um den Erfolg von Kundenkarten zu erhöhen, ist es empfehlenswert, diese Karten mit umfangreichen Zusatzangeboten auszustatten ([15], S. 17):

So bietet zum Beispiel der Textilfilialist Wöhrl auf seinen Kontoauszügen den Karteninhabern Einladungen zu lokalen Events und besondere Angebote. Direktmailings liefern die Hintergründe zu diesen

Kurzankündigungen. Das Wöhrl Card-Journal propagiert zusätzlich weitere attraktive Kundenleistungen; die Parfümeriekette Douglas stellte ihre Kundenkarte (Jahresgebühr obligatorisch) unter das Motto »Die Welt der Schönheit«. Daran gekoppelt sind neben speziellen Parfümangeboten unter anderem Beautyfarm-Arrangements und ein Ticketservice für Veranstaltungen in ganz Deutschland.

Kundenclubs

Offene Clubs kosten weder Aufnahmegebühr noch Mitgliedsbeitrag und sind jedermann frei zugänglich. Da sie sich ausschließlich aus dem Marketing-Etat finanzieren, bieten sie meist nur begrenzte Serviceleistungen an. Zudem sind die Mitgliederzahlen aufgrund der fehlenden Zugangsbarrieren in der Regel sehr hoch.

Deshalb sind von größerer Kundenbindungswirkung auch die geschlossenen Kundenclubs, deren Mitgliedschaft das Ausfüllen einer Beitrittserklärung sowie eine bestimmte Leistung voraussetzen. Diese liegt beispielsweise in der Erbringung einer Jahresgebühr oder im Abonnement einer Zeitschrift. Eine besonders gute Idee entwickelte das mittelständische Unternehmen »Fleischerhandwerk Moritzburg AG«, bei dem derjenige Kunde Mitglied wird, der einen Mindestumsatz überschreitet. Dieser errechnet sich aus dem durchschnittlichen Umsatz pro Kunde plus 10 Prozent. Zugangsbarrieren verleihen einem Club einen exklusiven Charakter und ermöglichen dem Unternehmen die Konzentration auf die interessierte Kernzielgruppe. Das Unternehmen »Fleischerhandwerk Moritzburg AG« hat mit seinem Clubkonzept sichergestellt, dass wirklich nur den besten Kunden Vorteile geboten werden. Dank der Finanzierung über die Mitgliedsbeiträge oder aus dem Mehrumsatz können den Kunden besonders attraktive Geldwerte und prestigebringende Vorteile angeboten werden. Man unterscheidet folgende Clubtypen ([30], S. 22-26):

⇨ Fanclubs, wie zum Beispiel den SWR 3-Club, der sich durch eine besonders enge und emotionale Bindung der Mitglieder zum Unternehmen und zu seinen Angeboten auszeichnet.

⇨ Product-Interest-Clubs, wie zum Beispiel der Maggi-Kochclub, bei dem produktbezogene Themen im Mittelpunkt stehen; ferner Kundenvorteils-Clubs, die insbesondere vom Handel initiiert werden, so zum Beispiel der Ikea-Family-Club; Hauptzielsetzung ist die Steigerung der Besucherhäufigkeit und Steigerung der Kauffrequenz.

⇨ VIP-Clubs, wie zum Beispiel der Diners-Club; sie konzentrieren sich auf die Bindung umsatzstarker Gruppen, wie etwa auf den ausgewählten Kreis der »Very Important Persons«. Clubleistungen müssen zum Corporate Identity-Konzept eines Unternehmens passen und sollen eine bunte Mischung aus Information, Kommunikation, Emotion und Erlebnis darstellen.

Kundenclubs sind ein Instrument für Unternehmen, sich vom Wettbewerb abzugrenzen und den Club-Mitgliedern das Gefühl zu geben, einer ausgewählten Zielgruppe anzugehören, die besondere Privilegien genießt, die man sonst nicht erhält.

Jedoch ist bei den Serviceangeboten stets die rechtliche Zulässigkeit zu beachten. Die rechtlichen Rahmenbedingungen setzen den Möglichkeiten, Kunden durch Zusatz und Serviceleistungen dauerhaft an Unternehmen zu binden, klare Grenzen, wie

⇨ das Gesetz gegen den unlauteren Wettbewerb,

⇨ das Datenschutzgesetz.

Event-Marketing

Ein weiteres Instrument im Rahmen des After Sales Service ist das Event-Marketing. Man versteht darunter das zielgerichtete Gestalten eines Ereignisses ([18], S. 4ff.). Beim Event-Marketing geht es um eine dramaturgische Aufbereitung eines Ereignisses. Dabei darf der

Unterhaltungswert einer Marketingveranstaltung jedoch nur Mittel zum Zweck sein, um über außergewöhnliche Ereignisse, Motivationen bei den eigenen Außendienstmitarbeitern, ferner bei Händlern oder bei Kunden aufzubauen. Ein Grund für das zunehmende Interesse am Event-Marketing ist der Trend zur Freizeitgesellschaft und damit das gestiegene Bedürfnis nach Unterhaltung. Der Konsument auf der Suche nach »Infotainment« ist im Vormarsch. Das heißt, man sucht Unterhaltung und Information in geschickter Verpackung. Dabei ist zu beachten, dass der Mensch, egal ob Außendienstmitarbeiter, Händler oder Endverbraucher sich am meisten für den Menschen interessiert. Deshalb lassen sich sympathische Markenbilder auch am besten durch Menschen vermitteln. Event-Marketing kann auch als Disziplin der erlebnisorientierten Kommunikation betrachtet werden. Folgende Arten von Events können unterschieden werden:

Produkt-Events, Sport-Events, wie etwa die von Adidas initiierten Streetball-Turniere, ferner Actions-Events, Unterhaltungs-Events, Kultur- und Informations-Events. Zahlreiche Agenturen haben sich auf die Planung, Durchführung und Kontrolle von Events spezialisiert, wie zum Beispiel die Firma PPD-Marketing-Services in Bad Homburg, die Promotion-Agentur Chapeau Claque in Mönchengladbach oder ferner die Agentur Kogag in Solingen ([22] S. 70ff.).

CD-ROM und DVD

CD-ROM bedeutet «Compact Disc – Read only Memory«. Es handelt sich dabei um einen elektronischen Speicher. Man unterscheidet zwischen Musik-CDs, Bilder- beziehungsweise Foto-CD-ROMs und Daten-CD-ROMs. Auf einer CD-ROM haben circa 600 bis 900 Megabyte Platz. Dabei spielt es keine Rolle, ob es sich um Text, Bild- oder Toninformationen handelt. Im Rahmen des After Sales Service können CD-ROMs eingesetzt werden zur Schulung und Information der Kunden, ferner, falls eine Vernetzung mit anderen Medien besteht, auch als weiteres Bestellinstrument beziehungsweise als Reklamations- und Beschwerdeinstrument, zudem als Direct-Mail-Instrument und schließlich noch als Unterhaltungsmedium.

Die DVD (Digital Versatile Disc) gehört zu den optischen Plattenspeichern und besitzt eine sehr hohe Speicherkapazität. Zur Nutzung von DVDs sind spezielle Abspielgeräte notwendig oder Computer, in denen ein entsprechendes DVD-Laufwerk eingebaut ist. Man unterscheidet DVD-Videos zur Wiedergabe von Filmen, ferner DVD-Audios zur Wiedergabe von Standbildern mit Ton und schließlich DVD-ROMs zur Wiedergabe von allgemeinen Computerdaten.

POS- und POI-Systeme

Point of Sale beziehungsweise Point of Information-Systeme sind hauptsächlich im Handel beziehungsweise auf Messen installiert. Der Kunde kann sich vor, aber auch nach seinem Kauf, noch weitere Informationen aus diesen elektronischen Informationssystemen beschaffen und auch weiteres Informationsmaterial direkt vom Hersteller beziehungsweise vom Aussteller oder Händler anfordern. POI-Systeme haben inzwischen auch bei dem After Sales Service von Öffentlich-Rechtlichen Institutionen, wie zum Beispiel Städten und Gemeinden, Eingang gefunden. Sie dienen dort als Besucher-Informationssysteme und geben Auskunft über Sehenswürdigkeiten, Veranstaltungen, die Gastronomie und über verkehrstechnische Infrastrukturen.

Die Instrumente der Public Relations und des Sponsorings im Bereich After Sales Service

Kundenzeitschriften

Kundenzeitschriften sind periodisch erscheinende Publikationen, die sowohl einen informativen als auch einen unterhaltenden Charakter haben. Sie werden meist von der Presse- beziehungsweise PR-Abteilung von Unternehmen beziehungsweise Institutionen herausgegeben.

Die verschiedensten Branchen nutzen die Kundenzeitschriften als ein Instrument des After Sales Service und damit auch als Instrument der Kundenbindung, wie etwa Apotheken, Automobilfirmen, die Bahn AG, Fluggesellschaften, Banken, Versicherungen, Sparkassen, Nahrungsmittel-Produzenten oder das Nahrungsmittelhandwerk. Kundenzeitschriften sollen Personen informieren, Kontakt zum Leser schaffen, verkaufsfördernd wirken und mittel- und langfristig den Umsatz des Unternehmens steigern helfen. Derzeit existieren in Deutschland circa 130 Kundenzeitschriften. Bei der Analyse der Inhalte von Kundenzeitschriften lässt sich eine Dreiteilung wie folgt feststellen:

Kundenzeitschriften enthalten in erster Linie Firmeninformationen, ferner Branchennachrichten und firmen- und branchenunabhängige Rubriken, wie zum Beispiel Informationen über Reisen oder Kulturangebote, ferner Reportagen, Interviews, eine Leserbriefseite und eventuell ein Preisausschreiben ([23], S. 139f.). Eine Sonderform der Kundenzeitschrift bildet das »Club-Magazin«, das häufig von Kundenclubs distribuiert wird. Bei der Gestaltung von Kundenzeitschriften beziehungsweise von Clubmagazinen ist darauf zu achten, dass die zu vermittelnden Informationen hauptsächlich über Bilder vermittelt werden, denn es hat inzwischen einen Wandel vom »Lesemenschen« hin zum »Bildmenschen« stattgefunden. Das heißt, Informationen werden bevorzugt über Bildelemente wahrgenommen. Auch der Einsatz der Farbe ist heute eine Selbstverständlichkeit bei der Gestaltung. Zu warnen ist jedoch vor allzu langen Artikeln, denn sehr schnell wird der moderne »Bildmensch« ermüden und sein Interesse an einer zu textlastigen Kundenzeitschrift verlieren. Kundenzeitschriften lassen sich auch in elektronischer Form editieren, können also auch als CD-ROM oder »Online« angeboten werden.

Mitarbeiterzeitschriften lassen sich innerhalb des Unternehmens im After Sales-Bereich einsetzen, sofern sich die einzelnen innerbetrieblichen Abteilungen gegenseitig als Kunden betrachten. Bei einer Mitarbeiterzeitschrift kann das Corporate Identity-Konzept eines Unternehmens inhaltlich und optisch besonders effizient transportiert werden, wenn das Konzept auf der Unternehmensphilosophie beruht. Mitarbeiterzeitungen enthalten Beiträge aus der Institution selbst, ferner Beiträge aus dem Umfeld des Betriebes oder der Institution und schließlich auch Beiträge zur Unterhaltung. Grundsätzlich sollte eine Mitarbeiterzeitschrift nicht für, sondern mit den Mitarbeitern gestaltet und konzipiert werden. Die Redaktion einer Mitarbeiterzeitung sollte unabhängig sein, außerdem sollte die Mitarbeiterzeitung nicht zu einer simplen »Hofberichterstattung« degradiert werden.

Sponsoring

Schließlich sei noch das Sponsoring als Instrument des After Sales Service genannt. Unter Sponsoring versteht man Leistungen, die ein Sponsor einem Gesponserten gewährt, wobei er vom Gesponserten Gegenleistungen erwartet. Haupteinsatzbereich ist der Bereich des Sport-Sponsorings, hier werden jährlich über 2 Milliarden Euro investiert. Durch finanzielle oder sachliche Zuwendungen kann der Sponsor das Image des Gesponserten (eines Vereins, eines Einzelsportlers, einer Sportveranstaltung) heben und dazu beitragen, dass über die Schiene Sport-Sponsoring die Kundenbindung aufgebaut, gestärkt und langfristig erhalten bleibt. Dabei kann der Gesponserte selbst Kunde des Sponsors sein oder die Kunden des Gesponserten (Zuschauer) profitieren von den Aktivitäten des Sponsors. Sponsoringmaßnahmen sind, ähnlich wie Events, als Ergänzungsmaßnahmen zu den klassischen Medien und zu den Verkaufsförderungsmaßnahmen zu sehen, denn durch permanente Zunahme der klassischen Medien, insbesondere im elektronischen und im Printbereich wird es für das einzelne Unternehmen immer undurchschaubarer und teurer, die gewünschten Zielgruppen zu finden und sie wirkungsvoll anzusprechen. Sponsoring und Event-Aktivitäten sind deshalb als Substitutions-Medien zu den klassischen Medien und zu den Verkaufsförderungsaktivitäten zu sehen.

Möglichkeiten der Erfolgmessung
im After Sales Service

Von entscheidender Bedeutung für die Zukunft ist es, detaillierte Informationen über die Zufriedenheit der Kunden mit den Leistungen des Unternehmens zu gewinnen und daraus Maßnahmen für eine Optimierung der Beziehung zwischen Kunde und Unternehmen abzuleiten. Um die Schwachpunkte im Unternehmen entdecken zu können und damit Hinweise auf Verbesserungsmöglichkeiten zu erhalten, ist eine systematische regelmäßige und differenzierte Kundenzufriedenheitsmessung erforderlich. Folgende Fragen müssen regelmäßig beantwortet werden:

⇨ Mit welchen Leistungskomponenten des Unternehmens sind die Kunden zufrieden?

⇨ In welchem Umfang trägt jede einzelne Leistung zur Gesamtzufriedenheit des Kunden bei? ([31], S.132ff.)

Diese Fragen sind deshalb wichtig, da die kritischen Bereiche eines Unternehmens, die konkreten Handlungsbedarf erfordern, genau in den Bereichen liegen, die von den Kunden als sehr bedeutsam erachtet werden, mit denen diese aber unzufrieden sind. Ein Verlag zum Beispiel misst die Zufriedenheit seiner Kunden, indem er jeder Ergänzungslieferung seines Lose-Blattwerkes einen Fragebogen beilegt, in dem die Abonnenten ihre Meinung zur vorliegenden Ausgabe festhalten sollen. Die Beantwortung wird mit einem kleinen Geschenk belohnt. Diese Art der Kundenbefragung ist allerdings nicht unproblematisch, da insbesondere diejenigen reagieren werden, die entweder mit dem Werk zufrieden sind oder sich das Geschenk »verdienen« wollen, also im Sinne des Auftraggebers antworten. Diese Schwachstelle, sowie die mangelnde Repräsentanz des Fragebogens sollten durch die Ergebnisse persönlicher Interviews ausgeglichen werden. In regelmäßigen Abständen werden so genannte Abonnententreffen an wechselnden Veranstaltungsorten ins Leben gerufen. Unter dem Motto »Ihre Meinung ist uns wichtig« unterhalten sich verantwortliche Redakteure beziehungsweise der Produktmanager mit einer Reihe von ausgewählten Beziehern über ihre Erfahrungen mit dem Handbuch. Anregungen, Wünsche sowie Verbesserungsvorschläge und Kritikpunkte werden notiert. Zur Messung der Kundenzufriedenheit dienen unter anderem folgende Fragen:

Messung der allgemeinen Zufriedenheit:
⇨ Wie zufrieden sind Sie, gemessen an Ihren eigenen Erfahrungen, mit unserem Unternehmen?
⇨ Würden Sie, gemessen an Ihren eigenen Erfahrungen, wieder ein Produkt unseres Unternehmens kaufen?
⇨ Würden Sie unsere Produkte auch Geschäftsfreunden empfehlen?

Stärken- und Schwächenanalyse
Welche Stärken beziehungsweise welche Schwächen erkennen Sie
⇨ bei der Verwaltung und beim Rechnungswesen
⇨ bei der Lösung von Problemen
⇨ bei Ihrem Kontakt mit unserer Verkaufsabteilung
⇨ bei der Leistung unserer Produkte
⇨ bei unserem technischen Kundendienst
⇨ unserer technischen Dokumentation
⇨ unserer Kundenschulung
⇨ bei unseren Zubehör-Produkten

Als Ergebnis kann ein Kundenzufriedenheitsindex berechnet werden. Dabei wird eine hohe Kundenzufriedenheit mit einer hohen Kundenbindung einhergehen. Auf Basis der Messung der Kundenzufriedenheit ist es dann Aufgabe der Unternehmensleitung, ein konsequentes Kundenzufriedenheitsmanagement einzuleiten. Hauptproblem bei der Definition von Einzelmaßnahmen ist häufig die Festlegung einer Prioritätenliste. Wird keine Prioritätenliste erstellt, so besteht leicht die Gefahr einer »Verzettelung«, da eine Kundenzufriedenheitsmessung üblicherweise eine Fülle von Ansatzpunkten für Maßnahmen zutage bringt. In einem Workshop sollte geklärt werden, welche Maßnahmen von welchen Abteilungen zunächst in Angriff genommen werden müssen, um die Kundenzufriedenheit und damit die Kundenbindung zu erhöhen. Dabei sollte auch an kundenorientierte Vergütungssysteme gedacht werden, also auch an eine generelle Anerkennung kundenorientierten Verhaltens. Auch die aktive Förderung der Eigenverantwortung von Mitarbeitern ist ein wesentlicher Baustein beim Aufbau und bei der Stärkung der Kundenzufriedenheit ([29], S. 8ff.).

Dieter Pflaum, Dipl. Volkswirt, geboren 1939, Professor und ehemaliger Dekan des Studienganges Marketing-Kommunikation an der Hochschule Pforzheim. Nach dem Studium der Volkswirtschaftslehre an den Universitäten von Saarbrücken und München Trainee bei der Firma Nestle in Frankfurt am Main mit Abschluss als Junior-Produktmanager, anschließend Produktmanager im Bereich Lebensmittel. Aufenthalte in der Nestle-Zentrale Vevey (CH) und in der amerikanischen Niederlassung von Nestle in White Plains. Anschließend bei der Unternehmung Procter und Gamble im Bereich Marketing als Produkt-Gruppenleiter (Firma Blendax). Zusammenarbeit mit Werbe- und PR-Agenturen für die verantwortlichen Produktbereiche. Seit Mitte der 1970-er Jahre Professor an der Hochschule in Pforzheim, sowohl als Dozent als auch als Fachleiter und Dekan.

Literatur

[1]   ALLGAYER. F.: *Tools für bessere Kundenbindung, in: media und marketing, Nr. 7, Juli 2004*

[2]   BÄUERLE, F.: *Kundenzeitschriften, in: Pflaum, D.; Bäuerle, F; Laubach, K. (Hrsg.): Lexikon der Werbung, 7. Aufl., Landsberg/Lech 2004*

[3]   BERNDT, R.: *Marketing 2. Markenpolitik. 2. Aufl., Berlin-Heidelberg 1992*

[4]   BIALLO, H.: *Beschwerden. Fünf mal so teuer, in: Wirtschaftswoche Nr. 16, 1993*

[5]   DILLER, H.: *Kundenmanagement, in: Tietz, B. (Hrsg.): Handwörterbuch des Marketing – Enzyklopädie der Betriebswirtschaftslehre, Bd. 4, 2. Aufl., Stuttgart 1995*

[6]   FIESS, M.: *Telefonmarketing – Telefonwerbung, in: Pflaum, D.; Bäuerle, F. (Hrsg.): Lexikon der Werbung, G. Aufl., Landsberg/Lech 1995*

[7]   GODEFROID, P.: *Business-to Business Marketing, Ludwigshafen 2003*

[8]   HOLLAND, H.: *Direktmarketing, 2. Auflage , München 2004*

[9]   HOLTHUIS, J.: *Modellierung multidimensionaler Daten - Modellierungsaspekte und Struk-turkomponenten. Arbeitsberichte des Lehrstuhls für Informationsmanagement und Daten-banken. European Business School, Oestrich-Winke 1997*

[10]   HOMBURG, CH.; RUDOLPH, B.: *Kundenzufriedenheit richtig messen und managen. Kein Buch mit sieben Siegeln – Wie zufrieden sind Ihre Kunden tatsächlich?, in: Harvard Business Manager, Heft 1, 1995*

[11]   HOMBURG, CH.; RUDOLPH, B.: *Theoretische Perspektiven zur Kundenzufriedenheit, in: Simon, H.; Homburg, Ch. (Hrsg.): Kundenzufriedenheit, Wiesbaden 1995*

[12]   HUBER, R.: *Telemarketing im Marketingmix, in: Marketing und Kommunikation, Heft 1, 1995*

[13]   HUTH, R.; PFLAUM, D.: *Einführung in die Werbelehre, 6.Auflage, Stuttgart 1996*

[14]   HUTH, R.; PFLAUM, D.: *Einführung in die Werbelehre, 7. Auflage, Stuttgart 2004*

[15]   KLINK, B.: *Kundenkarten boomen im Handel, in: Horizont, Heft 12, 1995*

[16]   LÜHE, VON DER M.: *Zielgruppen effizienter ansprechen, in: absatzwirtschaft, Heft 2, 1998*

[17]   MEYER, A.; OEVERMANN, D.: *Kundenbindung, in: Tietz, B. (Hrsg.): Handwörterbuch des Marketing. Enzyklopädie der Betriebswirtschaftslehre, Bd. 4, 2. Aufl., Stuttgart 1995*

[18]   MUES, F. J.: *Information by Event, in: absatzwirtschaft Nr. 12, 1990*

[19]   N.N.: *Erfolgsfaktoren für Direct Mails, in: Direkt Marketing , Heft 7, 2006; ferner die Internetquelle: www.business.post.at/studie.*

[20]   NUFER, G.: *Event-Marketing, Wiesbaden 2006*

[21]   PFLAUM, D.: *Kognitive Dissonanz, in: Pflaum, D.; Bäuerle, F. (Hrsg.): Lexikon der Werbung, 6. Aufl., Landsberg/Lech 1995*

[22]   PFLAUM, D.; EISENMANN, H.: *Verkaufsförderung. Landsberg/Lech 1993*

[23]   PFLAUM, D.; LINXWEILER, R.: *Public Relations der Unternehmung. Landsberg/Lech 1998*

[24]   PRADEL, M.: *Marketing Kommunikation mit Neuen Medien, München 1997*

[25]   SCHNITZLER, L.: *Kundenorientierung. Siegen lernen, in: Wirtschaftswoche Nr. 19, 1995*

[26]   UEDING, R.: *Event Marketing, in: Meffert, H. (Hrsg.): Lexikon der aktuellen Marketingbe-griffe, Wiesbaden 1994*

[27]   VERGOSSEN H.: *Marketing-Kommunikation, Ludwigshafen/Rhein 2004*

[28]   WEIBER, R.; KOLLMANN, T.: *Interactive Marketing - von der medialen Massen- zur multimedialen Einzelkommunikation, in: Link, J.: Handbuch Database-Marketing, Ettlingen 1997*

[29]   WERNER, H.: *Messung und Management von Kundenzufriedenheit, in: Werbeforschung und Praxis, Heft 3, 1997*

[30]   WIENKE, W.; KOKE, D.: *Cards und Clubs. Der Kundenclub als Dialog-Marketing-Instrument, Düsseldorf u.a. 1994*

[31]   WINKELMANN, P.: *Vertriebskonzeption und Vertriebssteuerung, München 2005*

[32]   ZACH, CH.: *Kundenbindung: Clienting – Antwort auf das Chaos?, in: Acquisa, Heft 2, 1994*

[33]   ZENTRALVERBAND DER DEUTSCHEN WERBEWIRTSCHAFT (ZAW): *Werbung in Deutschland 2005, Berlin 2005*

Zusammenfassung

After Sales Services umfassen Dienstleistungen, die nach dem Kauf eines Produktes für Zielgruppen in materieller oder immaterieller Weise erbracht werden. Damit ist der After Sales Service ein wichtiger Absatzbereich, über den mittel- und langfristig Kunden gebunden werden können. Die Kommunikationspolitik spielt dabei eine wichtige Rolle als Marketing-Mix-Faktor. Denn je nachdem, ob es um klassische Werbung, Verkaufsförderung oder Public Relations geht, lassen sich bestimmte Instrumente heranziehen, die die kommunikativen Serviceziele und Kundenbindungskonzepte erfüllen helfen. Voraussetzung für einen effizienten Einsatz der Instrumente ist die genaue Kenntnis der Zielgruppen und deren Anforderungen im After Sales Service. Diese Anforderungen betreffen Felder wie Inbetriebnahme, Schulung, Wartung, Reparatur, Garantie oder auch Nachkauf-Beratung. Vor dem Hintergrund dieser Serviceziele eröffnet sich entsprechend eine breite Palette an Kommunikationsinstrumenten, die das Direktmarketing, das Telefonmarketing oder Kundenclubs genauso betreffen wie Formen des Event-Marketings oder des Sponsorings.

Das Personalmanagement im After Sales Service-Bereich

Da Kundenbindung das strategische Ziel des After Sales Service ist, ergeben sich für die Servicemitarbeiter hohe Anforderungen. Das Personalmanagement hat dabei die Aufgabe, die Kundenorientierung der Mitarbeiter zu erhöhen.

In diesem Beitrag erfahren Sie:
- wie ein kunden- und marktorientiertes Personalmanagement beschaffen ist,
- welche Gestaltungsfelder des Personalmanagements im After Sales Service bestehen,
- wie sich ein kunden- und marktorientiertes Personalmanagement entwickeln und einführen lässt.

HANS-JÜRGEN KRIEG

Das Personalmanagement im Zeichen der Kunden- und Marktorientierung

Die charakteristischen Eigenschaften von Kundendiensten und ihre Konsequenzen auf das Personalmanagement

Was ist das Besondere am After Sales Service, das eine spezielle Ausrichtung des Personalmanagements zur Folge hat? Kundenorientierung wird inzwischen in allen Unternehmensbereichen groß geschrieben, sei es im Entwicklungsbereich, der Fertigung oder in der kaufmännischen Verwaltung. Wenn es nicht die direkten, externen Kunden sind, mit denen man es zu tun hat, so spricht man doch von internen Kunden, mit denen man in irgendeiner Austauschbeziehung steht.

Um diese Kundenorientierung – quer durch das Unternehmen – zu fördern, werden zahlreiche Maßnahmen, auch vom Personalwesen initiiert ([6], S. 3). Diese Maßnahmen unterstützen, meistens indirekt, auch den After Sales Service-Bereich. Dennoch sind hier weiterführende Aktivitäten notwendig.

Es macht eben einen Unterschied, wenn das Geld unmittelbar mit einem Dienst am Kunden verdient wird, insbesondere im After Sales Service, der vom erfolgreichen Aufbau langfristiger Kundenbeziehungen lebt. Hier geht es nicht allein um die Vermittlung von Kundenorientierung bei den Mitarbeitern. Die Kundenbeziehung gestaltet sich anders als in vielen anderen Bereichen. Entsprechend sind auch die Anforderungen an die Kundendienstmitarbeiter und das Personalmanagement spezifischer Natur. Wie lässt sich nun der After Sales Service beschreiben? Was sind charakteristische Merkmale? Und welche Konsequenzen ergeben sich für das Personalmanagement?

Der After Sales Service ist eine produktbegleitende Dienstleistung mit Zusatzcharakter ([10], S. 1354). After Sales Service-Angebote stellen keine eigenständige Dienstleistung dar. Sie stehen in engem Bezug zum Kernprodukt und sollen den Produktnutzen für den Kunden erhöhen. Zu den möglichen After Sales Service-Angeboten zählen technische Dienste, wie zum Beispiel Anlieferung, Montage, Dokumentation, Wartung, Reparaturdienste, Ersatzteil-Service, Recycling und Entsorgung, wie auch kaufmännische Dienste, wie beispielsweise Lieferservice, Kundenschulung, Garantieleistungen, Beschwerdemanagement und Managementberatung. Oft sind es diese produktbegleitenden Maßnahmen, die es überhaupt ermöglichen, das Produkt auf den Markt zu bringen. Die Qualität des After Sales Service ist ausschlaggebend für den Markterfolg.

Während das technische Produkt häufig schnell kopiert werden kann, bietet der After Sales Service genügend Möglichkeiten, sich von den Wettbewerbern zu differenzieren und haltbare Wettbewerbsvorteile zu erzielen. Der After Sales Service muss darauf abzielen,

⇨ die Kundenzufriedenheit zu erhöhen,

⇨ die langfristigen Kundenbindungen aufzubauen,

⇨ eine hohe Qualitätseinschätzung der Leistung durch den Kunden zu erreichen und

⇨ sich als Kundendienstleister zu profilieren und dadurch das Unternehmensimage zu erhöhen.

Unbüro-kratische Garantie-regelungen	Effiziente Organisation der Kunden-dienstaufgaben	Kunden-mitwirkung, Interaktions-prozess	Beschwerde-management

Organisation   **Kommunikation**

Hohe Anpassungs-fähigkeit	Erreichbarkeit und Liefer-bereitschaft: 24-h-Service	Vertrauen und Seriösität: Guter Ruf und Namen, Image-bildung	Beziehungs-management, Qualität der persönlichen Kontakte

Know-how

Individuelle, ganzheitliche Problemlösungen: Sach- und Dienstleistungsbündel	Steigende technische Komplexität der Produkte

Abb. 1: *Differenzierungsmöglichkeiten*

Zu den Differenzierungsmöglichkeiten zählen die Organisation des After Sales Service, die Kommunikation mit dem Kunden und der Öffentlichkeit und das fachliche Know-how (vgl. Abb. 1). Damit sind für das Service-Personal gegenüber anderen Dienstleistungstätigkeiten zusätzliche Anforderungen, wie Problemlösungskompetenz, die Bereitschaft zur konstruktiven Auseinandersetzung mit dem Kunden und eine ausgesprochen hohe örtliche Mobilität und zeitliche Flexibilität verbunden (vgl. Abb. 2). Daher muss das Personalmanagement darauf ausgerichtet sein, Mitarbeiter zu gewinnen und weiterzuentwickeln, die diesen Anforderungen gerecht werden. Außerdem muss es die internen Voraussetzungen dazu schaffen, zum Beispiel ein flexibles

Zugewandtheit: Interesse am Kunden und dessen Ideen	Empathie: Sich in den Kunden hinein- versetzen	Loyalität: Imagebildender Botschafter des Unternehmens

Anforderungen an den »Kommunikator«

Kommunikation: Die Sprache des Kunden kennen	Überzeugungs- fähigkeit, Eigenständigkeit der Meinung	Bereitschaft zur konstruktiven Auseinander- setzung mit Kunden

Mobilität: Leistung häufig direkt beim Kunden	Flexibilität: Arbeitszeiten	Fachmann, rund ums Produkt Problemlösungs- kompetenz-	Entscheidungs- freude und Ver- antwortungs- bereitschaft, unbürokratisch

Anforderungen an den »Organisator«	**Anforderungen an den »Fachmann«**

Abb. 2:   *Anforderungen an das Service-Personal*

Arbeitszeitmodell oder funktionierende Strukturen zwischen Innendienst und Außendienst.

Die Wirkungsweise des Personalmanagements im »Magischen Dreieck«

Wir sprechen von *Personalpolitik,* wenn es um grundsätzliche poli-
tische Entscheidungen und um die Festlegung des konzeptionellen
Gestaltungsrahmens geht. Dazu gehören die Fragen, ob Mitarbeiter
stärker variabel vergütet werden sollen, welche Priorität man neuen
Formen der Arbeitsorganisation beimisst oder wie die Tarifpolitik gestaltet werden soll.

Das *Personalmanagement* befasst sich mit der Ausgestaltung, Planung, Organisation, Durchführung und Kontrolle personalpolitischer Entscheidungen.

Wie im vorhergehenden Abschnitt gezeigt, durchzieht der Gedanke der Kundenorientierung inzwischen alle Bereiche des Unternehmens. Und er gewinnt insbesondere eine strategische Bedeutung im After Sales Service mit spezifischen Anforderungen an die Service-Mitarbeiter. Das Modell des »Magischen Dreiecks« ist in leichter Abwandlung geeignet, dies zu verdeutlichen (Abb. 3).

Abb. 3: *»Magisches Dreieck«*

Dem Personalmanagement kommt dabei die Aufgabe zu, innerhalb des Unternehmens mitarbeiterorientierte personalpolitische Ansätze mit kundenorientierten Ansätzen zu verknüpfen, um dadurch die Effizienz der unmittelbar mit den Kunden arbeitenden Mitarbeiter zu erhöhen und das Unternehmen als Ganzes stärker auf die Markterfordernisse auszurichten. So wird es beispielsweise wesentlich leichter sein, einen im After Sales Service definierten, zusätzlichen Kundennutzen zu realisieren, wenn sich die Orientierung am Kundennutzen auch zwischen den internen Kunden und Lieferanten durchsetzt. Ein DV-Mitarbeiter, der den informationstechnischen Support für den Außendienstmitarbeiter bereitstellt und der diesen als seinen Kunden begreift, wird sein Verhalten und Handeln anders ausrichten, als wenn er sich ausschließlich als Innendienstmitarbeiter und Fachspezialist sieht. Das Personalmanagement kann in diesem Fall die interne Kundenorientierung zum Beispiel dadurch unterstützen, indem es in der Gestaltung von Beurteilungsinstrumenten Leistungen zur Erhöhung des (internen) Kundennutzens explizit bewerten lässt.

Die Kriterien der Kunden- und Marktorientierung

Worin zeigt sich nun Kunden- und Marktorientierung? Wir haben oben einige Anforderungen an Service-Mitarbeiter genannt. Sie sind jedoch noch unvollständig und in jeder Dienstleistungsbranche werden die Schwerpunkte anders verteilt sein. Für die systematische Erarbeitung von Kriterien der Kunden- und Marktorientierung können daher Qualitätsmanagement-Systeme eine wertvolle Hilfe leisten.

Strategien des Total-Quality-Managements haben in den letzten Jahren quer durch die Industrie und quer durch die Bereiche Einzug gehalten. Auch wenn das Zertifizierungsfieber nach ISO 9000 inzwischen wieder abgeebbt ist, verbunden mit Kritik hinsichtlich der Förderung bürokratischer Tendenzen, so rückte doch das Qualitätsmanagement in den Mittelpunkt des unternehmerischen Interesses. Die Diskussion um ISO 9000 verhalf auch anderen Qualitätsmanagement-Systemen, zum Beispiel dem EFQM-System, zu größerem Einfluss. Die DIN ISO 9000ff. ist im Kern ein etwa 20 Jahre alter ingenieurwissenschaftlicher Ansatz der Qualitätsverbesserung, der – im Unterschied zur klassischen Qualitätsprüfung des Endproduktes – prozessorientiert erfolgt. Speziell die ISO Norm 9004-2 beschreibt

230

den Qualitätskreis für Dienstleistungen. Positiv kann gesehen werden, dass die Geschäftsprozesse analysiert werden. Dadurch lassen sich auch die Anforderungen im After Sales Service beschreiben. Kritisch wird immer wieder vermerkt, dass die Festschreibung von Geschäftsprozessen in einem Handbuch Veränderungen einschränkt und die Verantwortungsbereitschaft der Mitarbeiter vermindert ([1], S. 29).

Die European Foundation for Quality Management (EFQM) wurde 1988 mit Unterstützung der Europäischen Kommission von 14 namhaften europäischen Unternehmen gegründet. Kerngedanke ist ein Benchmarking-Ansatz, der in ähnlicher Form auch bei dem amerikanischen Baldrige-Award Pate stand. Ziel der Aktivitäten ist die kontinuierliche und konsequente Veränderung des Unternehmens, seiner Struktur und Kultur. Nicht eine externe Überprüfung durch mehr oder weniger kompetente Zertifizierungsinstitute, sondern der Prozess der Selbstbewertung, eine kritische Analyse der eigenen

Abb. 4: *EFQM-Modell*

Schwachstellen, kennzeichnet das Prinzip, nach dem Unternehmen ihren Qualitätsstandard weiterentwickeln ([1], S. 28). Das EFQM-Modell besteht aus »Befähiger-Kriterien« und »Ergebnis-Kriterien« (vgl. Abb. 4).

Jedes Kriterium ist in eine Reihe von Unterkriterien unterteilt, zu denen ein Unternehmen im Rahmen der Selbstbewertung Stellung nehmen muss. Die Mitarbeiter und die Prozesse sind die Befähiger, welche die Ergebnisse des Unternehmens liefern. Da für den After Sales Service im Besonderen die Kundenzufriedenheit eine Rolle spielt, sind hier die Unterkriterien zur Kundenzufriedenheit aufgeführt (vgl. Abb. 5).

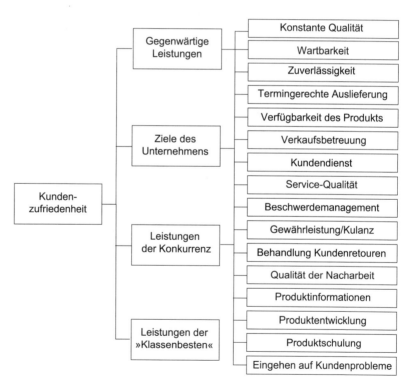

Abb. 5:   *Unterkriterien des EFQM-Modells zur Kundenzufriedenheit*

Diese Kriterien sind für das Personalmanagement ein wichtiger Ausgangspunkt, um die eingesetzten Personalinstrumente hinsichtlich ihrer Wirksamkeit zur Unterstützung der Kunden- und Marktorientierung zu überprüfen. Dazu ist dann allerdings ein weiterer Schritt notwendig. Worin zeigt sich zum Beispiel die Service-Qualität, worin zeigt sich Zuverlässigkeit? Diese Arbeit der »Operationalisierung« muss geleistet werden, wenn die Kriterien im Rahmen von Einstellungsverfahren, der Personalbeurteilung und Vergütung oder Personalentwicklung genutzt werden sollen. Abbildung 6 zeigt beispielhaft die Operationalisierung von drei Kriterien der Kunden- und Marktorientierung.

Um die spezifischen Anforderungen der jeweiligen Branche und des Geschäftsumfeldes zu erfassen, bietet es sich an, neben den Krite-

---

Zuverlässigkeit

Werden die mit Kunden vereinbarten Leistungen in der geforderten Qualität und termintreu erbracht? Wird eine Erfolgskontrolle durchgeführt? Werden Vereinbarungen verbindlich eingehalten? Werden ausreichend Ressourcen bereitgestellt?

Produktentwicklung

Werden die Kunden in die (Dienst-)Leistungsentwicklung bzw. Produktentwicklung einbezogen? Wird Feedback eingeholt? Werden die Bedürfnisse der Kunden erfasst und wird flexibel darauf eingegangen? Sind die Produkte anwenderfreundlich und praktikabel?

Eingehen auf Kundenprobleme

Wird die Sprache des Kunden gesprochen? Wird mit dem Kopf des Kunden gedacht? Werden die Kundenprobleme erfasst und ernst genommen?

Abb. 6:   *Operationalisierung der Kunden- und Marktorientierung (Beispiele)*

rien der Kunden- und Marktorientierung, die sich aus Qualitätsmanagementsystemen ableiten lassen, auch Kriterien zu erfassen, die vom
Kunden genannt werden. Eine mögliche Vorgehensweise, im Rahmen
einer Kundenbefragung, wird unten im Abschnitt »Der Kundeneinbezug als Maxime im After Sales Service-Bereich« aufgegriffen.

Die Prüfkriterien für ein kunden- und marktorientiertes Personalmanagement

Die Ziele eines kunden- und marktorientierten Personalmanagements
müssen darauf ausgerichtet sein, durch die Konzeption und Anwendung von Personalinstrumenten, die Kunden und Marktorientierung
der Führungskräfte und Mitarbeiter zu fördern. Das Personalmanagement muss sich dabei selbst als ein Dienstleister begreifen und diese
Dienstleistungen kundenorientiert gestalten. Gütekriterien für kun-
den- und marktorientierte Personalinstrumente sind:

⇨ *kundenorientierte Zweckbestimmung:* Wird der Kundennutzen explizit beschrieben?
⇨ *Kundenbewusstsein:* Wird auf die Beziehungsqualität zwischen
   Personalmitarbeitern und ihren Kunden Wert gelegt?
⇨ *Qualitätsbewusstsein:* Wird die Notwendigkeit einer kontinuierlichen Verbesserung der Qualität (Produkte und Dienstleistungen
   des Personalwesens) hervorgehoben?
⇨ *Wettbewerbsbewusstsein:* Wird eine bewusste Auseinandersetzung mit dem Wettbewerb gefördert (zum Beispiel durch
   Benchmarking)?
⇨ *kundenorientierte Gestaltung:* Wird durch Umfang, Form, Didak-
   tik, Handhabung, Sinnfälligkeit und Praktikabilität sowie durch
   den emotionalen Stil der Ansprache eine Akzeptanz der Dienstleistung beim Kunden (Führungskräfte und Mitarbeiter) erreicht?

Die Gestaltungsfelder des Personalmanagements im After Sales Service-Bereich

Die Personalplanung und das Personalcontrolling

Personalplanung ist ein gezieltes und prozesshaftes Vorgehen, bei dem zukünftige Trends, Entwicklungen und Vorhaben hinsichtlich ihrer Auswirkung auf Menge, Zusammensetzung und Qualifikation des Personals bewertet und in Handlungsmaximen zur Deckung des qualitativen und quantitativen Personalbedarfs umgesetzt werden ([5], S. 51). Um diesen Personalbedarf für den After Sales Service-Bereich einplanen zu können, kommt es darauf an, langfristig, das heißt mindestens für die nächsten vier bis fünf Jahre, die Entwicklungen sowohl vom Markt her wie auch bezüglich der Unternehmenspolitik abzuschätzen. Diese langfristige Perspektive ist notwendig, da Steuerungsmaßnahmen für die Ressource Personal einen erheblichen zeitlichen Vorlauf benötigen. Insbesondere die Qualifikationen der Mitarbeiter, die ja für die Dienstleistungsqualität ausschlaggebend sind, können nur langsam entwickelt werden. Zwei Faktoren scheinen besonders dominant auf die Personalplanung im After Sales-Bereich zu wirken:
⇨ die Marktentwicklung und
⇨ die technologische Entwicklung.

Die Analyse der *Marktentwicklung* erlaubt über die Prognose von Absatzzahlen und Marktanteilen eine Einschätzung des quantitativen Personalbedarfs. Darüber hinaus ist durch ein Benchmarking der Kundendienstleistungen und durch eine kompetenzorientierte Strategieentwicklung zu prüfen, welche Kompetenzen oder Kombinationen von Kompetenzen es erlauben, neue Dienstleistungsprodukte auf den Markt zu bringen.

Die Bedeutung der *technologischen Entwicklung* für den After Sales-Bereich liegt auf der Hand. Da es sich um produktbegleitende Dienstleistungen handelt, müssen die Service-Mitarbeiter langfristig mit einem Vorlauf von drei bis vier Jahren auf die zukünftige Technik der Produkte vorbereitet werden. Der Einfluss der Marktentwicklung und der technologischen Entwicklung, aber auch deren Gestaltungsmöglichkeiten macht es erforderlich, dass das Personalmanagement eng mit der Unternehmensplanung, dem Vertrieb und dem Entwicklungsbereich zusammenarbeitet (Abb. 7).

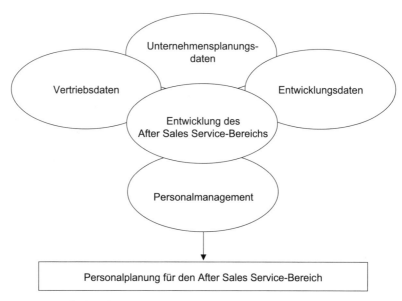

Abb. 7:   *Einbindung des Personalmanagements*

Die Einschätzung der zukünftigen Marktentwicklung und der technologischen Entwicklung bezüglich ihrer Relevanz auf die Personalplanung erfordert natürlich ein Kennzahlen-System, das die aktuelle Situation beschreibt und aufgrund der Prognosen einen quantitativen oder qualitativen Änderungsbedarf erkennen lässt. Ein solches Kennzahlen-System muss zum Beispiel Aufschluss geben über die Altersstruktur, über die Qualifikationsstruktur, über die Fluktuation oder aber auch zur Motivation und Zufriedenheit der Mitarbeiter. Insgesamt gesehen ist eine beachtliche Menge personalwirtschaft-

236

licher Kennzahlen denkbar, die in ihrer zeitlichen Struktur monatlich, quartalsweise, jährlich oder als Auswertung bei besonderen Anlässen erstellt werden ([3], S. 47). Aufgrund der geforderten zeitlichen Flexibilität der Service-Mitarbeiter sind Arbeitszeit-Kennzahlen (zum Beispiel Sollzeiten, Mehrzeiten, Fehlzeiten, Fahrtzeiten etc.) besonders wichtig.

Die Entwicklung eines personalwirtschaftlichen Kennzahlensystems führt zu einem *Personal-Controlling,* das die Analyse, Bewertung und Steuerung aller personalwirtschaftlichen Prozesse umfasst. Das

Produktionsstätte

• Organisation des Personalbereichs
  (Stäbe, Linie, Org. Prinzip)
• Personal des Personalbereichs
  (Qualifikation, quantitative Bemessung,
  Outsourcing)

Produkte

• Qualität und
• Kosten der Leistungen des
  Personalbereichs
  (z.B. einer externen Einstellung)

Kosten/Nutzen

• Welche Kosten/welcher Nutzen
  entstehen
  - wo
  - für wen
  - für welche Leistungen im Personalbereich
• Welche Kosten/welcher Nutzen entstehen
  - wo
  - für wen
  - für welche Mitarbeiter im Unternehmen

Produktionsverfahren

• Arbeitsweisen
• Instrumente der Personalarbeit
  (z.B. Zeitwirtschaft, System zur
  Leistungsbeurteilung, DV-Systeme)
• Innovationen (neue, zeitgemäße
• Arbeitsverfahren und Instrumente)

Kundenbeziehungen

• Orientierungen der Leistungen des
  Personalbereichs am Bedarf seiner
  Kunden
• Messungen und Verbesserung der
  Kundenzufriedenheit
• Kundenorientierung der Mitarbeiter
  des Personalbereichs (Servicequalität)
• Marketing (z.B. für die Durchführung
  qualitativer Personalplanung)

Abb. 8: *Aspekte des Personal-Controllings*

Personal-Controlling bezieht sich – vergleichbar anderer Controlling-Disziplinen – auf die Produktionsstätte (das Personalwesen), den Produktionsprozess (die Instrumente und Verfahren der Personalarbeit), die Beziehung zum (internen) Kunden, die Produkte selbst und die Leistungsbewertung beziehungsweise -verrechung hinsichtlich Kosten und Nutzen ([5], S. 62). Aus Abbildung 8 werden die Betrachtungsfelder des Personal-Controllings deutlich. Dabei wird nochmals ersichtlich, dass die Personaldienstleistung, zum Beispiel in der Gestaltung ihrer Kundenbeziehungen, sich ähnlichen Prüfkriterien unterziehen muss, wie andere Dienstleistungsbereiche, insbesondere auch der After Sales Service-Bereich.

Das Personalmarketing

Aus der Personalplanung ergibt sich der quantitative und qualitative Bedarf. Zusätzlicher Bedarf resultiert aus unvorhersehbaren Veränderungen (zum Beispiel Tod, Kündigung, Erziehungsurlaub). Um diesen Personalbedarf befriedigen zu können, sind konkrete Personalbeschaffungsmaßnahmen notwendig (vgl. Abschnitt »Die Personalbeschaffung und -auswahl«), die durch ein kontinuierliches Personalmarketing unterstützt werden. Durch *Personalmarketing* soll eine langfristige Bindung zwischen den Interessenten/Kunden (den potenziellen Bewerbern) und dem Anbieter (Firma als Anbieter von Arbeitsplätzen) hergestellt und unterhalten werden. Auf dem Arbeitsmarkt haben diejenigen Unternehmen Vorteile, die sich als Arbeitgeber positiv präsentieren und vor allem ihre Arbeitsplätze als interessant und herausfordernd darstellen. Wie kann also die Attraktivität des After Sales Service-Bereiches gesteigert werden? Dabei geht es nicht um objektive Merkmale, sondern um den Eindruck, der bei Interessenten und Bewerbern entsteht. Dabei muss Personalmarketing auch in Zeiten durchgeführt werden, in denen ein Unternehmen keinen externen Personalbedarf hat. Eine »Markenbindung« zwischen Unternehmen und potenziellen Bewerbern kann nur im Laufe einer gewissen Zeit aufgebaut werden. Besteht sie einmal, indem man zum Beispiel gegenüber einer Zielgruppe die Firma als attraktiv herausgestellt hat, so muss diese Bindung durch gezielte Maßnahmen erhalten werden. Sonst löst sie sich auf und es kostet erheblich mehr, sie später wieder aufzubauen, als sie konsequent aufrechtzuerhalten. Die folgende Checkliste eignet sich für die Überlegungen zur Gestaltung von Personalmarketing-Maßnahmen ([5], S. 81):

1. Zielgruppe: Wen wollen wir mit unserer Maßnahme ansprechen?
2. Response: Mit welchem Ergebnis rechnen wir? Was muss »herauskommen«?
3. Botschaften/Messages: Was wollen wir der Zielgruppe vermitteln? Wovon wollen wir sie überzeugen?
4. Medien/Events: Durch welche Mittel und Maßnahmen wollen wir die Zielgruppe ansprechen?
5. Timing: Wie oft, wie lange, wie regelmäßig?
6. Costing: Welcher Aufwand wird voraussichtlich entstehen?

Die interessanteste Frage für den After Sales Service-Bereich ist dabei die nach der Zielgruppe. Gibt es einen Personenkreis potenziell interessanter Bewerber, zu denen durch Personalmarketing-Maßnahmen eine langfristige Bindung aufgebaut werden kann? Da für den After Sales Service-Bereich die Kombination aus sozialer und fachlicher Kompetenz eine dominante Rolle spielt, findet sich die Zielgruppe möglicherweise auf Messen und Ausstellungen oder bei Veranstaltungen von Hochschul- und Berufsverbänden. Durch eine Auswahl von Maßnahmen (vgl. Abb. 9, [5], S. 83) wird es notwendig sein, die Besonderheiten einer Tätigkeit im After Sales Service-Bereich, zum Beispiel die geforderte Mobilität und Arbeitszeitflexibilität, positiv darzustellen.

Medien
- Broschüre
- Zeitungs- und Zeitschriftenannoncen
- Faltblätter/Folder
- Plakate
- Aufkleber/Sticker
- CD-ROM (Multimedia-Präsentation)
- Filme/Videos
- Foliensätze zur Vortragsunterstützung
- Werbematerial (Kugelschreiber, Blöcke, Kalender etc.)
- E-Mail, Internet

Events
- Messestand
- Beteiligung an Veranstaltungen vor Studenteninitiativen (z.B. Bonding, AIESEC)
- Firmenbesichtigungen
- Hochschulvortrag zu technischen, betriebswirtschaftlichen oder unternehmens-
  politischen Themen
- Einladungen zu Produktvorführungen/-präsentationen

On-the-Job-Maßnahmen
- Praktika, praktische Studiensemester
- Werkstudententätigkeiten
- Angeboten von Themen und Betreuung für Diplomarbeiten/Studienarbeiten
- Themen für studentische Übungen bereitstellen

Abb. 9: *Maßnahmen und Instrumente des Personalmarketings*

Die Personalbeschaffung und -auswahl

Während das Personalmarketing eine kontinuierliche Arbeit mit potenziellen Zielgruppen für den After Sales Service-Bereich erfordert, geht es bei der Personalbeschaffung und -auswahl um den konkreten Vorgang einer Stellenbesetzung. Diese kann durch interne und externe Bewerber erfolgen. Die *innerbetriebliche Stellenbesetzung* hat gerade im After Sales Service-Bereich gewisse Vorteile. Produktbegleitende Kundendienstleistungen erfordern Kenntnisse über das Produkt, die zum Teil an den Kenntnissen desjenigen, der das Produkt entwickelt hat, heranreichen müssen. Bei einem technischen Produkt ist dabei insbesondere die Zielgruppe der Entwicklungsingenieure interessant. Bei der Auswahl möglicher interner Bewerber wird aber darauf zu achten sein, ob jemand tatsächlich auch in der Lage ist, die Sprache des Kunden zu sprechen und nutzen- und anwendungsorientiert zu denken, statt durch seine technische und fachlich/sachlich orientierte Haltung am Kunden vorbeizureden.

Wenn man bei internen Bewerbern allerdings die Vorgeschichte im Unternehmen kennt, versteht man Leistungen, Wissen und Einsatzbereitschaft richtig einzuschätzen und hat dadurch umfassendere Informationen im Vergleich zu einer externen Bewerbung. Aufgrund dieser Vorteile kann es auch richtig sein, personalpolitisch grundsätzlich zu entscheiden, dass Mitarbeiter für den After Sales Service vorzugsweise aus den eigenen Reihen gewonnen werden. Dies müsste dann natürlich auch durch entsprechende Personalentwicklungsmaßnahmen (vgl. Abschnitt »Die Personal- und Organisationsentwicklung«) gefördert werden.

Auf dem externen Stellenmarkt können Bewerber auf unterschiedliche Weise gewonnen werden ([5], S. 75ff.):

⇨ Blindbewerbungen, Initiativbewerbungen,
⇨ Kontakte zu anderen Unternehmen,
⇨ Stellenvermittlung durch die Jobcenter der Bundesagentur für Arbeit,
⇨ externe Suchanzeigen,
⇨ Vermittlung durch Personalberater.

Dabei haben sich die bekannten Internetplattformen wie zum Beispiel Jobpilot.de und Monster.de als die wichtigsten Personaldrehscheiben vor den gängigen Zeitungsinseraten etabliert.

Liegen mehrere Bewerbungen vor, ist eine Personalauswahl, eine Selektion erforderlich. Einen Überblick über gängige Auswahlverfahren zeigt die Abbildung 10 ([5], S. 86).

Da die Qualität der Kundendienstleistungen und der Markterfolg so außerordentlich von der Gestaltung der Kundenbeziehungen abhängen, sollte man sich nicht scheuen, einen neuen Service-Mitarbeiter in den ersten drei Monaten so oft wie möglich bei Kunden einzusetzen und sich rechtzeitig vor Ablauf dieser drei Monate ein

Analyse der Bewerbungsunterlagen

Vorstellungsgespräch(e)

Testverfahren	**Assessment-Center**	**sonstige Verfahren**
Intelligenztest Geschicklichkeitstest Persönlichkeitstest	Gruppendiskussion Postkorbübung Kurzvortrag etc.	Graphologische Gutachten

Abb. 10: *Personalauswahlverfahren*

Feedback beim Kunden durch ein persönliches Telefonat einzuholen. Innerhalb der ersten drei Monate ist eine Kündigung des Arbeitsvertrages von beiden Seiten zum Monatsende ohne Angabe von Gründen möglich. Nach Ablauf von weiteren drei Monaten ist eine Kündigung seitens des Arbeitgebers nur noch dann zulässig, wenn diese sozial gerechtfertigt ist.

Die Personalbetreuung

Unter *Personalbetreuung* versteht man alles, was Vorgesetzte und Personalleute tun, damit Mitarbeiter sich optimal ins Unternehmen integrieren und sich dadurch in ihrer Arbeit wohl fühlen ([11], S. 3). Es gibt Felder der Personalbetreuung, die sich auf die gesamte Belegschaft beziehen, wie zum Beispiel die Mitarbeiterinformation über Hauszeitungen, Mitarbeiterbriefe etc. oder die Interessenvermittlung und Konfliktregelung. Außerdem gibt es zielgruppen-spezifische Themen, wie zum Beispiel die Unterstützung von neuen Mitarbeitern oder die Betreuung von Alkoholikern. Bezogen auf den After Sales Service-Bereich kommt der Personalbetreuung eine wichtige Aufgabenstellung zu. Service-Mitarbeiter müssen sich häufig als Einzelkämpfer bewähren. Sie sollten immer freundlich bleiben, ja sogar Botschafter ihres Unternehmens sein, auch wenn der Kunde seinen Frust und Ärger bei einer Reklamation zunächst einmal an ihm auslässt. Im anderen Falle kann er einem überglücklichen Kunden, dem er aus der Patsche geholfen hat, eine Einladung zu einem Glas Bier oder Wein nur schlecht abschlagen. Aus all dem ergibt sich, dass Mitarbeiter im After Sales Service psychisch außerordentlich belastbar sein müssen. Sie gehören zu einem Kreis von Mitarbeitern, die häufig unter Strom stehen und sind eher alkoholgefährdet als andere. Soziale Integration, die Förderung kommunikativer, informeller Beziehungen im Kollegenkreis und Hilfestellungen bei persönlichen Konflikten zählen daher zu den wichtigsten Aufgabenstellungen der Personalbetreuung im After Sales Service-Bereich.

Die effektivste Arbeitsform sind *Erfahrungsaustausch-Workshops,* die in einem gewissen Rhythmus zu fest vorgegebenen Terminen stattfinden (zum Beispiel vierteljährlich). In diesen Workshops können sowohl fachliche wie auch psycho-soziale Themen angesprochen werden. Die Service-Mitarbeiter können untereinander ihre informellen Kontakte aufbauen und pflegen und aufgrund der Regelmäßigkeit der Veranstaltungen so etwas wie ein »Wir-Gefühl« als Ausgleich zum Einzelkämpfertum aufbauen.

Der Personaleinsatz

Zu den möglichen Instrumenten des Personaleinsatzes zählen arbeitsplatzbezogene Instrumente, arbeitszeitbezogene Instrumente und arbeitsorganisationsbezogene Instrumente.

Arbeitsplatzbezogene Instrumente
Die arbeitsplatzbezogenen Instrumente des Personaleinsatzes betreffen Maßnahmen, die mit dem Arbeitsplatz des einzelnen Mitarbeiters direkt in Verbindung stehen. So regelt zum Beispiel das Personalmanagement gemeinsam mit dem Vorgesetzten, was für die Einführung eines neuen Mitarbeiters getan werden kann. Denkbar sind:

⇨ die Benennung eines Paten, der als ständiger Ansprechpartner für den neuen After Sales Service-Mitarbeiter zur Verfügung steht, Kontaktgespräche mit den Kunden und im betrieblichen Umfeld organisiert und Kulturstandards vermittelt,

⇨ die Organisation des Arbeitsplatzes (Bereitstellung von Arbeitsmaterialen, technische Ausstattung),

⇨ die Einweisung in die Aufgabenstellung,

⇨ die Versorgung mit Informationsmaterial,

⇨ die Aufstellung eines fachlichen Einarbeitungsplanes mit Training off-/on-the-job.

Arbeitszeitbezogene Instrumente

Als eine Wissenschaft für sich hat sich inzwischen *die Arbeitszeitflexibilisierung* entwickelt. Neben unterschiedlichen Gleitzeitmodellen der ersten und zweiten Generation werden zunehmend Modelle einer variablen Arbeitszeit entwickelt. Bei der variablen Arbeitszeit wird auf individuelle Anwesenheitsvorgaben verzichtet, mitunter wird aber eine individuelle Mindestarbeitszeit festgelegt. Die Erreichbarkeit der Organisationsmitglieder wird ausschließlich durch die Vorgabe von Service-/Ansprechzeiten gesichert ([7], S. 506f.).

Flexible Arbeitszeitmodelle schaffen durch die Entkoppelung von Arbeits- und Betriebszeiten zeitliche Handlungsspielräume für eine Kunden- und Prozessorientierung, indem sie

⇨ die Strukturanpassung und Kundenorientierung unterstützen,

⇨ den kontinuierlichen Verbesserungsprozess durch zeitliche Spielräume für Problemlösungsaktivitäten und Qualifizierungsmaßnahmen beschleunigen,

⇨ durch Zeitverantwortung der Mitarbeiter ihr unternehmerisches Denken und Handeln fordern,

⇨ durch Anpassung an Beschäftigungsschwankungen betriebsbedingte Kündigungen vermeiden und damit das Know-how der Mitarbeiter im Unternehmen halten,

⇨ dem Wertewandel in der Umwelt durch gestiegene zeitliche Dispositionsspielräume Rechnung tragen.

Eine wesentliche Anforderung an die Arbeitszeitflexibilisierung ist, dass alle Anreize für einen individuellen Arbeitszeitverbrauch beseitigt werden. Zeitguthaben dürfen daher keinen Vorteil gegenüber Zeitschulden haben. Ziel ist der effiziente Einsatz von Arbeitszeit, der eine Abkehr von der Arbeitszeitorientierung hin zur Ergebnisorientierung bedingt ([8], S. 13ff.). Diese geforderte Ergebnisorientierung kann durch die Einführung von Zielvereinbarungen unterstützt werden (vgl. Abschnitt »Die Personalführung«).

Arbeitsorganisationsbezogene Instrumente

Zu den arbeitsorganisationsbezogenen Instrumenten des Personaleinsatzes zählen in erster Linie Formen der Team- und Gruppenarbeit. Ein Service-Team von zwei bis drei Mitarbeitern, welches sich – und das ist eine grundlegende Voraussetzung – gut versteht, kann wesentlich effizienter den eigenen Arbeitseinsatz planen und flexibler auf Kundenwünsche reagieren, als dies Einzelkämpfer können. Sie haben darüber hinaus als Teammitglieder eine soziale Heimat, was viel zur Motivation und Leistungsbereitschaft beiträgt. Zu den Anforderungen an ein Team zählen:

⇨ dauerhafte Mitgliedschaft im Team,
⇨ regelmäßige Kontakte im Team,
⇨ teamorientierte Personalführung,
⇨ gemeinsame Ziele,
⇨ teambezogene Leistungsmessungen und Belohnungen.

Die meisten Konzepte der Team- und Gruppenarbeit gehen von einem hohen Autonomiegrad der Gruppen aus. So ist es denkbar, dass ein Service-Team nicht nur die Einsätze bei den Kunden steuert, sondern auch grundsätzlich die Aufgabenverteilung im Team unter sich regelt und dabei Konzepte wie Job-Rotation oder auch Job-Enrichment berücksichtigt.

Die Personal- und Organisationsentwicklung

Die traditionelle *Personalentwicklung* umfasst die Ausbildung, Weiterbildung, Führungskräfteentwicklung sowie generell die Mitarbeiterförderung ([2], S. 79). Das Personalentwicklungsinstrumentarium reicht von Anforderungsanalysen über Beurteilungs- und Potenzialerkennungsverfahren bis hin zu vielfältigen Fördermaßnahmen, die ihren Ausgangspunkt in der qualitativen Personalplanung, Förderplanung, Laufbahnplanung und Nachfolgeplanung haben. Hinzu kommt das umfangreiche Spektrum der Bildungsmaßnahmen.

Die traditionell auf Individuen ausgerichtete Personalentwicklung hat sich selbst über Modelle organisationalen Lernens weiterentwickelt. Sie ist zusammen mit der *Organisationsentwicklung* zum Wegbereiter und Begleiter von Veränderungsprozessen geworden und hat darüber hinaus eine deutlich strategische Orientierung erhalten. In diesem Zusammenhang sprechen wir von organisationalem Lernen oder auch von einem Organisationsentwicklungsprozess, wenn das Lernen durch gemeinsame Entwicklungsschritte der in einer Organisation zusammenarbeitenden Menschen erfolgt.

Individuelles Lernen sollte in ein *Gesamtsystem der Personalentwicklung* eingebunden sein (vgl. Abb. 11).

Aus der in diesem Gesamtsystem ersichtlichen Vielfalt von Personalentwicklungsinstrumentarien sind für den After Sales Service-Bereich folgende besonders wichtig:

⇨ On-the-Job-Maßnahmen,
⇨ das Patenkonzept,
⇨ Selbstlerngruppen,
⇨ Job-Rotation.

Die Tätigkeit eines Service-Mitarbeiters verlangt sehr viel Erfahrung. Erfahrungswissen wird nicht durch Lehren sondern durch konkretes Tun vermittelt. Daher stehen *On-the Job-Maßnahmen* im Vordergrund der Personalentwicklung im After Sales Service-Bereich. Idealerweise werden On-the-Job-Maßnahmen durch einen *Paten* begleitet

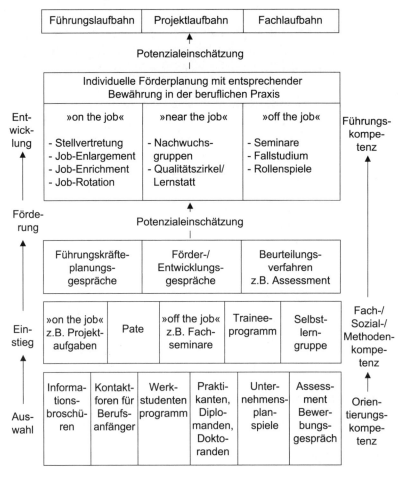

Abb. 11: *Gesamtsystem der Personalentwicklung*

und es erfolgt eine Reflektion im Rahmen einer *Selbstlerngruppe*. Während der Pate als »Türöffner« und ständiger Ansprechpartner fungiert, erfolgt in der Selbstlerngruppe eine gegenseitige Beratung hinsichtlich der beruflichen Situation.

Das Konzept der *Job-Rotation* sollte zwischen den Bereichen After Sales Service, Vertrieb (Innen- und Außendienst) und Entwicklung realisiert werden. Einerseits wird dadurch das Erfahrungswissen gefördert, andererseits werden typische Spannungsverhältnisse in der Organisation, zum Beispiel zwischen Innen- und Außendienst, abgebaut.

Wie bereits erwähnt erfolgt *organisationales Lernen* im Rahmen eines Teams, einer Abteilung oder einer anderen Organisationseinheit dadurch, dass die Menschen gemeinsam Entwicklungsschritte vollziehen und ihr berufliches Umfeld verändern. Organisationsentwicklungsprozesse verlaufen meistens in mehreren Schleifen bestehend aus

⇨ einer Diagnosephase,

⇨ einer Auswertungsphase mit Hypothesenbildung und

⇨ einer Maßnahmenplanung.

Für den After Sales Service-Bereich kommt dabei der *Kundenbefragung* eine besondere Bedeutung zu. Ein Beispiel für einen Fragebogen ist aus Abbildung 12 ersichtlich.

Die Ergebnisse solcher Kundenbefragungen sind häufig der Einstieg für einen Teamentwicklungsprozess oder einen Bereichsentwicklungsprozess. In einem Workshop werden die Ergebnisse gemeinsam ausgewertet und Maßnahmenschritte erarbeitet. Diese Maßnahmenschritte können sowohl strukturelle Veränderungen oder Veränderungen in den Abläufen, als auch Spielregeln für neue Verhaltensmuster beinhalten. Ein Organisationsentwicklungsprozess ist allerdings mit einer einmaligen Kundenbefragung und einem Workshop nicht abgeschlossen. Vielmehr muss auf die konsequente Umsetzung der vereinbarten Maßnahmenschritte geachtet werden und eine Erfolgskontrolle, beispielsweise im Rahmen eines Review-Workshops, durchgeführt werden.

1. Erreichbarkeit: Wie erfüllt der Service Ihre Erwartungen in Bezug auf...?
- günstige Ansprechzeiten
- eine schnelle Entgegennahme Ihrer Anrufe
- eine leichte erreichbare Lage
- eine ansprechende Atmosphäre, in der man sich schnell wohlfühlt

2. Wie erfüllen die Service-Mitarbeiter Ihre Erwartungen in Bezug auf...?
- eine kurze Wartezeit
- eine persönliche Begrüßung
- eine freundliche Bedienung
- eine aufmerksame Bedienung, bei der auch kleine Wünsche und Probleme ernstgenommen werden
- eine engagierte Erledigung von Reklamationen
- kompetente Auskünfte
- eine prompte Erledigung ihrer Aufträge

3. Auftragsbearbeitung: Wie erfüllen die Service-Mitarbeiter Ihre Erwartungen in Bezug auf...?
- eine termingerechte Erledigung der Aufträge
- eine korrekte Erledigung der Aufträge

4. Beratungsqualität: Wie erfüllen die Service-Mitarbeiter Ihre Erwartungen in Bezug auf...?
- aktuelles Fachwissen
- sorgfältige Gesprächsvorbereitung bei vereinbarten Terminen
- anschauliche, verständliche Erklärungen auch komplizierter Zusammenhänge
- nützliche Lösungsvorschläge
- ein erkennbares Engagement für ihre Anliegen und Probleme
- unaufgeforderte Information bei Abwicklungsproblemen bzw. notwendigen Auftragsänderungen
- unaufgeforderte Informationen über Produkte, Angebote oder interessante Entwicklungen

5. Preise und Konditionen: Wie erfüllt der Service Ihre Erwartungen in Bezug auf...?
- detailliert er leicht nachvollziehbare Informationen über Preise und Konditionen
- angemessene Preise für Dienstleistungen

Abb. 12: *Kundenfragebogen*

Die Personalführung

Unter *Personalführung* werden alle Maßnahmen und Instrumente zusammengefasst, die geeignet sind, das Verhalten von Mitarbeitern zielgerichtet zu beeinflussen. Dazu gehören zum Beispiel Methoden und Instrumente der Personalbeurteilung, dialogorientierte Feedback-Systeme, Zielvereinbarungen oder der ganze Bereich der Entgelt-Systeme und Incentives. Ohne auf bestimmte Führungsmodelle und Führungstheorien einzugehen, soll an dieser Stelle ein kurzer Abriss über die wesentlichen Führungsinstrumente aus dem Blickwinkel des After Sales Service gegeben werden. Führung erfolgt, vereinfacht ausgedrückt, im Wesentlichen in drei Stufen:

⇨ Bewerten und Beurteilen,

⇨ Feedback geben

⇨ Orientierung geben und Ziele setzen.

Die Personalbeurteilung von Service-Mitarbeitern erfolgt normalerweise – wie in anderen Bereichen auch – durch die Vorgesetzten. Auch hier können Ergebnisse einer Kundenbefragung eine wichtige Rolle spielen und in die Personalbeurteilung einfließen. Neuere Konzepte der Personalbeurteilung bevorzugen eine »Mehraugenbeurteilung« bis hin zu einem »360-Grad-Feedback«. Dabei werden Einschätzungen des Vorgesetzten, von Kollegen, von Mitarbeitern und gegebenenfalls Kooperationspartnern und externen Kunden berücksichtigt. Für Service-Mitarbeiter sollten Beurteilungskriterien, wie sie weiter oben beispielhaft genannt werden, besonders gewichtet werden.

Personalbeurteilungen dienen der Auswahl von Mitarbeitern, zum Beispiel im Rahmen der Personalentwicklung, der Verhaltensbeeinflussung und der *Entgeltfindung*. Gerade im vertriebsnahen Bereich spielten dabei schon immer variable Vergütungsbestandteile eine besondere Rolle. Neue Wege der Entlohnung werden aber auch in anderen Bereichen diskutiert. Flexiblere Entgeltsysteme sollen

⇨ eine Verknüpfung der Vergütung mit unternehmerischen Zielen,
⇨ eine stärkere leistungsabhängige Differenzierung des Entgelts,
⇨ eine Einbeziehung nicht monetärer Anreize in die Entgelt-
  konzepte und
⇨ eine Individualisierung von Entgeltbestandteilen und Incentives
ermöglichen.

Bei der Festlegung der variablen Vergütung kann folgendermaßen
vorgegangen werden (vgl. Abb. 13 sowie [5], S. 148f.):

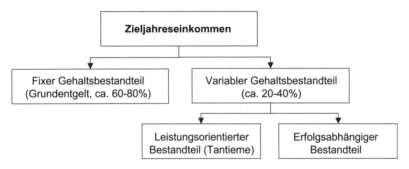

Abb. 13:   *Variable Vergütungsformen*

Zunächst erfolgt die Festlegung des Jahreszielgehaltes: Die Höhe des
Zielgehaltes richtet sich nach dem Schwierigkeitsgrad einer Tätigkeit,
die mittels einer Arbeitsbewertung festgelegt wird.

Danach folgt eine Aufspaltung des Jahreszielgehaltes in einen fixen
und einen variablen Bestandteil. Der fixe Gehaltsbestandteil (Grund-
gehalt) muss zumindest der tariflich festgelegten Entgelthöhe entsprechen. Der Anteil der variablen Vergütung kann unterschiedlich hoch
sein und sollte mit steigendem Einkommen zunehmen, um spürbare
motivationale Effekte zu erzielen. Der fixe Bestandteil wird weiterhin
am Monatsende ausbezahlt, der variable jährlich.

Der variable Gehaltsbestandteil wird eingeteilt in einen leistungs-
orientierten Teil, der abhängig von der individuellen Leistung eines
Mitarbeiters ist und in einen erfolgsabhängigen Bestandteil, der sich

251

am Erfolg des Unternehmens orientiert. Der leistungsabhängige Bestandteil eines Service-Mitarbeiters kann sich orientieren an den Ergebnissen einer Kundenbefragung und den persönlichen Ergebnissen, die im Rahmen von Zielvereinbarungen erreicht wurden.

Die *Zielvereinbarungen* haben zum einen den Vorteil, dass der Mitarbeiter seine Arbeit gezielt einsetzen kann, zum anderen besteht zwischen Mitarbeiter und Vorgesetzten eine gemeinsame Basis, um die Leistung einschätzen zu können. Nach Abschluss des Bewertungszeitraumes erfolgt die Bewertung der Leistung durch die Führungskraft, wobei es sinnvoll ist, wenn sich der Service-Mitarbeiter zuvor selbst bewertet hat. Die Leistung kann in Bezug auf unterschiedliche Ziele gemessen werden. Für einen Leiter After Sales Service können dabei vergleichbare Kriterien wie bei einem Verkaufsleiter genutzt werden (vgl. Abb. 14 sowie [9], S. 39).

Ergebnis/Verantwortung	Erfolgsindikator
Markterfolg	• Auftragseingang • Umsatz
Profitabilität im Geschäft	• Deckungsbeitrag II • Rabattquote
Wirtschaftlichkeit im Ressourceneinsatz	• Anteil Vertriebkosten am Umsatz
Neukundengewinnung	• Anzahl Neukunden
Marktgerechte Produktinnovation	• Deckungsbeitrag I neue Produkte • Umsatz mit neuen Produkten
Kapazitätsgerechter Produktmix	• Umsatzverteilung auf Produkte
Markdurchdringung	• Anteil Kunden am angestrebten Marktpotenzial
Produktpenetration	• Ø Anzahl abgesetzter Produkte pro Kunde
Kundenzufriedenheit	• Gewährleistungen/Umsatz • Reklamationen pro Auftrag • Ergebnis Kundenbefragung
Produktivität der Mitarbeiter	• Umsatz pro Verkäufer
Kompetenz der Verkäufer	• Ergebnis Kundenfeedback
Mitarbeiterzufriedenheit	• Fluktuation • Ergebnis Mitarbeiterbefragung

Abb. 14: *Beispiel Verkaufsleiter*

Das Erreichen der Ziele hat eine 100-Prozent-Auszahlung des leistungsabhängigen Bestandteils zur Folge. Wenn die Zielerreichung von 100 Prozent abweicht, wird entsprechend mehr oder weniger ausbezahlt (vgl. [9], S. 101ff.).

Die Entwicklung und Einführung eines kunden- und marktorientierten Personalmanagements

Der Kundeneinbezug als Maxime im After Sales Service-Bereich

Die Berücksichtigung des Kunden ist, wie schon mehrfach betont, eine Maxime im After Sales Service-Bereich. »Beteiligung der Betroffenen« ist ein Grundsatz aus der klassischen Organisationsentwicklung. Was liegt also näher, wenn bei Einführung eines Personalmanagementsystems für den After Sales Service-Bereich die Kunden in geeigneter Weise einbezogen werden? Wer sind nun die Kunden und Anspruchsgruppen, welche die Dienstleistungen des Personalmanagements nutzen? Natürlich sind es zunächst einmal die Führungskräfte und Mitarbeiter im After Sales Service-Bereich. Das Personalmanagement handelt aber auch im Auftrag der Geschäfts- beziehungsweise Unternehmensleitung und hat sehr viel externe Kontakte. Im weiteren Sinne kann auch der Betriebsrat als eine gesonderte Anspruchsgruppe betrachtet werden (vgl. Abb. 15). Die Interessen der verschiedenen Anspruchsgruppen können dabei sehr unterschiedlich ausfallen.
Im Rahmen eines Organisationsentwicklungsprozesses, in dem die grundsätzlichen Strukturen und Abläufe im Personalmanagement sowie die Instrumente entwickelt werden, müssen diese unterschiedlichen Interessen herausgearbeitet und zur Grundlage eines Personalmanagementsystems gemacht werden, das von allen Seiten mitgetragen wird.

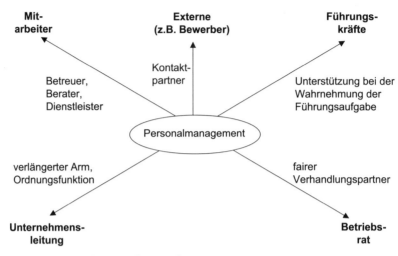

Abb. 15: *Anspruchsgruppen des Personalmanagements*

Die Entwicklung und Einführung eines Personalmanagements als Organisationsentwicklungsprozess

Wie bereits erwähnt, verläuft typischerweise ein Organisationsentwicklungsprozess in den Phasen Diagnose der Ist-Situation, Auswertung und Hypothesenbildung, Maßnahmenplanung. Um die unterschiedlichen Interessengruppen angemessen zu beteiligen, ist jedoch zunächst einmal eine Projektorganisation notwendig. Sie könnte wie in Abbildung 16 gestaltet sein.

Wichtige Vertreter der unterschiedlichen Interessengruppen sitzen gemeinsam in einem Lenkungsausschuss, der die Aufgabe hat, notwendige Entscheidungen im Rahmen des Organisationsentwicklungsprozesses zu treffen. Der Gesamtprozess wird gesteuert von einem Beratungsteam, das aus je zwei internen Beratern (idealerweise ein Personalvertreter und ein Linienvorgesetzter) und zwei externen Beratern gebildet wird. Es empfiehlt sich, externe Berater dazu zu nehmen, um neue und neutrale Sichtweisen einzubringen.

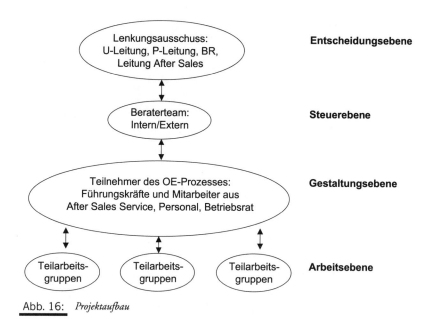

Abb. 16:   *Projektaufbau*

Zwischen Lenkungsausschuss und Beratungsteam wird in einer ersten
Phase der *Auftrag zu konkretisieren* sein. Dabei ist es auch wichtig, die
Rahmenbedingungen – insbesondere die Kosten und den Zeitaufwand – anzusprechen. In der Praxis wird die Bedeutung dieser Vereinbarung mit dem Auftraggeber häufig unterschätzt: Die Aufträge sind
keinesfalls so klar, wie zunächst angenommen.

In einer *Diagnosephase* wird versucht die Problemlage vollständig
zu erfassen und Perspektiven für ein Personalmanagementsystem zu
entwickeln. Diagnosemethoden sind zum Beispiel Mitarbeiterbefragungen und Interviews, aber auch Auswertungen aus Führungskräfte-
Workshops, Dokumentenauswertungen etc.

Im Rahmen eines Workshops müssen auf Basis der Diagnoseer-
gebnisse *Vereinbarungen zur weiteren Vorgehensweise* – insbesondere
Arbeitspakete – geschnürt werden. Diese Arbeitspakete werden außerhalb des Workshops durch kleine Gruppen bearbeitet. Sie können in
drei Kategorien unterteilt werden:

⇨ zukünftige Strukturen im Personalmanagement,
⇨ Abläufe,
⇨ Instrumente.

In einem zweiten Workshop müssen die Ergebnisse der Arbeitsgruppen diskutiert und Präsentationen für den Lenkungsausschuss vorbereitet werden. Das Gesamtkonzept sollte in sich schlüssig sein, bevor es an den Lenkungsausschuss als Entscheidungsvorlage weitergegeben wird. Im weiteren Verlauf werden die vorgeschlagenen Maßnahmen abgeleitet und nach einem gewissen Zeitraum (circa ein halbes Jahr) die bis dahin erreichten Ergebnisse in einem Review-Workshop überprüft.

In den letzten zehn Jahren haben sich Großgruppen-Workshops als integraler Bestandteil von Veränderungsprozessen durchgesetzt. Einer der erfolgversprechendsten Ansätze des Großgruppendesigns ist die RTSC-Methode (Real Time Strategic Change). Sie zeichnet sich durch den Einbezug aller unterschiedlichen Interessensgruppen aus, was gerade für eine Neuorientierung des Personalmanagements von Bedeutung sein kann. Das zielgerichtete, effiziente Vorgehen ermöglicht schnelle Veränderungen ohne aufwendige Mitarbeiterbefragungen oder Interviews und mit einem hohen Commitment der Beteiligten (vgl. [4]).

Hans-Jürgen Krieg, Jahrgang 1953, begann nach seinem Wirtschaftsingenieur-
studium in Karlsruhe 1981 seine berufliche Laufbahn als Personalreferent im
Werk Gaggenau der DaimlerChrysler AG. Nach 6 Jahren operativer Personalarbeit wechselte er in die Hauptverwaltung nach Stuttgart und war dort zunächst
für Personalentwicklungsinstrumente und später für Personalkonzeptionen im
Konzern verantwortlich. 1996 trat er als selbständiger Unternehmensberater
dem Beraternetzwerk »Changework« bei und gründete 2000 die Unterneh-
mensberatungsgesellschaft »MOVE ON«. Schwerpunkte der Beratungs- und
Trainingstätigkeit waren Team- und Organisationsentwicklungsprozesse, Strate-
gieprozesse auf Basis von Großgruppenarbeit, die Einführung und Moderation
von Feedbackprozessen und Zielvereinbarungen, Konfliktmoderation sowie Füh-
rungskräftetrainings. Zahlreiche Weiterbildungen begleiteten seinen Weg in die
Selbstständigkeit, beispielsweise eine systemische Beraterausbildung und eine
Ausbildung zum »facilitator« für Großgruppenprozesse in London. 2004 wurde
er als Berater bei der Klaus Lurse Personal + Management AG tätig. Er arbeitet
vorrangig in den Themenfeldern Personalentwicklung, Kompetenz-Management,
Zielvereinbarungen und Vergütungsgestaltung, sowie in Strategieprozessen. Er
ist Lehrbeauftragter für Personalmanagement an der Hochschule Pforzheim.

Literatur

[1]   BERGMANN, GÜNTHER: *Die Zukunft des Qualitätsmanagement, in: Personal, Heft 1/1996,*
       S. 2831

[2]   HEHL, GÜNTHER: *Personalentwicklung, neue Ziele und Strategien, in: Feix, Werner (Hrsg.):*
       Personal 2000, Wiesbaden 1991, S. 79-202

[3]   KOLB, MEINULF; BERGMANN, GÜNTHER: *Qualitätsmanagement im Personalbereich, Lands-*
       berg/Lech 1997

[4]   KRIEG, HANS-JÜRGEN; AUMÜLLER, ANDREAS: *Real Time Strategic Change – Veränderungen*
       effizient, mit hoher aktiver Beteiligung und Commitment anschieben, in: Wirtschaftspsycho-
       logie aktuell, Heidelberg 2006, S. 55-59

[5]   KRIEG, HANS-JÜRGEN; EHRLICH, HARALD: *Personal, in: Pietschmann, Bernd P./Vahs, Diet-*
       mar (Hrsg.): Praxisnahes Wirtschaftsstudium, Stuttgart 1998

[6]   KRIEG, HANS JÜRGEN; ZÖLLER, WOLFGANG: *Wege zu kunden- und marktorientiertem Arbei-*
       ten, in: Daimler-Benz AG (Hrsg.), Stuttgart 1995

[7]   KUTSCHER, JAN: *Moderne Arbeitszeitmodelle für Büro und Verwaltung, in: Betrieb und*
       Wirtschaft, 14/1995, S. 506-508

[8]   KUTSCHER, JAN; WEIDINGER, MICHAEL HOFF, ANDREAS: *Flexible Arbeitszeitgestaltung,*
       Wiesbaden 1996

[9]   LURSE, KLAUS; STOCKHAUSEN, ANTON: *Manager und Mitarbeiter brauchen Ziele, München 2002*

[10]   MEYER, MURGIT: *Kundendienst, in: Tietz, Bruno et al. (Hrsg.): Handwörterbuch des Marketing, Stuttgart 1995, S. 1352-1362*

[11]   TÖPFER, ARMIN: *Personalbetreuung, in: Schriftenreihe Personalwesen, Bd. 8, Institut für Management und Kaderausbildung, Zürich 1990*

Zusammenfassung

Das Personalmanagement im After Sales Service-Bereich hat die Aufgabe, die Effizienz der mit den Kunden arbeitenden Mitarbeiter zu erhöhen. Zu den Anforderungen an die Kundendienstmitarbeiter zählen Service-Mentalität, hohe Problemlösungskompetenz, Bereitschaft zur konstruktiven Auseinandersetzung mit den Kunden und örtliche und zeitliche Flexibilität. Das Personalmanagement muss darauf ausgerichtet sein, Mitarbeiter zu gewinnen und weiterzuentwickeln, die diesen Anforderungen gerecht werden. Es muss entsprechende interne Arbeitsbedingungen schaffen, etwa flexible Arbeitszeitmodelle oder funktionierende Strukturen zwischen Innendienst und Außendienst.

Die eingesetzten Personalinstrumente sind hinsichtlich ihrer Wirksamkeit zur Unterstützung der Kunden- und Marktorientierung zu überprüfen. Dies kann auf Basis von Qualitätsmanagementsystemen erfolgen. Daraus abgeleitete Kriterien können dann im Rahmen von Einstellungsverfahren, der Personalbeurteilung und Vergütung oder in der Personalentwicklung genutzt werden. Alle Gestaltungsfelder des Personalmanagements können auf unterschiedliche Weise zur Effizienz des After Sales Service-Bereiches beitragen. Angefangen bei der Personalplanung, dem Personalcontrolling, der Beschaffung oder der Personalentwicklung.

Bei der Einführung eines kunden- und marktorientierten Personalmanagements kommt dem (internen) Kundeneinbezug eine bedeutende Rolle zu. Kriterien und Vorgehensweisen der Organisationsentwicklung sind dabei erfolgsrelevant.

Die Qualitätssteuerung bei Kundendiensten

After Sales Services sollen den Nutzen des angebotenen Produkts erschließen, dauerhaft sicherstellen oder einen Zusatznutzen bieten. Qualitätsmanagement wird in dieser Phase eingesetzt, um die Kundenzufriedenheit zu steigern und die Kosten zu senken.

In diesem Beitrag erfahren Sie:
- worin die Aufgaben eines Qualitätsmanagements für After Sales Services bestehen,
- wie sich die Qualität für Leistungen im After Sales Service planen und sichern lässt,
- welche Methoden für die Qualitätslenkung und -verbesserung von Bedeutung sind.

RUTH MELZER-RIDINGER

Qualitätsmanagement – notwendiges Übel oder Rationalisierungsinstrument?

Die Deutsche Gesellschaft für Qualität e.V. definiert Qualität als »Gesamtheit der Eigenschaften und Merkmale eines Produktes oder einer Tätigkeit, die sich auf deren Eignung zur Erfüllung gegebener Erfordernisse bezieht« ([8], S. 159). Diese Definition gilt auch für Dienstleistungen, die ein Anbieter physischer Produkte in Verbindung oder zusätzlich zu seinem Produkt anbietet.

In einer kundenorientierten Interpretation dieser Qualitätsdefinition und übertragen auf After-Sales-Service-Leistungen liegt Qualität dann vor, wenn die Summe und das Niveau der Eigenschaften der erbrachten Dienstleistung den Vereinbarungen mit dem Kunden oder den Erwartungen des Kunden entsprechen. Jede Abweichung von der vereinbarten oder erwarteten Leistung ist ein Fehler. Qualität kommt

---

Kundenorientierter Qualitätsbegriff

⇨ Qualität ist die Erfüllung festgelegter oder vorausgesetzter Erfordernisse.
⇨ Qualität entsteht durch die subjektive Wahrnehmung und Bewertung von
  Produkt- und Leistungsmerkmalen.

---

nach diesem Verständnis durch subjektive Wahrnehmung und Bewertung der objektiven Eigenschaften der erstellten Leistung einerseits und durch subjektive Erwartungen des Kunden andererseits zustande. Die Erwartungen des Business-Kunden sind Ergebnis seiner betrieblichen Ziele und der Versprechen des Anbieters (siehe Abb. 1).

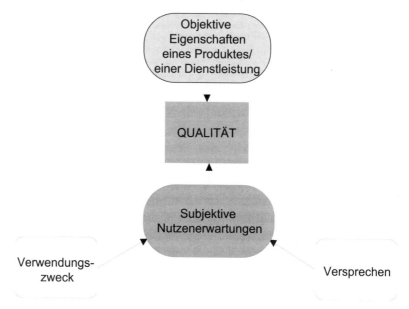

Abb. 1:   *Subjektive Wahrnehmung und Bewertung von Leistungen*

Leistungen im Bereich des After Sales Service sollen den Nutzen des angebotenen Produkts für den Kunden erschließen, dauerhaft sicherstellen oder einen Zusatznutzen für den Kunden bieten. Eine Ausweitung oder Verbesserung der Zuverlässigkeit der angebotenen

Leistungen lohnt sich – nach gängiger Auffassung – jedoch nur, wenn der Kunde den gestiegenen Nutzen wahrnimmt und dem zusätzlichen Aufwand weitere Umsätze durch die Gewinnung neuer Kunden und durch erhöhte Umsätze mit Stammkunden gegenüberstehen.

Solche kurzfristigen Erfolge verbesserter oder erweiterter Leistungen sind häufig nicht zu beobachten. Skeptiker und Gegner eines Qualitätsmanagements leiten daraus die Einstellung ab, die uneingeschränkte Erfüllung der Kundenerwartungen sei wirtschaftlich nicht vertretbar.

Argumente gegen eine uneingeschränkte Erfüllung der Kundenerwartungen

Gegner beziehungsweise Skeptiker eines Qualitätsmanagements für Dienstleistungen argumentieren:

⇨ Fehler sind normal und können dem Kunden in einem gewissen Umfange zugemutet werden. Verärgerte Kunden können beschwichtigt oder durch neue ersetzt werden.

⇨ Eine Ausweitung von Leistungen und eine Steigerung der Zuverlässigkeit der

⇨ Kunden sind nicht bereit, für angebotene Serviceleistungen zu zahlen. Die uneingeschränkte Erfüllung der Kundenerwartungen steigert deren Ansprüche.

Eine völlig andere Sichtweise des Qualitätsmanagements haben die Vertreter des Total Quality Managements (zu den Überzeugungen und Grundsätzen des TQM vgl. [8], S. 143ff.). Sie vertreten die Überzeugung, dass Qualitätsmanagement mit dem Ziel der uneingeschränkten und zuverlässigen Erfüllung der Kundenerwartungen zu *Kosteneinsparungen* führt.

Um die Rationalisierungspotenziale eines dem Null-Fehler-Ziel verbundenen Qualitätsmanagements erschließen zu können, ist es erforderlich, dass der Anbieter die Zusammensetzung der Qualitätskosten wahrnimmt und insbesondere das Phänomen und die Bedeutung interner und externer Fehlerkosten erfasst, zudem die Erkenntnisse über das Wiederkaufverhalten von Kunden berücksichtigt und sich die Entwicklung des Gewinns pro Kunde über mehrere Jahre der Kundenbeziehung verdeutlicht:

⇨ Qualitätskosten erfassen die Kosten zur Erzielung von Qualität und die Kosten der Nicht-Qualität (Abweichungskosten [21], S. 388).

⇨ Qualitätskosten werden in die Kostenarten Fehlerverhütungskosten, Prüfkosten (Übereinstimmungskosten) und Fehlerkosten unterteilt. Fehler- oder Abweichungskosten treten auf, wenn die Prozessergebnisse beziehungsweise die Dienstleistungen nicht mit den an sie gestellten Anforderungen übereinstimmen.

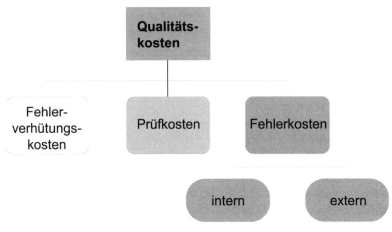

Abb. 2: *Qualitätskosten*

Als *interne Fehlerkosten* werden die Kosten bezeichnet, die innerhalb der Unternehmung anfallen, um festgestellte Abweichungen von der Qualitätsanforderung zu beseitigen, bevor sie der Kunde bemerkt. Als *externe Fehlerkosten* bezeichnet man die Kosten, die entstehen, wenn beim Kunden Qualitätsmängel entdeckt werden. Beispiele für die externen Fehlerkosten sind Kosten für die Nachbesserung von Leistungen, für die Bearbeitung von Reklamationen und Preisnachlässe. Auch Opportunitätskosten aufgrund verschlechterter Absatzerwartungen sind hierzu zu zählen.

Industrielle Abnehmer verfügen über ein professionelles Einkaufsmanagement, das die Leistungsfähigkeit von Anbietern vor der Auftragsvergabe einer umfassenden Prüfung und Bewertung unterzieht. Die Ergebnisse der erstmaligen Lieferantenbeurteilung werden regelmäßig überprüft und Erfahrungen mit dem Dienstleister systematisch erfasst und archiviert. Die Wahrscheinlichkeit, dass der industrielle Kunde unzureichende Qualität der Dienstleistungen registriert und bei der nächsten Auftragsvergabe berücksichtigt, ist davon abhängig, ob die Dienstleistung regelmäßig bezogen wird und welche Bedeutung die Dienstleistung für die Lifecycle Cost der Anlage hat (vgl. [9], S. 89).

Kundenverluste bei Industrieunternehmen sind – nach einer McKinsey-Studie – nur zu einem geringen Teil auf Unzufriedenheit mit dem physischen Produkt und zum überwiegenden Teil auf das allgemeine Unternehmensverhalten zurückzuführen (vgl. [16], S. 144). Die tendenzielle Bedeutung von Dienstleistungen am Produkt (Wartung, Ersatzteile, logistische Leistungen etc.), das über längere Zeiträume in unveränderter Spezifikation an industrielle Abnehmer geliefert wird, nimmt über die Dauer der Geschäftsbeziehung zu. Dienstleistungen am Kunden (Beratung, Schulung, Dokumentation) haben ihre größte Bedeutung in den frühen Phasen einer Geschäftsbeziehung (vgl. [7], S. 170f.).

Das industrielle Einkaufsverhalten, das durch Single Sourcing und längerfristige Bindung an Lieferanten gekennzeichnet ist, macht einen Kundenverlust besonders schmerzhaft.

Interne und externe Fehlerkosten werden in der konventionellen Kostenrechnung nicht als eigene Kostenart erfasst und deshalb häufig nicht zur Kenntnis genommen. Sie sind Bestandteil der als Gemeinkosten verrechneten Personalkosten im Vertrieb und in der Verwaltung, oder sie sind – da sie Opportunitätskostencharakter haben (entgangene Umsätze) – nicht Gegenstand der Kostenrechnung (vgl. [5], S. 70ff.).

Qualitätskostenarten in der Praxis

Qualitätskostenarten am Beispiel logistischer Leistungen (kurze Lieferzeiten, hohe Terminzuverlässigkeit):

Fehlerverhütungskosten
⇨ Bestands- und Kapazitätspuffer zur Bewältigung kurzfristiger Bedarfsänderungen
⇨ präzise, vorausschauende Planung des Material- und Kapazitätsbedarfs

Prüfkosten
⇨ Kontrolle der Soll-Durchlaufzeiten
⇨ Bestandskontrolle

interne Fehlerkosten
⇨ Überstunden zur Vermeidung von Terminverzögerungen
⇨ kurzfristige Fremdvergabe bei Kapazitätsengpässen

externe Fehlerkosten
⇨ Vertragsstrafe (Pönale) bei Lieferverzögerung
⇨ Auftragsverlust/Kundenverlust an leistungsfähigere Konkurrenz

---

Die für fehlerverhütende und vorbeugende Maßnahmen und Tätigkeiten entstehenden Kosten werden als *Fehlerverhütungskosten* bezeichnet.

Prüfkosten fallen für planmäßige Prüfungen, Inspektionen und Auswertungen an.

Das Total Quality Management vertritt die Überzeugung, dass durch präventive Qualitätspolitik mit dem Ziel der Fehlervorbeugung die Fehler- und Prüfkosten so stark sinken beziehungsweise gesenkt werden können, dass trotz steigender Fehlerverhütungskosten die gesamten Qualitätskosten sinken (vgl. Abb. 3):

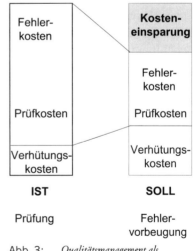

Abb. 3:   *Qualitätsmanagement als Rationalisierungsinstrument*

266

Besonderheiten eines Qualitätsmanagements für Dienstleistungen

Zwischen der Herstellung von Serienprodukten nach stets gleichen Spezifikationen unter weitgehend stabilen Produktions- und Beschaffungsbedingungen und der Produktion von Dienstleistungen bestehen Unterschiede, die sich auf die Gestaltung des Qualitätsmanagementsystems niederschlagen müssen:

Leistungserwartungen beschreiben und Leistungen messen

Aus der Immaterialität der Dienstleistung entsteht für das Qualitätsmanagement das Problem, die Leistungserwartungen des Kunden zu beschreiben und die Ergebnisqualität der Leistungen zu messen. So ist beispielsweise die Qualität eines Inspektions- und Wartungsplans für eine technische Anlage erheblich schwerer zu beurteilen als die Funktionalität der Anlage selbst. Der optimale Inspektions- und Wartungsplan kann aus der Sicht des Kunden ein Plan sein, der die Ausfallwahrscheinlichkeit der Anlage minimiert oder ein Plan, der die Summe aus Wartungs- und Ausfallkosten über die gesamte Nutzungsdauer minimiert. Die Qualitätsplanung hat die Aufgabe, die kundenspezifischen Ausfallkosten, Inspektionskosten und Bereitschaft zu bestimmen, ein Ausfallrisiko zu akzeptieren.

Es bestehen beträchtliche Informationsunterschiede zwischen Anbietern und Nachfragern *(Informationsasymmetrie)*. Für das Qualitätsmanagement ist die folgende Unterscheidung von Interesse ([12], S. 528ff.):

⇨ *Dienstleistungen mit Prüfqualität:* Die zu liefernde Leistung kann genügend genau spezifiziert werden, es bestehen wenig endogene und externe Unsicherheiten, die auf den Prozess der Dienstleistungserstellung Einfluss nehmen. Die Prüfqualität einer Dienstleistung ist umso höher, je wichtiger der Anteil von physischen und stabilen Leistungselementen an der Gesamtleistung ist und je stärker die Prozesse standardisiert sind. Die Qualität von Dienstleistungen mit hoher Prüfqualität kann vom Kunden bereits vor der Inanspruchnahme beurteilt werden. Dienstleistungen mit hoher Prüfqualität werden vom Kunden wie physische Produkte eingekauft.

⇨ *Dienstleistungen mit Erfahrungsqualität:* Diese Dienstleistungen können vor der Inanspruchnahme vom Kunden kaum beurteilt werden. Jeder Auftrag muss individuell abgestimmt werden, so dass die Prüfqualität gering ist. Die Qualität ist aber während und nach der Dienstleistungserstellung ersichtlich, da der Kunde bei der Leistungserstellung häufig zugegen ist. Aus der Sicht des Kunden besteht das Beschaffungsrisiko hier vor allem darin, dass der Anbieter Leistungsfähigkeit vortäuscht und das Ergebnis nicht den Erwartungen entspricht. Die Beschaffung von Dienstleistungen mit hoher Erfahrungs- und geringer Prüfqualität basiert auf eigenen Erfahrungen und Referenzen. Eigene Erfahrungen sind dem Kunden umso wichtiger, je häufiger eine Dienstleistung benötigt wird. Komplexe logistische Leistungen wie KANBAN, Vendor Managed Inventory oder Softwareschulungen sind Beispiele für Dienstleistungen mit Erfahrungsqualität.

⇨ *Dienstleistungen mit Referenzqualität:* Sie zeichnen sich dadurch aus, dass eine Bewertung der Ergebnis- und Prozessqualität auch im Nachhinein kaum möglich ist. Der Kunde stützt seine Auswahl und seine Zufriedenheit auf den Ruf des Anbieters und Qualitätssurrogate (Vertrauen in den Anbieter, Referenzen, das persönliche Auftreten und Erscheinungsbild der Mitarbeiter). Beratungsleistungen und das Customizing von Standardsoftware sind Beispiele für Dienstleistungen mit Referenzqualität.

Je stärker die Informationsasymmetrie, umso bedeutender ist die Qualitätsplanung, die die individuellen Erwartungen des Kunden in interne Vorgaben für Prozesse und Mitarbeiter umsetzt. Auch ist vertrauensbildenden Maßnahmen (Qualitätssicherung) besondere Aufmerksamkeit zu schenken.

Integration des Kunden beziehungsweise seines Verfügungsobjekts
Für die Erbringung einer Dienstleistung muss der Kunde oder ein
Verfügungsobjekt anwesend sein; häufig ist er an der Erstellung
beteiligt und nimmt daher Einfluss auf das Ergebnis der Leistungserstellung. Besteht die Dienstleistungen beispielsweise in einer Just-
in-time-Lieferung, ist der Kunde in die logistische Leistungserstellung
eingebunden, indem er seinem Lieferanten frühzeitig verlässliche Be-
darfszahlen nennt und die räumlichen Voraussetzungen zur Direktan-
lieferung an der verarbeitenden Stelle schafft.

Für das Qualitätsmanagement entsteht aus dieser Besonderheit
das Problem, dass der Kunde als Fehlerquelle erkannt und in die
Qualitätslenkung einbezogen werden muss. Im Rahmen der Qualitätsplanung ist im Einzelnen zu untersuchen, welche Fehlerquellen
beim Kunden liegen. Die Pflichten des Kunden sind im Lastenheft
festzulegen und ihre Einhaltung im Rahmen der Qualitätslenkung zu
kontrollieren.

Nicht-Lagerfähigkeit der Dienstleistungen bei wechselndem Bedarf
Anbieter physischer Produkte nutzen häufig die Möglichkeit der
Lagerfertigung, um ihre Produktion auch bei schwankendem Absatz
gleichmäßig auszulasten und den vereinbarten oder erwarteten Lieferservice aufrechtzuerhalten. Bei der Produktion von Dienstleistungen ist dies häufig nicht möglich. Beispielsweise kann die Leistung
»Auftragsabwicklung und Transport zum Kunden« erst dann erbracht
werden, wenn der Auftrag vorliegt. Die Anpassung an Bedarfsschwan-
kungen muss durch Vorhalten von Kapazitätsreserven und Erschließen von Flexibilitätspotenzialen erfolgen.

Gleichzeitigkeit von Produktion und Konsum
Fehlerhafte Produkte können häufig vor der Auslieferung an den
Kunden durch Qualitätsprüfung festgestellt und aussortiert werden.
Dies ist bei Dienstleistungen nicht möglich. Da die Leistung am
Kunden beziehungsweise seinem Verfügungsobjekt erbracht wird, ist
höchstens eine Nachbesserung möglich. Der Kunde hat jedoch die

fehlerhafte Leistungserstellung bemerkt. Für das Qualitätsmanagement bedeutet diese Besonderheit der Dienstleistungsproduktion, dass der Fehlerverhütung besondere Priorität zukommen muss.

Der Mensch als ausschlaggebender Produktionsfaktor bei der Produktion von Dienstleistungen
Dienstleistungen sind in der Regel individuell zu erbringen und auf den einzelnen Kunden zu spezifizieren. Die Qualität der Leistung hängt von der Leistung des Mitarbeiters im konkreten Einzelfall ab. Eine größere Varianz als bei Produkten erscheint somit kaum vermeidbar (vgl. [18], S. 191). Der Individualisierungsbedarf stellt hohe Anforderungen an die Mitarbeiter des Dienstleistungsanbieters, denn es wird eine hohe Flexibilität und Anpassungsfähigkeit des Mitarbeiters gefordert. Bei kundenorientierten Dienstleistungen spielt die

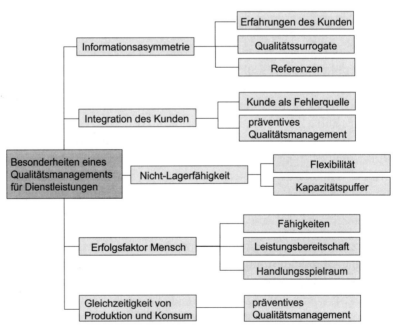

Abb. 4:   *Besonderheiten eines Qualitätsmanagements für Dienstleistungen*

Kommunikationskompetenz und Dialogfähigkeit eine besondere Rolle. Fähigkeiten, Leistungsbereitschaft und Handlungsspielraum der Mitarbeiter sind Erfolgsfaktoren des Qualitätsmanagements.

Aufgaben und Phasen eines systematischen Qualitätsmanagements für After-Sales-Service-Leistungen

Die Qualität der Serviceleistung entsteht gemäß dem oben dargestellten subjektiven Qualitätsverständnis durch Gegenüberstellung der wahrgenommenen Merkmale der Leistungen und der Erwartungen des Kunden. Das von Zeithaml entwickelte GAP-Modell (vgl. Abb. 5) ist geeignet, die Aufgaben des Qualitätsmanagements zu veranschaulichen. Es zeigt mögliche Ursachen, die zu Abweichungen (so genannte Lücken, GAPs) zwischen den Kundenerwartungen und der tatsächlich wahrgenommenen Leistung durch den Kunden führen können. Oberziel des Qualitätsmanagements ist, die fünfte Lücke, die Diskrepanz zwischen erwarteten und wahrgenommenen Leistungen, zu schließen. Diese Aufgabe kann in vier Handlungsfelder zerlegt werden (vgl. [4,] S. 97f.):

⇨ Nach dem GAP-Modell besteht eine *erste* Lücke zwischen den Kundenerwartungen und der Wahrnehmung dieser Erwartungen durch den Dienstleister (zum Beispiel falsche Vorstellungen über die Bedeutung einzelner Qualitätsmerkmale).

⇨ Eine *zweite* Lücke kann entstehen, wenn die wahrgenommenen Kundenerwartungen in unternehmensinterne Vorgaben für die Ausführung der Dienstleistungen umgesetzt werden.

⇨ Eine *dritte* Lücke entsteht, wenn die tatsächliche erstellte Leistung nicht mit der im Lastenheft beschriebenen Leistung übereinstimmt.

⇨ Eine *vierte* Lücke ist darauf zurückzuführen, dass beim Kunden durch Leistungsversprechen, die nicht dem tatsächlichen Leistungsangebot entsprechen, falsche Erwartungen geweckt werden.

Das dargestellte Lückenmodell macht auch deutlich, dass erfolgreiches Qualitätsmanagement nicht punktuell und gelegentlich betrie-

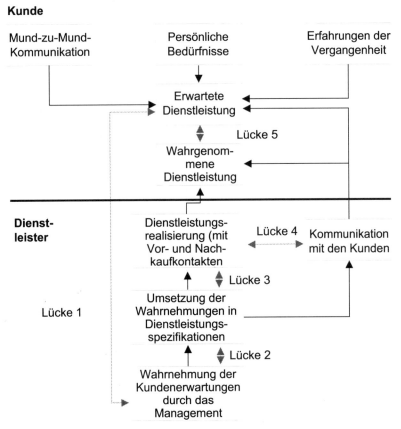

Kunde

Mund-zu-Mund-Kommunikation Persönliche Bedürfnisse Erfahrungen der Vergangenheit

Erwartete Dienstleistung

Lücke 5

Wahrgenom-mene Dienstleistung

Dienst-leister

Dienstleistungs-realisierung (mit Vor- und Nach-kaufkontakten) Lücke 4 Kommunikation mit den Kunden

Lücke 3

Lücke 1

Umsetzung der Wahrnehmungen in Dienstleistungs-spezifikationen

Lücke 2

Wahrnehmung der Kundenerwartungen durch das Management

Abb. 5:   *Lückenmodell (Quelle: [22], S. 113ff.)*

ben werden kann. Denkmodell eines systematischen, kontinuierlichen und umfassenden Qualitätsmanagements ist der in Abbildung 6 dargestellte Qualitätsregelkreis, der üblicherweise in vier Phasen unterteilt wird, die mehrmals – im Idealfall ständig – zu durchlaufen sind (kontinuierliche Prozessverbesserung).

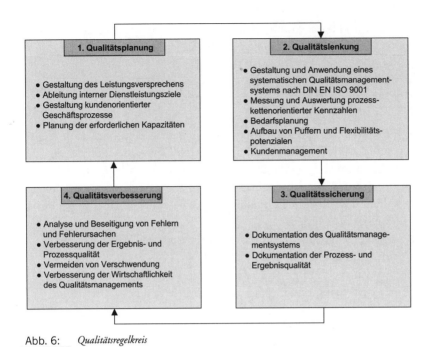

Abb. 6: *Qualitätsregelkreis*

Qualitätsplanung für After-Sales-Service-Leistungen

Aufgaben der Qualitätsplanung

Die Qualitätsplanung hat zunächst die Aufgabe, die Lücken 1 und 2 zu schließen, indem sie Art und Umfang der Leistungen festlegt, die dem Kunden angeboten werden sollen (Gestaltung des Leistungsversprechens). Dieses Leistungsversprechen muss anschließend in interne, messbare und umsetzbare Dienstleistungsziele für einzelne Mitarbeiter und Tätigkeiten umgesetzt werden.

Zur Vermeidung der Lücke 3 hat die Qualitätsplanung darüber hinaus die Aufgabe, zum einen die Prozesse zu gestalten, die zur Erfüllung der festgelegten Leistungsmerkmale führen sollen, zum anderen die Rahmenbedingungen und Potenziale zu bestimmen, die beim

Anbieter und beim Kunden vorliegen oder geschaffen werden müssen, damit die Leistung zuverlässig erstellt werden kann.

Gestaltung des Leistungsversprechens

Die Qualität der Serviceleistung entsteht gemäß dem oben dargestellten subjektiven Qualitätsverständnis durch Gegenüberstellung der wahrgenommenen Merkmale der Leistungen einerseits und der Erwartungen des Kunden andererseits. Um ein Leistungsversprechen zu gestalten, das subjektive Qualität verspricht, müssen daher folgende Punkte geklärt werden:

⇨ die Nutzenerwartungen, das heißt die betrieblichen Ziele und die Situation des Kunden,

⇨ die Wahrnehmung von Leistungen und Leistungsunterschieden,

⇨ die Bewertung und Gewichtung von Leistungen.

Schlüsselfragen der Qualitätsplanung

⇨ Welche Erwartungen, welchen Leistungsbedarf hat der industrielle Abnehmer?

⇨ Welche Leistungen und Leistungsunterschiede nimmt der Kunde wahr?

⇨ Wie bewertet und gewichtet der Kunde die Leistungen des Anbieters?

Die für industrielle Kunden angebotenen Dienstleistungen weisen eine sehr große Bandbreite auf. Für die Qualitätsplanung ist eine Unterscheidung sinnvoll in

⇨ Dienstleistungen im *Anlagengeschäft* und

⇨ Dienstleistungen des Lieferanten von Komponenten, die in gleich bleibender Spezifikation als Rohmaterial oder Baugruppe in die Fertigung des Kunden eingehen (hier als *Seriengeschäft* bezeichnet).

Der industrielle Abnehmer beurteilt Anlagen und Verfahrensalternativen als »Bündel« aus physischem Produkt und Dienstleistungen und sucht die Alternative, die die geringsten Gesamtkosten über alle

Lebenszyklusphasen *(Lifecycle Cost* für die Phasen Beschaffung und Anlauf, Nutzung, Entsorgung) der Anlage hinweg verspricht (vgl. [9], S. 86f.).

Zur Reduzierung des Beschaffungsrisikos erwartet der industrielle Abnehmer die Übernahme von Fehler- und Fehlmengenkosten, die ihm durch die Nichterfüllung vereinbarter oder vorausgesetzter Leistungsmerkmale der Anlage oder durch Nicht-Einhalten des vereinbarten Liefertermins entstehen.

Erwartungen des industriellen Abnehmers beim Bezug von Anlagen

⇨ Minimierung der Lifecycle Cost
⇨ Minimierung des Beschaffungsrisikos

Im Anlagengeschäft werden Dienstleistungen angeboten, die

⇨ die Funktionsfähigkeit der Anlage sicherstellen (zum Beispiel die Übernahme des Gesamtfunktionsrisikos),
⇨ zum Ausgleich von Know-how-Defiziten bei der Erstellung von Ausschreibungsunterlagen dienen, beim Betreiben der Anlagen und/oder der Vermarktung der auf der Anlage erstellten Produkte (zum Beispiel Dokumentationen, Schulung des Betreiberpersonals, Reparaturdienste) oder
⇨ die Bemühungen des Kunden unterstützen, nicht zum Kerngeschäft zählende Aufgaben fremdzuvergeben (Outsourcing), um Kosten- und Qualitätsvorteile zu erreichen (zum Beispiel Bevorratung von Verschleißteilen, Instandhaltung).

Tabelle 1: Dienstleistungen im Nutzungsprozess einer Anlage		
Beschaffungs- und Anlaufphase	**Nutzungsphase**	**Entsorgungsphase**
⇨ Anwenderschulung	⇨ Reparaturdienst	⇨ Verschrottung
⇨ Hilfe beim Materialeinkauf	⇨ Ersatzteilbevorratung	⇨ Recycling
	⇨ Instandhaltungspläne	

Der Abnehmer von *Komponenten,* die in gleich bleibender Spezifikation mehr oder weniger regelmäßig in der Fertigung benötigt werden, hat eine andere Interessenlage:

Um die termin-, mengen- und qualitätsgerechte Versorgung der Fertigung mit Serienmaterial zu gewährleisten, sind umfangreiche Planungs-, Abwicklungs- und Kontrollaufgaben in den Abteilungen Produktionsplanung (Disposition), Einkauf, Lagerverwaltung, Qualitätsprüfung und Verwaltung des Abnehmers erforderlich. Der Anbieter von Serienmaterial kann Wettbewerbsvorteile erringen, wenn er dazu beiträgt, die gesamten *Prozesskosten* des Abnehmers zu senken.

Der industrielle Abnehmer beurteilt seine Lieferanten auch danach, in welchem Umfange sie dazu beitragen, Störungen in der Fertigung, Fehler in der Planung und Durchführung der Abläufe und kurzfristige Bedarfe und Bedarfsänderungen auf dem Absatzmarkt des Abnehmers zu bewältigen. Außerdem muss der industrielle Abnehmer Lieferverzögerungen und Produktfehler gegenüber seinen Kunden auch dann verantworten, wenn sie von seinem Lieferanten verursacht wurden. Eine weitere Anforderung an den Lieferanten ist daher die Übernahme von Fehlmengen- und Fehlerkosten, die von ihm verantwortet wurden.

Erwartungen des industriellen Abnehmers beim Bezug von Serienmaterial

⇨ Leistungen zur Senkung der Prozesskosten
  (Bestellabwicklung, Bestandskosten, Prüfkosten) des Abnehmers
⇨ Leistungen zur Senkung der Störanfälligkeit des Abnehmers
⇨ Übernahme von Fehlmengen- und Fehlerkosten des Abnehmers

Die Dienstleistungen des Anbieters von Serienmaterial können vier Gruppen zugeordnet werden:

⇨ *Logistische Leistungen:* Sie steigern die Fähigkeit des Abnehmers, kurzfristige Kundenaufträge zu bedienen und kurzfristige Bedarfsänderungen zu bewältigen (Flexibilität). Diese Leistungen reduzieren die beim Abnehmer entstehenden Probleme und Kosten bei Störungen in der Fertigung und Planungsfehlern (Störanfälligkeit) und erlauben dem Abnehmer, seine Bestandskosten und seinen Planungsaufwand zu senken. Unter die Gruppe der logistischen Leistungen fallen das Angebot kurzer und zuverlässiger Lieferzeiten, das Angebot eines Eil-Lieferservice sowie Just-in-time Lieferungen.

⇨ *Leistungen zur Senkung der Prüfkosten beim Abnehmer:* Diese Leistungen erlauben dem Abnehmer, seinen Prüfaufwand zu senken, ohne Einbußen bei den Gewährleistungsansprüchen befürchten zu müssen. Geeignet sind hierzu vertragliche Vereinbarungen, in denen der Anbieter erklärt, Gewährleistungsansprüche auch dann zu akzeptieren, wenn der Abnehmer eingehende Lieferungen nicht unverzüglich (sondern erst während oder nach der Verarbeitung) oder nur stichprobenartig prüft (Abbedingen der Prüf- und Rügepflicht des Abnehmers, Vereinbarung von Prüfmerkmalen und Prüfrisiko). Ein weitergehendes Angebot ist das Erstellen von Prüfprotokollen nach Vorgaben des Abnehmers. Es erlaubt dem Abnehmer, auf eine Qualitätsprüfung zu verzichten, ohne ein höheres Qualitätsrisiko einzugehen (vgl. [11], 139ff.).

⇨ *Leistungen zur Senkung der Abwicklungskosten des Abnehmers:* Diese Leistungen reduzieren den Abwicklungsaufwand im Einkauf, in der Qualitätsprüfung beim Abnehmer und bei der Abwicklung von Reklamationen. Die Bereitschaft des Anbieters, Rahmenlieferungsverträge mit festgelegten Preisen, Spezifikationen und Liefer- und Abnahmebedingungen abzuschließen, zählt ebenso zu dieser Gruppe von Leistungen wie die Bereitstellung von Preis- und Produktinformationen auf elektronischen Medien. Für Produkte mit geringem Anteil am Einkaufsvolumen wird dem Abnehmer eine Verteilung der Produkte bis zu anfordernder Kostenstelle und eine Erstellung kostenstellenspezifischer Rechnungen angeboten. Auch die Bereitschaft, Sammelrechnungen zu erstellen und abnehmerspezifische Artikelnummern zu verwenden, können zu diesen Leistungen gezählt werden.

⇨ *Übernahme von Fehler- und Fehlmengenkosten:* Diese Leistungen erweitern die dem Abnehmer gesetzlich zustehenden Ansprüche auf Gewährleistung und Schadensersatz. Geeignet sind hier vor allem die umfassende Garantieerklärung und die Vereinbarung einer Pönale (Vertragsstrafe bei Lieferverzögerungen) (vgl. [11], S. 147).

Dienstleistungen im Seriengeschäft

⇨ logistische Leistungen
⇨ Leistungen zur Senkung der Prüfkosten beim Abnehmer
⇨ Leistungen zur Senkung der Abwicklungskosten des Abnehmers
⇨ Übernahme von Fehler- und Fehlmengenkosten

Gestaltung und Dokumentation kundenorientierter Geschäftsprozesse

In traditionellen Organisationen beginnt und endet jeder Prozess an den Abteilungsgrenzen. Die Verantwortung liegt bei dem Abteilungsverantwortlichen. Die Betrachtung von Geschäftsprozessen durchbricht die Abteilungsgrenzen: Ein Geschäftsprozess beschreibt modellhaft alle Aktivitäten zwischen Kunde und Lieferant von der Anforderung einer Leistung (Anfrage) über das gegenseitige Einverständnis (Angebot/Auftrag) und die Erbringung der Leistung (Auftragsabwicklung) bis zur Zahlung und Bestätigung der Zufriedenheit des Kunden. Ein Geschäftsprozess beginnt und endet also beim Kunden. Dazwischen liegen Aktivitäten in verschiedenen Abteilungen/ Arbeitsplätzen, die die Anforderungen des Kunden reibungslos und schnell in das von ihm erwartete Ergebnis umsetzen. Jeder Prozess beginnt mit einem Ereignis und endet mit einem Ergebnis (vgl. Abb. 7).

Zu jedem Prozess ist eine Prozessdokumentation zu erstellen, die die im Prozess enthaltenen Aktivitäten und beteiligten Stellen beschreibt sowie die Zuständigkeiten in den Prozessen und die Kompetenzen des Prozessverantwortlichen festgelegt. Als Instrument zur systematischen Erarbeitung und Visualisierung der Arbeitsabläufe hat sich das *Service-Blueprinting* bewährt (vgl. [6], S. 45ff.).

278

Prozesskette Ersatzteildienst

Störung beim Kunden/planmäßige Instandhaltung
Reparatur-/Wartungsannahme
Zuteilung eines Technikers/Mitteilung an Techniker
Schadensanalyse
Aufnahme Reparatur-/Ersatzteil-Bedarf
Bestellung Ersatzteile
Ersatzteilauslieferung
Ausführung der Reparatur/Wartung
Rückmeldung/Servicebericht
Fakturierung

Abb. 7: *Beispiel für einen Geschäftsprozess (vgl. [17], S. 122)*

Der Prozesseigner beschreibt die Prozesse nicht so detailliert, dass jeder Handgriff vorgegeben ist und jeder Sonderfall bedacht ist. Der persönliche Entscheidungsspielraum muss in vollem Umfange gewahrt bleiben, um flexibel und individuell reagieren zu können.

Da die Kunden selbst an der Leistungserstellung teilnehmen, beeinflussen sie auch den Prozess und das Ergebnis. Die anforderungsgerechte Erstellung von Dienstleistungen erfordert häufig bestimmte

⇨ Aktivitäten seitens des Kunden (Informations-, Unterstützungs- und Mitwirkungspflichten des Kunden), die damit verbundenen

⇨ Kenntnisse, sowie die Einhaltung definierter

⇨ Rollenerwartungen.

Die Gestaltung und Dokumentation der Geschäftsprozesse umfasst daher auch die Festlegung der Erwartungen an den Kunden. Tabelle 2 zeigt am Beispiel der Dienstleistung Just-in-time-Lieferung den Inhalt der Erwartungen an Kunden. Der Kunde soll dem Lieferanten rollierende Bedarfsinformationen zur Verfügung stellen, auf die der

Lieferant seine Produktionsplanung und Beschaffungsplanung stützen kann. Der Kunde sollte Kenntnisse der Kapazitäts- und Bestandssituation des Lieferanten haben, um sein Bestellverhalten auf die Möglichkeiten des Lieferanten abstimmen zu können. Vom Kunden wird ein Abrufverhalten erwartet, das nur in festgelegten Bandbreiten von den rollierenden Bedarfsinformationen abweicht.

Tabelle 2: Anforderungen an den Kunden am Beispiel der Leistung Just-in-time-Lieferung		
Aktivitäten	**Kenntnisse**	**Rollenerwartungen**
rollierende Bedarfsinformationen	Kapazitätssituation Bestandssituation	Abrufverhalten

Planung der erforderlichen Kapazitäten

Die termin-, mengen- und anforderungsgerechte »Herstellung« von Dienstleistungen benötigt – wie die Herstellung physischer Produkte auch – Personal- und Anlagenkapazität sowie Material und Informationen. Bei der Planung der erforderlichen Ausstattung sind qualitative und quantitative Aspekte zu differenzieren.

Analog dem so genannten Arbeitsplan für materielle Produkte sind zunächst die benötigten personellen Bearbeitungs- und »Rüstzeiten« sowie eventuell benötigte Werkzeuge, Anlagen und Hilfsmittel je Einheit Leistung zu erfassen. Kann die Nachfrage nach den Leistungen prognostiziert werden, liegen die notwendigen Daten für eine Bestimmung des Gesamtkapazitätsbedarfs und seiner zeitlichen Verteilung vor. Vorgehen und Nutzen einer Kapazitätsplanung sind aus der Produktionsplanung für materielle Produkte bekannt.

Qualitätslenkung für After-Sales-Service-Leistungen

Aufgaben der Qualitätslenkung

Qualitätslenkung umfasst allgemein die Aktivitäten und Aufgaben, die zur Erfüllung der erwarteten oder vereinbarten Qualitätsanforderungen durchzuführen sind. Im oben dargestellten Lückenmodell erfüllt die Qualitätslenkung die Aufgabe, die Lücke 4 (Diskrepanz zwischen erstellter Dienstleistung und der an den Kunden gerichteten Kommunikation über die Dienstleistung) und die Lücke 3 (Diskrepanz zwischen der Spezifikation der Dienstleistungsqualität und der tatsächlich erstellten Leistung) zu vermeiden.

Der Begriff Qualitätslenkung hat den Begriff *Qualitätssicherung* abgelöst. Letzterer bezeichnet alle Tätigkeiten, die erforderlich sind, um angemessenes Vertrauen darin zu schaffen, dass die Erwartungen des Kunden erfüllt werden. Hierzu zählen Aufzeichnungen über die Ergebnis- und Prozessqualität und die Zertifizierung des Qualitätsmanagementsystems.

Entsprechend den Überzeugungen des Total Quality Managements (TQM) und bedingt durch die Besonderheiten der Dienstleistungen kann und soll Qualität nicht dadurch gewährleistet werden, dass die fertige Leistung am Ende des Leistungserstellungsprozesses geprüft und freigegeben oder nachgebessert wird. Vielmehr soll die Leistung sofort fehlerfrei erzeugt werden, indem *präventives Qualitätsmanagement* praktiziert wird.

Präventives Qualitätsmanagement für After-Sales-Service-Leistungen beginnt mit einer Bestandsaufnahme des Geschäftsprozesses und klassifiziert den aktuellen Reifegrad des Geschäftsprozesses nach einer der fünf folgenden Kategorien (vgl. [13], S. 98ff.; [17], S. 119ff.):

1. *Unkontrollierter Prozess:* Der Prozess ist noch nicht etabliert; einheitliche Vorgehensweisen und Methoden sind noch nicht zu beobachten. Aktivitäten und Verhaltensweisen werden fallweise und

nicht-abgestimmt individuell entschieden. Das Ergebnis ist nicht vorhersagbar und nicht steuerbar.

2. *Informeller Prozess:* Es existieren verschiedene, häufiger praktizierte Vorgehensweisen, die auf den Erfahrungen der Mitarbeiter beruhen. Bei Störungen und Engpässen werden jedoch die üblichen Vorgehensweisen verworfen. Die Ergebnisse sind wiederholbar, unterliegen aber einer großen Streuung.

3. *Vereinbarter Prozess:* Der Geschäftsprozess ist in allen Einzelheiten dokumentiert, die Prozessbeteiligten verstehen ihre Aufgabe. Die vereinbarten Abläufe werden allgemein praktiziert. Die Ergebnisse sind vorhersagbar.

4. *Kontrollierter Prozess:* Der Prozess wird entlang der Prozesskette durch geeignete Kennzahlen gemessen. Die Kennzahlen werden als Frühwarnsystem genutzt, um eventuelle Störungen und Abweichungen frühzeitig zu erkennen und fehlerhafte Ergebnisse vermeiden zu können.

5. *Beherrschter Prozess:* Der Prozess erfüllt die Erwartungen der Kunden mit an Sicherheit grenzender Wahrscheinlichkeit. Beherrschte Prozesse zeichnen sich dadurch aus, dass die Prozessparameter bekannt sind und dass diese vom Prozesseigner gesteuert werden können.

Trotz der immer wieder betonten Unterschiede zwischen Dienstleistungen und materiellen Produkten können die in der Qualitätslenkung materieller Produkte erfolgreich angewendeten Instrumente auf Dienstleistungen übertragen werden. Im Mittelpunkt der Qualitätslenkung steht die Erfahrung, dass Fehler in den meisten Fällen zurückzuführen sind auf eine oder mehrere der folgenden Problembereiche (vgl. [13], S. 101ff.):

⇨ *Menschen:* ungenügende Motivation, Disziplin, Qualifikation,

⇨ *Material:* nicht aktuelle, unvollständige Auftragsunterlagen, fehlendes Material,

⇨ *Koordination:* ungenügender Informationsfluss über Abteilungsgrenzen hinweg, Liegezeiten der Aufträge an den Stellenübergängen, unklare Zuständigkeiten der Stellen,

⇨ *Kapazität*: ungenügende Ausstattung mit Hilfsmitteln, Kapazitäts-engpässe,
⇨ *Kunden.*

In den folgenden Abschnitten werden einige in der Praxis erfolgreiche Instrumente der präventiven Qualitätslenkung und ihre Anwendung auf Dienstleistungen dargestellt.

Gestaltung und Anwendung eines systematischen Qualitätsmanagementsystems nach DIN EN ISO 900:2000

Ein wichtiger Grund für Fehler sind unscharf oder unzureichend ge-regelte Abläufe und Zuständigkeiten. Solange diese nicht strukturiert und abgestimmt sind, muss man sie immer wieder fallweise regeln, koordinieren und überwachen, was neben Unsicherheit und Zeit-druck vor allem auch Fehleranfälligkeit verursacht.

Die Gestaltung und Anwendung eines systematischen Qualitäts-managementsystems beruht auf der Überzeugung, dass kontrollierte Standardabläufe und Transparenz der Zuständigkeiten, Kompetenzen und Verantwortung der Fehlervermeidung dienen. Ein systematisches Qualitätsmanagement-System besteht aus
⇨ Regelungen über Zuständigkeiten und Verantwortung,
⇨ Strukturierung und Systematisierung von Abläufen,
⇨ Verfahrens- und Arbeitsanweisungen für Mitarbeiter.

Die Normenreihe DIN EN ISO 9001 wurde in der Überzeugung entwickelt, dass wirkungsvolle Qualitätsmanagementsysteme aus ähnlichen Aufbau- und Ablaufelementen bestehen, die weitgehend produkt- und branchenunabhängig sind. Die Norm ISO 9001 ist ein Modell zur Darlegung eines Qualitätsmanagementsystems und be-schreibt Elemente, für die Regelungen vorhanden sein sollten, bezie-hungsweise formuliert Mindestanforderungen an die Regelungen (vgl. [13], S. 19ff.; [3], S. 28ff.).

Messung und Auswertung prozesskettenorientierter Kennzahlen

Qualitätslenkung, die sich der Forderung nach präventivem Qualitätsmanagement, also nach Fehlervermeidung stellt, kann sich nicht
auf eine »Ausgangsprüfung« fertig gestellter Leistungen stützen. Auch
das Berichtssystem sollte sich nicht auf die Messung der Ergebnisqualität beschränken. Diese misst die objektiv erstellten Leistungen und
die subjektive Kundenzufriedenheit, indem sie die objektiv erstellten
beziehungsweise subjektiv wahrgenommenen Leistungen und Erwar-
tungen/Vereinbarungen gegenüberstellt. Mit der Messung der Ergebnisqualität kann die Fehlerhäufigkeit erfasst und eine Klassifikation
nach Fehlerarten vorgenommen werden. Allerdings ist eine solche
Outputbeurteilung jeweils nur eine Ex-Post-Betrachtung, eine Fehlervermeidung ist nicht mehr möglich.

In der Fertigung materieller Produkte wird präventives (fehlerver-
meidendes) Qualitätsmanagement gleichgesetzt mit der Forderung
nach Prozessbeherrschung. Beherrschte Prozesse zeichnen sich dadurch aus, dass erwartete oder vereinbarte Produktmerkmale mit an
Sicherheit grenzender Wahrscheinlichkeit in der Fertigung erzeugt
werden. Die Fehlerfreiheit der zur Auslieferung kommenden Produkte muss nicht durch eine Ausgangsprüfung und Aussonderung
beziehungsweise Nacharbeit sichergestellt werden. Das für die präventive Qualitätslenkung materieller Produkte entwickelte Instrument
der Statistischen Prozesskontrolle (SPC) kann nicht direkt auf die
Herstellung von Dienstleistungen übertragen werden (SPC ist nur
auf Prozesse anwendbar, die unter stets gleichen Bedingungen gleich
bleibende Anforderungen zu erfüllen haben). Für die präventive Qualitätslenkung von Dienstleistungen kann aus der Statistischen Prozesskontrolle der Frühwarngedanke übernommen werden:

Grundgedanke des Frühwarnsystems ist die Überlegung, in den
Prozess bereits dann einzugreifen, wenn er instabil zu werden droht,
nicht erst, wenn er bereits instabil ist und fehlerhafte Leistungen erzeugt. Zur Sicherstellung einer erwarteten oder vereinbarten Terminzuverlässigkeit werden beispielsweise die Durchlaufzeiten der einzel-

nen Prozesskettenelemente mit den Plan-Durchlaufzeiten verglichen. Bei erheblichen Veränderungen gegenüber der vorigen Messung und erheblichen Abweichungen von der Planung erfolgt ein Eingriff in den Prozess.

Der Aufbau eines solchen Frühwarnsystems erfordert den Aufbau eines Kennzahlensystems, das Meilensteine entlang der Prozesskette definiert und geeignete Messwerte definiert. *Meilensteine* im Geschäftsprozess sind erfolgskritische Ergebnisse bei der Umsetzung der Kundenanforderungen in die vereinbarte Leistung und finden sich als Fertigstellungspunkte auf wichtigen Abschnitten in der Wertschöpfungskette. Meilensteine sind:

⇨ Kontrollpunkte, an denen das erreichte Ergebnis auf Übereinstimmung mit den Kundenanforderungen geprüft wird. Bei einer Abweichung erfolgt sofort eine Fehlerkorrektur.

⇨ Messpunkte, an denen prozessrelevante Parameter wie zum Beispiel die Durchlaufzeit und Nacharbeitszeiten gemessen werden (vgl. [13], S. 44ff.; zur Messung und Interpretation prozesskettenorientierter Kennzahlensysteme in der Praxis vgl. [17], S. 119-127).

Bedarfsplanung

Da Dienstleistungen häufig nicht lagerfähig sind, ist das möglichst präzise und frühzeitige Erkennen von Bedarfsspitzen und eventuellen Kapazitätsengpässen von großer Bedeutung. Zur Vermeidung hoher Leerkosten durch das »Bevorraten« von Kapazität in Höhe der Bedarfsspitzen sind Anpassungsmaßnahmen zu suchen. Während die industrielle Produktion physischer Produkte über ausgefeilte Informationssysteme verfügt, die den Bedarf an Erzeugnissen sowie den Material- und Kapazitätsbedarf frühzeitig und präzise vorhersagen und die zeitliche und mengenmäßige Verteilung der Produktion optimieren, sind derartige Informationssysteme für Dienstleistungen nicht verbreitet. Zur Planung des mengenmäßigen und zeitlichen Material- und Kapazitätsbedarfs wird eine »Stückliste« und ein »Arbeitsplan« benötigt, die den Material- und Kapazitätsbedarf angeben, der zur Herstellung einer Dienstleistungsmengeneinheit benötigt werden. Weiterhin werden Prognosen über die nachgefragten Leistungsmengen und die zeitliche Verteilung der Nachfrage – differenziert nach Leistungsarten – möglichst präzise und mit hinreichend langem Planungshorizont benötigt. Für produktbegleitende Dienstleistungen wie logistische Dienstleistungen, Prüfleistungen, Reparaturleistungen und Ersatzteile können zur Bedarfsvorhersage die Artikel-Absatzprognosen beziehungsweise die Kundenaufträge und Lieferdaten herangezogen werden (vgl. [18], S. 211).

Aufbau von Puffern und Flexibilitätspotenzialen

Eine wesentliche Fehlerursache bildet – wie oben bereits dargestellt – fehlendes Material und/oder fehlende Kapazitäten. Da After-Sales-Service-Leistungen häufig nicht lagerfähig sind und der Bedarf an Leistungen häufig nur ungenügend planbar ist, sind zur Bewältigung unerwarteter Bedarfe und zur Reduzierung der Störanfälligkeit entsprechende Vorkehrungen zu treffen. In Frage kommen die Beschäftigung flexibler Personalkapazitäten, das Vorhalten von Kapazitätspuffern, die Beschäftigung von Subunternehmern, die Flexibilisierung der Arbeitszeit. Die hierfür entstehenden Kosten haben den Charakter von Fehlerverhütungskosten.

Kundenmanagement

Qualitätsmanagement im Dienstleistungsbereich verlangt Kundenmanagement, weil erfolgreiche Interaktionen auch konkrete Anforderungen an den Kunden stellen. Diese wurden in der Qualitätsplanung festgestellt und im Pflichtenheft festgehalten. Im Rahmen der Qualitätslenkung muss das Kundenverhalten gesteuert werden, indem der

Kunde vor, während und nach der Leistungserstellung mit Hinweisen zu versorgen ist, die ihm Auskunft geben über

⇨ die Art der Dienstleistung,

⇨ den üblichen Geschäftsprozess,

⇨ die Rolle des Kunden im Rahmen des Geschäftsprozesses,

⇨ das gewünschte und das unerwünschte Verhalten.

Etwaige Mitwirkungspflichten des Kunden können auch als vertragliche Pflicht vereinbart werden.

Kontinuierliche Qualitätsverbesserung

Aufgaben der Qualitätsverbesserung

Die Qualitätsverbesserung schließt den Qualitätsregelkreis. In einem den Grundsätzen und Überzeugungen des TQM verpflichteten systematischen Qualitätsmanagement wird die Qualitätsverbesserung als kontinuierliche Aufgabe betrachtet (Continous Improvement Process/ CIP, Kaizen).

Die Bemühungen der Qualitätsverbesserung zielen entsprechend darauf ab,

⇨ die Qualitätszuverlässigkeit zu steigern, das heißt, die Häufigkeit und Schwere von Fehlern zu reduzieren (Verbesserung der Ergebnisqualität),

⇨ Prozesse zu vereinfachen, zu standardisieren und zu beschleunigen (Verbesserung der Prozessqualität),

⇨ Ursachen für besonders häufige und/oder folgenschwere Fehler zu erkennen und zu beseitigen,

⇨ Leistungen zu identifizieren und zu eliminieren, die der Kunde nicht wahrnimmt und nicht bezahlt,

⇨ die Wirtschaftlichkeit des Qualitätsmanagementsystems zu verbessern (vgl. [15], S. 99ff.).

Die Qualitätsverbesserung wird zu einer kontinuierlichen Aufgabe, wenn man sich verdeutlicht, dass sich die Unternehmen oft mit einer Fülle von Symptomen und Ursachen von Problemen konfrontiert sehen, die aktuell zur Verfügung stehende Zeit und die Mittel jedoch begrenzt sind.

Grundlage einer systematischen und kontinuierlichen Qualitätsverbesserung sind daher

⇨ Methoden zur Erkennung von Verbesserungspotenzialen sowie
⇨ Methoden zur Priorisierung von Verbesserungsmaßnahmen.

Methoden zur Erkennung und Priorisierung von Verbesserungsmaßnahmen

Die systematische Reduktion von Fehlern und Fehlerquellen setzt voraus, dass Fehler dokumentiert und ausgewertet werden. Fehleranalysen werden im TQM nicht dazu benutzt, um Verantwortliche zu ermitteln und zu »bestrafen«, sondern sie werden als Ausgangspunkt für organisationale Lernprozesse verstanden.

In diesem Beitrag ist es nicht möglich einen erschöpfenden Überblick über die Methoden zur Erkennung und Priorisierung von Verbesserungspotenzialen und -maßnahmen zu geben (vgl. hierzu [8], S. 87ff.). Exemplarisch genannt seien allerdings fünf Instrumente, die häufig kombiniert die besten Ergebnisse zeigen:

Prozess-Audit

Aufgabe eines Audits ist es zu überprüfen, ob geltende Regelungen, die im Qualitätsmanagement-Handbuch, in Verfahrens- und Arbeitsanweisungen dokumentiert sind, eingehalten werden *und* ob diese Regelungen/Anordnungen geeignet sind, die festgelegten Qualitätsziele zu erreichen. Die Durchführung eines Prozess-Audits setzt voraus, dass der Geschäftsprozess den Reifegrad »kontrollierter Prozess« erreicht hat, da der Auditor eine aktuelle Prozessdokumentation und

Kennzahlen benötigt, um Schwachstellen und Handlungsbedarf erkennen zu können.

Im Prozess-Audit befragt der Auditor die Prozessbeteiligten und ordnet die genannten Probleme den »typischen« Problemursachen Mensch, Material, Koordination, Kapazität oder Kunde zu. Dabei kann sich der Auditor an den folgenden Schlüsselfragen orientieren:

⇨ Haben Sie die notwendigen Kompetenzen?

⇨ Sind Ihre Arbeitsunterlagen vollständig und aktuell?

⇨ Stehen Sie unter hohem Termin- oder Leistungsdruck?

⇨ Ist die Arbeit richtig verteilt?

⇨ Ist die Ausstattung des Arbeitsplatzes ausreichend?

⇨ Funktioniert die Zusammenarbeit reibungslos?

(zur Auditierung von Geschäftsprozessen vgl. [13], S. 101ff.; [1], S. 45ff.)

Prozess-FMEA (Fehlermöglichkeits- und -einflussanalyse)

Die FMEA dient der Fehlervermeidung. Sie ist ein Instrument sowohl zur Erkennung von Verbesserungspotenzialen als auch zur Priorisierung von Verbesserungsmaßnahmen.

Die FMEA listet alle denkbaren Fehler und Irrtumsmöglichkeiten einer Tätigkeit oder eines Geschäftsprozesses auf. Ihre Folgen für den (internen oder externen) Kunden, die Wahrscheinlichkeit ihres Auftretens und ihrer Entdeckung werden mit Zahlen zwischen 10 und 1 bewertet und aus dem Produkt dieser 3 Zahlen die so genannte Risikoprioritätszahl gewonnen. Diese Risikoprioritätszahl ist ein Maß für die Notwendigkeit vorbeugender Maßnahmen (vgl. [6], S. 108ff.).

Ursache-Wirkungs-Diagramm (Ishikawa-Diagramm)

Häufig kann ein Fehler mehrere Ursachen haben, die unterschiedlich wahrscheinlich auftreten. Die Kenntnis der Fehlerursachen und ihrer Eintrittswahrscheinlichkeiten ist von Bedeutung, um die Wahrscheinlichkeit eines Fehlers ermitteln zu können und um fehlerverhütende Maßnahmen entwickeln zu können. Das Ursache-Wirkungs-Diagramm (nach seinem Erfinder auch Ishikawa-Diagramm genannt) ist eine einfache Technik der Problemanalyse, bei der Ursache und Wirkung voneinander getrennt werden. Die möglichen und bekannten Ursachen (Einflüsse), die zu einer bestimmten Wirkung (Fehler) führen, werden in Haupt-, Einzel- und Nebenursachen zerlegt und in einem »Fischgräten-Diagramm« strukturiert. Häufig können die Einzel- und Nebenursachen den Hauptursachen Mensch, Material, Koordination, Kapazität oder Kunde zugeordnet werden.

Frequenz-Relevanz-Analyse von Problemen (FRAP)
Die FRAP soll Hinweise geben auf die Dringlichkeit von Problemen. Sie ermittelt die Auftretenshäufigkeit (Frequenz) und Bedeutung von Problemen aus der Sicht der Kunden (Relevanz) und stellt die Ergebnisse in einem Portfolio gegenüber. Vorrangig sind demnach die Probleme zu lösen, die besonders häufig auftreten und vom Kunden als besonders bedeutsam beurteilt werden (zu FRAP und Variationsmöglichkeiten vgl. [6], S. 99ff.).

Dr. **Ruth Melzer-Ridinger** ist Professorin für Logistik und Supply Chain Management an der an der Berufsakademie Mannheim (Staatliche Studienakademie). Seit 18 Jahren vermittelt Sie Studenten aus den betriebswirtschaftlichen und internationalen Studiengängen Basiskenntnisse im Beschaffungs-, Logistik- und Produktionsmanagement. Darüber hinaus ist sie stark engagiert in anwendungsorientierter Forschung. Ihre zahlreichen Veröffentlichungen befassen sich mit vor allem Kosten- und Qualitätsmanagement und mit der Umsetzung des Managementkonzepts Supply Chain Management in die Praxis.

Literatur

[1] BINKE, G.; WITTHAUS, M.: *Vom Qualitätsaudit zur Auditierung von Geschäftsprozessen, in: Riekhof, H.-C.: Beschleunigung von Geschäftsprozessen: Wettbewerbsvorteile durch Lernfähigkeit. Stuttgart 1997, S. 43-61*

[2] BRUHN, M.: *Qualitätsmanagement für Dienstleistungen. Grundlagen, Konzepte, Methoden. Berlin 4. Aufl. 2003*

[3] ERNST, S., MEUNZEL, R.,M.: *Qualitätsmanagement – der Schlüssel zur Kundenzufriedenheit, Ottobrunn 1995*

[4]   EVERSHEIM, W.; JASCHINSKI, C.; REDDEMANN, A.: *Qualitätsorientierte Dienstleistungsent-wicklung, in: Hansen, W.; Kamiske, G.F.: Qualitätsmanagement im Dienstleistungsbereich. Assessment – Sicherung – Entwicklung, Düsseldorf 2. Aufl. 2003, S. 83-108*

[5]   GRÖNROOS, C.: *Wirtschaftlichkeitsvorteile durch guten Service in: Bruhn, M.; Stauss, B. (Hrsg.): Dienstleistungsqualität : Konzepte – Methoden – Erfahrungen, Wiesbaden 1991, S. 183-197*

[6]   HOETH, U.; SCHWARZ, W.: *Qualitätstechniken für die Dienstleistung: die D 7. München 1997*

[7]   HOMBURG, C.: *Industrielle Dienstleistungen und Kundennähe, in: Simon, H.: Industrielle Dienstleistungen, Stuttgart 1993, S. 161-174*

[8]   KAMISKE, G.F.: *Qualitätsmanagement von A bis Z: Erläuterungen moderner Begriffe des Qualitätsmanagements, München 1999*

[9]   LAY, G.; RADERMACHER, E.: *Life-Cycle-Costing-Tool als Instrument zur Kosten-/Nutzen-Be-trachtung produktbegleitender Dienstleistungen, in: Lay, G.; Nippa, M. (Hrsg.): Manage-ment produktbegleitender Dienstleistungen. Konzepte und Praxisbeispiele für Technik, Organisation, und Personal in serviceorientierten Industriebetrieben. Heidelberg 2005, S. 85-97*

[10]   MASING, W.: *Planung und Durchsetzung der Qualitätspolitik in Unternehmen – zentrale Prinzipien und Problembereiche, in: Bruhn, M.; Stauss, B. (Hrsg.): Dienstleistungsqualität: Konzepte – Methoden – Erfahrungen, Wiesbaden 1991, S. 183-197*

[11]   MELZER-RIDINGER, R.: *Qualitätsmanagement: Qualitätssicherung und -verbesserung als Aufgabe der Beschaffung. München 1995*

[12]   MICHEL, S.: *Beschaffung von Dienstleistungen, in: Boutellier, R.; Wagner, S.; Wehrli, H.: Handbuch Beschaffung. Strategie – Methoden – Umsetzung, München Wien 2003, S. 525-536*

[13]   MÜNCHRATH, R: *Qualitätsmanagement in Verkauf und Service. Kundenorientierte Dienstleistungen nach DIN EN ISO 9000ff. Frankfurt 1995*

[14]   PLINKE, W.: *Die Geschäftsbeziehung als Investition, in: Specht , G.; Silberer, G.; Engelhardt, W.: Marketing-Schnittstellen – Herausforderungen für das Marketing. Stuttgart 1989, S. 305-325*

[15]   PRESSMAR, D.B.; BIELERT, P.: *Wirtschaftlichkeitskennzahlen des Qualitätsmanagements, in: Preßmar, D.B.: Total Quality Management II SzU Band 55, Wiesbaden 1995, S. 87-110*

[16]   RAPP, R.: *Umsetzungsorientiertes Marketing für industrielle Dienstleistungen, in: Simon, H.: Industrielle Dienstleistungen, Stuttgart 1993, S. 137-159*

[17]   SCHÄFER, D.: *Technische und organisatorische Maßnahmen zur Umsetzung des Total Quality Management, in: Preßmar, D.B.: Total Quality Management II SzU Band 55, Wiesbaden 1995, S.111-140*

[18]   SIMON, H.: *Preispolitik für industrielle Dienstleistungen, in: ders. (Hrsg.) : Industrielle Dienstleistungen, Stuttgart 1993, S. 187-218*

[19]   STAUSS, B.: *Kundenprozessorientiertes Qualitätsmanagement, in: Preßmar, D.B.: Total Quality Management II SzU 55, Wiesbaden 1995, S.25-50*

[20]   STEPS, F.; SEEGER, A.; EHRENBERG, F.: *Weg von vagen Schätzungen- effektive Instandhaltung in anlagenintensiven Industrien. Beschaffung Aktuell 1/2005, S. 31-33*

[21]   WILDEMANN, H.: *Logistik Prozeßmanagement. Organisation und Methoden, 2. Aufl., München 2001*

[22]   ZEITHAML, V.A.; BERRY, L.L.; PARASURAMAN, A.: *Kommunikations- und Kontrollprozesse bei der Erstellung von Dienstleistungsqualität, in: Bruhn, M.; Stauss, B: Dienstleistungsqualität: Konzepte – Methoden – Erfahrungen, Wiesbaden 1991, S. 109-136*

Zusammenfassung

Qualitätsmanagement hat die Aufgabe, die Kundenzufriedenheit zu steigern und ist gleichzeitig ein Instrument zur Kostensenkung. Reife Geschäftsprozesse sind die Voraussetzung, um Fehler- und Prüfkosten zu reduzieren. Systematisches und kontinuierliches Qualitätsmanagement durchläuft die Phasen Qualitätsplanung, -lenkung, -sicherung und -verbesserung. Das Qualitätsmanagementsystem für Service-Leistungen muss den Besonderheiten der Dienstleistungen Rechnung tragen. Besondere Aufmerksamkeit ist der Erfassung und einvernehmlichen Gestaltung des Lastenhefts zu widmen, das die Erwartungen des Kunden beschreibt und sie in geeigneten Kennzahlen quantifiziert. Bei Dienstleistungen mit Erfahrungs- und Referenzqualität stützen sich die Lieferantenauswahl und die Bewertung der Leistung auf eigene und fremde Erfahrungen sowie auf Qualitätssurrogate. Aufgrund der Integration des Kunden in den Dienstleistungsprozess ist die Einflussnahme auf den Kunden ein Erfolgsfaktor des Qualitätsmanagements.

Verfahren zur Messung von Kundenzufriedenheit

Unternehmen, die genau wissen wollen, wie sie von ihren Kunden gesehen werden, messen regelmäßig die Kundenzufriedenheit. Dazu steht eine Reihe von Techniken zur Verfügung, die auf unterschiedliche Unternehmensbereiche zugeschnitten sind.

In diesem Beitrag erfahren Sie:
- wie Sie sich über das Ziel einer Kundenzufriedenheitsanalyse klar werden,
- welche Erhebungsmethoden es gibt und wie Sie die geeignete für Ihre Zwecke finden,
- wie Sie die Ergebnisse aggregieren, interpretieren und für Ihr Unternehmen nutzen können.

ANTON MEYER, CHRISTIAN BLÜMELHUBER, ROBERT ERTL

Kundenzufriedenheit – populäres Leitmotiv der Unternehmensführung

Unternehmensverantwortliche sind sensibilisiert. Unternehmensberater freuen sich über zum Teil umfangreiche Projekte, die Wissenschaft arbeitet auf Hochtouren und immer mehr Kunden fordern sie ein: Kundenzufriedenheit ist eines der beherrschenden Themen der Unternehmens- und Managementpraxis sowie der Managementforschung der letzten Jahre.

Wichtige Gründe dafür sind nicht zuletzt die *Wirkungen* der Kundenzufriedenheit. So belegen zahlreiche Studien [8] deutliche Zusammenhänge zwischen der *Kundenzufriedenheit* und der *Kundenbindung,* operationalisiert über Wiederkauf(sabsicht), Cross-buying (-Absicht) und Weiterempfehlung(s-Absicht). Kundenzufriedenheit ist damit ein Indikator für den zukünftigen Erfolg eines Anbieters.

Darüber hinaus liefern Kundenzufriedenheitsuntersuchungen auch deutliche Hinweise für eine Überprüfung, Überarbeitung und unter Umständen Neukonzeptionen von Leistungsprogrammen und von einzelnen Leistungen. So können Erwartungen und Wünsche der Kunden erhoben und in die Leistungen quasi »eingebaut« werden.

Diese so häufig geforderte Hinwendung zum Kunden kann also nicht als Modeerscheinung abgetan werden, sondern ist im Gegenteil eine maßgebliche Leitlinie für Erfolg in Verkauf, Marketing und Management. Kundenzufriedenheit ist die populäre Zielgröße eines solchen Konzeptes und Verständnisses. Wie dies nun erreicht werden kann, wollen wir im Folgenden aufzeigen.

Der Prozess »Messung der Kundenzufriedenheit«

Wie schon kurz angedeutet, können mittels Kundenzufriedenheitserhebungen ganz unterschiedliche Fragen beantwortet und verschiedene Zielsetzungen verfolgt werden:

⇨ »Soll die Qualität der Leistung verbessert werden und sind konkrete Verbesserungsmaßnahmen zu ermitteln?«

⇨ »Soll der Stand der Kundenzufriedenheit im Unternehmen gemessen werden, um einen Vergleich zum Vorjahr oder zwischen verschiedenen Abteilungen des Unternehmens zu ermöglichen?«

⇨ »Sollen vielleicht verschiedene Servicealternativen auf ihre Möglichkeiten zur Erhöhung der Kundenzufriedenheit getestet werden?«

Zur Lösung solch typischer Marktforschungsprobleme existieren – in Abhängigkeit von der jeweiligen Problemstellung – alternative Forschungsdesigns, Quellen und Methoden der Informationsbeschaffung sowie Möglichkeiten zur Datenauswertung, die im Folgenden nun ausführlich dargestellt werden.

Idealerweise lässt sich ein Projekt »Kundenzufriedenheitsmessung« als *Prozess* darstellen, der die zeitliche Aufeinanderfolge der vielfältigen Methoden, die im Rahmen einer Kundenzufriedenheitsbefragung zum Einsatz kommen, abbildet (vgl. Abb. 1). Das Projekt beginnt mit

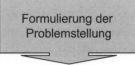 **Formulierung der Problemstellung**	– Welche Informationen werden benötigt? – Welche Ziele werden verfolgt? – In welchem Verhältnis stehen Aufwand und Nutzen? – Muss die Untersuchung durch ein Institut durchgeführt werden?
Bestimmung der Informationsquellen	– Welche Informationen sind schon im Unternehmen vorhanden? – Sind diese für das Unternehmensziel dienlich? – Welche Informationen werden zusätzlich benötigt?
Gestaltung der Stichprobe	– Wie viele Personen müssen befragt werden? – Wer genau muss befragt werden? – Wie ist die Stichprobe zu gestalten? – Muss die Stichprobe repräsentativ sein?
Ausarbeitung der Messmethoden	– Welche Inhalte müssen abgefragt werden? – Welche Skalen werden verwendet? – Kann die Beobachtung eingesetzt werden? – Können Mitarbeiter Auskunft geben?
Auswertung und Distribution der Ergebnisse	– Welche Statistikverfahren kommen zum Einsatz? – Wie detailliert müssen die Ergebnisse sein? – Wer muss die Ergebnisse bekommen? – Wann wird die nächste Erhebung durchgeführt?

Abb. 1: *Die Phasen des Kundenzufriedenheitsprojekts*

der Bildung einer »Kick-off«-Projektgruppe, einem befristet zusammenarbeitenden Team, das sich folgenden Aufgaben stellt:
⇨ die Untersuchungsziele festlegen,
⇨ die nötigen Instrumente und Ressourcen bestimmen,
⇨ Zielgruppe, Inhalt und Methoden der Befragung definieren,
⇨ über Outsourcing oder Inhouse-Lösungen entscheiden,
⇨ klären, wie und wem die Ergebnisse kommuniziert werden,
⇨ Dauer und Kosten des Projekts ermitteln,
⇨ Wege zur Institutionalisierung der Kundenzufriedenheitsmessung finden.

Zur Kick-off-Projektgruppe sollten die Geschäftsleitung, ein Methodenspezialist, Vertreter möglichst aller Abteilungen, vor allem aber aus Vertrieb und anderen Kundenkontaktstellen, Forschung und Entwicklung, Produktion, Personal und Controlling sowie eventuell Kunden gehören. Der Methodenspezialist kann aus der eigenen Marketingabteilung stammen oder als externer Berater aus einem Marktforschungsinstitut, einem Universitätsinstitut oder einem Beratungsunternehmen eingeschaltet werden. Möglicherweise empfindet nicht jeder, dessen Mitwirkung für das Projekt gebraucht wird, eine Kundenzufriedenheitsmessung als nützlich. Diejenigen Verkäufer, für die in erster Linie die (selbst) erzielten handfesten Verkaufsergebnisse zählen und weniger die zunächst abstrakt erscheinende Zufriedenheitsanalyse, müssen besonders für das Projekt gewonnen, das heißt überzeugt werden. Das glaubwürdige Engagement der Geschäftsführung spielt dabei eine wichtige Rolle.
Die Projektgruppe beendet ihre Arbeit, wenn die Kundenzufriedenheitsanalyse abgeschlossen ist. Idealerweise hat sie dann
⇨ Bausteine für ein Qualitäts-Monitoring- und -Controllingsystem entwickelt,
⇨ ein Befragungskonzept für künftige Analysen entworfen,
⇨ Vorschläge für die Verbesserung von kundenrelevanten und verbesserungsbedürftigen Leistungsprozessen entwickelt und
⇨ Verantwortliche vorgeschlagen, die das Projekt weiterführen.

Formulierung der Problemstellung

Eine erste und wichtige Aufgabe stellt die Formulierung der Problemstellung dar, denn »a problem well defined, is half solved« [1]. Nur auf Basis einer genau definierten Problemstellung können Informationsdefizite identifiziert und damit die Ziele der Untersuchung bestimmt werden.

Grundsätzlich können wir *drei Zieltypen* für Kundenzufriedenheitsmessungen, welche die Anwendung von Erhebungsmethoden und Informationsquellen entscheidend beeinflussen, unterscheiden:

⇨ *Explorative Forschungsziele:* Explorative Forschungsziele erscheinen insbesondere bei geringem Kenntnisstand zur Erhebung von Basisinformationen sinnvoll. Ihr Ziel liegt in der Gewinnung tieferer Einsichten in das Verhalten von Kunden, das Entstehen von (Un-)Zufriedenheit und das Entwickeln von Maßnahmen zur Steigerung der Kundenzufriedenheit. Ein weiteres Ziel besteht in der Entwicklung von Ideen für die weitere Durchführung des Projektes, da häufig am Anfang von Kundenzufriedenheitsprojekten die konkrete Problemstellung überhaupt noch nicht formuliert werden kann.

⇨ *Deskriptive Forschungsziele:* Deskriptive Forschungsansätze generieren Verteilungs- und Vergleichswerte, welche die Durchführung von Abweichungsanalysen (Vergleich zum Wettbewerber, zum Vorjahr, innerhalb verschiedener Abteilungen/Niederlassungen) und die Erklärung von Zusammenhängen zwischen Variablen (zum Beispiel den Zusammenhang zwischen Kundenzufriedenheit und Kundenbindung) ermöglichen.

⇨ *Experimentelle Forschungsziele:* Sind bereits Erkenntnisse über die Entstehung von (Un-)Zufriedenheit vorhanden und sollen beispielsweise Alternativen zur Beeinflussung der Kundenzufriedenheit in einer kontrollierten Untersuchungssituation getestet werden, ist die Anwendung experimenteller Versuchsanordnungen vonnöten. In der Praxis werden jedoch die strengen Anforderungen an Experimente meist nicht erfüllt und interessante Fragestellungen im Rahmen deskriptiver Analysen überprüft. Deren

Nachteil ist, dass sie im Unterschied zu Experimenten Störeinflüsse nicht ausschalten und keine gleichen Versuchsbedingungen schaffen. Dafür sind deskriptive Analysen (zum Beispiel eben klassische Kundenzufriedenheitsanalysen) meist näher am Markt.

Darüber hinaus muss in dieser Prozessphase auch die Frage gestellt werden, ob eine *Durchführung* der Untersuchung aus *ökonomischen Gesichtspunkten* gerechtfertigt ist. Zur Beantwortung werden in der Praxis Indikatoren wie *Bedeutung des Problems* oder *Zeitdauer* und Kosten des Projektes vorgeschlagen.

Datenbeschaffung und Erhebungseinheiten

Im Anschluss an die Formulierung der Problemstellung (und der Entscheidung für oder gegen die Selbstdurchführung) muss eine Entscheidung über die Beschaffung von Daten getroffen werden. Damit werden in einem ersten Schritt die Quellen der Informationsbeschaffung bestimmt.

Quellen der Informationsbeschaffung

Als mögliche *Quellen der Informationsbeschaffung* unterscheidet man grundsätzlich Sekundär- und Primärforschung. Während eine Primärforschung (field research) die erstmalige und damit originäre Erhebung von Informationen bedeutet, versteht man unter Sekundäranalyse (desk research) die Sammlung von Daten, die zu einem früheren Zeitpunkt für einen ähnlichen oder zumindest brauchbaren Untersuchungszweck gesammelt wurden und nun einer erneuten Analyse unterzogen werden (vgl. Tabelle 1). Dazu müssen die Daten entsprechend der Fragestellung eventuell *neu aufbereitet* werden. Neben *internen Datenquellen* (wie Kundenfluktuation, Umsätze, Absatzzahlen) können auch *Daten von Marktforschungsinstituten* (wie »Das Deutsche Kundenbarometer« [9]) effektiv zu Vergleichszwecken eingesetzt werden. Zentrale Anforderungen an das Datenmaterial sind

⇨ die *Vergleichbarkeit der Daten* und
⇨ die *Angabe zentraler Informationen* zur Erhebung
(wie Erhebungszeitpunkt, Stichprobengröße, Erhebungsmethode),
um die Qualität der Daten einschätzen zu können. Für die Durchführung von Kundenzufriedenheitsbefragungen hat es sich als sehr
hilfreich erwiesen, erst nach eingehender Sekundäranalyse den ver-
bleibenden restlichen Informationsbedarf mittels Primärforschung
zu decken. In den nächsten Punkten werden insbesondere Probleme,
Fragestellungen und Methoden einer Primärerhebung behandelt.

Tabelle 1: Informationsquellen bei Kundenzufriedenheitsbefragungen		
	Sekundärdaten	**Primärdaten**
Externe Daten	– Benchmarks der Kunden-zufriedenheit (Deutsches Kundenbarometer) – Vergleichswerte früherer Kundenzufriedenheits-messungen – Bekanntheitsgrade – Umsatzrankings – Marktanteile – ...	– Kundenzufriedenheits-befragung – Wechselanalysen – Imageanalysen – Präferenzanalysen – ...
Interne Daten	– Kundenfluktuation – Inanspruchnahme von Garantien – Beschwerderaten – Neukundenzuwachs – Auftragsentwicklung – ...	– Fehlerkostenanalyse – Befragung von Mitarbeitern – Silent shopping – Mystery Calls – Eigenimageanalyse – ...

Outsourcing: ja oder nein?
Der Großteil von Zufriedenheitsstudien wird von *beauftragten Marktforschungsinstituten* durchgeführt, was sich auf Grund der meist größeren Feldorganisation, Ausstattung und Routine insbesondere dann
anbietet, wenn

⇨ wenig Erfahrung mit dem Themengebiet und/oder

⇨ eine gewisse methodische Rückständigkeit vorhanden sind,

⇨ die Stichprobe sehr groß und breit gestreut sein soll,

⇨ eine mangelnde Objektivität der »internen Lösung« zu erwarten ist und

⇨ das »buy« günstiger als das »make« ist.

Die Kosten für eine Kundenzufriedenheitsanalyse variieren sehr stark nach

⇨ der Größe der Stichprobe

⇨ der Tragweite der zu ermittelnden Ergebnisse: Sollen sie als Grundlage strategischer Entscheidungen dienen – dies erfordert ein aufwändigeres Erhebungsdesign – oder operativen Zwecken?

⇨ dem Verfahren: Eine deskriptive Analyse, die lediglich den Zufriedenheitsgrad beschreibt, ist einfacher zu generieren als qualitative Kundenaussagen, die beispielsweise für die Optimierung von Leistungsprozessen im Unternehmen eingesetzt werden sollen.

Kleine und mittlere Unternehmen stehen ihren Kunden meist näher als Großunternehmen. Da sie durch ihr Kundenkontaktpersonal, etwa durch Verkaufsgespräche, die Kundzufriedenheit unmittelbar erheben können und die Wege der Kundeninformation zu den Entscheidern in der Regel kürzer sind, mag das Outsourcen einer Zufriedenheitsstudie an ein Marktforschungsinstitut zunächst wenig zweckmäßig erscheinen. Gerade für kleine und mittlere Unternehmen ist jedoch typisch, dass sie mit den Methoden des Sammelns, Auswertens und planvollen Nutzens von Kundeninformationen wenig vertraut sind und es auch an dem Bewusstsein für die Notwendigkeit fehlt, diese Daten und Aussagen systematisch zu erheben.

Die anonyme Befragung

Im Falle der Institutsmarktforschung, wie auch im Falle der betrieblichen Marktforschung, die als Stelle/Abteilung organisiert ist, sind die Erhebungen der Zufriedenheitswerte oder Ereignisse mit Hilfe schriftlicher Befragungen, Telefon-, Fax- und persönlicher Interviews (Interviewer ist der Befragungsperson unbekannt) durch einen hohen Anonymitätsgrad gekennzeichnet.

Befragungen durch Mitarbeiter

Viele Geschäftsbeziehungen sind aber durch *vielzählige persönliche Interaktionen und Kontakte* geprägt. Vielfältige Interaktionsbeziehungen und eine hohe Kontaktintensität führen zwangsläufig zu vielfältigen Zufriedenheitsankern (Situationen, Eigenschaften und Personen, die die Zufriedenheit maßgeblich beeinflussen) und – daraus abgeleitet – zu einer Vielzahl von möglichen Erhebungssituationen. Jeder einzelne Kontakt innerhalb einzelner Episoden, Transaktionen oder Geschäftsbeziehungen kann zur Erhebung von Zufriedenheitswerten, Erwartungen oder Erlebnissen genutzt werden. Das heißt: Jedes interne Kontaktsubjekt – also beispielsweise jeder Verkäufer oder Kundendienstmitarbeiter – wird als *»Part-time-Marktforscher«* eingesetzt und ist damit mitverantwortlich für die Zufriedenheitserhebung.

Die Dokumentation der Kundenaussagen

Organisatorisch schwierig erscheint hier weniger die eigentliche Erhebung, als vielmehr die *Dokumentation und Weitergabe der erhobenen Urteile*. Der Einsatz von Mitarbeitern als »Part-time-Marktforscher« erfordert sensible und – in Bezug auf die Bedeutung der Messung und innerbetrieblichen Weitergabe der Daten – auch sensibilisierte Mitarbeiter. Über Trainings- und Schulungsmaßnahmen sind die notwendigen fachlichen und sozialen Kompetenzen zu vermitteln, insbesondere sind die Anlässe der Erhebung zu klären.

Probleme bei der Auswahl der Interviewer, Interviewten/Datenaggregation

Ein Einsatz von »Part-time-Marktforschern« kann bei aller Sensibilisierung und Kompetenz an – nur auf den ersten Blick trivialen – Problemen wie beispielsweise fehlenden Fremdsprachenkenntnissen oder an Mentalitätsbarrieren scheitern.

Schwerwiegend ist auch die Problematik der Beeinflussung der Ergebnisse, wenn der Erheber selbst Verursacher und Betroffener der Ergebnisse ist und diese nun weitergeben soll.

Häufig – und insbesondere im Investitionsgüterbereich, aber auch beispielsweise in der Familie – werden Einkaufsentscheidungen nicht von einzelnen Personen alleine getroffen und umgesetzt, sondern von Gruppen *unterschiedlichster Rollen, Kompetenzen und Entscheidungsrechte*. Dazu kommt: Diese Koalition beziehungsweise Gruppe ist in ihrer Zusammensetzung weder über die Zeit noch hinsichtlich einzelner Entscheidungen stabil. »Wer soll nun befragt werden?« oder »Welche Person füllt welche Rolle in einem solchen Buying Center aus?« und »Wie aggregiert man die Einzelmeinungen unter Umständen zu einer Gruppenmeinung?« Diese wenigen Fragen zeigen die großen Schwierigkeiten, die mit der Auswahl der Auskunftspersonen und der Aggregation der Urteile verbunden sein können. Pauschal, das heißt, ohne auf die konkrete Situation einzugehen, können hier nur sehr unbefriedigende Antworten geliefert werden. Generell gilt sicherlich, dass der Heterogenität der Entscheidungsrechte, Rollen und Aufgaben Rechnung getragen werden muss, dass also die unterschiedlichen am Kaufentscheidungsprozess direkt oder indirekt Beteiligten auch befragt werden sollten.

In einigen Situationen erscheint dieser Vorschlag leicht umsetzbar: Nämlich insbesondere dann, wenn die Anonymität der Gruppenmitglieder aufgehoben wird, sie also direkte Kontaktfaktoren oder gar externe Faktoren in einzelnen Interaktionsbeziehungen sind. Eine umsetzbare und interessante Möglichkeit sind hier auch Gruppenbefragungen des »gesamten« Buying-Centers.

In vielen Fällen ist diese Transparenz aber nicht gegeben. Dann bleibt meist nur der Ausweg, sich mit einem gesunden Pragmatismus an die Zufriedenheitsmessung zu machen, die Probleme im Erhebungsdesign in Kauf zu nehmen und bei der Interpretation der Ergebnisse zu berücksichtigen.

Das »Zusammentreffen« unterschiedlicher Erhebungseinheiten kennzeichnet die verschiedenen Erhebungssituationen. Bleiben wir beim Fall *persönlich bekannter Erhebungseinheiten* und greifen einige beispielhafte Situationen überblicksartig heraus:

⇨ Der Geschäftsführer nutzt das Zusammentreffen mit dem Chef des Kunden-Unternehmens im Rahmen von Vertragsunterzeichnungen, um sich nach dem Beziehungsklima auf der »Topebene« zu erkundigen und es zu pflegen.

⇨ Die Situation eines Kundenbesuches nutzt der Verkäufer und »Part-time-Marktforscher« zur Erhebung von Beschwerden und positiven Erlebnissen des Gegenübers.

⇨ Ein Servicemitarbeiter erforscht beim Reparaturauftrag einer bereits genutzten Anlage die Zufriedenheit der Nutzer sowie deren Verbesserungsvorschläge.

Methoden der Kundenzufriedenheitsmessung

Welche Erhebungs- und Auswertungsmethoden der Primärforschung (falls diese noch nötig seine sollte) kommen nun konkret zum Einsatz? Je nach Art des *Forschungsziels* erscheinen unterschiedliche Quellen und Methoden der Informationsbeschaffung sowie Auswertungsverfahren sinnvoll. Generell wird zwischen *merkmals- und ereignisorientierten Verfahren* unterschieden.

Merkmalsorientierte Messverfahren

Die Gruppe der merkmalsorientierten Messverfahren ist wohl die *populärste Möglichkeit* zur Qualitätsmessung in der Praxis, was mit der scheinbar einfachen Gestaltung und Auswertung begründet werden kann. Gemeinsamkeit der einzelnen Verfahrensalternativen ist, dass es sich um *standardisierte, geschlossene Fragestellungen* handelt. Ziel ist es, durch die Erhebung von Urteilen zu einzelnen Qualitätsmerkmalen (wie Freundlichkeit, Preis-Leistungsverhältnis, Erreichbarkeit) einen Eindruck über die vom Nachfrager wahrgenommene Qualität zu erhalten. Damit wird vorausgesetzt, dass Nachfrager in der Lage sind, ihr Qualitätsempfinden auf Grundlage einer semantischen Informationsverarbeitung auszudrücken, das heißt, *einen Anbieter durch unterschiedliche Merkmale beschreiben und bewerten* [5] können. Um zu entscheiden, welche

⇨ Qualitätsdimensionen (wie Mitarbeiterverhalten, Gestaltung des Dienstleistungsumfelds)

⇨ und Qualitätsmerkmale (wie Freundlichkeit, Erreichbarkeit, Fachkompetenz)

wichtig sind und damit auch Gegenstand der Befragung sein sollen, wurden vielerlei Methoden entwickelt. Die einfachste Möglichkeit besteht sicherlich darin, sich an bereits existierenden Qualitätsmodellen – wie etwa Servqual (siehe dazu Kasten weiter unten) – zu orientieren. Als Vorteil eines solchen Vorgehens kann aufgeführt werden, dass *Vergleiche*, die für die Einschätzung der Umfrageergebnisse von zentraler Bedeutung sind, *vereinfacht werden.*

Qualitätsmodelle auf das eigene Unternehmen zuschneiden
Grundsätzlich sollte die Befragung jedoch für das eigene Unternehmen spezifiziert werden. Zu diesem Zweck können zusätzliche Experten- und Kundengespräche beziehungsweise ereignisorientierte Verfahren zum Einsatz kommen, mittels derer ein Gefühl für die Relevanz bestimmter Problemstellungen abgeschätzt werden kann. Auf alle Fälle ist es jedoch unabdingbar, den Kunden in die Entwicklung des Fragebogens mit einzubeziehen. Nur dadurch kann sichergestellt werden, dass diejenigen Qualitätsdimensionen und merkmale bestimmt werden, die für den Kunden maßgeblich sind. Nachdem Dimensionen und Merkmale definiert wurden, kann dann über die konkrete Ausgestaltung der Fragetypen entschieden werden.

Einstellungs- und zufriedenheitsorientierte Verfahren
Die Hauptvarianten der bekannten Verfahren unterscheiden sich zum einen durch die Notwendigkeit einer konkret erlebten Konsumsituation in

⇨ *einstellungsorientierte* und

⇨ *zufriedenheitsorientierte*
Verfahren. Während die Einstellung als »die gefühlsmäßige Wertung oder Einschätzung eines Objektes verstanden werden kann« [3] und damit nicht notwendigerweise auf einem selbst erlebten Konsumerlebnis beruht, setzt die Zufriedenheit »als das Ergebnis eines psychischen Soll-Ist-Vergleichs über Konsumerlebnisse« [5] gerade an der Erfahrung an, die mit dem Unternehmen gemacht wurde. Einstellungsorientierte Messverfahren können somit auch bei Nicht-Kunden angewendet werden. Dies hat den Vorteil, dass ein differenzierteres Bild vom Unternehmen erhoben wird, da nicht nur Kunden befragt werden, die tendenziell ein positiveres Bild vom Unternehmen haben müssten. Allerdings haben Urteile, die nicht auf Erfahrungen beruhen, eine geringere Bedeutung für das Kundenverhalten als die Urteile der Kunden, die das Produkt oder die Dienstleistung schon genutzt haben, wie schon mehrfach in empirischen Studien nachgewiesen werden konnte.

Messung eines Merkmals und seiner Bedeutung
Weiterhin können die unterschiedlichen Typen danach klassifiziert werden, ob zusätzlich zur Messung der Ausprägung auch die Bedeutung des jeweiligen Merkmals abgefragt wird. Für die Aufnahme der Bedeutungsmessung (Zweikomponentenansatz) spricht hierbei die Tatsache, dass unterschiedliche Kunden unterschiedlichen Merkmalen verschiedene Wichtigkeiten zuordnen (beispielsweise werden preisunsensible Kunden dem Preis eine geringere Bedeutung beimessen als preissensible Kunden) und die Möglichkeiten zur Optimierung der Qualität erweitert werden (Verbesserung wichtiger Merkmale, Vermeidung von übertriebener Qualität bei unwichtigen Merkmalen). Allerdings erhöht sich durch die Abfrage von Bedeutungsgewichten der Befragungsaufwand, zudem ist es fraglich, ob Kunden überhaupt den für sie zutreffenden Bedeutungswert angeben können. Empirische Studien weisen darauf hin, dass Kunden den meisten Merkmalen *pauschal hohe Bedeutungswerte* zuordnen (Gefahr der »Bedeutungsinflation«).

Servqual, das bekannteste Verfahren zur Qualitätsmessung aus Kundensicht

Bei Servqual (ein Kunstwort, bestehend aus den Bestandteil Service und QUA-Lity) handelt es sich um ein standardisiertes Befragungsinstrument. Es basiert auf dem GAP-Modell von Parasuraman, Zeithaml und Berry. SERVQUAL misst die Differenz zwischen der erwarteten und der erhaltenen Leistung von fünf branchenübergreifenden Qualitätsdimensionen, die von den Entwicklern des Instruments in mehreren Studien identifiziert wurden. Es handelt sich hierbei um die Annehmlichkeit des tangiblen Umfelds (»tangibles«), die Verlässlichkeit (»reliability«), die Reagibilität (»responsiveness«), die Leistungskompetenz (»assurance/competence«) und das Einfühlungsvermögen (»empathy/courtesy«). Die einzelnen Dimensionen werden anhand von insgesamt 22 Items näher spezifiziert, wie die folgende Auflistung in Tabelle 3 zeigt.

Zu jedem dieser Items werden zwei Statements der Art »So sollte es sein« (E1–E22) abgefragt um generelle Erwartungen der Konsumenten hinsichtlich der qualitätsrelevanten Aspekte zu erfragen. Die Aussage der Form »so ist es« dient dazu, die erlebte Leistung zu erheben.

Die Auskunftspersonen werden zu diesem Zweck aufgefordert, die vorgegebenen Aussagen auf einer 7-Punkte Skala zu bewerten, von »stimme völlig zu« bis »lehne entschieden ab«. Darauf basierend wird ein Differenzwert (Erwartungswert/Leistungswert) pro Merkmal errechnet. Der Differenzwert bewegt sich im Intervall zwischen -6 und +6, wobei ein hoher Wert ein hohes Qualitätsniveau bedeutet. Durch Aufsummieren der Differenzwerte können die Qualitätswerte pro Dimension sowie ein Gesamtwert berechnet werden. Die Bedeutungsgewichte können über standardisierte Regressionskoeffizienten im Rahmen einer Regression mit einem separat zu erhebenden Gesamtqualitätsurteil errechnet werden.

Tabelle 2: Die SERVQUAL Doppelskala [10]						
	Diese(r) Meinung ...					
	stimme ich völlig zu					lehne ich entschieden ab
Die Geschäftsräume der Bank sollten ansprechend gestaltet sein.	7	6	5	4	3	2	1
Die Geschäftsräume der Bank XYZ sind ansprechend gestaltet.	7	6	5	4	3	2	1

Obwohl die Vorgehensweise bei SERVQUAL sehr plausibel anmutet, wurden in der Literatur mehrere Punkte kritisch beleuchtet. So wurde beispielsweise der Anspruch, ein branchenübergreifendes Instrument zur Messung der Dienstleistungsqualität darzustellen, auf Grund der Heterogenität der Dienstleistungsbranche als überzogener Anspruch gewertet. Gleichwohl bietet SERVQUAL mit seinen Dimensionen einen ersten Orientierungsrahmen bei der Entwicklung eines Unternehmens- oder branchenspezifischen Instrumentes. Ein weiterer Kritikpunkt betrifft die Differenzbildung zwischen Erwartungen und erlebter Leistung, da dies durchaus zu absurden Ergebnissen führen kann. (So führt ein hervorragender Leistungswert von 7 bei einem »Erwartungswert« von 1 zu einem sehr guten und bei einem »Erwartungswert« von 7 zu einem wenig guten Ergebnis). Diese Kritik an der Doppelskala führte dazu, dass in später entwickelten Modellen die wahrgenommene Leistung als Indikator für die Qualität der Dienstleistung verwendet wurde. Literatur [10; 11]

Tabelle 3: Die 22 SERVQUAL-Statements zur Messung erwarteter Leistungsaspekte

Tangibles

E1 Die technische Ausrüstung von ... sollte dem neuesten Stand entsprechen.

E2 Die Geschäftsräume von ... sollten ansprechend gestaltet sein.

E3 Die Angestellten sollten ordentlich angezogen sein und einen sympathischen Eindruck machen.

E4 Die Gestaltung der Geschäftsräume von ... sollte der Art der Dienstleistung angemessen sein

Reliability

E5 Wenn ... die Fertigstellung eines Auftrags bis zu einem bestimmten Zeitpunkt versprechen, sollten sie diesen auch einhalten.

E6 Kundenprobleme sollten ernstgenommen und mitfühlend und beruhigend behandelt werden.

E7 Man sollte sich auf ... verlassen können.

E8 Die Dienstleistung sollte zu dem Zeitpunkt ausgeführt sein/werden, zu dem sie versprochen wurde.

E9 ... sollte eine ordentliche Auftragsbuchführung besitzen.

Responsiveness

E10 Man sollte von ... nicht erwarten, dass sie den Kunden genau darüber Auskunft geben, wann die Leistung ausgeführt sein wird.

E11 Es ist unrealistisch, als Kunde prompten Service von den Angestellten in ... zu erwarten.

E12 Die Angestellten müssen nicht permanent gewillt sein, den Kunden zu helfen.

E13 Es ist in Ordnung, wenn die Angestellten zu beschäftigt sind, um Kundenwünsche unmittelbar zu erfüllen.

Assurance / Competence

E14 Kunden sollten den Angestellten von ... vertrauen können.

E15 Kunden sollten sich während des Kontaktes zu den Angestellten wohlfühlen können.

E16 Die Angestellten von ... sollten höflich sein.

E17 Die Angestellten sollten angemessene Unterstützung im Unternehmen erhalten, um ihre Tätigkeit gut ausführen zu können.

Empathy / Courtesy

E18 Von ... sollte nicht erwartet werden, dass sie jedem Kunden individuelle Aufmerksamkeit widmen.

E19 Von Angestellten dieser Firmen kann nicht erwartet werden, dass sie sich persönlich um den Kunden kümmern.

E20 Es ist unrealistisch, von den Angestellten zu erwarten, dass sie Bedürfnisse ihrer Kunden kennen.

E21 Es ist unrealistisch zu erwarten, dass ... nur das Interesse ihrer Kunden im Auge haben.

E22 Man sollte von ... nicht erwarten, dass ihre Öffnungszeiten angenehm für alle Kunden sind.

Messen durch Vergleiche?

Schließlich unterscheiden sich die einzelnen Verfahren dahingehend, ob die Messung des Eindruckswertes direkt (gut – schlecht; zufrieden – unzufrieden) oder indirekt über die zusätzliche Erhebung eines Vergleichswerts erfolgt. Bei der *indirekten* Variante findet die eigentliche Ermittlung des Qualitätswertes durch eine mathematische Operation, meist durch eine *Differenzbildung* zwischen dem Wert des *Vergleichsstandards* und dem Wert statt, der das *Leistungsniveau* des Unternehmens widerspiegelt. Im Fall der einstellungsorientierten Messung wird häufig der *ideale Anbieter* als Vergleichsstandard gewählt. Im Rahmen der zufriedenheitsorientierten Messung werden eine Vielzahl von Vergleichsstandards (vorgegebene Erwartungen, Erfahrungswerte, Ideale, Minimalanforderungen, …) vorgeschlagen. Da jedoch anzunehmen ist, dass Kunden mehrere Vergleichsstandards beziehungsweise unterschiedliche Standards in unterschiedlichen Situationen zu Grunde legen, und sie häufig nicht in der Lage sind, ihr tatsächliches Anspruchsniveau zu quantifizieren, sollte die Messung direkt erfolgen und die Erhebung der Anforderungen in den qualitativen Forschungsbereich (siehe unten) verlegt werden. So wurde auch das bekannteste der merkmalsorientierten Verfahren SERVQUAL wegen seiner Doppelskala und der darauf aufbauenden Differenzbildung stark kritisiert [4]. Abbildung 2 gibt einen Überblick über beispielhafte Anwendungen der wichtigsten Verfahrenstypen.

Die Entscheidung für ein bestimmtes Verfahren

Generell gilt: Ein »bester« Skalentyp (Verfahrenstyp) existiert nicht. Die Entscheidung für oder gegen einen Skalentyp muss unter Berücksichtigung mehrerer Faktoren, wie Kommunikationsform der Befragung und angestrebtes Skalenniveau, erfolgen. In der Praxis hat sich allerdings eine *direkte Zufriedenheitsmessung* mittels *fünfpoliger Skalen* (vollkommen zufrieden, sehr zufrieden, zufrieden, weniger zufrieden, unzufrieden) gegenüber einem Einkomponentenansatz bewährt.

Einstellungsorientierte Verfahren der Kundenzufriedenheitsmessung

Einkomponentenansatz, direkte Messung	Stimme voll und ganz zu	Stimme eher zu	Stimme eher nicht zu	Stimme überhaupt nich zu
Das Unternehmen zeichnet sich durch seine freundlichen Mitarbeiter aus	◯	◯	◯	◯
Dieses Unternehmen bietet faire Preise	◯	◯	◯	◯

Einkomponentenansatz, indirekte Messung [13]	Sehr ansprechen	Eher ansprechend	Weniger ansprechend	Überhaupt nicht ansprechend
Wie ansprechend sind die Gebäude des Unternehmens gestaltet?	◯	◯	◯	◯
Wie ansprechend sind die Gebäude eines idealen Unternehmens gestaltet?	◯	◯	◯	◯

Zufriedenheitsorientierte Verfahren der Kundenzufriedenheitsmessung

Zweikomponentenansatz, direkte Messung	Vollkommen zufrieden	Sehr zufrieden	Zufrieden	Weniger zufrieden	Un- zufrieden
Wie zufrieden sind Sie mit den Geschäftszeiten Ihrer Direktbank?	◯	◯	◯	◯	◯
	Äußerst wichtig	Eher unwichtig	Weder noch	Eher unwichtig	Äußerst unwichtig
Wie wichtig sind Ihnen die Geschäftszeiten?	◯	◯	◯	◯	◯

Zweikomponentenansatz, direkte Messung	Äußerst wichtig	Eher unwichtig	Weder noch	Eher unwichtig	Äußerst unwichtig
Wie zufrieden sind Sie... ...mit der Erledigung Ihres Anliegens?	◯	◯	◯	◯	◯
...mit der Fachkompetenz der Mitarbeiter?	◯	◯	◯	◯	◯

Abb. 2: *Beispiele für Anwendungen der wesentlichen Verfahrenstypen: Einstellungsorientierte Verfahren beziehen nicht nur Kunden, sondern auch (Noch-)Nichtkunden mit ein. Der Zweikomponentenansatz unterscheidet sich vom Einkomponentenansatz dadurch, dass er nicht nur den Zufriedenheitsgrad mit einem bestimmten Merkmal ermittelt, sondern auch die Bedeutung, die dieses Merkmal für den Kunden hat. Die indirekte Messung enthält einen indirekten Vergleich (nicht mit einem bestimmten, sondern mit »dem idealen« Unternehmen).*

Ereignisorientierte Qualitätsmessverfahren

Das Interesse an ereignisorientierten Verfahren zur Qualitätsmessung hat sich in den vergangenen Jahren stark intensiviert. Auf Grund ihres *explorativen, qualitativen Charakters* gewähren sie einen tieferen Einblick in die Entstehung von Qualitätsurteilen und sind damit zur Ableitung von konkreten Maßnahmen für die Verbesserung beziehungsweise Optimierung von Leistungen oft besser geeignet. Ereignisorientierte Verfahren basieren auf der Annahme, dass Kunden ihr Qualitätsempfinden auf Grundlage einer episodischen Informationsverarbeitung ausdrücken, das heißt, ihr Urteil entsteht auf dem Weg der *Verarbeitung konkreter Ereignisse*, die sich während des Kauf- oder Serviceprozesses aus Kundensicht zugetragen haben [10].

Generell sind *drei Verfahrenstypen* von besonderer Relevanz: Die Beschwerdeanalyse, die Methode der kritischen Ereignisse (MKE) – auch Critical IncidentTechnique (CIT) genannt – und die Sequentielle Ereignismethode.

Die Beschwerdeanalyse

Die *Beschwerdeanalyse* stellt einen systematischen Prozess dar, in dem Kundenbeschwerden untersucht und ausgewertet werden. Die Zielsetzung ist es hierbei, den Kunden durch die Lösung seines Problems an das Unternehmen zu binden und die geäußerten Kritikpunkte zur Verbesserung der Qualität zu nutzen. Bei Beschwerden handelt es sich um kundeninitiierte Berichte, die äußerst *relevante, aktuelle* und darüber hinaus *kostengünstige* Informationen enthalten. Da sich jedoch nur ein geringer Anteil der unzufriedenen Kunden beschwert, sollte die Artikulation von Beschwerden beispielsweise durch die Einrichtung von »Meckerkästen«, Beschwerdetelefonen und Ähnlichem erleichtert werden, wodurch auch dem Problem der *mangelnden Repräsentativität* von Beschwerden ein wenig beigekommen werden kann. Die Erweiterung um *Lobinformationen* behebt einen weiteren Nachteil der Beschwerdeanalyse, die einseitige Fokussierung auf negative Aspekte.

Methode der kritischen Ereignisse

Bei der »Critical Incident Technique« (CIT) oder »Methode der kritischen Ereignisse« (MKE) handelt es sich um ein primär qualitatives Befragungsverfahren. Mittels standardisierter, offener Fragen werden Auskunftspersonen zu außergewöhnlich negativen oder positiven Erlebnissen mit dem Dienstleistungsunternehmen befragt. Die Interviews sollten hierzu entweder mit Video oder Tonband aufgezeichnet und anschließend niedergeschrieben oder sofort durch einen Protokollführer festgehalten werden. Als Alternative hierzu besteht die Möglichkeit, die Geschichten von der Auskunftsperson selbst aufschreiben zu lassen. Die CIT zeichnet sich durch folgende Elemente aus:

In einer ersten Stufe werden die Auskunftspersonen gebeten, sich an ein kritisches Ereignis im Zusammenhang mit dem Dienstleistungsanbieter zu erinnern und dies möglichst detailliert in eigenen Worten zu beschreiben:
»Hatten Sie schon einmal ein außergewöhnlich positives oder negatives Erlebnis mit dem Unternehmen ABC? Wenn ja, beschreiben Sie dieses Erlebnis bitte so detailliert wie möglich mit Ihren eigenen Worten.«

In einer zweiten Stufe kann der Detaillierungsgrad der Geschichte weiter erhöht werden, indem Zusatzfragen gestellt werden können, wie:
⇨ Was passierte genau?
⇨ Wer genau machte was?
⇨ Wo fand der Vorfall statt?
⇨ Haben Sie sich beschwert?
⇨ Welche Konsequenzen haben Sie daraus gezogen oder werden Sie ziehen?
⇨ ...

Die Zahl der zu befragenden Personen kann a priori nicht festgelegt werden, da sie sehr stark von der Anzahl der Ereignisse abhängt, die durch die Befragung ermittelt werden. Als Faustregel dient das sogenannte Flanagan-Kriterium, nach dem die Befragung abgebrochen werden kann, wenn 100 zusätzliche Ereignisse nicht mehr als zwei oder drei neue Ereignisse hervorbringen.

Bei der Vorbereitung der Auswertung ist zu beachten, dass nur detailliert beschriebene Ereignisse in die Analyse mit einbezogen werden, die sich auf eine Kunde-Anbieter-Kontaktsituation beziehen und ein starkes Gefühl der (Un-)Zufriedenheit erzeugten. Schließlich sind die erhobenen Ereignisse zu kodieren und zu klassifizieren. Hierbei bietet es sich an, die Ereignisse den Dimensionen bewährter Modelle der Service-Qualität (zum Beispiel Servqual) zu klassifizieren und zuzuordnen. Zur Sicherstellung der Qualität der Ergebnisse sollten die Klassifizierungen simultan von mehreren Personen vorgenommen werden. Weiterhin ist es sinnvoll, einen Teil der Ereignisse zur Klassifizierung, einen anderen Teil zur Überprüfung der Vollständigkeit der Kategorien zu verwenden.

Bei der Dokumentation der Ergebnisse ist darauf zu achten, dass neben Häufigkeiten und Kreuztabellen auch einzelne Geschichten aufgeführt werden, die sehr detailliert geschildert wurden oder exemplarisch für eine Mehrheit der Ereignisse stehen, um sie für Schulungszwecke oder dergleichen nutzen zu können.

Die Methode der kritischen Ereignisse

Als *Methode der kritischen Ereignisse* (siehe vorherigen Kasten) wird ein von Flanagan in den 50er Jahren entwickeltes Verfahren zur Erhebung einzelner kritischer Ereignisse bezeichnet [2]. Bei kritischen Ereignissen handelt es sich um Vorfälle, die vom Kunden als *außergewöhnlich positiv oder negativ* empfunden werden. Die aus Critical-Incident-Studien gewonnenen Informationen können im Unternehmen vielfältig eingesetzt werden. Neben der *Vermeidung von Mängeln* und der Inszenierung positiver Überraschungen sowie dem Einsatz positiver kritischer Ereignisse in der *Werbung* über Testimonials (Kunden berichten über positive Erlebnisse mit dem Dienstleistungsunternehmen) werden die Ergebnisse häufig zur *Motivation und Schulung des Personals* eingesetzt [12].

Die Sequentielle Ereignismethode

Bei der *Sequentiellen Ereignismethode* durchläuft der Kunde gedanklich-emotional noch einmal den *visualisierten Kauf- oder Serviceprozess* auf Basis eines vorliegenden Blueprints, wobei die übliche Prozessabfolge aus Kundenperspektive verbal oder auch visuell über Fotos oder Symbole dargestellt wird. Die Qualitätsbewertung der einzelnen Kontakte kann sowohl über geschlossene (merkmalsorientierte) als auch offene (ereignisorientierte) Fragestellungen erfolgen. Im Falle der offenen Fragestellung werden die Antworten ähnlich der Methode der kritischen Ereignisse aufgezeichnet [11].

Auf Grund ihrer explorativen Forschungsziele und der daraus resultierenden Stichprobenkonstruktion sind ereignisorientierte Verfahren im Gegensatz zu den merkmalsorientierten Verfahren nicht unbedingt darauf ausgerichtet, repräsentative Ergebnisse zu erheben. Auch würde der zu erwartende Nutzen einer repräsentativen Stichprobenanlage die entstehenden Kosten bei weitem nicht rechtfertigen. Vielmehr liegt der Fokus auf dem Konkretisierungsgrad und der Authentizität der Ausführungen. Die *Stichproben* sollten sich daher schwerpunktmäßig aus Personen zusammensetzen, die einzelne Geschichten *sehr detailliert wiedergeben* können und sich durch ein hohes

Maß an *Auskunftsbereitschaft* auszeichnen (zum Beispiel Beschwerde-führer).

Möglichkeiten der Qualitätsbewertung durch das Unternehmen

Zur Bewertung der Qualität der Dienstleistung durch das Unternehmen selbst bietet es sich in einem ersten Schritt an, Methoden der *Sekundärforschung* anzuwenden. Damit können Daten erhoben werden, die einen ersten Eindruck über das Qualitätsniveau vermitteln. So kann die Beurteilung einzelner Prozesse im Rahmen der *Fehlerkostenanalyse* über Fehlerfolgekosten (etwa die Kosten für Nachbesserung oder Schadensersatz bei mangelhafter Qualität) erfolgen. Als weitere Indikatoren sind exemplarisch *Umsatz- und Marktanteilsveränderungen* sowie *Neukundengewinnungs- und Abwanderungsraten* zu nennen. Diese Daten werden hauptsächlich deswegen herangezogen, weil man davon ausgehen kann, dass sie in engem Zusammenhang mit der Zufriedenheit des Kunden stehen. Jedoch wird die somit gemessene Kundenbindung durch eine Vielzahl weiterer Faktoren beeinflusst, so dass diese ersten Anhaltspunkte durch Verfahren der Primärforschung ergänzt werden sollten. Dazu kommen auf Unternehmensseite die *Befragung von Mitgliedern des Unternehmens oder Beobachtungen der Kundenkontaktsituation* in Betracht.

Als Methoden zur Beurteilung der Leistungs-Qualität aus Unternehmenssicht im Rahmen der Primärforschung erscheinen vor allem die *Fehlermöglichkeits- und -einflussanalyse (FMEA)* sowie Scoring-Verfahren als Methoden relevant.

Fehlermöglichkeits- und -einflussanalyse

Im Rahmen der *Fehlermöglichkeits- und einflussanalyse (FMEA)* werden auf der Basis einer möglichst umfassenden Fehlerliste durch Mitarbeiter des Unternehmens für jeden Fehler

⇨ die Wahrscheinlichkeit seines Auftretens,

⇨ die Bedeutung des Fehlers für den Kunden und

⇨ die Wahrscheinlichkeit seiner Entdeckung vor Auslieferung an den Kunden

auf einer Skala von 1 bis 10 bewertet. Durch die Multiplikation der Werte ergeben sich die Prioritäten für die einzelnen Problemarten.

Scoring-Verfahren

Die *Scoring-Verfahren* schließlich zeichnen sich dadurch aus, dass Unternehmensmitarbeiter die in einer Liste aufgeführten Qualitätsmerkmale in Teamarbeit gewichten und die eigene Leistung im Verhältnis zum besten Wettbewerber bewerten.

Auf Grund der Nähe des *Kontakt- und Verkaufspersonals* zum Kunden kann dieses im Rahmen der Qualitätsmessung wichtige Aufgaben übernehmen. So sollten Mitarbeiter im Kundenkontakt in der Lage sein, die direkt wahrgenommene *Kundenzufriedenheit* (positiv oder negativ) gut *einschätzen* zu können, eine Vermutung, die auch schon durch empirische Forschungsergebnisse unterstützt werden konnte [12]. Diese Daten können als Frühwarnsignale für die Unternehmensleitung fungieren oder Schwächen bei der Leistungserstellung aufdecken. Wie bereits erwähnt wurde, ist es dazu allerdings nötig, dass die Mitarbeiter diese Informationen weitergeben und sie anderen Abteilungen zugänglich machen.

Gerade bei kritischen Kontakten zwischen Personal und Kunde (»critical service encounters«) spielen Wahrnehmung und Bewertung der (Un-)zufriedenheit durch das Kontaktpersonal eine wesentliche Rolle. Nur auf der Basis von verlässlichen Daten über das Zufriedenheitsniveau des Kunden können geeignete Maßnahmen eruiert und eine eventuell entstandene Unzufriedenheit des Kunden unmittelbar verringert werden. Dadurch ist es unter Umständen möglich, ein negatives Kontakterlebnis in ein positives umzuwandeln.

Beobachtungen

Auch der Einsatz von *Beobachtungen* erlaubt es, Rückschlüsse auf die Qualität der Leistungen zu ziehen. So können im Rahmen von *nicht-teilnehmenden* Beobachtungen die *Anzahl der Kundenkontakte*

....

Silent shopping

Silent shopping (Mystery Shopping, Testkäufe) bezeichnet eine Variante der teil-
nehmenden Beobachtung, bei der die Beobachter – selbstverständlich anonym
– als Dienstleistungsnachfrager auftreten. Durch die Simulation einer realen
Situation können vielfältige Informationen – zum Beispiel zu Freundlichkeitsni-
veau, Kompetenz oder Engagement des Kundenkontaktpersonals – gewonnen
werden. Daraus lassen sich Ansatzpunkte zur Verbesserung der Qualität und
für Schulungsmaßnahmen entwickeln. Die erhobenen Werte machen einen
Vergleich sowohl zwischen einzelnen Filialen als auch mit den Konkurrenten
möglich.
Um die Verlässlichkeit der Ergebnisse überprüfen zu können, sollten im Rahmen
der Testkäufe mehrere Beobachter eingesetzt und die Ergebnisse der einzelnen
Beobachter miteinander verglichen werden. Eine verbreitete Vorgehensweise,
ein hohes Maß an Objektivität bei Datenbeschaffung und -auswertung sicherzustellen, besteht in der Anwendung von Rollenprotokoll und Gedächtnisprotokoll.
Das Rollenprotokoll legt den Ablauf des Gespräches dahingehend fest, dass der
Wunsch des »Kunden« genau spezifiziert wird (etwa Kauf eines Neuwagens und
Finanzierung über die Hausbank), welche Fragen er stellen und worauf er ach-
ten muss. Das sorgfältige Einstudieren der Rolle stellt eine wesentliche Voraus-
setzung für den Erfolg des Testkaufs dar. Somit sollte vor dem ersten Testkauf
ein idealer Ablauf des Gespräches stattfinden.
Das Gedächtnisprotokoll stellt das eigentliche Herzstück des Testkaufs dar.
Dabei handelt es sich um einen standardisierten Fragebogen, den der Beobach-
ter unmittelbar nach dem Testkauf ausfüllen muss. Hierbei ist der Kontakt vom
Anfang bis zum Ende chronologisch aufgeführt, wobei sich der Inhalt je nach
Untersuchungszweck bestimmt.
In der Praxis findet Silent Shopping meist als persönliche Interaktion zwischen
Scheinkunde und Mitarbeiter statt, allerdings sind beispielsweise bei Direkt-
banken, Direktversicherungen, Versandhandel auch Testkäufe über das Telefon
(sogenannte »Mystery Calls«) denkbar [13].

....

quantifiziert, *Wartezeiten* erhoben oder *Kundenlaufanalysen* durchgeführt werden, um daraus Aussagen über die einzelnen Qualitätsdimensionen ableiten zu können. Dies erfordert allerdings den Einsatz
geschulter Beobachter sowie eine genaue Kenntnis darüber, welche
Anforderungen der Kunde an die einzelnen Dimensionen stellt beziehungsweise welche Standards er erwartet. Diese Anforderungen
müssen in separaten Befragungen erhoben werden, die Beurteilung
der Qualität mittels Beobachtung erfolgt somit auch indirekt über
den Kunden. Analog zur Sequentiellen Ereignismethode bietet es sich
bei der Durchführung der Beobachtung an, sich an einem Blue-print

zu orientieren. Dadurch kann eine systematische Vorgehensweise gesichert und die Vergleichbarkeit einzelner Beobachtungen ermöglicht werden.

Großer Beliebtheit erfreut sich die Variante der *nicht-teilnehmenden, verdeckten* (maskierten) Beobachtung, bei der speziell autorisierte Mitarbeiter (»Checker«) einzelne Mitarbeiter oder das ganze Team bei der *Aufgabenerfüllung* beobachten und *nach standardisierten Kriterien bewerten.* Der Gegenstand der Beobachtung bezieht sich hierbei nicht nur auf die vom Kunden wahrgenommenen Prozesse, sondern bezieht Unternehmensprozesse hinter der visible line mit ein. In der Praxis hat es sich bewährt, bei der Bewertung von Unternehmensprozessen durch die Beobachtung sehr komplexe Prozesse in *Teilprozesse* zu zerlegen. Diese Teil- oder Subprozesse können nun bewertet und verglichen werden. Durch die Bildung von Indices können die Teilbewertungen zu einem Gesamturteil zusammengefügt werden.

Die wohl bekannteste Variante der Beobachtung stellt die *teilnehmende, verdeckte* Beobachtung dar, bei der Beobachter aus dem Unternehmen als »*silent shopper*« (siehe Kasten oben) am Prozess der Dienstleistungserstellung teilnehmen, indem die Dienstleistung entweder einmalig oder über einen längeren Zeitraum hinweg (zum Beispiel über ein Testkonto bei einem Kreditinstitut) nachgefragt wird. Eine Variante des Verfahrens besteht darin, dass Personen, die nicht zum Unternehmen gehören, die Beobachtung durchführen (Experten oder Laien). Auf Grund der nur schwer herzustellenden Objektivität – sowohl bei der Beschaffung als auch bei der Auswertung und Interpretation der Daten – sollte auch hier die Anwendung auf die Überprüfung der Einhaltung von Standards sowie der Effektivität von Schulungsmaßnahmen beschränkt bleiben.

Institutionalisierung der Zufriedenheitsmessung

In der bisherigen Darstellung wurden einzelne Maßnahmen und einzelne Gründe für eine Messung dar- und nebeneinandergestellt. *Fortgeschrittene Controllingsysteme* versuchen aber Zufriedenheits-

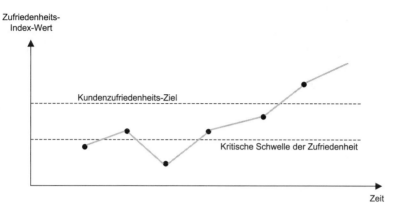

Abb. 3: *Fieberkurve der Kundenzufriedenheit*

erhebungen zu institutionalisieren. Dies bedeutet: Kein sporadischer, sondern ein *systematischer* Einsatz der unterschiedlichen Methoden. Die »Auslöser« der Zufriedenheitsuntersuchungen sind also a priori fest definiert.

Herangezogen werden hierzu insbesondere zeitliche und sachliche Kriterien.

Zufriedenheitsmessungen in bestimmten Zeitabständen

Eine Institutionalisierung anhand zeitlicher Kriterien fordert Untersuchungen zu einem definierten Zeitpunkt oder in klar definierten Zeitabständen. Beispiel:

⇨ Jeden November wird eine große, übergreifende Zufriedenheitsuntersuchung durchgeführt.

⇨ Jedes Quartal werden fünf Fokusgruppengespräche durchgeführt.

Die Ergebnisse dieser periodischen Erhebungen lassen sich – beim Einsatz merkmalsorientierter Verfahren – einer *Fieberkurve* vergleichbar darstellen und interpretieren (vgl. Abb. 3). Solche »Barometer« zeigen nicht nur den *aktuellen Stand*, sondern insbesondere auch *Veränderungen* in der Kundenzufriedenheit auf. Ein niedriger beziehungsweise sinkender Index drückt Qualitätsprobleme aus und deutet als Frühindikator auf wirtschaftliche Schwierigkeiten hin. Sinkt der Indexwert sogar dauerhaft unter eine unternehmensindividuell zu bestimmende »kritische Linie«, so kann die langfristige Existenz des Anbieters gefährdet sein.

Aus Einzeldimensionen oder aus der Auswertung der erhobenen Ereignisse lassen sich neben der Dokumentation des Erreichten auch die Erwartungs- und Anspruchsstruktur sowie konkrete Verbesserungsmaßnahmen ableiten.

Zufriedenheitsmessungen nach bestimmten Anlässen

Bei einer nach sachlichen Kriterien institutionalisierten Messung lösen bestimmte Anlässe Kundenzufriedenheitserhebungen aus. Dahinter steckt letztlich die Forderung, Kundenzufriedenheit auch kontaktnah und damit stärker episoden- beziehungsweise transaktionsbezogen zu erheben, um die Ergebnisse auch einzelnen Kontakten zurechnen zu können. Solche Auslöser könnten beispielsweise

⇨ die Auslieferung oder Inbetriebnahme einer Maschine,

⇨ Neuproduktentwicklungen,

⇨ Messeauftritte oder

⇨ durchgeführte Schulungen sein.

Der geforderte hohe Institutionalisierungsgrad verlangt dabei, nach jeder Auslieferung oder Inbetriebnahme der Maschine, vor jeder Produktentwicklung, bei jedem Messeauftritt oder nach jeder durchgeführten Schulung die geforderten Zufriedenheitsurteile mit dem jeweils geeigneten Instrumentarium zu erheben. Damit werden Standards definiert, nach denen vorzugehen ist.

Für jedes sachliche Kriterium ist unter Umständen ein spezifisches Erhebungsdesign (spezifischer Inhalt, spezifische Methodik, spezifische Erhebungssituation etc.) und eine spezifische Auswertung erforderlich.

Aggregation und Interpretation der Daten

Die angesprochenen und vorgeschlagenen Methoden sowie Ansatz-
und Zeitpunkte der Messung führen zu vielen einzelnen, zunächst
einmal voneinander unabhängigen Daten. Diese Daten können
durchaus interessante Informationen liefern. In der Regel ist jedoch
die *Verbindung unterschiedlichster Messansätze* und Untersuchungen
erforderlich, Daten sind zu aussagekräftigen Ergebnissen (zum Beispiel zu Indices) zu aggregieren.

Aggregation bedeutet zwar auf der einen Seite einen *Informations-
verlust*; der wird jedoch meist dadurch aufgefangen, dass die Kombination und damit Verdichtung der Daten die hohe, meist nicht zu be-
wältigende *Komplexität* (oder genauer Zahlenfülle) *abbaut* und so erst
entscheidungsrelevante Informationen bereitgestellt werden können.
Ziel und damit Aufgabe der Aggregation ist es, konkrete »Werte« für
einzelne Zufriedenheitsaspekte zu erhalten.

Von besonderer Bedeutung ist in der Regel die Aggregation bezüglich einer Geschäftsbeziehung. Wie sollen die Daten der unterschiedlichen Befragungspersonen (Stichwort Buying-Center) gewichtet
und aggregiert werden? Sollen – und wenn ja, wie? – die einzelnen
Transaktions- und Episodeninformationen zusammengefasst werden?
Empfehlungen – wie zum Beispiel, die Entscheidungsmacht und Problemlösungskompetenz des Kunden in dessen Unternehmen als Kriterium und als Gewicht zu verwenden – klingen zwar logisch, werfen
letztlich aber auch Fragen wie die nach der Operationalisierung von
»Lösungsbeiträgen« auf.

Selbst wenn die Probleme des Erhebungsdesigns und der Erhebung gelöst werden, die Interpretation der Daten stellt den Forscher
vor weitere Schwierigkeiten. Insbesondere wenn aus den Ergebnissen
Handlungsempfehlungen abgeleitet werden sollen oder Zufrieden-
heitsergebnisse beispielsweise die Grundlage eines Entlohnungssys-
tems sein sollen, stellt sich die Frage der *Validität*. Die Zusammenhänge und gegenseitigen Ausstrahlungen einzelner (Teil- und Global-)
Urteile auf andere sind oft ungeklärt. Die Antwort und das Urteil

bezüglich eines Attributes oder Erlebnisses kann von der generellen Beurteilung des Untersuchungsgegenstands beeinflusst sein. Oder die Bewertung eines (dominanten) Attributs/Erlebnisses beeinflusst die Bewertung anderer Attribute/Erlebnisse. Als Begründungen für diese *Halo-Effekte* (Ausstrahlungseffekte, zum Beispiel eines sehr dominanten Verkäufers) [13] wird die individuelle Tendenz, kognitive Konsistenz aufrecht zu erhalten und kognitive Dissonanzen zu vermeiden, aufgeführt.

Ergebnisse aus einer merkmalsorientierten Erhebung können zusätzlich zum Problem der Interpretation eines »*nackten*« *Wertes* führen. Was sagt ein Zufriedenheitswert von 3,7 aus? Um diesen Wert aussagekräftig bewerten zu können, sind Vergleichswerte, etwa aus vorhergehenden Untersuchungen oder aus Benchmarkingstudien – wie branchenübergreifenden, nationalen Barometern – erforderlich. Hinzu kommt, dass bestimmte Zufriedenheiten – entgegen der klassischen Annahme – eben nicht immer die gedachten Wirkungen entfalten. Trotz guter Zufriedenheitswerte können die positiven Effekte auf Kundenbindung ausbleiben [12], etwa wenn ein Kunde ein vergleichbares Produkt zu einem günstigeren Preis findet oder aus Prinzip gerne wechselt (»variety seekers«).

Zu den Konsequenzen oder: Was passiert mit den Ergebnissen?

Selbst eine noch so gewissenhafte Erhebung, Analyse und Interpretation der »Daten« bewirkt noch keine Leistungsverbesserung. Und wenn diese angeblich so sensiblen Ergebnisse häufig in den Schubladen der Verantwortlichen oder in denen des Managements verschwinden, haben sie ihr Ziel erst recht verfehlt. Zufriedenheitsdaten, Erwartungen und Erlebnisse sind offen zu kommunizieren. Jeder direkt oder indirekt am Entstehen dieser Ergebnisse beteiligte beziehungsweise davon betroffene Mitarbeiter muss die Ergebnisse kennen, um auch den Implikationen gemäß handeln zu können. Dazu kommt: Offenheit erzeugt Verbesserungsdruck. Je höher die Transparenz des Handelns und je höher die Transparenz der Ergebnisse, desto größer – so zumindest die plausible Hypothese – die Motivation des Unternehmens, das heißt in der Konsequenz, die des einzelnen Mitarbeiters, auch umzusetzen, was die Ergebnisse – richtig interpretiert – fordern.

Einen Schritt weiter gehen Anreizsysteme, die an Zufriedenheit gekoppelt sind. Die Zufriedenheit des Kunden bestimmt damit von der Unternehmung zu leistende Kompensationen. Beispielsweise können bestimmte variable Teile des Gehalts der Mitarbeiter nur bei Erreichung von vorgegebenen Zufriedenheitsquoten bezahlt werden. Unabdingbare Voraussetzung dafür ist, dass es ein zufriedenheitsrelevantes, vom Mitarbeiter beeinflussbares Merkmal gibt, das nur diesem Mitarbeiter zuzurechnen ist, zum Beispiel Fachkompetenz. Solche Feedback-Mechanismen liefern den Mitarbeitern auch die notwendigen Orientierungshilfen, welchen Ziele und Kriterien im Rahmen ihrer Aufgaben entsprochen werden sollte. Offenheit als Prinzip beschränkt sich dabei nicht nur auf das eigene Unternehmen. Auch Kunden können (und sollen) über die Ergebnisse und Fortschritte informiert werden. Dies ist im Falle von Beschwerdeinformationen eine Selbstverständlichkeit. Auch wenn einzelne erhobene Daten (beispielsweise Ereignisse) einer Beziehung direkt zugeordnet werden können, ist ein Feed-back an die Kunden wichtig. Selbst bei Befragungen, deren Ziele aggregierte Werte sind, sollten Daten bekannt gemacht werden. Das gegenseitige Vertrauen in den Partner kann so wachsen. Beide Partner können aus den Informationen und Interpretationen

Anton Meyer, Prof. Dr., ist Ordinarius für BWL und Marketing an der Ludwig-Maximilians-Universität München. Als einer der Pioniere im deutschsprachigen Raum setzt er sich seit 20 Jahren in zahlreichen wissenschaftlichen und praxisorientierten Veröffentlichungen, Projekten und Vorträgen insbesondere mit Fragen der Kundenorientierung und marktorientierten Unternehmensführung auseinander.

Christian Blümelhuber ist Leiter der Forschungsgruppe Dienstleistungs-Marketing an der LMU München.

Robert Ertl ist Leiter Marketing und Vertrieb an der Börse München. Dort ist er zuständig für Direktmarketingkampagnen, Events, Kursvermarktung und Kooperationsprojekte mit Kreditinstituten in Deutschland, Österreich und der Schweiz.

lernen. Und auf Basis der Informationen können Leistungen und Prozesse einem Redesign unterzogen werden.

Literatur

[1] BITNER, M. J. ET AL.: *The Service Encounter: Diagnosing Favorable and Unfavorable Incidents, in: Journal of Marketing Vol. 54 (January 1990) S. 71-84*

[2] CHURCHILL, G. A.: *Marketing Research: Methodological Foundations 6. A., Fort Worth et al. 1995*

[3] DREWES, W.: *Qualitätssicherung im Bankgewerbe, in: Handbuch der Qualitätssicherung, hrsg. v. Masing, W., München/Wien 1988, S. 669-690*

[4] FLANAGAN, J. C.: *The Critical Incident Technique, in: Psychological Bulletin, Vol.51 (July 1954), S. 327-358*

[5] FRETER, H.: *Interpretation und Aussagewert mehrdimensionaler Einstellungsmodelle im Marketing, in: Konsumentenverhalten und Information, hrsg. v. Meffert et al., Wiesbaden 1979, S. 163-184*

[6] HENTSCHEL, B.: *Die Messung wahrgenommener Dienstleistungsqualität mit SERVQUAL, Eine kritische Auseinandersetzung, in: Marketing ZFP, Heft 4, IV. Quartal 1990, S. 230-240*

[7] HENTSCHEL, B.: *Dienstleistungsqualität aus Kundensicht. Vom merkmals- zum ereignis-orientierten Ansatz, Wiesbaden 1992*

[8] KAAS, K. P.; RUNOW, H.: *Wie befriedigend sind die Ergebnisse der Forschung zur Verbraucherzufriedenheit?, in: Verbraucherzufriedenheit und Beschwerdeverhalten, hrsg. v. Hansen, U.; Schoenheit, J., Frankfurt a. M. 1987, S. 79-98*

[9] MEYER, A., DORNACH, F.: *Das Deutsche Kundenbarometer 1995 »Qualität und Zufriedenheit« Jahrbuch der Kundenzufriedenheit in Deutschland 1995, München 1995*

[10] PARASURAMAN, A. ET AL.: *Servqual: A Multiple-Item Scale for Measuring Consumer Perceptions of Service Quality, Journal of Retailing, Volume 64, 1/1988, S. 12-40*

[11] PARASURAMAN, A. ET AL.: *A Conceptual Model of Service Quality and Its Implication for Future Research, in Journal of Marketing, Vol. 49 (Fall 1985), S. 41-50*

[12] hierzu beispielsweise REICHHELD, F. F., SASSER, W. W.: *Zero-Migration Dienstleister im Sog der Qualitätsrevolution, in: HARVARDmanager, 4/1991, S. 108-116*

[13] SALCHER, E. F.; ESSER, H.: *Anonyme Testkäufe am Schalter – eine Methode der Erfolgskontrolle im Vertrieb, in bank und markt 11/87, S. 17-21*

[14]   STAUSS, B.: *The qualitative satisfaction model, in: QUIS V: Advancing Service Quality,*
       hrsg. v. Edvardsson, B.; Warwick 1996, S. 35-44

[15]   STAUSS, B.; HENTSCHEL, B.: *Messung von Kundenzufriedenheit Merkmals- oder ereignis-*
       orientierte Beurteilung von Dienstleistungsqualität, in: Marktforschung & Management,
       3/1992, S. 115-122

[16]   STAUSS, B.: *Augenblicke der Wahrheit, in: asm, 6/91, S. 96-105*

[17]   STAUSS, B.: *Der Einsatz der Critical Incident Technique im Dienstleistungsmarketing, in:*
       Kundennähe realisieren, hrsg. v. Tomczak, T.; Belz, C., St. Gallen 1994, S.235-250

[18]   WIRTZ, J.: *Reducing Halo in Attribute-Specific Customer Satisfaction Measures, Arbeits-*
       papier der National University of Singapore, Singapore o. J.

Zusammenfassung

Zur Messung der Kundenzufriedenheit kennen Praxis und Wissenschaft mittlerweile eine Vielzahl von Methoden zur Erhebung von Informationen, Auswahl von Auskunftspersonen und Auswertung der Daten. Wichtig ist dabei jedoch die Tatsache, dass es nicht die Kundenzufriedenheitsuntersuchung gibt. Unterschiedliche Untersuchungsziele bedingen unterschiedliche Erhebungs-, Auswahl- und Auswertungsmethoden. Auch die Art der Beziehung zwischen Unternehmen und Kunden spielt beim Design der Untersuchung eine wichtige Rolle. So kann das Kundenkontaktpersonal wichtige Aufgaben übernehmen. Und schließlich darf nicht vergessen werden, dass Kundenzufriedenheitsuntersuchungen nur dann ihren Zweck erfüllen, wenn sie kontinuierlich eingesetzt werden, denn Kundenorientierung ist keine Eintagsfliege!

Beschwerdemanagement – Grundlagen und Konzepte

Kundenzufriedenheit steht ganz oben auf der Prioritätenliste der meisten Unternehmen. Aber wie geht man damit um, wenn ein Kunde sich beschwert? Ein kompetentes Beschwerdemanagement stellt einen zentralen Erfolgsfaktor bei der Kundenbindung dar.

In diesem Beitrag erfahren Sie:
- wie ein aktives Beschwerdemanagement zur Aufrechterhaltung von Kundenbeziehungen beiträgt,
- welche Faktoren die Organisation des Beschwerdemanagement-Prozesses bestimmen sollten,
- wie der Erfolg von Beschwerdemanagement-Systemen gemessen werden kann.

KURT JESCHKE

Der Kunde ist König

Nahezu jedes Unternehmen bekennt sich heute zur Kundenzufriedenheit als dem obersten Unternehmensziel. Allzu häufig wird dieses Bekenntnis jedoch nicht in konsequente Kundenbindungsstrategien und -maßnahmen umgesetzt. Untersuchungsergebnisse des Deutschen Servicebarometers [10] veranschaulichen, wie es tatsächlich um die Kundenorientierung im Fall der Unzufriedenheit von Kunden mit Produkt- und Dienstleistungen steht. Ein direkter Vergleich zwischen dem Ausmaß der generellen Kundenzufriedenheit mit Produkten und Dienstleistungen (Globalzufriedenheit) und der Zufriedenheit der Kunden mit der Bearbeitung und Lösung von Kundenbeschwerden (Beschwerdezufriedenheit) zeigt, dass das Beschwerdemanagement deutscher Unternehmen noch erhebliche Qualitätsdefizite aufweist. Das drastische Ergebnis: Im Vergleich zu den mit der Produkt- und/

327

oder Dienstleistungsqualität der Unternehmen erzielten Globalzufrie-
denheitsraten liegt das auf die Qualität der Beschwerdebearbeitung
bezogene Zufriedenheitsniveau der Kunden bei allen untersuchten
Branchen bis zu 34 Prozent darunter (vgl. Abb. 1).

Branchen (Auswahl)	Zufriedenheitsquoten (in %) 1)		
	Global-zufriedenheit	Beschwerde-zufriedenheit	Differenz (in %)
Reiseveranstalter	64	27	- 34
PKW-Hersteller	71	41	- 30
Lebensversicherungen	42	16	- 26
Fluggesellschaften	60	40	- 20
Banken und Sparkassen	53	35	- 18
Personalcomputer	51	34	- 17
Stromversorger	38	25	- 13
Versandhäuser	57	51	- 6

1) Nur Anteil der vollkommen zufriedenen bzw. sehr zufriedenen Kunden

© PD Dr. Kurt Jeschke, Frankfurt am Main 2004

Abb. 1: *Global- und Beschwerdezufriedenheit der Kunden, Quelle: [10]*

Die Zahlen verdeutlichen es. Noch immer fehlt das kompromisslose
Bemühen der Unternehmen beziehungsweise ihrer Mitarbeiter in Service und Vertrieb, auch im Fall der Kundenbeschwerde die Kundenorientierung des Unternehmens unter Beweis zu stellen. Trotz der hohen Aktualität der Beziehungs- und Stammkundenpflege im heftigen
Wettbewerb um den Kunden werden die Chancen eines aktiven Beschwerdemanagement noch immer unterschätzt. Die Professionalität
im Umgang mit Kundenbeschwerden und der bewusste Umgang mit
Fehlern als Chance eines unternehmensweiten Lernens lässt bei deutschen Unternehmen nach wie vor zu Wünschen übrig (vgl. Abb. 2)

Warum sind Kundenbeschwerden noch immer ein Tabu? Be-
misst sich die Kundenorientierung eines Unternehmens nicht vor
allem daran, wie kompetent Unternehmen gerade mit kritischen
Kundenkontaktsituationen – und dabei handelt es sich um eine

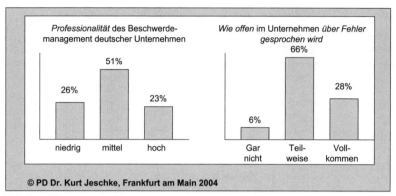

Abb. 2: *Kundenbeschwerden – noch immer ein Tabu, Quelle: [12]*

Kundenbeschwerde – umgehen? Unzufriedenheit mit Produkten
und Dienstleistungen im Allgemeinen und Unzufriedenheit mit der
Beschwerdebearbeitung eines Unternehmens im Besonderen sind die
Hauptursachen dafür, dass Kunden ihre Beziehungen zu Unternehmen abbrechen, zum Wettbewerber abwandern und darüber hinaus
negative Mundwerbung betreiben. Wenn aber Kundenorientierung
bedeutet, alles zu tun, um die Kunden dauerhaft zufrieden zu stel-

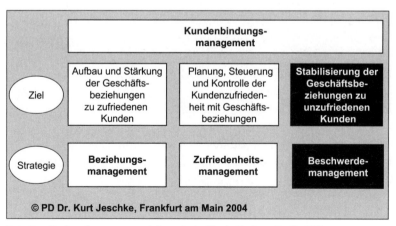

Abb. 3: *Beschwerdemanagement als Strategie der Kundenbindung, Quelle: [15]*

329

len und an die Produkte oder Dienstleistungen zu binden, dann ist das aktive Beschwerdemanagement ein Schlüsselinstrument für die Beziehungspflege zum Kunden. Der systematische Umgang mit Kundenbeschwerden wird zu einem zentralen Erfolgsfaktor im Kundenmanagement von B2B- oder B2C-Unternehmen. Als Ausdruck einer aktiven Kundenbindungsstrategie ist der systematische Umgang mit unzufriedenen aktuellen Kunden heute unverzichtbarer denn je (vgl. Abb. 3).

Gründe für das aktive Beschwerdemanagement

Die Chancen eines aktiven Beschwerdemanagement

Das Marketing der 90er Jahre hat die Kundenorientierung neu entdeckt [3]. Mit der Renaissance des marketingpolitischen Credos »Alles für den Kunden« hielt auch die Kundenzufriedenheit und Kundenbindung als eigenständige Zielgröße Einzug in die Zielsysteme von Marketing und Vertrieb. Dem Ziel der Kundenbindung wird heute gegenüber der Neukundengewinnung eine erheblich höhere Bedeutung zugeordnet. Untersuchungen belegen, dass die Kosten der Neukundenakquisition die Kosten der Kundenbindung je nach Branche um den Faktor 5 bis 10 übersteigen können [6]. Neben diesem operativen Vorteil stellen dauerhaft zufrieden gestellte und loyale Kunden ein unverzichtbares strategisches Erfolgspotenzial dar. Sie tragen wesentlich dazu bei, die erreichte Marktstellung des Unternehmens abzusichern beziehungsweise auszubauen. Zufriedene Kunden sind markentreuer. Sie weisen ein höheres Cross-Buying-Potenzial auf und empfehlen die Produkte und Dienstleistungen intensiv im Freundes- und Bekanntenkreis weiter. Mit steigender Kundenzufriedenheit nimmt auch die Bindung der Kunden an das Unternehmen zu. Der Vorteil: Einsparungen bei der Neukundenakquisition, sinkende Marketing-/Vertriebskosten und eine – wie Untersuchungen zeigen – deutlich größere Preisbereitschaft beziehungsweise geringere

Preisflexibilität der Kunden. In diesem strategischen Kontext ist auch das aktive Beschwerdemanagement zu sehen. Zu keinem Zeitpunkt sind Kundenbeziehungen stärker gefährdet, als im Zustand der Kundenunzufriedenheit. Ein aktives Beschwerdemanagement umfasst die zielorientierte Planung, Steuerung und Kontrolle aller Maßnahmen, die ein Unternehmen im Zusammenhang mit Kundenunzufriedenheit und Kundenbeschwerden ergreifen kann [7]. Kundenbeschwerden sind Unzufriedenheitsäußerungen von Kunden, deren Erwartungen an die Qualität von Produkt-, Service-, Marketing- oder Vertriebsleistungen eines Unternehmens nicht erfüllt werden konnten. Ein aktives Beschwerdemanagement versteht Kundenbeschwerden als unternehmerische Chance, die Unzufriedenheit von Kunden frühzeitig wahrzunehmen, aktiv zu bearbeiten und Vorkehrungen zu treffen, um einer zukünftigen Unzufriedenheit mit den Produkt- und Dienstleistungen vorzubeugen [2]. Mit einem aktiven Beschwerdemanagement sind umfangreiche Chancen für das Unternehmen verbunden [9]:

⇨ Es unterstützt ein kundenorientiertes Unternehmensimage,
⇨ es stärkt die Vertrauensbasis des Kunden in die Geschäftsbeziehung,
⇨ es vermeidet die Abwanderung von Kunden und erhält den Umsatz beziehungsweise Periodendeckungsbeitrag pro Kunde,
⇨ es vermeidet die Wiedergewinnungskosten für verlorene Kunden,
⇨ es nutzt zufrieden gestellte Kunden als Akquisiteure durch positive Mund-Werbung,
⇨ es verhindert den Verlust potenzieller Kunden durch negative Mund-Werbung,
⇨ es verschafft kunden- beziehungsweise anwendungsnahe Produktinformationen zur Qualitätssicherung und -verbesserung des Leistungsangebots,
⇨ es reduziert Beschwerdebearbeitungskosten durch kunden- und problemadäquate Bearbeitungsprozesse und Lösungskonzepte.

Ein aktives Beschwerdemanagement ist eine Investition in dauerhafte Kundenbeziehungen. Jeder in ein aktives Beschwerdemanagement des Unternehmens investierter Euro fließt mittelfristig in das Unternehmen zurück. Die Spitzenreiter des deutschen Kundenbarometers (unter anderem BMW, Citibank, Miele Kundendienst, LTU, Techniker Krankenkasse, Globus Handelshof) stellen es unter Beweis: Auf Basis eines systematisch durchgeführten Beschwerdemanagement ist der Return on Complaint Management positiv [15].

Der Informationswert von Kundenbeschwerden

Der Informationswert von Kundenbeschwerden wird trotz der zunehmenden Bedeutung von Kundenkontakt- und Beschwerdemanagementaktivitäten in der Unternehmenspraxis noch immer unterschätzt. Die Stärken der Beschwerdeinformationen sind ihre Kostengünstigkeit, Aktualität und Marktnähe [1]. Kundenbeschwerden spiegeln originäre Marktinformationen wider, die der Kunde dem Unternehmen zudem fast kostenlos liefert. Beschwerdeinformationen basieren auf konkreten Produkt- oder Service-Erfahrungen der Kunden. Sie weisen auf aktuelle Qualitätsprobleme im Produkt- und/oder Serviceleistungsprogramm des Unternehmens hin. Das Qualitätsmanagement eines Unternehmens kann auf derartige Qualitätskontrollinformationen und ihre Impulse zur stetigen Qualitätsverbesserung nicht verzichten. Neben konkreten Informationen zu aktuellen Qualitätsschwächen können Kundenbeschwerden auch Informationen zum generellen Marktverhalten des Unternehmens sowie zu sich abzeichnenden Marktentwicklungen vermitteln. Vor diesem Hintergrund stellen Beschwerdeinformationen wichtige strategische Frühwarnindikatoren zur Wahrnehmung von Marktchancen sowie zur Vermeidung von Marktrisiken dar [4].

Es liegt auf der Hand, dass Kundenbeschwerden als alleinige Qualitätskontrollinformation für das Qualitätsmanagement eines Unternehmens nicht hinreichend sind [3]. Vielmehr müssen die aus Kundenbeschwerden gewonnenen Informationen durch die Verknüpfung mit repräsentativ ermittelten Daten eines Kundenzufriedenheitsmanagement zur Globalzufriedenheit von Kunden sowie mit denen aus dem Qualitäts- und Servicemanagement gewonnenen internen Qualitätskontrollinformationen abgeglichen und ergänzt werden.

Kundenunzufriedenheit und Beschwerdeverhalten

Dimensionen des Beschwerdeverhaltens

Um den Informationswert von Kundenbeschwerden über das Ausmaß bestehender Kundenunzufriedenheit richtig einschätzen beziehungsweise ein zielgruppenorientiertes und problemadäquates Beschwerdemanagement realisieren zu können, benötigt das Unternehmen exakte

Warum sich Kunden beschweren

Die Ursachen für Kundenbeschwerden sind vielfältig. Sieht man von dem Problem so genannter Querulanten ab, so liegt jeder Kundenbeschwerde Unzufriedenheit mit dem Unternehmen zugrunde. Einer allgemeinen Typologie zufolge [4] bezieht sich die Kundenunzufriedenheit entweder auf den Unternehmensauftritt als Ganzes (zum Beispiel frauenfeindliche Werbung, umweltschädliches Verhalten oder Beschäftigungsabbau des Unternehmens etc.). In diesem Fall wird von der *Makro-Unzufriedenheit* gesprochen. Weitaus häufiger sind jedoch Beschwerden, die sich auf konkrete Qualitätsmängel der Produkt- und Serviceleistungen des Unternehmens beziehen (*Mikro-Unzufriedenheit*). Derartige Kundenbeschwerden treten auf, weil
⇨ ein erworbenes Produkt gebrauchstechnische Mängel aufweist,
⇨ die Kunden ein erworbenes Produkt nicht hinreichend nutzen können,
⇨ die Rechnung nicht stimmt oder ihr Aufbau unverständlich ist,
⇨ die geweckten Erwartungen der Kunden an die Produkt-/Serviceleistung nicht erfüllt werden,
⇨ sich Kunden durch Mitarbeiter im Front- oder Back-Office-Bereich nicht gut behandelt oder missverstanden fühlen,
⇨ die Kunden endlich einmal ihren angestauten Frust über typische Probleme der Zusammenarbeit mit dem Unternehmen loswerden wollen,
⇨ sich die Kunden im Nachhinein einen Vorteil erkämpfen wollen.

Kenntnisse über das Beschwerdeverhalten seiner Kunden. Kundenbeschwerden treten vor allem während und nach dem Kauf auf. Sie können direkt gegenüber dem Unternehmen oder indirekt gegenüber Drittinstitutionen wie Medien, Schiedsstellen oder Verbraucherorganisationen geäußert werden. Kundenbeschwerden zielen darauf ab, auf ein – aus Kundensicht – kritikwürdiges Verhalten von Unternehmen oder Mitarbeitern im front-office hinzuweisen, Lösungen für bestehende Produkt- oder Serviceprobleme zu erzielen und eine Veränderung der kritisierten Qualitätsdefizite zu veranlassen [8].

Als Frühwarnindikatoren liefern Beschwerden Informationen über den Umfang bestehender Kundenunzufriedenheit mit der Produkt- und Servicequalität des Unternehmens. Allerdings erreicht nicht jede Kundenunzufriedenheit in Form einer Kundenbeschwerde das Unternehmen. Kunden stehen vor verschiedenen Handlungsalternativen, und die Beschwerde ist nur eine davon. Häufig entscheiden sich Kunden für die sofortige Abwanderung oder die Kündigung bestehender Verträge. Sie betreiben negative Mundwerbung im beruflich-geschäftlichen oder privaten Umfeld und können damit einen nur schwer zu stoppenden Multiplikationsprozess von Absatz-, Umsatz- und Imageeinbußen initiieren (vgl. Abb. 4).

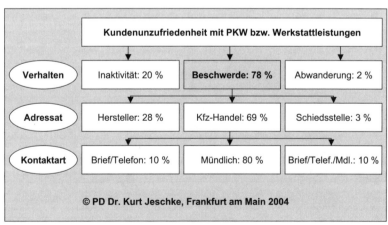

Abb. 4: *Das Beschwerdeverhalten unzufriedener Kunden, Quelle: [2]*

334

Bestimmungsfaktoren des Beschwerdeverhaltens

Das Beschwerdeverhalten der Kunden bei Unzufriedenheit wird durch mehrere, sich gegenseitig beeinflussende Verhaltensdeterminanten bestimmt. Von wesentlicher Bedeutung sind dabei:

⇨ Kosten-Nutzen-Überlegungen der Kunden zur Beschwerdeführung und zum Beschwerdeergebnis: Welcher Aufwand, welche Risiken und welches Ergebnis ist mit der Beschwerdeführung voraussichtlich verbunden?

⇨ Produkt- beziehungsweise dienstleistungsspezifische Faktoren der Problemursache: Wie bedeutsam ist das Produkt-/Serviceproblem für den Kunden? Welcher Nutzen geht dem Kunden verloren?

⇨ Personenspezifische Faktoren des Kunden: Welche Erfahrungen hat der Kunde mit Beschwerden gemacht? Wie selbstsicher und kompetent kann er sein Problem vermitteln?

⇨ Situative Faktoren des Unternehmens: Welches Beschwerdeimage hat das Unternehmen im Urteil der Kunden? Wie qualifiziert ist das Kundenkontaktpersonal? Wie bekannt sind die Ansprechpartner/Adressaten für Kundenbeschwerden im Unternehmen?

Die Beschwerdequote

Die Beschwerdequote ist der Anteil geäußerter Kundenbeschwerden an der Gesamtzahl aller unzufriedenen Kunden eines Unternehmens. Sie kann in Abhängigkeit der oben genannten Verhaltensdeterminanten erheblich variieren. Die Beschwerdequote ist bei objektiv nachweisbaren Produktmängeln hochpreisiger Konsum- oder Investitionsgüter (zum Beispiel Automobil, Personal Computer) deutlich höher als im Fall geringwertiger Konsumprodukte (zum Beispiel Nahrungs- und Genussmittel) oder nur schwer nachweisbarer Dienstleistungsmängel (zum Beispiel Finanzberatung). Vor diesem Hintergrund schwankt der Anteil derjenigen Kunden, die ihrem Unternehmen ihre Unzufriedenheit direkt mitteilen, von Branche zu Branche erheblich.

Über die Quote der so genannten unvoiced complaints, das heißt derjenigen Kunden, die sich trotz bestehender Unzufriedenheit nicht beschweren, kann nur eine gezielte Kundenbefragung im Rahmen der Zufriedenheitsforschung eines Unternehmens Klarheit verschaffen. Expertenschätzungen gehen dabei je nach Branche von dem fünf- bis zwanzigfachen dessen aus, was die Unternehmen tatsächlich erreicht. Dabei fallen die Beschwerdequoten im Business-to-Business-Markt verständlicherweise deutlich höher aus als im Endverbraucher-Geschäft. Grundsätzlich gilt: Unternehmen sollten alles tun, unzufriedene Kunden zur direkten Beschwerde zu veranlassen und nicht mit den Füßen abstimmen zu lassen, das heißt, zum Wettbewerb abzuwandern und ihre negativen Erfahrungen im Markt zu kommunizieren.

Das Ziel: Beschwerdezufriedenheit

Verlauf und Ergebnis einer Beschwerdebearbeitung durch das Unternehmen bestimmen die Beschwerdezufriedenheit der Kunden. Die Beschwerdezufriedenheit beeinflusst wiederum das Kauf- und Emp-

Branchen (Auswahl)	Wiederkauf-bereitschaft (in %)			Empfehlungs-bereitschaft (in %)		
Mit der Beschwerdebearbeitung..	zB	nzB	KoB	zB	nzB	KoB
Versicherungsunternehmen	98	62	76	86	28	60
Versandhandel	91	55	88	96	67	82
Reiseveranstalter	89	45	76	98	75	79
Unterhaltungselektronik	84	29	86	85	22	80
PKW-Hersteller	76	28	70	86	72	77

Erläuterung: zB = zufriedengestellte Beschwerdeführer, nzB = nicht zufriedengestellte Beschwerdeführer, KoB = Kunde ohne Beschwerde

© PD Dr. Kurt Jeschke, Frankfurt am Main 2004

Abb. 5: *Wiederkauf- und Empfehlungsbereitschaft zufriedener und nicht zufriedener Beschwerdeführer, Quellen: [5; 10]*

fehlungsverhalten der Kunden sowie den Umfang und die Intensität der Weiterempfehlung des Unternehmens. Zufrieden gestellte Beschwerdeführer sind bedeutende Akquisiteure mit erheblichem Einflusspotenzial auf ihr geschäftliches und soziales Umfeld. Während bei unzufriedenen Kunden die Markenloyalität – das heißt die Wiederkaufbereitschaft – deutlich zurückgeht, sind mit der Beschwerdebearbeitung zufriedene Kunden durch eine hohe Markenbindung und Weiterempfehlungsbereitschaft gekennzeichnet. Wie Untersuchungen zeigen, kann die Markenloyalität und Empfehlungsbereitschaft mit der Beschwerdebearbeitung zufriedener Kunden sogar die Loyalitäts- und Empfehlungsraten derjenigen Kunden übertreffen, die bislang keine Beschwerde bei ihrem Unternehmen hatten (vgl. Abb. 5).

Die Zahlen verdeutlichen: Unternehmen sollten alles tun, die bestehende Unzufriedenheit ihrer Kunden mit den Produkt- und Serviceleistungen durch ein gezieltes Angebot an kompetenten Kundenkontaktstellen zu erfassen (Maximierung der Beschwerdequote, Minimierung des Anteils der unvoiced complaints) und durch eine schnelle und kompetente Beschwerdebearbeitung den Anteil zufriedener Kunden zu maximieren. Im Folgenden werden die dafür erforderlichen organisatorischen und instrumentellen Anforderungen vorgestellt.

Beschwerdemanagement im Unternehmen implementieren

Prozesse und Instrumente des aktiven Beschwerdemanagement

Das Beschwerdemanagement eines Unternehmens erfolgt im Wesentlichen in vier Aufgabenbereichen mit den folgenden Zielsetzungen [3]:

⇨ Unzufriedene Kunden müssen zur Beschwerde aufgefordert und anfallende Kundenbeschwerden systematisch kanalisiert beziehungsweise professionell angenommen werden (Beschwerde-Input).

⇨ Beschwerden sollten durch verantwortliche Mitarbeiter eigen-ständig oder in Zusammenarbeit mit Dritten problemgerecht ge-löst werden (Beschwerdebearbeitung).

⇨ Kundenbeschwerden müssen auf ihren Informationsgehalt hin überprüft und die gewonnenen Beschwerdeinformationen innerbetrieblich weitergeleitet beziehungsweise zur zukünftigen Problemvermeidung genutzt werden (Beschwerdeinformations-gewinnung).

⇨ Das Urteil der Kunden zur Qualität der Beschwerdebearbeitung und der daraus resultierenden Beschwerdezufriedenheit muss ein-geholt werden (Beschwerde-Feedback).

In Abhängigkeit von der Beteiligung des Kunden an den Beschwerde-managementaktivitäten – von der Annahme, Bearbeitung/Lösung bis hin zur Informationsgewinnung – kann zwischen dem direkten und indirekten Beschwerdemanagementprozess unterschieden werden [15] (vgl. Abb. 6). Beiden Prozessen werden bestimmte Aufgaben des Be-

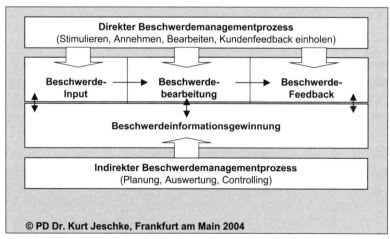

© PD Dr. Kurt Jeschke, Frankfurt am Main 2004

Abb. 6: *Direkter und indirekter Beschwerdemanagementprozess, Quelle: [15]*

schwerdemanagement zugeordnet. So umfasst der direkte Beschwerdemanagementprozess die Teilaufgaben der Beschwerdestimulierung, Beschwerdeannahme sowie Beschwerdebearbeitung und -lösung. Der indirekte Beschwerdemanagementprozess bildet die Aufgaben der Beschwerdeauswertung und Beschwerdenutzung sowie die Aufgaben des Beschwerdemanagement-Controlling im Unternehmen ab.

Die Aufgabenstellungen des Beschwerde-Input, der Beschwerdebearbeitung und des Beschwerde-Feedback (indirekter Beschwerdemanagementprozess) werden vor allem durch Mitarbeiter mit direktem Kundenkontakt im Vertrieb beziehungsweise Verkauf wahrgenommen. Der tägliche Kontakt mit den Kunden, detaillierte Kenntnisse über die Vertragsbeziehung und die Qualität der Zusammenarbeit (bisherige Kundenprobleme, Erwartungshaltung des Kunden etc.) prädestinieren die Verkaufsmitarbeiter für diese Aufgaben. Allerdings sind damit auch Risiken verbunden. Sie treten vor allem dann ein, wenn sich Kundenbeschwerden auf die Mitarbeiter in Verkauf und Vertrieb selbst beziehen (zum Beispiel schlechte Verkaufsberatung, nicht eingehaltene Terminzusagen, falsche Preisstellung etc.). Derartige Kundenbeschwerden werden häufig ignoriert oder bewusst zurückgehalten. Die Verkaufs- oder Geschäftsleitung wird nicht informiert. Um auch eigene Fehler einzugestehen, mitarbeiterbezogene Kundenbeschwerden lösungsorientiert zu bearbeiten und das eigene Verhalten für die Zukunft zu korrigieren, sind umfassende Informations-, Schulungs- und Motivationsmaßnahmen durch die Verkaufs- beziehungsweise Vertriebs- und Geschäftsleitung erforderlich.

Die Aufgaben des indirekten Beschwerdemanagementprozesses (Planung von Qualitätsstandards, Informationsgewinnung, Controlling) werden in der Regel durch zentrale Stellen oder Bereiche im Unternehmen wahrgenommen. Häufig finden sich eigens benannte Beschwerdemanager, Beschwerde-Qualitäts-Teams oder Customer-Care-Abteilungen, die mit direkter Anbindung an die Geschäftsleitung die »Back-Office-Funktionen« des Beschwerdemanagementprozesses in

enger Abstimmung mit den Bereichen Technik und Service oder der
Rechtsabteilung wahrnehmen.

Beschwerdestimulierung und Beschwerdeannahme

Der Beschwerde-Input soll Kunden dazu veranlassen, bestehende Unzufriedenheit direkt dem Unternehmen mitzuteilen, um sie von nachteiligen Handlungen – wie negativer Mundwerbung oder Abwanderung – abzuhalten. Artikulierte Kundenbeschwerden müssen darüber
hinaus innerhalb der Vertriebs- oder Serviceorganisation beziehungsweise dem Unternehmen kanalisiert und schnellstmöglich an den
verantwortlichen Unternehmensbereich (zum Beispiel Kundenser-
vice, Customer Care etc.) weitergeleitet werden. Die Gestaltung des
Beschwerde-Inputs wird wesentlich durch das Kundenverhalten bei
Unzufriedenheit bestimmt. Insbesondere geht es darum, seitens der
Kunden wahrgenommene Beschwerdebarrieren durch die Einrichtung
und Kommunikation von Kundenkontaktstellen (zum Beispiel Call
Center, Kontaktadressen), durch die Steigerung der Kundenmotiva-
tion zur Beschwerde bei Unzufriedenheit (zum Beispiel durch Leis-

Direkt unmittelbarer Beschwerdeweg	Direkt mittelbarer Beschwerdeweg	Indirekter Beschwerdeweg
• **Persönliche Ansprechpartner**	• **Sondertelefonnummern (Freecall, 0180, 0190/ Call-Center Lösungen)**	• **Meinungskarten/ Internetseiten/ Touch-Screens**
• Eignet sich besonders für Dienstleistungen • Hoher Aktivitätsgrad und Zielgenauigkeit • Schulung des Personals entscheidend • Erleichterung der Beschwerde durch Kunden- oder Servicestände	• Geringer Aufwand für Beschwerdeführer • Sofortige Reaktion und Problemlösung möglich • Individuelle Kundenansprache • Ausreichende Kapazitäten und Personalschulung • Kostengünstig	• Insbesondere bei Dienst-leistungen eingesetzt • Anonymität kann Beschwerde erleichtern • Fragen können gezielt strukturiert werden • Hohe Beschwerdebarriere • Geringer Aktivitätsgrad und hohe Streuverluste

Abb. 7: *Übersicht Beschwerdewege*

tungsversprechen bzgl. Kundenfreundlichkeit und Schnelligkeit) und durch eine kundenorientierte Beschwerdeinteraktion (zum Beispiel Mitarbeitertraining im Umgang mit unzufriedenen Kunden) abzubauen. In der Unternehmenspraxis werden vielfältige Instrumente für die professionelle Kanalisierung von Kundenbeschwerden genutzt. Zum Beispiel indem Beschwerden zur Chefsache erklärt werden, sich die Mitarbeiter in Service und Vertrieb regelmäßig nach der Zufriedenheit ihrer Kunden erkundigen, Meinungskästen in Kundenkontaktbereichen installiert werden, ein Call Center als »Beschwerde-Hotline« installiert und auf Rechnungsbelegen beziehungsweise Direct-Mailings angegeben wird, e-mail Adressen beziehungsweise Internet-websites zur Beschwerdekanalisierung angeboten werden oder Zufriedenheitsgarantien (zum Beispiel Umtauschgarantien, Geld-zurück-Garantien) ausgesprochen werden, die Kunden einen Anreiz bieten, ihre Unzufriedenheit dem Unternehmen mitzuteilen. Abbildung 7 stellt die wichtigsten Beschwerdewege und Relevanzkriterien dar.

Ein wichtiger Bereich der Beschwerdeannahme ist die persönliche Beschwerdeinteraktion zwischen dem Kundenkontaktpersonal in Service und Vertrieb auf der einen und dem Kunden auf der anderen Seite. Die Unzufriedenheit der Kunden, ihr Ärger und die emotionale Aufladung stellt an die Qualifikation und psychologische Belastbarkeit des Kundenkontaktpersonals, den Ablauf des Kommunikationsprozesses sowie die inhaltliche Argumentation der Mitarbeiter besondere Anforderungen. Mitarbeiter, die regelmäßig mit Kundenbeschwerden konfrontiert werden, müssen bereits im Rahmen der Mitarbeiterauswahl auf ihre psychosoziale Kompetenz beziehungsweise Serviceorientierung hin überprüft werden.

Häufig erfolgen Mitarbeiterschulungen zur Beschwerdekommunikation im Rahmen genereller Key-Account- oder Verkäufer-Trainings zu Gesprächs-, Verkaufs- oder Verhandlungstechniken im Vertrieb. Dies ist nicht der richtige Weg. Die Bedeutung zufriedener Beschwerdeführer erfordert, dass für dieses Thema separate Trainings angeboten werden sollten. Für die Durchführung bieten sich sowohl externe

Anforderungen an die Mitarbeiter im Beschwerdekontakt

Kundenkontaktmitarbeiter haben für die Umsetzung eines aktiven Beschwerdemanagements eine zentrale Bedeutung. Kundenbeschwerden werden in der Regel persönlich oder telefonisch vorgetragen. Die wenigsten unzufriedenen Kunden schreiben einen Brief, eine e-mail oder verlangen direkt die Geschäftsführung oder den Vorstand eines Unternehmens. Erfahrungen aus der Praxis zeigen, dass viele Kunden erst durch den Verlauf der Beschwerdeannahme beziehungsweise -bearbeitung verärgert oder zornig werden. Abweisendes oder lakonisches Verhalten der Mitarbeiter, Inkompetenz bei der Aufnahme des Kundenproblems oder mangelnde Entscheidungskompetenz bei der Lösung tragen dazu bei, dass zornige Kunden vom Unternehmen häufig selbst produziert werden. Mitarbeiter im Kundenkontakt und insbesondere für die Beschwerdeannahme und -bearbeitung verantwortliche Mitarbeiter brauchen ein hohes Maß an sozialen und fachlichen Fähigkeiten, um sensibel auf Kundenanforderungen und Kundenerwartungen im Beschwerdeprozess zu reagieren. Im Einzelnen sind dies [15]:

⇨ Kontaktfähigkeit und Offenheit: Auf den Kunden zugehen können
⇨ Kommunikationsfähigkeit: Dem Kunden Glaubwürdigkeit und Kompetenz vermitteln
⇨ Sensibilität: Sich auf die Seite des Kunden stellen, in sein Problem versetzen können
⇨ Belastbarkeit/Stressbewältigung: Psychologischen Stresssituationen gewachsen sein
⇨ Kritikfähigkeit: Für die Fehler des Unternehmens/anderer Mitarbeiter einstehen können
⇨ Selbstbeherrschung: In kritischen Gesprächssituationen die Ruhe bewahren
⇨ Eigenverantwortung: Selbständig konkrete Lösungen anbieten.

als auch interne Trainings an. Als besonders erfolgreich haben sich dabei Train-the-Trainer-Verfahren erwiesen. Führungskräfte in Verkauf und Vertrieb werden durch qualifizierte externe Beschwerdetrainer mit den sachlichen sowie gesprächspsychologischen Anforderungen an eine kundenorientierte Beschwerdekommunikation vertraut gemacht. Auf Basis dieses Wissens – ergänzt um Trainingsleitfaden und Schulungsunterlagen – werden die Führungskräfte darauf vorbereitet, mit ihren Teams im Vertrieb eigenständig interne Trainings zur Beschwerdegesprächsführung beziehungsweise Beschwerdelösung durchzuführen. Die Trainingspraxis zeigt, dass dabei regelmäßig wiederholte Kurztrainings (zum Beispiel 60 Min. Teamtraining pro Monat) er-

Checkliste: Regeln für das Beschwerdegespräch am Telefon

Die meisten Kundenbeschwerden werden telefonisch artikuliert. Für das Beschwerdetelefonat mit dem Kunden sollten die folgenden Regeln beachtet werden:

⇨ Lassen Sie Ihre Kunden am Telefon nicht lange warten: Dreimal Anklopfen/ Klingeln ist genug!

⇨ Seien Sie positiv (inneres Lächeln), wenn Sie mit einem Kunden telefonieren: Der Kunde ist Ihr Arbeitgeber!

⇨ Konzentrieren Sie sich auf das Telefonat: Andere Aktivitäten lenken Sie von dem Kundenanliegen ab!

⇨ Lassen Sie Ihren Gesprächspartner ausreden und vermeiden Sie, ihn zu unterbrechen: Der Kunde möchte seinen Dampf ablassen und sein Problem loswerden!

⇨ Sprechen Sie freundlich und beruhigend: Ersetzen Sie Gestik gezielt durch Formulierungen und Tonfall!

⇨ Hören Sie aktiv zu, geben Sie Ihrem Gesprächspartner Feedback und machen Sie sich Gesprächsnotizen (Beschwerdeanalyse).

⇨ Reagieren Sie nicht auf provozierende Bemerkungen: Führen Sie den Kunden durch Freundlichkeit und Verständnis auf die Sachebene zurück.

⇨ Wenn Sie dem Kunden nicht direkt helfen können: Sagen Sie einen sofortigen Rückruf zu und halten Sie Vereinbarungen ein!

⇨ Wenn der Kunde den Vorgesetzten/die Geschäftsführung sprechen will: Verbinden Sie ihn nur weiter, wenn Sie sein Anliegen genau erfragt haben, teilen Sie ihm den Namen des Vorgesetzten/Geschäftsführers mit.

⇨ Vergessen Sie nicht, den Kunden genauso freundlich zu verabschieden wie Sie Ihn begrüßt haben!

folgreicher sind als einmalige zeitaufwendige Trainings (zum Beispiel Zwei-Tages-Veranstaltung p. a.).

Der typische Verlauf von Beschwerdegesprächen im persönlichen oder telefonischen Kontakt sollte über Mitarbeiterschulungen und Fallstudien im Mitarbeiterteam besprochen und trainiert werden. Durch die gemeinsame Erarbeitung von lösungsorientierten Gesprächsstrategien müssen die Mitarbeiter in die Lage versetzt werden, den Ärger des Kunden einzugrenzen (Deeskalationsverfahren), Problem und Problemursache des Kunden sachlich zu erfassen und konkrete sowie schnelle Hilfestellungen beziehungsweise Problemlösungen anzubieten.

Beschwerdebearbeitung und -lösung

Bei mündlichen beziehungsweise telefonischen Kundenbeschwerden leitet die Beschwerdeannahme direkt in die Beschwerdebearbeitung und -lösung über. Die Beschwerdebearbeitung und -lösung dient dem Ziel, die Kundenzufriedenheit schnellstmöglich wieder herzustellen. Sie umfasst alle unternehmensseitigen Aktivitäten, die auf die Analyse, Bearbeitung und schnellstmögliche Lösung des Kundenproblems gerichtet sind.

Eine grundlegende Frage im Rahmen der Beschwerdebearbeitung bezieht sich darauf, ob Kundenbeschwerden einer *detaillierten Fallprüfung* unterzogen oder generell anerkannt werden sollen. Grundsätzlich ist zu empfehlen, dass eine Beschwerdefallprüfung in Form der Erfassung von Kundendaten, Produktinformationen und Daten zum Kundenproblem erfolgen sollte. In Abhängigkeit des Produkt- und Serviceangebots des Unternehmens kann diese Fallprüfung eher allgemeinen Charakter besitzen (zum Beispiel im Fall geringwertiger Konsumgüter) oder detaillierte Formen (zum Beispiel bei hochwertigen Gütern mit vertragsrechtlichen Leistungsansprüchen der Kunden) annehmen. Relevante Prüffelder sind in diesem Zusammenhang Kunde/Nicht-Kunde, Beschwerdeinhalt, Problemverantwortung, Garantie-/Kulanzansprüche des Kunden etc. Die Beschwerdefallprüfung stellt klar, ob die Kundenbeschwerde gerechtfertigt oder ungerechtfertigt ist, in wessen Verantwortungsbereich die Kundenbeschwerde fällt (zum Beispiel Handel, Vertrieb, Service, Marketing etc.) und welche Problemlösung angeboten werden kann. Unbegründete Kundenforderungen können so frühzeitig ausgesondert und freundlich aber nachhaltig abgelehnt werden. Zugleich liefert die Fallprüfung wichtige Informationen zur Beschwerdeursache und bildet damit die Grundlage für die Problemlösung.

Problemlösungen für Kundenbeschwerden können auf Basis standardisierter oder individueller Reaktionskataloge der Unternehmung erfolgen. Wesentliche Entscheidungskriterien für die jeweilige Art der Lösung sind:

⇨ der Beschwerdeinhalt beziehungsweise Beschwerdebezug,
⇨ die ökonomische Bedeutung des Kunden,
⇨ die vertraglichen Lösungsansprüche des Kunden sowie
⇨ die branchenüblichen Kulanzstandards.

Standardisierte Falllösungsmuster (zum Beispiel auf Basis problembezogener Garantie- und Kulanzprogramme oder einer definierten Regulierungskompetenz der Mitarbeiter in Höhe eines bestimmten Regulierungsvolumens – zum Beispiel indem der Mitarbeiter bis zu einem Wert von Euro 500 selbst entscheidet) führen zu einer schnellen Problemlösung bei insgesamt eher geringen Einzelkosten der Beschwerdebearbeitung. Eine schnelle Beschwerdebearbeitung ist von Bedeutung, um die Zufriedenheit des Kunden schnellstmöglich wiederherzustellen und den Zeitraum zu begrenzen, in dem der Kunde negative Mundwerbung im geschäftlichen oder sozialen Umfeld über seine negativen Erfahrungen betreibt. Die Lösungsdauer ist ein für die Beschwerdezufriedenheit der Kunden bedeutsames Qualitätsmerkmal der Beschwerdebearbeitung. Vor diesem Hintergrund sollten Qualitätsstandards in Form interner Qualitätsvereinbarungen zur maximalen Bearbeitungsdauer persönlich, schriftlich oder telefonisch eingehender Kundenbeschwerden je nach der Problemkategorie und in Abstimmung mit den verantwortlichen Mitarbeitern festgelegt werden. Neben den Qualitätsstandards für die interne Bearbeitungsdauer (zum Beispiel 24 Stunden plus Postweg für Standardanfragen oder -beschwerden, max. 10 Werktage incl. Postweg für komplexe Problemstellungen) spielen Eingangsbestätigungen an den Kunden sowie Zwischeninformationen im Fall längerer Lösungsfristen eine wichtige Rolle. Sie signalisieren dem Kunden, dass seine Beschwerde angekommen ist, ernst genommen und bearbeitet wird und verschaffen ihm Sicherheit bezüglich der weiteren Vorgehensweise zur Problemlösung.

Individuelle Reaktionen werden ohne Vorregelung in persönlicher Abstimmung mit dem Beschwerdeführer entwickelt (zum Beispiel außerordentliche Nachbesserungen, Kompensationsangebote in Form von Wochenendeinladungen etc.). Aufgrund ihrer eher hohen Beschwerderegulierungskosten sollten sie auf selten auftretende Fälle komplizierter Kundenbeschwerden oder ökonomisch bedeutsame Kunden begrenzt bleiben. Individuelle Beschwerdereaktionen sind für ein Unternehmen insbesondere dann von Bedeutung, wenn sich Kunden beschweren, die eine hohe Umsatzbedeutung im Produkt- und Servicegeschäft besitzen (zum Beispiel Geschäfts- beziehungsweise Großkunden) oder die als Meinungsführer einen nachhaltigen Einfluss auf ihr soziales Umfeld ausüben (zum Beispiel Journalisten) und so dem Unternehmensimage erheblichen Schaden zufügen können.

Im Vergleich zu produktbezogenen materiellen Kundenbeschwerden bringen Kundenprobleme mit persönlich erbrachten Dienstleistungen spezielle Gestaltungsanforderungen mit sich. Eine mangelhafte Beratungsqualität oder ein unfreundliches Auftreten der Mitarbeiter am Counter oder im Vertrieb lassen sich im nachhinein nicht mehr rückgängig machen. Derartigen Beschwerden kann ein Unternehmen am ehesten gerecht werden, indem das Kundenkontaktpersonal Entscheidungsspielräume zur schnellen, flexiblen und unbürokratischen Beschwerdelösung besitzt. Dies kann durch Service-Gutscheine oder durch symbolische Gesten in Form kleiner Geschenke (give-aways) und der persönlichen Entschuldigung durch den Mitarbeiter und/oder Führungskräfte erfolgen.

Beschwerdeinformationsgewinnung

Im Rahmen der Informationsgewinnung werden die im Beschwerdebearbeitungsprozess anfallenden Kunden- und Qualitätsinformationen für das Unternehmen erfasst und nutzbar gemacht. Dies erfolgt durch eine systematische Auswertung und gezielte interne Verteilung von Beschwerdeinformationen auf Basis standardisierter Auswertungs-

....

Checkliste: Nutzung EDV-gestützter Auswertungsverfahren

Schritt 1: Erstellen Sie ein detailliertes Anforderungsprofil/Pflichtenheft für Ihre spezifische Unternehmenssituation unter Einbezug aller am Beschwerdemanagement-Prozess beteiligten Abteilungen/Mitarbeiter und klären Sie folgende Fragen:
- ⇨ Welche Beschwerdeinformationen sollen erfasst werden?
- ⇨ Welche aktuelle Hard- und Software-Ausstattung hat Ihr Unternehmen?
- ⇨ Wer soll zukünftig mit dem PC-Programm arbeiten?

Schritt 2: Verschaffen Sie sich Markttransparenz über Software-Anbieter und führen Sie auf Basis Ihres Pflichtenheftes detaillierte Preis-Leistungs-Vergleiche durch.

Schritt 3: Lassen Sie sich die Software im Einsatz bei Referenzkunden demonstrieren.

Schritt 4: Wählen Sie einen erfahrenen und branchenkompetenten Anbieter am Markt aus, der Ihnen dauerhaften Support und kontinuierlich verbesserte Programm-Versionen anbieten kann.

....

tools. Detailinformationen zum Kunden, zur Beschwerdeursache sowie mit dem Beschwerdeprozess verbundene Qualitätsinformationen (zum Beispiel Erreichbarkeit, Schnelligkeit, Flexibilität der Mitarbeiter etc.) werden systematisch erfasst und ausgewertet, um zukünftig Unzufriedenheit der Kunden zu vermeiden. Die Beschwerdeanalysen sollten durch eine zentrale Stelle im Bereich Verkauf/Vertrieb erfolgen. Vor diesem Hintergrund ist sicherzustellen, dass alle anfallenden Kundenbeschwerden dokumentiert (Außendienstberichte, Telefonprotokolle, Beschwerdebriefe der Kunden) und zentral zusammengeführt werden müssen. Damit verbundene Steuerungs- und Koordinierungsaufgaben sollten durch die für die Beschwerdeinformationsgewinnung verantwortliche Stelle wahrgenommen werden.

Je nach dem Beschwerdevolumen, das in Abhängigkeit von der Unternehmensgröße beziehungsweise dem Kundenkontaktvolumen variiert, bieten sich kontinuierlich oder fallweise durchgeführte Beschwerdeanalysen an [11; 15]. Die Vergleichbarkeit der erhobenen Beschwerdeinformationen kann sichergestellt werden, indem Merkmalskataloge für die wichtigsten Inhaltspunkte – wie zum Beispiel Daten zur Person des Beschwerdeführers, zu Produkt- oder Dienstleistungskategorien, Problemursachen sowie Problemlösungen – bestimmt werden. Die Beschwerdeanalyse kann durch die Nutzung EDV-gestützter Auswertungsverfahren deutlich vereinfacht und rationalisiert werden. Spezielle PC-Programme können nicht nur die Beschwerdeinformationsgewinnung, sondern die gesamte Aufgabenerfüllung des direkten Beschwerdemanagementprozesses sowie Aufgaben eines Beschwerdemanagement-Controlling nachhaltig unterstützen. Im Rahmen der Beschaffungsentscheidung sollte in den Schritten verfahren werden, die in der obigen Checkliste aufgeführt sind.

Leistungsanforderungen an eine Beschwerdemanagement-Software

⇨ Dokumentation und Verwaltung sämtlicher schriftlicher/persönlicher/ telefonischer Beschwerdekontakte.

⇨ Direkter Zugriff auf Beschwerdekontakte durch verschiedenste Suchkriterien (Name, Datum, Problemursache, Mehrfachkontakte etc.).

⇨ Interne Weiterleitung an verantwortliche Abteilungen/Mitarbeiter und Wiedervorlagefunktion.

⇨ Integrierte Textverarbeitung zur Erstellung von Zwischenbescheiden und Antwortbriefen, Serienbrieffunktionen.

⇨ Auswertungsfunktionen zur Erstellung von tagesaktuellen Statistiken und Reportings.

⇨ Nachfassfunktion zur Erfassung der Beschwerdezufriedenheit Ihrer Kunden.

⇨ Alternativer Einsatz der Software für Einzelarbeitsplätze, Netzwerke oder Client-Server-Umgebungen.

⇨ Schnittstelle zu allen gängigen Betriebssystemen (Windows) und Datenbanken (zum Beispiel Oracle, MS SQL Server).

Um eine problemadäquate Nutzung der Beschwerdeinformationen sicherzustellen, sind die gewonnenen Daten an die verantwortlichen inner- und außerbetrieblichen Entscheidungsbereiche weiterzuleiten. Zielsetzung ist es, durch die Unternehmensleitung beziehungsweise durch verantwortliche Unternehmensbereiche Maßnahmen der Qualitätssicherung zu ergreifen, um bestehende Qualitätsprobleme schnellstmöglich abzubauen und zukünftig zu vermeiden. Im Fall produktbezogener Beschwerden geht es darum, die Beschwerdeinformationen an die Qualitätssicherung weiterzuleiten, so dass dort entsprechende Reaktionen zur Sicherung der Produktqualität eingeleitet werden können. Um einen kontinuierlichen Informationsaustausch zwischen Abteilungen, Fachbereichen, Marketing und Vertrieb zu gewährleisten, sind schnelle und flexible Beschwerdemanagement-Informationssysteme zwischen den beteiligten Bereichen einzurichten. In diesem Zusammenhang sind bereits heute leistungsfähige, auf das Beschwerdemanagement-Reporting abgestimmte EDV-Tools verfügbar.

Das Beschwerde-Feedback

Mit Hilfe des Kundenfeedbacks versichert sich das Unternehmen der Zufriedenheit des Kunden durch eine repräsentative Erfassung der Kundenzufriedenheit mit der Beschwerdeannahme, -bearbeitung und -lösung (Beschwerdezufriedenheit). Die Qualität der Beschwerdebearbeitung und des Beschwerdeergebnisses – der Lösungsvorschlag in Form von Garantie-/Kulanzzusagen oder Zusatzleistungen – wird durch eine gezielte Befragung der Kunden auf persönlichem, telefonischem oder schriftlichem Weg erfasst. Je nach vorliegendem Beschwerdekontaktvolumen kann die Repräsentativität der erfassten Daten durch quotierte Stichproben aus sämtlichen eingegangenen Kundenbeschwerden (zum Beispiel im Bereich des Consumer-Marketing) oder in Form von Vollerhebungen (zum Beispiel im Business-to-Business-Marketing) gewährleistet werden. Von besonderer Bedeutung ist es, dass die an verschiedenen Kontaktstellen beziehungsweise durch verschiedene Kontaktbereiche/Mitarbeiter erfassten Feedback-Daten eine gleiche inhaltlich-sachliche Grundstruktur aufweisen. Nur dann lassen sich zeit-, kunden- oder abteilungsbezogene Vergleiche zwischen den Zufriedenheitsdaten im Unternehmen durchführen und Qualitätsengpässe innerhalb des Beschwerdemanagementprozesses aufdecken (zum Beispiel Qualitätsvergleiche bzgl. der Lösungsdauer oder der Verständlichkeit von Lösungsangeboten, der Mitarbeiterfreundlichkeit an unterschiedlichen Beschwerdekontaktstellen im Unternehmen usw.).

Organisationsformen eines aktiven Beschwerdemanagement

Aufbauorganisatorische Aspekte

In der Unternehmenspraxis hat das aktive Beschwerdemanagement viele Gesichter. Je nach organisatorischer Zuordnung und inhaltlicher Ausgestaltung ist das Beschwerdemanagement in den Bereichen Qualitätsmanagement oder -sicherung, Kundendienst, Kundenbetreuung, einem Call Center oder eigens implementierten Beschwerdeabteilungen angesiedelt. Grundsätzlich gilt: Kundenbeschwerden sollten dort, wo sie primär anfallen, erfasst, bearbeitet und gelöst werden. Zu den Grundanforderungen an die kundenorientierte Gestaltung des Beschwerdemanagement zählen vor allem Bekanntheit und Erreichbarkeit von Ansprechpartner/Beschwerdeadressen (zum Beispiel Hotline, e-mail) und die Flexibilität, Schnelligkeit sowie die fachliche und soziale Kompetenz dieser Mitarbeiter im Hinblick auf die Annahme, Bearbeitung und problemorientierte Lösung der Kundenbeschwerden.

Die Organisation des Beschwerdemanagement wird situationsspezifisch von dem Produkt- beziehungsweise Leistungsprogramm der Unternehmung, der Anzahl der Kunden, der Vertriebsform sowie der Zentralität/Dezentralität der Kundenkontakte einer Unternehmung bestimmt [14]. Aufbauorganisatorisch kann zwischen zentralen, dezentralen und dualen Beschwerdemanagement-Systemen unterschieden werden [5; 7]. Ein zentralisiertes Beschwerdemanagement in Form einer eigenständigen zentralen Beschwerdeabteilung bietet sich an, wenn Unternehmen ihre Produkte/Dienstleistungen direkt vertreiben, Kontakte mit dem Kunden vorrangig zentral erfolgen und die gleichen Kundenprobleme immer wieder auftreten (zum

350

Beispiel Investitionsgüteranbieter, Versandhandel). Vorteile eines zentralisierten Beschwerdemanagement liegen vor allem in der Effizienz standardisierter Bearbeitungsprozesse sowie der Qualifizierung hauptverantwortlicher Mitarbeiter. Die Verdrängung beziehungsweise Unterdrückung unangenehmer Kundeninformationen – wie sie in Service, Technik und Vertrieb immer wieder vorkommen – wird vermieden, da sich das Kontaktpersonal nicht ursächlich für das Kundenproblem, jedoch für dessen schnellstmögliche Lösung verantwortlich fühlt. Nachteile der zentralen Organisation können sich in Form von Abteilungs- beziehungsweise Bereichskonflikten einstellen. Sie entstehen aus mangelnder unternehmensinterner Akzeptanz einer hauptverantwortlichen Beschwerdeabteilung oder infolge gegenseitiger Schuldzuweisungen von Abteilungen im Zusammenhang mit Ursachenzuweisungen und Verbesserungsanforderungen [12].

Ein dezentralisiertes Beschwerdemanagement – Beschwerdebearbeitung durch verschiedene Unternehmensbereiche – ist von Vorteil, wenn Unternehmungen ihre Produkte mehrstufig über vertraglich gebundene oder freie Vertriebsorganisationen vertreiben, Kundenkontakte dezentral vor Ort erfolgen und die Kundenbeschwerden sehr unterschiedlich beziehungsweise wenig vorhersagbar sind (Groß- und Einzelhandel). Der wesentliche Vorteil der Dezentralisierung ist die direkte, schnelle und verursachungsgemäße Problembeseitigung vor Ort. Nachteile können aus der Konfrontation der Mitarbeiter mit selbst verursachten Fehlern resultieren. Dies erfordert umfangreiche Informations- und Schulungsmaßnahmen, um die Mitarbeiter von den Chancen eines aktiven Beschwerdemanagement vor Ort zu überzeugen. Entsprechend ist ein dezentrales Beschwerdemanagement durch einen hohen Koordinations- und Informationsaufwand gekennzeichnet [14].

Das duale Beschwerdemanagement nutzt die Vorteile der zentralen und dezentralen Gestaltung beschwerdepolitischer Aufgaben. Es bietet sicht vor allem bei komplexen Produkten/Dienstleistungen, umfangreichen direkten und indirekten Kundenkontakten und filialisierten Vertriebsorganisationen an (zum Beispiel Automobilindustrie, Banken- und Versicherungsbranche)[15]. Die in der Regel dezentral vor Ort erfolgende Annahme, Bearbeitung und Lösung von Kundenbeschwerden wird durch eine zentrale Stelle beziehungsweise einen zentralen Bereich im Unternehmen koordiniert (zum Beispiel Controlling von Beschwerdequalitätsstandards, Auswertung und Reporting von Beschwerdeinformationen/-statistiken) und durch das Angebot von Schulungsprogrammen und Beschwerdemanagement-Tools (Gesprächsleitfäden, Textbausteine für Antwortschreiben, EDV-Systeme usw.) unterstützt. Der Zentralbereich übernimmt darüber hinaus die Bearbeitung zentral adressierter beziehungsweise vor Ort nicht lösbarer oder eskalierter Kundenbeschwerden.

Ablauforganisatorische Aspekte

Im Mittelpunkt der ablauforganisatorischen Gestaltung von Beschwerdemanagementprozessen steht die Frage nach der Differenzierung der Aufgabenfolge – einzelner Bearbeitungsstufen, deren Zuordnung auf verschiedene Stellen beziehungsweise Abteilungsbereiche im Unternehmen sowie die Frage der Kompetenzverteilung zwischen beteiligten Mitarbeitern beziehungsweise Abteilungen [14]. Eine schnelle und problemorientierte Beschwerdebearbeitung kann dann sichergestellt werden, wenn die Mitarbeiterverantwortlichkeiten auf verschiedenen Stufen des Beschwerdemanagementprozesses in Form einer gesamthaften Prozessverantwortung (process-owner), einer fallbezogenen Beschwerdeverantwortung (complaint-owner) sowie spezifischer Aufgabenverantwortungen (task-owner) exakt festgelegt sind [15]. Mit der Aufgabenerfüllung und Verantwortungsübernahme im Beschwerdemanagement geht die Übertragung von Kompetenzen beziehungsweise Rechten einher, die in Form von Entscheidungs-, Informations- und Anordnungsrechten vor allem eine schnelle Beschwerdelösung und die interne Nutzung der Beschwerdeinformation zur Qualitätssicherung gewährleisten sollen.

In der Unternehmenspraxis hat sich vor allem das Prinzip des »complaint ownership« als Erfolgskonzept für das aktive Beschwerdemanagement bewährt. Es besagt, dass jeder Mitarbeiter, der eine Kundenbeschwerde entgegennimmt, die Verantwortung für diese Beschwerde bis zu ihrer endgültigen Lösung beziehungsweise der Zufriedenstellung des Kunden trägt. Unternehmen wie das Ritz Carlton Hotel, Globus Handelshof oder Rank Xerox haben mit diesem Konzept beste Erfahrungen gemacht. Der Complaint Owner ist für die termingerechte und reibungslose Koordination und Abwicklung der Beschwerdebearbeitung und -lösung verantwortlich. Er trägt die Verantwortung dafür, dass bestehende Kundenunzufriedenheit beseitigt und der Kunde dauerhaft an das Unternehmen gebunden wird. Damit übernimmt jeder Mitarbeiter, unabhängig ob im Front- oder Back-Office-Bereich, direkte Verantwortung für die Kunden des Unternehmens.

Der Erfolgsbeitrag eines aktiven Beschwerdemanagement wird nicht nur durch aufbau- und ablauforganisatorische Strukturen, sondern auch durch »weiche« organisatorische Rahmenbedingungen des Unternehmens bestimmt. Dazu gehört die Identifikation der Mitarbeiter mit ihren beschwerdepolitischen Aufgaben, die unternehmensinterne Akzeptanz des Beschwerdemanagement als Katalysator für Beziehungskonflikte mit dem Kunden sowie seine Bedeutung für die dauerhafte Kundenzufriedenheit und -bindung. Dies alles setzt ein kundenorientiertes Denken und Handeln der Führungskräfte und Mitarbeiter voraus. Ein für das aktive Beschwerdemanagement förderliches organisationspsychologisches Umfeld wird vor allem durch kundenorientierte Leitlinien beziehungsweise Werte und Normen der Unternehmenskultur gefördert, die den aktiven Umgang mit Kundenbeschwerden als Chance und Herausforderung für das Unternehmen verdeutlichen [3].

Ein aktives Beschwerdemanagement ist dann erfolgreich, wenn es durch die Unternehmensführung eine klare Unterstützung erfährt und sich – als Bestandteil einer kundenorientierten Unternehmensphilosophie – in konkreten Leitlinien widerspiegelt. Die Leitlinien sollten in enger Zusammenarbeit mit den Mitarbeitern sowie Führungskräften im Top- und Middle-Management erarbeitet werden.

Unternehmensleitlinien für ein aktives Beschwerdemanagement

⇨ Ein aktives Beschwerdemanagement ist ein unverzichtbares Instrument, um die Zufriedenheit unserer Kunden sicherzustellen und aufrechtzuerhalten.

⇨ Der aktive Umgang mit Kundenbeschwerden optimiert die Qualität unserer Produkte und Dienstleistungen und stärkt unsere Position im Wettbewerb.

⇨ Ein aktives Beschwerdemanagement hilft uns, mit Kundenkritik und -anregungen systematisch umzugehen und unzufriedene Kunden dauerhaft an unser Unternehmen zu binden.

⇨ Jeder Mitarbeiter, der eine Kundenbeschwerde entgegennimmt, ist ihr Beschwerdeeigentümer und für die schnelle und zufriedenstellende Lösung verantwortlich.

⇨ Jede Kundenbeschwerde ist eine Chance für uns. Wir behandeln Kundenbeschwerden großzügig. Sie bieten für uns die Möglichkeit zum Gespräch mit dem Kunden und geben Anstöße für den kontinuierlichen Verbesserungsprozess.

⇨ Der Umgang mit Kundenbeschwerden ermöglicht uns, kunden- und qualitätsbezogene Informationen zu erfassen, zu dokumentieren und zum Aufbau dauerhafter Kundenbeziehungen zu nutzen.

Unternehmensleitlinien müssen sich in einem mitarbeiterorientierten Führungsverhalten des Managements widerspiegeln. Führungskräfte nehmen auch im Rahmen eines aktiven Beschwerdemanagement eine Vorbildfunktion für ihre Mitarbeiter ein. In diesem Zusammenhang ist die Einführung eines professionellen Beschwerdemanagement auch für Führungskräfte mit zum Teil schwierigen Lernprozessen verbunden.

Führungskräfte spielen eine Schlüsselrolle bei der Einführung und Umsetzung eines aktiven Beschwerdemanagement. In der Praxis haben sich die im nachfolgenden Kasten aufgeführten Verhaltensgrundsätze für Führungskräfte bewährt.

354

....

Führungsprinzipien eines aktiven Beschwerdemanagement

⇨ Nehmen Sie sich Zeit für Ihre Kunden. Sprechen Sie jeden Tag einen Kunden persönlich auf seine Zufriedenheit mit den Leistungen ihres Unternehmens und ihrer Mitarbeiter an.

⇨ Machen Sie das Thema Kundenzufriedenheit und Kundenbeschwerden zum Inhalt von Mitarbeiter- und Führungsgesprächen.

⇨ Informieren Sie sich über positive und negative Kundenerlebnisse Ihrer Mitarbeiter.

⇨ Bearbeiten Sie Kundenbeschwerden persönlich und verschaffen Sie sich eigene Eindrücke und Erfahrungen im Umgang mit unzufriedenen Kunden.

⇨ Vereinbaren Sie mit Ihren Mitarbeitern konkrete Ziele und Maßnahmen, um das Beschwerdemanagement Ihres Verantwortungsbereichs beziehungsweise Unternehmens weiter zu verbessern.

⇨ Steigern Sie die Bereitschaft und das Engagement Ihrer Mitarbeiter für ein aktives Beschwerdemanagement durch Lob, Anreize und erweiterte Lösungskompetenzen ihrer Mitarbeiter.

....

Eine Vorbildfunktion der Führungskräfte und die kundenorientierte Gestaltung der Beschwerdeannahme, -bearbeitung und -lösung durch die Mitarbeiter trägt wesentlich dazu bei, die Kunden stärker an das Unternehmen zu binden. Dies ist um so mehr der Fall, wenn es Führungskräften und Mitarbeitern gelingt, die Erwartungen der Kunden an die Beschwerdeannahme und -bearbeitung durch eine kundenorientierte Gestaltung deutlich zu übertreffen. Positive Erlebnisse der Kunden im Rahmen des direkten Beschwerdemanagementprozesses werden positiv auf das zukünftige Kauf- und Empfehlungsverhalten sowie Kontaktsituationen mit dem Unternehmen übertragen.

Beschwerdemanagement-Controlling

Noch immer besteht bei vielen Unternehmen Unsicherheit darüber, ob sich Investitionen in ein aktives Beschwerdemanagement rechnen oder nicht. Kundenbeschwerden werden erst dann ernst genommen und als Mittel der aktiven Kundenbindung genutzt, wenn sie sich im Hinblick auf ihre Kosten-Nutzen-Relationen auch erfolgswirksam darstellen lassen. Die – zugegeben – schwierig zu beantwortende Frage nach dem return on investment im Beschwerdemanagement führt noch immer dazu, dass Unternehmen die umfangreichen Chancen des Beschwerdemanagement nicht nutzen. Häufig tragen zu dieser Situation Fehleinschätzungen bezüglich der zu erwartenden Beschwerderegulierungskosten sowie die mangelnde Kenntnis vorhandener Methoden der Nutzenmessung bei [3]. Mittlerweile liegen jedoch leistungsfähige Instrumente zur quantitativen und qualitativen Planung, Steuerung und Kontrolle von Beschwerdemanagementsystemen vor. Dabei wird allgemein zwischen Instrumenten des Aufgaben-Controlling und des Kosten-Nutzen-Controlling unterschieden [15].

Aufgabe	Qualitätsdimension	Leistungsindikator
1. Beschwerde-Input	• Beschwerdeartikulation unzufriedener Kunden	• Beschwerdequote
	• Vollständige Erfassung der Beschwerdeinformationen	• Datenbelegungsquote
2. Beschwerdebearbeitung	• Schnelligkeit der Bearbeitung	• Bearbeitungsdauer (Tage)
	• Termingerechte Bearbeitung	• Zeitüber-/unterschreitung
	• Vollständige Problemlösung	• Folgequote
3. Beschwerde-Feedback	• Aktive Kontaktaufnahme mit dem Kunden	• Nachfassquote
	• Qualitätsurteil des Kunden	• Beschwerdezufriedenheit
4. Beschwerde-Informationsgewinnung	• Nutzungsgerechte Informationsbereitstellung	• Nutzungsquote
	• Zeitgerechte Informationsbereitstellung	• Reportquote

© PD Dr. Kurt Jeschke, Frankfurt am Main 2004

Abb. 8: *Qualitätsdimensionen und Leistungsindikatoren des Beschwerdemanagement, Quelle: [15]*

Im Rahmen des Aufgaben-Controlling werden Leistungsindikatoren und -standards des Beschwerdemanagementprozesses vereinbart und überwacht. Abbildung 8 gibt dazu einige ausgewählte Beispiele.

Das Aufgaben-Controlling betrachtet den aktiven Umgang mit Kundenbeschwerden als persönliche Dienstleistung am Kunden, die spezifischen qualitativen Anforderungen genügen muss. Die Handhabung von Kundenbeschwerden wird damit auch zum Gegenstand der unternehmensinternen Qualitätsplanung, -steuerung und -kontrolle [3]. Grundlage dafür ist die Definition von Leistungsstandards, die im Hinblick auf ausgewählte Prozess- und Ergebnisdimensionen der Beschwerdebearbeitung (zum Beispiel Erreichbarkeit der Mitarbeiter, Schnelligkeit der Problemlösung etc.) oder bezogen auf die Beschwerdekompetenz der Mitarbeiter (zum Beispiel Freundlichkeit, Entscheidungskompetenz etc.) festzulegen sind. Für die Messung der Beschwerdemanagement-Performance müssen Soll-Vorgaben definiert werden (zum Beispiel maximale Wartezeit der Kunden am Telefon, maximale Lösungsdauer für Kundenbeschwerden usw.). Diese werden durch objektive Messgrößen (zum Beispiel effektive Dauer der Beschwerdebearbeitung und -lösung) sowie subjektive Messgrößen

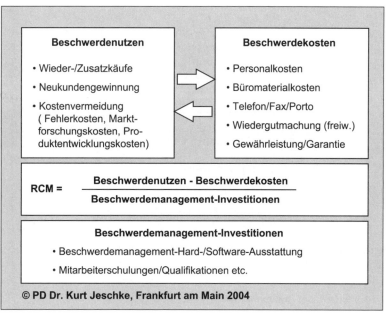

Abb. 9: *Der Return on Complaint Management, Quelle: [15]*

(zum Beispiel Zufriedenheit der Kunden mit der Beschwerde-
bearbeitungsdauer) überprüft. Die Qualitätsmessung selbst sollte in
regelmäßigen zeitlichen Abständen, eigen initiiert durch die betroffenen Mitarbeiter/Abteilungsbereiche oder durch Initiative eines ko-
ordinierenden Beschwerdemanagement-Qualitätsteams, erfolgen. In
diesem Zusammenhang werden Soll-Ist-Abweichungen erfasst, einer
Abweichungsanalyse unterzogen und mit Beteiligung der betroffenen

Beispielrechnung der Volkswagen AG	
Fahrzeugbestand AUDI/VW	10,9 Mio.
Werkstattbesuche pro Tag	75.000
unzufriedene Werkstattbesucher pro Tag (2%)	1.500
Anzahl der Werkstattbeschwerden pro Tag	60
Anzahl der Neuwagenbeschwerden pro Tag	4
Gesamtzahl Beschwerden pro Tag	64
Erfolgsquote Beschwerdemanagement	50%
begeisterte Beschwerdeführer pro Tag	32
begeisterte Beschwerdeführer pro Jahr (250)	8.000
durchschnittlich mögliche Kundenbindung	20 Jahre
Anschaffungsausgaben eines jeden begeisterten Beschwerdeführers in 20 Jahren: 5 x 15.000 € =	75.000 €
Serviceausgaben eines jeden begeisterten Beschwerdeführers in 20 Jahren: 20 x 500 € =	10.000 €
Gesamtausgaben eines jeden begeisterten Beschwerdeführers in 20 Jahren:	85.000 €
Umsatzerhaltung durch Beschwerdemanagement über 20 Jahre: 8.000 x 85.000 €	0,68 Mrd. €

© PD Dr. Kurt Jeschke, Frankfurt am Main 2004

Abb. 10: *Beispielrechnung der Volkswagen AG, Quelle: [15]*

	Ja / Nein	Dringlichkeit
1. **Kundenzufriedenheit** hat bei uns höchste Priorität.	☐ ☐	☐
2. Wir sehen **Beschwerden als Chance**, nicht als Risiko an.	☐ ☐	☐
3. **Kunden wissen** genau, an wen sie sich im Fall der Beschwerde wenden können.	☐ ☐	☐
4. Bei uns existiert eine **hauptverantwortliche Stelle/Abteilung** für Kundenbeschwerden.	☐ ☐	☐
5. Alle Beschwerden werden **strukturiert erfasst** (Standardformular) und dokumentiert.	☐ ☐	☐
6. Für die Beschwerdebearbeitung liegen **Zeit- und Lösungsstandards** vor.	☐ ☐	☐
7. Es gibt eindeutige **Verhaltensregeln** für das Beschwerdegespräch mit dem Kunden.	☐ ☐	☐
8. Alle Kunden erhalten eine **faire Problemlösung.**	☐ ☐	☐
9. Kundenbeschwerden werden **regelmäßig ausgewertet** und die GL, QS etc. informiert.	☐ ☐	☐
10. Die **Zufriedenheit** der Kunden mit der Beschwerdelösung wird regelmäßig **erhoben.**	☐ ☐	☐

Dringlichkeit: 1 = hoch, 2 = mittel, 3 = gering

© PD Dr. Kurt Jeschke, Frankfurt am Main 2004

Abb. 11: *Checkliste zur Status-Quo-Analyse des Beschwerdemanagement (Vereinfachte Darstellung)*

Unternehmensbereiche die notwendigen Maßnahmen zur Beschwerdemanagement-Qualitätssicherung eingeleitet.

Das Kosten-Nutzen-Controlling basiert auf Verfahren der Kosten-Nutzen-Analyse zur kostenwirtschaftlichen Bewertung von Beschwerdemanagement-Systemen [5]. Dabei werden die Erfolgskomponenten einer Beschwerdebearbeitung in Form des Umsatzerhaltes beziehungsweise der Umsatzausdehnung durch wieder zufrieden gestellte und an das Unternehmen gebundenen Kunden (Messgrößen sind unter anderem: Wiederholungskaufrate, Cross-Buying-Potential, Weiterempfehlungsrate) und die Kostenkomponenten – anfallende Personal-, Büround Problemlösungskosten – einander gegenübergestellt (vgl. Abb. 9). Zur Ermittlung der Rentabilität des Beschwerdemanagement wird der Return on Complaint Management ermittelt, eine Kennziffer, die verdeutlicht, dass sich ein aktives Beschwerdemanagement als Investition in die Aufrechterhaltung dauerhafter Kundenbeziehungen rechnet.

Kurt Jeschke, Dr. rer. pol., ist Privatdozent und wissenschaftlicher Dozent an der EUROPEAN BUSINESS SCHOOL, International University, Schloss Reichartshausen sowie Lehrbeauftragter an verschiedenen Hochschulen. Als freiberuflicher Managementberater und Trainer berät und trainiert er Unternehmen in den Themenfeldern Beschwerdemanagement-Prozesse und -Systeme sowie Beschwerdekommunikation.

Literatur

[1]   BRUHN, M.: *Der Informationswert von Beschwerden für Marketingentscheidungen, in: Hansen, U./Schoenheit, I. (Hrsg.): Verbraucherzufriedenheit und Beschwerdeverhalten, Frankfurt a.m., New York, 1987, S.123-140*

[2]   HANSEN, U.; JESCHKE, K.: *Beschwerdemanagement für Dienstleistungsunternehmen, Beispiel des Kfz-Handels, in: Bruhn, M.; Stauss, B.(Hrsg.): Dienstleistungsqualität. Konzepte-Methoden-Erfahrungen, Wiesbaden, 2000, S.525-550*

[3]   HANSEN, U.; JESCHKE, K.; SCHÖBER, P.: *Beschwerdemanagement – Die Karriere einer kundenorientierten Unternehmensstrategie im Konsumgütersektor, in: Marketing ZFP, 17. Jg., H.2, 1995, S.77-88*

[4]   HANSEN, U.; SCHOENHEIT, I. (Hrsg.): *Verbraucherzufriedenheit und Beschwerdeverhalten, Frankfurt a.m., New York, 1987*

[5]   HOFFMANN, A.: *Die Erfolgskontrolle von BeschwerdemanagementSystemen: theoretische und empirische Erkenntnisse zum unternehmerischen Nutzen von Beschwerdeabteilungen, Frankfurt a.M., Bern, New York, Paris, 1991*

[6]   HOMBURG, CHR.; RUDOLPH, B.: *Theoretische Perspektiven zur Kundenzufriedenheit, in: Simon, H.; Homburg, Chr. (Hrsg.): Kundenzufriedenheit – Konzepte – Methoden – Erfahrungen, Wiesbaden, 1995, S.29-49*

[7]   JESCHKE, K.: *Nachkaufmarketing. Kundenzufriedenheit und Kundenbindung auf*
       Konsumgütermärkten, Frankfurt a. M., Berlin, Bern, New York, Paris, Wien, 1995

[8]   JESCHKE, K.: *Kundenanfragen und -beschwerden als Dialogangebot an Unternehmen,*
       in: Hansen, U. (Hrsg.); Marketing im gesellschaftlichen Dialog, Frankfurt a.M., New York,
       1996, S.281-292

[9]   JESCHKE, K.: *Aktives Beschwerdemanagement, in: Planung und Analyse, o. Jg., H.4, 1997,*
       S.66-69

[10]   MAYER, A.; DORNACH, F.: *Das Deutsche Kundenbarometer 1997 – Qualität und*
       Zufriedenheit – Jahrbuch der Kundenzufriedenheit in Deutschland 1997, Deutsche
       Marketing-Vereinigung e. V.; Deutsche Post AG (Hrsg.), München, 1997

[11]   RIEMER, M.: *Beschwerdemanagement, Frankfurt a.M., New York, 1986*

[12]   SCHLESINGER, CHR.: *Offene Fehlerkultur – Schlechter Umgang mit unzufriedenen Kunden*
       kostet Geschäft. Wie Vorreiter Tui, IBM und Quelle reagieren, 2004

[13]   SCHÖBER, P.: *Organisatorische Gestaltung von Beschwerdemanagementsystemen,*
       Frankfurt a. M., Berlin, Bern, New York, Paris, Wien, 1997

[14]   STAUSS, B.; *Beschwerdemanagement, in: Mayer, A. (Hrsg.): Handbuch Dienstleistungs-*
       marketing, Bd.2, Stuttgart, 1998, S.1255-1271

[15]   STAUSS, B.; SEIDEL, W.: *Beschwerdemanagement – Fehler vermeiden – Leistung verbessern –*
       Kunden binden, 3. überarb. und erw. Aufl., München, Wien, 2002

Zusammenfassung

Kundenorientierung und Kundenzufriedenheit stehen in der Marketingtheorie und -praxis gegenwärtig hoch im Kurs. In diesem Zusammenhang hat auch der aktive Umgang eines Unternehmens mit Kundenbeschwerden eine Neubewertung erfahren. Unternehmen erkennen zunehmend die Chancen eines aktiven Beschwerdemanagement zur dauerhaften Zufriedenstellung und Bindung ihrer Kunden. Allerdings besteht nach wie vor ein erheblicher Gestaltungsbedarf, um die Zufriedenheits- und Bindungspotenziale einer kundenorientierten Beschwerdebearbeitung auch tatsächlich wahrzunehmen. Zur Erfassung des aktuellen Status Quo im Unternehmen bieten sich Checklisten an, mit denen im Rahmen einer ersten Stärken-Schwächen-Analyse grundsätzliche Qualitätsprobleme im direkten und indirekten Beschwerdemanagement-Prozess sowie, darauf aufbauend, der dringliche Handlungsbedarf im Unternehmen abgeleitet werden kann.

Das Controlling im After Sales Service-Management

After Sales Services erzeugen ein Dilemma: Sie verursachen Kosten, generieren aber häufig auch lukrative Zusatzerlöse. Das Controlling leistet mit ausgefeilten Methoden wertvolle Unterstützung dabei, die richtigen Entscheidungen im Management des Nachkauf-Kundendienstes zu treffen.

In diesem Beitrag erfahren Sie:
- wie das Controlling den Managementprozess im After Sales Service unterstützt,
- welche Instrumente und Verfahren dafür zur Verfügung stehen,
- wie sich das Controlling im After Sales Service organisieren lässt.

Torsten Czenskowsky

Problemstellung

Ob international oder national, jeder Käufer eines Produktes erwartet zurecht, dass er nach dem Erwerb bei möglichen auftretenden Problemen kompetente Unterstützung erhält. Sei es, dass ein Kleidungsstück geändert werden muss, eine Antenne zu montieren ist, Möbel angeliefert und aufgestellt werden sollen, ein defektes Fernsehgerät zu reparieren ist oder an einem Auto eine Inspektion durchgeführt werden muss.

Einerseits verursacht der After Sales Service (Nachkauf-Kundendienst) beim Hersteller, Händler oder bei der Werkstatt Kosten, andererseits erzeugt er aber häufig auch zusätzliche Erlöse und kann außerordentlich lukrativ sein. So »werden im Bereich der After Sales nur 22 Prozent des Gesamtumsatzes eines Autohauses generiert, aber immerhin 60 Prozent des gesamten Deckungsbeitrags« ([13], S. 40;

ähnlich [11], S. 58). Angesichts dieser Wirkung auf das Wirtschaftsergebnis ist es zweckmäßig, die Entscheider im After Sales Service durch ein auf ihren Funktionsbereich zugeschnittenes Controlling aktiv zu unterstützen.

Allerdings steckt der Servicebereich in der Praxis oftmals in einem Dilemma. Auf der einen Seite sollen die Leistungen nach dem Kauf möglichst wenig kosten, auf der anderen Seite ist ihre Wirkung zur Herstellung von Kundenpräferenzen bekannt und ihre Notwendigkeit unbestritten. Daraus resultiert für den After Sales Service eine Zwickmühle, die sich zugespitzt wie folgt formulieren lässt: Kundendienst nach dem Kauf ja, aber er darf nur wenig kosten!

Dies betrifft vor allem freiwillige, zusätzliche After Sales Services. Sie können erhebliche Kostensteigerungen bewirken, denn es handelt sich oft um besonders personalintensive Leistungen. Diese müssen durch höhere Preise und Erlöse vom Abnehmer entgolten werden. Nur dann leisten die »Extra«-Kundendienste einen Beitrag zum Erreichen der Unternehmens- und Marketingziele (vgl. [14], Sp. 1356).

Die Herausforderung für den After Sales Service und das Marketing besteht darin, das Angebot eines Unternehmens an Kundendienstleistungen in ständiger Interaktion mit dem Markt zu entwickeln und dabei den Service gezielt als »Sensor« für aktuelle Trends einzusetzen (vgl. [6], S. 563). Um das Spannungsfeld zwischen Leistungen, Erlösen und Kosten des Nachkauf-Kundendienstes kaufmännisch in den Griff zu bekommen, leistet das Controlling eine wertvolle Unterstützung. Es ermöglicht mit ausgefeilten Instrumenten fundierte Entscheidungen im Managementprozess des After Sales Service.

Zielsetzung und Aufbau des Beitrages

Dieser Beitrag will den »State of the Art« des Controllings im Nachkauf-Kundendienst erfassen und schildern. Dadurch sollen Entscheidungsträger im After Sales Service Gestaltungsempfehlungen und Hinweise für die Optimierung ihres Controllings erhalten.

Dazu wird im Folgenden zunächst die Beziehung zwischen Controlling und Nachkauf-Kundendienst herausgearbeitet. Anschließend werden die Möglichkeiten des Controllings zur Unterstützung des Managementprozesses im After Sales Service beleuchtet, um vor diesem Hintergrund die entsprechenden Controlling-Instrumente zu erörtern. In einem weiteren Schritt ist dann die Organisation des Controllings im After Sales Service Gegenstand der Darstellung. Ein Praxisbeispiel aus dem Hause Mercedes am Ende rundet den Beitrag ab.

After Sales Service-Controlling

Controlling wird hier, kurz gefasst, als zielorientierte Integration der Planungs- und Steuerungsaufgaben eines Unternehmens verstanden. Es unterstützt das Management bei seinen Entscheidungen, indem es die wesentlichen betriebswirtschaftlichen Informationen beschafft, aufbereitet und koordiniert (zur Begriffserklärung vgl. [9], S. 25f.; [17], S. 17f.; [5], S. 23ff.).

Im Controlling gibt es die deutliche Tendenz zur Spezialisierung und zur Dezentralisierung auf die Probleme der zentralen Organisationseinheiten eines Unternehmens. Dadurch haben sich unter anderem das Marketing-, Produktions-, Beschaffungs-, und Logistik-Controlling herausgebildet, um nur einige Bereiche zu nennen (vgl. hierzu [19], S. 259ff.; [17], S. 224ff.). Ein dermaßen dezentralisiertes Controlling soll im Wesentlichen die Fähigkeit der Unternehmensbereiche zur Selbststeuerung stärken.

Von dieser Entwicklung zur Spezialisierung ist auch der After Sales Service betroffen. Es ist nur folgerichtig, das »informatorische Netz« des Controllings auch mit dem Servicebereich zu verknüpfen, um damit kundenorientierte Entscheidungen unter Berücksichtigung kaufmännischer Gesichtspunkte zu ermöglichen.

After Sales Service-Controlling ist damit die zumeist dezentrale Planung und Steuerung der Aktivitäten des Nachkauf-Kundendienstes. Wegen seiner hohen Kundennähe sollte es dabei mit dem Controlling des Marketingbereichs koordiniert werden (vgl. hierzu allgemein [8]; [16]).

Aufgaben

Das After Sales Service-Controlling muss insbesondere die Leitung des Nachkauf-Kundendienstes unterstützen und entlasten. Dazu dient eine entsprechende Informationsversorgung sowie die Koordination von Planung, Abrechnung, Kontrolle und Analyse. Hierfür ist ein Steuerungs- und Regelungssystem zu schaffen, das auf regelmäßigen Planungen, Ist-Abrechnungen und Soll-Ist-Vergleichen beruht.

In größeren zeitlichen Abständen hat ein Auditing zu erfolgen, bei dem das gesamte Controlling-System des Nachkauf-Kundendienstes in Bezug auf Kosten-Nutzen-Erwägungen und die Empfängergerechtigkeit überprüft wird. Daneben fallen auch Sonderaufgaben an, die durch das After Sales Service-Controlling zu lösen sind, wie zum Beispiel die Analyse bestimmter Kundengruppen, das Aufzeigen von strategischen Kostensenkungspotenzialen oder die Durchführung von Outsourcing-Untersuchungen.

Entscheidungsträger

Das Controlling liefert im After Sales Service insbesondere an zwei Personengruppen Informationen für Entscheidungen:
⇨ an die Unternehmensführung und
⇨ an die Kundendienstleitung.
Die *Unternehmensführung* benötigt Entscheidungshilfen, um – in Zusammenarbeit mit der Kundendienstleitung – die Leistungen, Erlöse, Kosten und Investitionen mittel- bis langfristig zu dimensionieren. Folgende Kernfragen sind auf umfangreiche Controllingunterstützung angewiesen:
⇨ Welche Kundendienstleistungen werden für welche Kunden(gruppen) angeboten?
⇨ Wie viele Mitarbeiter sind für den Kundendienst nötig?
⇨ Wie viele Standorte soll es geben?
⇨ Mit welcher Ausstattung sind die Standorte zu versehen?

Neben der Klärung dieser Grundsatzfragen sollte sich die Unternehmensführung auch regelmäßig über die aktuelle Situation im Kundendienst informieren, um Brennpunkte, zum Beispiel wachsende Reklamationen bei einem Kernprodukt, zu erkennen und Maßnahmen zu deren Beseitigung zu ergreifen.

Die *Kundendienstleitung* des After Sales Service operationalisiert die Vorgaben der Unternehmensführung und steuert deren Einhaltung. Außerdem muss die Bereichsleitung die Kundendienstmitarbeiter führen. Die Kernaufgabe beim Management des Bereiches besteht darin, Mitarbeiter, Fahrzeuge, Spezialwerkzeuge etc. optimal auf die Aufgaben zu verteilen. Dazu arbeitet die Leitung des Nachkauf-Kundendienstes Einsatzpläne aus und stellt ausreichende Kapazitäten für die anfallenden Arbeiten bereit. Reichen diese Ressourcen nicht aus, muss das Bereichsmanagement entweder die Leistung den vorhandenen Ressourcen anpassen (mit gegebenenfalls negativen Folgewirkungen auf die Kundenzufriedenheit) oder über die Geschäftsleitung zusätzliche Kapazitäten anfordern ([21], S. 14ff.).

Wird der After Sales Service – wie zu empfehlen – als Profitcenter (vgl. Abschnitt »Operativ-taktische Instrumente«) geführt, wird neben der Einsatzplanung der Kapazitäten die Planung und Steuerung der Erlöse und Kosten eine Kernaufgabe der Kundendienstleistung darstellen, bei der das Controlling unterstützend wirkt.

Branchenbezogene Besonderheiten

Für die Implementierung des Controllings im After Sales Service müssen branchen- und unternehmensspezifische Gegebenheiten berücksichtigt werden. So ist beispielsweise in der Investitionsgüterindustrie – wenn nur relativ wenige Kundenbeziehungen bestehen – der Einzelkunde oftmals Betrachtungsobjekt des Controllings. Im Konsumgüterbereich hingegen ist eine solche Vorgehensweise unter Kosten-Nutzen-Aspekten kaum zu rechtfertigen. (vgl. [15],

Sp. 1347). Die Gegebenheiten in der Konsum- und in der Investitionsgüterindustrie werden im Folgenden betrachtet.

Konsumgüterindustrie

Konsumenten stellen immer höhere Anforderungen an die Gebrauchsqualität während der Nutzung von Produkten (beispielsweise Haushaltsgeräte, Pkw). Die Käufer erwarten eine intensive Kundenbetreuung nach dem Kauf und unbürokratische Garantieregelungen. Zusatz-Kundendienste, wie etwa Entsorgungsleistungen, beeinflussen – aufgrund eines gestiegenen Umweltbewusstseins und gesetzlicher Regelungen – zunehmend die Kaufentscheidungen von Konsumenten. In dieser Situation besteht die Gefahr, dass das Unternehmen seine zusätzlichen Dienstleistungen unkontrolliert ausweitet und auf zu viele individuelle Kundenprobleme eingeht. Dies kann die Ressourcen und Fähigkeiten eines Unternehmens übersteigen.

Das Controlling im After Sales Service hat daher die Aufgabe, die finanzielle Tragfähigkeit von Kundensegmenten zu analysieren. Zielgruppen mit ähnlichen Qualitätsansprüchen an Kundendienstleistungen können dann mit standardisierten Leistungen bedient werden. Auf diese Weise werden die Leistungen im Nachkauf-Kundendienst effizient gestaltet (vgl. [14], Sp. 1357).

Investitionsgüterindustrie

Investitionsgüter, am extremsten das industrielle Anlagengeschäft, sind durch eine hohe technische Komplexität und einen hohen Individualisierungsgrad gekennzeichnet (zum Beispiel Walz- und Kraftwerke). Im After Sales Service bieten vor allem die Anwenderdienstleistungen (wie Mitarbeiterausbildung oder Produktionsgarantien), die auf die Probleme und Know-how-Defizite der einzelnen Kunden zielen, Chancen zur Präferenzbildung. Das Anlagengeschäft spielt sich vorwiegend in Schwellen- und Entwicklungsländern ab. Konzentriert sich ein Unternehmen auf Kunden aus diesen Gebieten, die unter »Gewusst wie«-Defiziten leiden, muss es selbst über spezifisches Know-how zur Problemlösung verfügen (vgl. [14], Sp. 1358f.).

Der After Sales Service bietet bei solchen Großanlagen Wartungs-, Reparaturdienste, Ersatzteilservice, Kundenschulungen und Managementberatung an. Aus Sicht des Controllings spielt – vor allem bei umfangreichen Wartungs- und Reparaturdienstleistungen – eine effiziente Planung und Steuerung der Projekte eine große Rolle (vgl. hierzu [23], S. 565ff.; [1], S. 115ff.).

Controlling-Unterstützung im Managementprozess des After Sales Service

Im Controlling des Nachkauf-Kundendienstes lässt sich ein Prozess (vgl. Abb. 1) identifizieren, in dem Entscheider des Service-Bereiches und Controller zusammenwirken. Im täglichen Geschäft können alle Phasen dieses Ablaufes im Mittelpunkt der Arbeit stehen.
Die einzelnen Phasen dieses Prozesses werden im folgenden spezifisch für den Nachkauf-Kundendienst erörtert.

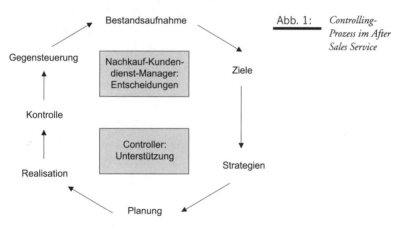

Abb. 1:   *Controlling-Prozess im After Sales Service*

Bestandsaufnahme

Nicht jede Kundenbeziehung ist für den Anbieter von gleichem Wert. Voraussetzung für realistische Ziele, umsetzbare Strategien und eine möglichst effektive Planung im After Sales Service sind weitreichende Informationen über den Kundenbestand eines Unternehmens.

Dieser Bestand sollte unter ABC-Gesichtspunkten analysiert werden, um aktuelle und zukunftsorientierte Potenzialeinschätzungen von Kundengruppen zu ermöglichen. Diese Informationsselektion bezüglich unterschiedlicher Kunden beziehungsweise Kundengruppen erfordert eine leistungsfähige Datenbasis. Der firmeninterne Adressenbestand von Kunden sollte sowohl qualitative als auch quantitative Aspekte der verschiedenen Kundenbeziehungen berücksichtigen.

Zu den qualitativen Angaben gehören soziodemografische (Alter, Geschlecht etc.) und psychographische (Einstellungen, Werte etc.) Merkmale eines Kunden, die bei entsprechender Verknüpfung eine verhaltensorientierte Betrachtung einer Kundenbeziehung ermöglichen. Sie werden durch quantitative Aspekte, wie Erlöse, Deckungsbeiträge oder Kosten, ergänzt. Auf dieser Basis können strategisch verwendbare Kundensegmente beziehungsweise Zielgruppen identifiziert werden (vgl. [15], Sp. 1345f.).

Ziele und Strategien

Ohne Ziel ist jedes Ergebnis richtig und ein Controlling nicht möglich. Ziele sind daher unerlässlich, um als Erfolgsmaßstab für das eigene Handeln zu dienen. Bei ihrer Strukturierung, Formulierung und Überprüfung leistet das Controlling eine wesentliche Unterstützung. Wird der Nachkauf-Kundendienst als Profitcenter geführt, stehen herkömmliche Ziele wie Ergebnis, Umsatz oder Return on Investment im Mittelpunkt. Diese Ziele können aber den Anforderungen an eine langfristige Unternehmenssicherung nicht immer gerecht werden. Gerade im Servicebereich liegt es nahe, die Kundenzufriedenheit mit in die Ziele aufzunehmen.

Die Kundenzufriedenheit kann als Leitidee für das Nachkauf-Marketing dienen. Mit ihr sind vielfältige Hoffnungen verknüpft. »Eine hohe Kundenzufriedenheit verstärkt die Kundenbindung, unterstützt den Aufbau stabiler Kundenbeziehungen, wirkt positiv auf die Mundwerbeaktivitäten sowie das Wiederholungs- und Folgekaufverhalten der Konsumenten und erschwert den Eintritt neuer Wettbewerber in den Markt« ([10], S. 198). Unter der Leitidee der Kundenzufriedenheit können bestimmte vorökonomische und ökonomische Nachkaufziele unterschieden werden (siehe Tabelle 1).

Tabelle 1: Ziele des Nachkaufmarketings (vgl. [10], S. 199)	
Leitidee: Kundenzufriedenheit	
Vorökonomische Ziele	**Ökonomische Ziele**
Hohe Kundenloyalität	Sicherung/Steigerung von Absatz, Umsatz
Positive »Mund-zu-Mund-Propaganda«	
Nachkauforientiertes Marken- und Unternehmensimage	Marktanteil und Gewinn
	Hohe Wiederholungs- und Folgekaufraten
Gewinnung kundeninitiierender Nachkaufinformationen	Senkung von Marketingkosten
	Begrenzung ökonomischer Risiken

Die Unterstützung so genannter Kundenzufriedenheitsprogramme ist eine Hauptaufgabe des nachkauforientierten Controllings. Diese Programme erfassen die Zufriedenheit der Kunden mit den Produkt- und Serviceleistungen und sind in erster Linie an der Verbesserung der vom Kunden wahrgenommenen Leistungsqualität ausgerichtet. Dazu werden die wesentlichen Merkmale des Angebots hinsichtlich der Zufriedenheit abgefragt. Diese Programme zeigen die Bemühungen eines Unternehmens, mit den Kunden in einen kontinuierlichen Nachkauf-Dialog zu kommen.

Das Markt-Feedback liefert dem After Sales Management wichtige Steuerungsinformationen, die folgende Aspekte betreffen:

⇨ aktuelle Problembereiche im Sortiment,
⇨ veränderte Kundenerwartungen,
⇨ Bedeutung einzelner Qualitätsmerkmale der angebotenen Leistungen,
⇨ Erfüllung beziehungsweise Verbesserung der Nutzenerwartungen durch Innovationen oder Modifikationen und
⇨ kundenbezogener Abstimmungsbedarf der Nachkaufinstrumente untereinander.

Kundenzufriedenheitsprogramme bieten kurz- und langfristig Gestaltungspotenziale. Kurzfristig kann man sie zur Verbesserung der Kundenzufriedenheit und der kundenorientierten Gestaltung der Nachkaufphase heranziehen. Langfristig dienen sie dem Aufbau strategischer Wettbewerbsvorteile, indem sie Unternehmen in die Lage versetzen, potenzielle Marktchancen und -risiken durch Veränderungen des Nachkaufverhaltens der Kunden zu erkennen und die Erkenntnisse bei der Gestaltung des Nachkaufmarketings frühzeitig zu berücksichtigen (vgl. [10], S. 299f.).

Planung

Die Planung ist eine der Hauptaufgaben des Controllings. Sie enthält die schriftliche Fixierung des zukünftig Gewollten. Alle Sachverhalte, die als Ziele Verwendung gefunden haben, sollten auch in diesem Zusammenhang wieder auftauchen. Für den After Sales Service empfiehlt es sich, zwei unterschiedliche Perspektiven einzuführen:
⇨ eine strategische und eine
⇨ operativ-taktische Betrachtungsebene.

Auf der *strategischen Ebene* werden im mittel- bis langfristigen Bereich die Zielgruppen des After Sales Service bestimmt und die wesentlichen ökonomischen Parameter (zum Beispiel Ergebnis, Kosten, Erlöse, Investitionen) vorgeplant.

Auf der *operativ-taktischen Ebene* werden in der Regel die Maßnahmen und Parameter für ein Jahr detaillierter schriftlich nieder-
gelegt (beispielsweise Kosten nach Kostenarten: Personal, Material,
Abschreibungen, Fremdleistungen etc.). Dies kann zum Beispiel auf
Quartals- oder Monatsbasis geschehen.

Realisation, Kontrolle und Gegensteuerung

Die Realisation der Maßnahmen erfolgt ganzjährig im Servicebereich.
Eine Gegenüberstellung der Plan- und Ist-Werte sollte quartalsweise
oder monatlich vorgenommen werden (Soll/Ist-Vergleich), um Abweichungen zu analysieren und entsprechende Gegensteuerungsmaßnahmen zu ergreifen. Dadurch können gesteckte Ziele eventuell doch
noch erreicht werden. Dabei ist das Phänomen zu beachten, »dass die
Kosten in der ersten Jahreshälfte häufig unter Plan verlaufen und die
Umsätze über Plan« ([18], S. 105f.).

Controlling-Instrumente im After Sales Service

Im oben geschilderten Managementprozess können diverse Controlling-Instrumente zur Fundierung von Entscheidungen eingesetzt werden. Als Instrumente werden Methoden bezeichnet, aus denen sich
in einem vorgegebenen, schrittweisen Ablauf oder einem konkreten
Rechenverfahren Empfehlungen ableiten lassen. Diese Instrumente
können in

⇨ strategische und

⇨ operativ-taktische Methoden unterschieden werden.

Strategische Instrumente beantworten primär die Frage, mit welchen
Kunden(gruppen) man sich im After Sales Service besonders beschäftigen soll. Diese Fragestellung hat dabei einen grundsätzlichen Charakter. Ihre Beantwortung baut Potenziale auf und bindet ein Unternehmen im mittel- bis langfristigen Bereich.

Operativ-taktische Methoden dienen zur Feinsteuerung der Aktivitäten des Nachkauf-Kundendienstes. Hier wird der Frage nachgegangen: Welche Erlöse und Kosten sind mit unseren Leistungen für die Kunden(gruppen) verbunden, und welches Ergebnis erzielen wir damit? Diese Fragestellung ist mit der Ausschöpfung von Potenzialen verbunden und hat eher Handlungscharakter. Betroffen ist der kurzfristige Bereich.

Strategische Instrumente

Auf der strategischen Ebene des After Sales Service lassen sich Instrumente verwenden wie zum Beispiel
⇨ das Kundenbindungsportfolio und
⇨ die Beziehungslebenszyklusanalyse.

Kundenbindungsportfolio
Das Kundenbindungs- oder auch Beziehungsportfolio (vgl. Abb. 2) verwendet die Achsen Kundenattraktivität und -bindung in einer klassischen 4-Felder-Matrix. Zur Beurteilung der Attraktivität können Ertragsgrößen und die Referenzfähigkeit eines Abnehmers, also seine Wirkung bei der Akquisition neuer Kunden, berücksichtigt werden.

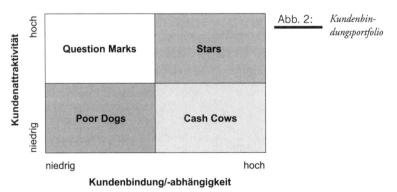

Abb. 2: *Kundenbindungsportfolio*

Die Kundenbindung beziehungsweise -abhängigkeit kann anhand der folgenden Kriterien eingeschätzt werden:
⇨ bestehende vertragliche Beziehungen,
⇨ psychologische Abhängigkeiten aufgrund persönlicher Präferenzen sowie
⇨ einer mangelnden Substitutionsmöglichkeit aufgrund fehlender weiterer Anbieter.

Aus der Einordnung der Kunden(gruppen) in das Portfolio ergeben sich die spezifischen Strategien. Die Normstrategie-Empfehlungen für die vier Felder lauten:
⇨ *Question Marks* – Investieren
⇨ *Stars* – Investieren
⇨ *Cash Cows* – Halten und abschöpfen
⇨ *Poor Dogs* – Desinvestieren und Eliminieren (oder gegebenenfalls in Anlehnung an Lebenszyklusstrategien einen Relaunch starten).

Die als Ergebnis der Analyse gebildeten Gruppen von Kundenbeziehungen bedürfen in Anlehnung an die Normstrategien einer jeweils unterschiedlichen Betreuung. Star-Kunden können zum Beispiel persönlich oder durch individuelle, aufwendig gestaltete Mailings bearbeitet werden (vgl. [7], S. 26; [10], S. 217ff.; [15], Sp. 1346f.).

Beziehungslebenszyklus
Im Beziehungslebenszyklus (vgl. Tabelle 2) werden die Phasen in der Anbieter-Nachfrager-Beziehung (Kennenlern-, Vertiefungs-, Routine-, Infragestellungs- und Trennungsphase) analysiert und Aussagen zu verschiedenen, phasenspezifischen Verhaltensweisen der Kunden, wie beispielsweise Verhandlungsaktivitäten oder Alternativensuche, getroffen.

Tabelle 2: Beziehungslebenszyklus (vgl. [7], S. 27)					
Phasen Kundenverhalten	Kennen- lernen	Vertie- fung	Routine	Infrage- stellung	Tren- nung
Verhandlungsaktivitäten	hoch	mittel	gering	mittel	gering
Bewertungsaktivitäten	hoch	mittel	mittel	hoch	gering
Investitionsaktivitäten	mittel	hoch	mittel	gering	gering
Alternativensuche	hoch	gering	gering	hoch	hoch

Bei der Anwendung der Beziehungslebenszyklusanalyse ist zu beachten, dass die einzelnen Phasen nicht in der erwarteten Reihenfolge durchlaufen werden müssen. So kann zum Beispiel aus der Infragestellungsphase in die Routinephase zurückgesprungen werden (vgl. [7], S. 26f.; [15], Sp. 1346f.).

Operativ-taktische Instrumente

Zur unterjährigen, quartalsweisen oder monatlichen Feinsteuerung des After Sales Service können unter anderem
⇨ die Deckungsbeitragsrechnung,
⇨ Kennzahlensysteme,
⇨ die Kosten/Nutzen-Analyse und
⇨ die ABC-Analyse
Verwendung finden.

Voraussetzung für die Ermittlung des Kundendiensterfolges ist die Einrichtung eines Profitcenters. Unter Berücksichtigung der kundendienstspezifischen Verhältnisse wird ein spezielles After Sales Service-Profitcenter als selbständig operierender Unternehmensteil, als »Unternehmen im Unternehmen«, dessen Erfolg gesondert ausgewiesen wird, eingerichtet. Oft stellt der Kundendienst im Marketingbereich ein Sub-Profitcenter dar.

Als weitere Voraussetzung für eine Feststellung des Kundendiensterfolges muss eine aussagefähige und genaue Kosten- und Erlösrech-
nung eingerichtet werden (vgl. [2], S. 150). Ist sie entsprechend gestaltet, lassen sich Deckungsbeiträge ermitteln.

Deckungsbeitragsrechnung

Die ergebnisorientierte Feinsteuerung des After Sales Service erfordert
eine periodische (meist monatliche) Erfolgsübersicht. Eine kurzfristige
Erfolgsrechnung macht das Kundendienstergebnis aus Perspektive
der Erlöse und der Kosten transparent. Die Umsatzseite muss so
strukturiert sein, dass die Zahlen eine Analyse der Erlöse ermöglichen. Es muss erkennbar sein, welchen Anteil das (Sub-)Profitcenter
zum Betriebsergebnis beigetragen hat. Die Kostenseite verdeutlicht
mindestens die verschiedenen Kostenarten und deren Einfluss auf das
Ergebnis (vgl. [2], S. 151). Besonders für Betriebsvergleiche müssen
dabei auch die kalkulatorischen Kosten berücksichtigt werden (vgl.
hierzu [3]).

In der Deckungsbeitragsrechnung stehen zunächst die Erlöse des
Nachkauf-Kundendienstes im Mittelpunkt. Neben einer Gliederung
der Umsätze nach betroffenen Produkten und Kunden(gruppen)
kann auch eine Differenzierung nach Leistungen wie beispielsweise
Montage oder Reparatur treten. Von den Erlösen werden die variablen Kosten (zum Beispiel Treibstoffe, Außendienstspesen, Personaleinsatz, Telefon) abgezogen, um zu Deckungsbeiträgen zu kommen.
Von der Summe der erzielten Deckungsbeiträge werden wiederum die
fixen Kosten (Abschreibungen für Fahrzeuge und Gebäude, Leitungs-
kosten etc.) subtrahiert, um das Ergebnis des Bereichs After Sales
Service zu ermitteln. Basis aller Auswertungsmöglichkeiten ist die
Urdatenerfassung auf der Rechnung.

Bei der Anwendung der Deckungsbeitragsrechnung ist zu berücksichtigen, dass aus Gründen der Kundenbindung (Kulanz) und
rechtlicher Verpflichtungen (Garantie) in bestimmten Fällen keine
positiven Deckungsbeiträge erwartet werden können. Hier ist insbesondere die Wechselwirkung mit dem getroffenen Kauf und mög-

lichen, nicht sofort messbaren zukünftigen Erwerbungen (Cross-Selling-Potenziale) zu berücksichtigen.

Daneben existieren Interdependenzen innerhalb des Kundenkreises. Es kann sinnvoll sein, Meinungsführer, die keinen positiven Deckungsbeitrag erbringen, besonders zu behandeln und damit an das Unternehmen zu binden. Dies gilt vor allem, wenn sich über positive Referenzaussagen viele Neukunden gewinnen lassen, ohne die für das Unternehmen in der Regel hohen Akquisitionskosten zu verursachen (vgl. [15], Sp. 1345).

Bei der Entwicklung des Controllings wird man sich zunächst auf Ist-Werte der Vergangenheit stützen. Diese ermöglichen aber nur Ex-post-Analysen. Eine Erfolgsrechnung gewinnt an zusätzlicher Aussagekraft, wenn das Informationsangebot so aufbereitet wird, dass es Folgerungen für die Zukunft und damit Ex-ante-Analysen erlaubt. Ein Hilfsmittel dazu bildet die Verwendung von Planerlösen und -kosten. Durch einen Soll-Ist-Vergleich zwischen geplanten und tatsächlichen Werten wird eine genaue Kontrolle als Basis von eventuell notwendigen Gegensteuerungsmaßnahmen möglich.

Kennzahlensysteme

Die Berechnung und Auswertung von Kennzahlen wird erleichtert, wenn die vorgenannten Elemente des Informationssystems für den After Sales Service vorhanden sind. Die Bildung von Kennzahlen lässt

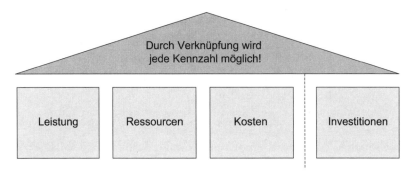

Abb. 3:   *Zentrale Informationssäulen von Kennzahlensystemen*

sich auf Basis der in Abbildung 3 enthaltenen »Informationssäulen« durchführen.

Mit *Leistungen* ist der wesentliche Output in Form von Erlösen, Kundenaufträgen etc. gemeint. Die Kernfrage dieser Informationssäule lautet: Welche Leistungen erbringt der After Sales Service?

Unter *Ressourcen* ist der Input in Form von Mitarbeitern, Fahrzeugen etc. zu verstehen. Hier ist die Frage zu klären: Welche Ressourcen sind zur Erbringung der Leistungen notwendig?

Die *Kosten* ergeben sich wiederum aus der Bewertung des Ressourceneinsatzes. Es wird die Frage beantwortet: Wie teuer ist der zur Leistungserbringung nötige Ressourceneinsatz?

Während die ersten drei Säulen eher Informationen zur Bildung operativer Kennzahlen bereitstellen, wird mit den *Investitionen* die strategische Komponente der Führung des After Sales Service-Bereiches tangiert. Die Kernfrage lautet: Welche Investitionen müssen getätigt werden, um das Leistungsniveau des Nachkauf-Kundendienstes zu halten beziehungsweise gegebenenfalls auszubauen?

Durch Verknüpfung der Einzelinformationen dieser Säulen lässt sich eine Vielzahl von Kennzahlen herstellen. Einige Beispiele sind (vgl. hierzu [22]; [4]):

⇨ Kosten je Besuch/Auftrag/Kilometer/Zeiteinheit,

⇨ Umsatz je Kunde/Auftrag/Besuch,

⇨ Besuche je Kundengruppe/Tag.

Kosten/Nutzen-Analyse

Ein weiteres Instrument auf operativ-taktischer Ebene stellt die Kosten/Nutzen-Analyse dar. Sie kann sich auf ausgewählte Systeme des After Sales Service beziehen. Kosten/Nutzen-Analysen, zum Beispiel bei Beschwerdemanagement-Systemen, dienen dazu, monetäre und nicht-monetäre Erfolgsgrößen zu bestimmen, die aus der Zufriedenstellung unzufriedener Kunden resultieren. Erfasst werden dabei die Kosten der Wiederherstellung von Kundenzufriedenheit und ihr Einfluss das Wiederholungs-, Folgekauf- und das Kommunikationsverhalten der Kunden. Um den Erfolg von Kundenbetreuungsprogrammen zu bestimmen, müssen die in Marketing/Vertrieb beziehungsweise dem After Sales Service anfallenden Kosten einer über mehrere Perioden erfolgenden Kundenbetreuung erfasst und mit den Kundenumsatzwerten verglichen werden (vgl. [10], S. 298f.).

ABC-Analysen

Auf Deckungsbeitragsinformationen kann man auch bei ABC-Analysen zurückgreifen. Aktuelle/potenzielle Kunden werden »nach ihren Umsatz- oder Gewinnbeiträgen geordnet und in sehr wichtige, wichtige oder weniger wichtige beziehungsweise A-, B-, C-Kunden eingeteilt« ([7], S. 26). Auf Basis von weiteren Kriterien wie Kaufwert und -häufigkeit sind Aussagen über die Kontinuität und die wirtschaftliche Bedeutung der Kunden abzuleiten. ABC-Analysen setzen eine kundenbezogene Zuordnung von Umsatzerlösen, Kosten und Deckungsbeiträgen voraus. Im Konsumgüterbereich sind sie deshalb nur bei persönlichem Kundenkontakt, nicht auf anonymen Massenmärkten, anwendbar.

Der wesentliche Nachteil der ABC-Analyse besteht in der Vernachlässigung der indirekten ökonomischen Bedeutung von Kunden(gruppen). Zum Beispiel könnte ein sich positiv auswirkendes Multiplikationspotenzial zufriedengestellter Meinungsführer im Verhältnis zur finanziellen Attraktivität zurückgestellt werden (vgl. [7], S. 26; [10], S. 217).

Organisation des Controllings im After Sales Service

In der Organisation besteht die Möglichkeit, die Controlling-Aufgaben des Nachkauf-Kundendienstes aus einem »Zentral«-Controlling heraus zu erledigen. Dies wird vor allem bei kleinen und mittelständischen Unternehmen der Fall sein. In Großunternehmen hingegen, und schon gar, wenn der After Sales Service als eigenes Profitcenter geführt wird, kann der Kundendienst ein eigenes dezentrales Controlling erhalten.

Die Entscheidung für ein zentrales oder dezentrales Controlling hängt von einer Vielzahl von situativen Faktoren ab, wie zum Beispiel den Machtverhältnissen in einer Organisation und der Offenheit gegenüber der Controlling-Idee. Sinnvoll ist es darüber hinaus, das After Sales Service-Controlling mit dem Marketing-Controlling abzustimmen und gemeinsame Informationsbedürfnisse zu definieren. Auch die Informationssysteme im Controlling des After Sales Service sind in die kundenbezogenen Marketinginformationssysteme des Unternehmens einzubauen. Die Implementierung leistungsfähiger Informations- und Bewertungssysteme hilft unter anderem, um quantitative und qualitative Untersuchungsergebnisse der Kundenzufriedenheitsprogramme zu erfassen, auszuwerten und weiterzugeben (vgl. [10], S. 300; zu den Möglichkeiten der Informationsverarbeitung im Kundendienst siehe [2] und [21]).

Fallbeispiel: After Sales Service-Controlling einer Mercedes-Benz-Vertretung

Bei Mercedes-Benz werden die Maßnahmen des Nachkauf-Kundendienstes als Vorbereitung für den nächsten Verkauf betrachtet. Der Erfolg aller Bemühungen zeigt sich, wenn ein Kunde zum zweiten Mal einen Mercedes kauft.

Die Verkaufs- und Serviceorganisation von Mercedes-Benz basiert auf drei Säulen:

⇨ den werkseigenen Niederlassungen,
⇨ den privat betriebenen Vertretungen und
⇨ den ebenfalls privaten Vertragswerkstätten.

Die ersten beiden Gruppen übernehmen sowohl Verkaufs- als auch Serviceaufgaben, die Werkstätten hingegen erledigen Instandhaltungsarbeiten und vermitteln potenzielle Käufer an Niederlassungen und Vertretungen weiter. Die Grundstruktur einer typischen Mercedes-Benz-Vertretung ist in Abbildung 4 zu entnehmen.

Das Basisorganigramm wird noch durch regionale Zuordnungen beeinflusst, wenn eine Vertretung in mehreren Städten beziehungsweise Kommunen einer Region präsent ist (die Vertretung von Mercedes in Stralsund verfügt zum Beispiel noch über Standorte in Greifswald und Ribnitz-Damgarten).

Die Attraktivität von Zielgruppen aus Sicht des Verkaufs wird generell von der Mercedes-Benz-Zentrale in Stuttgart ermittelt. Zur Entwicklung strategisch angelegter Kundenzufriedenheitsprogramme dienen Befragungsbögen, mit denen die Sicht der Kunden eruiert wird, also ihre Erfahrungen mit der Betreuung durch den Mercedes-Benz-Partner beim Kauf eines neuen Pkw. Hierbei handelt es sich ebenfalls um eine zentrale Aufgabe. Als Ergebnis ergibt sich ein Ranking, das heißt eine Rangordnung der Niederlassungen mit den ihnen zugeordneten Vertretungen und Vertragswerkstätten.

Abb. 4:   *Organisation einer Mercedes-Benz-Vertretung*

Die Neukundenansprache auf Ebene der Vertretungen geschieht zielgruppenorientiert. Auf Basis von Branchenverzeichnissen, gekauften Adressen und mit Hilfe einer Telefonmarketingfirma werden potenzielle Kunden gezielt angesprochen. Dazu treten ergänzend Direct-Mailing-Aktionen für spezielle Marktsegmente wie zum Beispiel Rechtsanwälte und Ärzte (vgl. zur Zielgruppenbildung im Automobilsektor [20]).

Setzen sich, aus den angesprochenen Personenkreisen heraus, Interessierte mit den Vertriebsorganen von Mercedes-Benz in den Niederlassungen und Vertretungen in Verbindung, wird zunächst eine Interessenten-Meldung erstellt. Sie ist für die Zurechnung von Provisionen aus erfolgten Neu- oder Gebrauchtwagenverkäufen maßgeblich. Davon profitieren, bei erfolgreichen Abschlüssen, auch die eine Vermittlungsfunktion wahrnehmenden Vertragswerkstätten.

Bei der Kundenklassifizierung erfolgt eine ABCD-Einteilung. Die Grundeinteilung wird nach einer Vielzahl von Kriterien (beispielsweise bevorstehende Kaufentscheidung Privatkunde, Großabnehmer, permanenter Kunde) vom Verkauf stark beeinflusst. Dabei hängen A- und B-Kunden sowie C- und D-Kunden eng zusammen:

⇨ *A-Kunden* stehen unmittelbar vor einer Kaufentscheidung. Diese wird absehbar circa innerhalb des nächsten halben Jahres gefällt. Sie werden direkt vom zuständigen Verkäufer betreut.

⇨ *B-Kunden* haben einen Bedarf innerhalb der nächsten ein bis zwei Jahre. Diese Abnehmergruppe wird mit Hilfe von Telefonmarketingfirmen und durch den Verkauf direkt betreut.

⇨ *C-Kunden* sind Interessenten, deren Bedarf zeitmäßig zunächst nicht eingeschätzt werden kann. Sie erhalten schriftliche Informationen (Prospekte, Einladungen zu Neuproduktpräsentationen etc.) und werden standardmäßig einmal pro Jahr angerufen.

⇨ *D-Kunden* sind an einer Kontaktaufnahme nicht interessiert, werden aber mit Informationsmaterial versorgt.

Die Anregung zur Kontakt- beziehungsweise zur Wiederkontaktaufnahme (mit Datum) wird durch ein Vertriebssystem (Mercedes-Benz-Vertriebssteuerungssystem, MBVS) unterstützt. Getrennt davon existiert eine eigene Servicedatei der Reparatur- und Ersatzteilkunden, so dass auch der Kundendienst selbständige Akquisitionen bei den Abnehmern zum Beispiel für Winter-, Sommerdurchsichten, Haupt-, Zwischen- und Bremsensonderuntersuchungen durchführen kann. Auch Zusatzverkaufsaktionen für Winterreifen, Autotelefone etc. erfolgen auf Basis der gesammelten Informationen.

Beide Dateien, die MBVS- und die Servicekundendatei, werden in gewissen Zeiträumen abgeglichen, um eine möglichst lückenlose Erfassung aller Mercedes-Kunden im definierten Betreuungsgebiet sicherzustellen. Diese Bemühungen führen zur Berücksichtigung der nicht aus der Verkaufsdatei bekannten Gebrauchtwagenkäufer, die ihr

Fahrzeug in einem anderen Betreuungsgebiet gekauft haben, aber zum Beispiel den Service der betrachteten Vertretung nutzen. Erfahrungsgemäß werden Gebrauchtfahrzeuge zu circa 50 Prozent von außerhalb des Betreuungsgebietes erworben.

Im Servicebereich (siehe Abb. 4) wird unterhalb der Ebene »Werkstatt und Ersatzteile« noch nach Pkw und Nutzfahrzeugen (Transporter und Lkw) differenziert. Die Ersatzteile für die eigene Werkstatt werden intern im Schalterverkauf zur Verfügung gestellt und mit den bundesweit einheitlichen Preisen verrechnet.

Tabelle 3: Informationen und Kennzahlen im Servicebereich	
Service	
Ersatzteile/Zubehör	**Werkstatt**
Umsatz und Nachlässe/Rabatte differenziert nach ⇨ Einzelabnehmern ⇨ Vertragspartnern ⇨ Aufträgen ⇨ Sonstigem Marketingkosten	Durchläufe pro Arbeitstag differenziert nach Pkw und Nutzfahrzeugen Produktiv geleistete Stunden/Arbeitswerte differenziert nach ⇨ Einzelfahrzeugen ⇨ Pkw und Nutzfahrzeugen (Typen) ⇨ Standplatz Erlöse differenziert nach ⇨ Stunden ⇨ Standplätzen ⇨ Pkw und Nutzfahrzeugen ⇨ Marketingkosten

Zubehör und Ersatzteile für unternehmensexterne Abnehmer werden im Thekenverkauf angeboten. Die Verrechnung der Werkstattleistungen an den Kunden geschieht auf Basis der Ersatzteilpreise und der erbrachten Arbeitswerte. Sie sind für das operativ-taktische Controlling der Werkstatt von besonderem Interesse. Arbeitswerte geben als Norm an, wie lange es dauern soll, eine bestimmte Reparatur durchzuführen. Die dafür vorgesehenen Zeiten sind bundesweit vereinheitlicht.

Service Gesamt	Vorjahr	Ist	Plan
Umsatz Teile Zubehör	0	0	0
Umsatz Werkstatt	0	0	0
Umsatz Gesamt	**0**	**0**	**0**
Rabatte			
Teile Zubehör	0	0	0
Werkstatt	0	0	0
Summe Rabatte	0	0	0
Wareneinsatz			
Teile Zubehör	0	0	0
Werkstatt	0	0	0
Summe Wareneinsatz			
Bruttoertrag Teile Zubehör	0	0	0
Bruttoertrag Werkstatt	0	0	0
Bruttoertrag Gesamt	**0**	**0**	**0**
Sondereinzelkosten			
Teile Zubehör	0	0	0
Werkstatt	0	0	0
Summe Sondereinzelkosten	0	0	0
Fertigungslohn	0	0	0
Deckungsbeitrag I Teile Zubeh.	0	0	0
Deckungsbeitrag I Werkstatt	0	0	0
Deckungsbeitrag I Gesamt	**0**	**0**	**0**
Direkte Gemeinkosten			
Sonderkosten Rep.-Geschäft	0	0	0
Personalgemeinkosten	0	0	0
Sachgemeinkosten	0	0	0
Summe Direkte Gemeinkosten	0	0	0
Deckungsbeitrag II	**0**	**0**	**0**
Gemeinkosten Serviceabw.			
Sonderkosten Rep.Geschäft	0	0	0
Personalgemeinkosten	0	0	0
Sachgemeinkosten	0	0	0
Summe Gemeinkosten Serviceabw.	0	0	0
Deckungsbeitrag III	**0**	**0**	**0**
Gemeinkosten Kaufm. Verw.			
Sonderkosten Rep.Geschäft	0	0	0
Personalgemeinkosten	0	0	0
Sachgemeinkosten	0	0	0
Summe Gemeinkosten Kaufm. Verw.	0	0	0
Betriebsgewinn I	**0**	**0**	**0**
Unternehmenskosten			
Geschäftsführung	0	0	0
Miete/Pacht	0	0	0
Abschreibung	0	0	0
Zinsen	0	0	0
Summe Unternehmenskosten	0	0	0
Betriebsgewinn II	**0**	**0**	**0**

Abb. 5:   *Struktur einer kurzfristigen Erfolgsrechnung einer Mercedes-Benz-Vertretung*

Regionale Unterschiede existieren aber bei den Tarifen, nach denen der Personaleinsatz verrechnet wird (zum Beispiel regionale IG-Metall- oder Handwerkstarife). Darüber hinaus sind für das operativ-taktische Controlling des Servicebereichs (siehe Tabelle 3) eine Vielzahl von Informationen und Kennzahlen von Interesse.

Wesentliches Steuerungsinstrument für das operativ-taktische Controlling einer Mercedes-Benz-Vertretung ist die kurzfristige Erfolgsrechnung (siehe Abb. 5). Sie wirft Deckungsbeiträge aus, unterscheidet zwischen Ist- und Planwerten und ermöglicht einen Zeitvergleich mit den Vorjahresinformationen.

Um insbesondere reklamierende Kunden (Garantie- und Kulanzfälle) zufrieden zu stellen, werden deren Informationen in einem »Reklamationsjournal« vom betreuenden Service-Mitarbeiter erfasst und der Einzelfall geregelt. Die Verrechnung der Kosten für Material und Reparaturstunden der Garantie- und Kulanzfälle geschieht durch die Vertretung größtenteils zu Lasten der AG. In Zusammenarbeit mit einer Marktforschungsagentur wird die Zufriedenheit mit der Abwicklung der Reklamationen im Nachgang erfragt. So können Verbesserungspotenziale im Servicebereich erkannt werden.

In der Gesamtbetrachtung zeigt sich: Bei Mercedes liegt ein geschlossenes Controlling-System des After Sales Service vor. Wird der Nachkauf-Kundendienst aus Sicht des Kunden positiv beurteilt, ist die wichtigste Voraussetzung für den nächsten Verkauf erfüllt.

Anmerkung des Verfassers: Für die großzügige Unterstützung bei der Erstellung dieses Fallbeispiels danke ich Herrn Malte F. Hermann, Geschäftsführer der Mercedes-Benz-Vertretung in Stralsund.

Ausblick

Bei der anwachsenden Bedeutung des After Sales Service wird künftig auch der Umfang der durch das Controlling zu leistenden Unterstützung zunehmen. Wichtig dabei ist: Wenn der Kunde durch einen exzellenten Nachkauf-Kundendienst zufriedengestellt wird, ist ein großer Schritt zum nächsten Wiederkauf getan.

Prof. Dr. **Torsten Czenskowsky,** Jahrgang 1958, studierte Wirtschaftswissenschaft an der Universität Bremen. Nach seiner Promotion ist er als Unternehmensberater mit den Schwerpunkten Marketing und Controlling tätig. 1996 erfolgte seine Berufung zum Professor für Betriebswirtschaftlehre, insbesondere marktorientiertes Controlling und Logistikmanagement an die Fachhochschule Stralsund. Seine Arbeitsschwerpunkte liegen interdisziplinär auf den Gebieten Controlling, Marketing und Logistik. Neben der Lehre und Forschung widmet er sich der Unternehmensberatung und der Vortrags- und Seminartätigkeit.

Literatur

[1] BAISER, T.H.: *Projektmanagement, in: Borszcz, A.; Piechorta, S. (Hrsg.): Controlling-Praxis erfolgreicher Unternehmen, Wiesbaden 1998, S. 115ff.*

[2] BROSSMANN, M.: *Kundendienst-Informationssysteme, Frankfurt/Main 1987*

[3] CZENSKOWSKY, T.; SCHWEIZER, S.; ZDROWOMYSLAW, N.: *Die Bedeutung kalkulatorischer Kosten für den Betriebsvergleich, in: Kostenrechnungspraxis 4/1997, S. 226ff.*

[4] CZENSKOWSKY, T.: *Kennzahlensysteme als »Controllingnetz« des Marketing, in: Czenskowsky, T.: Füser, K.; Thomas, F.: Marketingkoordination, Köln 1999, S. 220-234*

[5] CZENSKOWSKY, T.; SCHÜNEMANN, G.; ZDROWOMYSLAW, N.: *Grundzüge des Controlling, 2. Aufl., Gernsbach 2004*

[6] DORN, B.: *Kosten- und erfolgsorientierter Produkt-Mix im Servicebereich, in: Reichmann, Th. (Hrsg.): Handbuch Kosten- und Erfolgs-Controlling, München 1995, S. 549ff.*

[7] HENTSCHEL, B.: *Beziehungsmarketing, in: Das Wirtschaftsstudium 1/1991, S. 25ff.*

[8] HEUER, K. R.: *Marketing-Controlling, in: von Ahsen, A.; Czenskowsky T. (Hrsg.): Marketing und Marktforschung, Hamburg 1996, S. 358ff.*

[9] HORVÁTH, P.: *Controlling, 6. Aufl., München 1996*

[10] JESCHKE, K.: *Nachkaufmarketing, Franfurt/Main 1995*

[11] LUDWIG, A.: *After Sales-Strategien – Hier winken satte Gewinne, in: Sales Profi 5/2000, S. 58-60*

[12] MERCEDES-BENZ (HRSG.): *Diverse Unterlagen, ohne Ort, ohne Jahr*

[13] MERTENS, R.: *Leistung muss sich lohnen, in: AutoServicePraxis/Autohaus Spezial, Service 2006 (Sonderheft), S. 40-43*

[14]   MEYER, M.: *Kundendienst, in: Tietz, B.; Köhler, R. et al. (Hrsg.): Handwörterbuch des Marketing, 2. Aufl., Stuttgart 1995, Sp. I 351ff.*

[15]   MEYER, A.; OEVERMANN, D.: *Kundenbindung, in: Tietz, B.; Köhler, R. et al. (Hrsg.): Handwörterbuch des Marketing, 2. Aufl., Stuttgart 1995, Sp. 1340ff.*

[16]   PEPELS, W. (HRSG): *Marketing-Controlling-Kompetenz, Berlin 2003*

[17]   PIONTEK, J.: *Controlling, München 1996*

[18]   PREISSLER, P.R.: *Controlling, 10. Aufl., München 1998*

[19]   REICHMANN, TH.: *Controlling mit Kennzahlen und Managementberichten, 5. Aufl., München 1997*

[20]   RIED, P. H.: *Wir stellen vor - Das Zielgruppen-Marketing, Arbeitspapier der Unternehmensberatung Ried und Partner GmbH, Ellhofen 1997*

[21]   SCHRÖDER, M.: *Informationsverarbeitung im Kundendienst, Wiesbaden 1997*

[22]   VORGANG, K.; KÄMPER, K.; CZENSKOWSKY, T.: *Das Rheinbahn-Zielsystem, in: Der Nahverkehr 12/1995, S. 38ff.*

[23]   WEIS, E.: *Kostenorientiertes Projekt-Controlling, in: Reichmann, Th. (Hrsg.): Handbuch Kosten- und Erfolgs-Controlling, München 1995, S. 565ff.*

Zusammenfassung

Controlling im After Sales Service meint die Planung
und Steuerung der Aktivitäten des Nachkauf-Kundendienstes. Dazu ist es erforderlich, das informatorische
Netz des Controllings mit dem After Sales Service
zu verknüpfen und auch das Marketing einzubeziehen. Wichtig sind empfängergerechte Informationen, vor allem die Unternehmensführung und die
Kundendienstleitung sind die zentralen Adressaten
des Controllings im Nachkauf-Kundendienst. Wie im
Marketing ist auch im After Sales Service ein zielgruppenorientiertes Handeln anzustreben. Deshalb
ist es wichtig, relevante Marktsegmente zu identifizieren. Vorökonomische (Kundenloyalität, »Mund-zu-
Mund-Propaganda« usw.) und ökonomische (Absatz,
Umsatz, usw.) Nachkaufziele sind die Grundlage für
Kundenzufriedenheitsprogramme. Die Überprüfung
dieser Ziele und eine Unterstützung ihrer Formulierung sind zentrale Controlling-Aufgaben. Auf Basis
der Ziele wird eine strategische und eine operativ-
taktische Planungsebene aufgebaut. Sie bilden nach
der Realisierung und dem Vorliegen von Ist-Daten
die Grundlage für Soll/Ist-Vergleiche, Abweichungsanalysen und Gegensteuerungsmaßnahmen. Zur
Unterstützung der strategischen Planung sollte man
im After Sales Service das Kundenbindungsportfolio
und die Beziehungslebenszyklusanalyse einsetzen.
Zur operativ-taktischen Planung können insbesondere
Deckungsbeitragsrechnungen, Kennzahlensysteme,
Kosten/Nutzen- und ABC-Analysen verwendet werden.

Der Rechtsrahmen für After Sales Services

Welche Rechtspflichten ergeben sich für die Anbieter von Waren und Dienstleistungen nach Vertragserfüllung? Mit Blick auf verschiedene Vertragstypen beleuchtet der Beitrag die rechtlichen Rahmenbedingungen für After Sales Services.

In diesem Beitrag erfahren Sie:
- welche vertraglichen Konsequenzen sich bei Sach- und Rechtsmängeln ergeben,
- welche Rolle die kaufmännische Untersuchungs- und Rügepflicht spielt,
- wie Risiken durch Allgemeine Geschäftsbedingungen minimiert werden können.

BRUNHILDE STECKLER

Vertragstyp entscheidet über Gewährleistungsrecht

Die rechtlichen Rahmenbedingungen für After Sales Services orientieren sich an dem Vertragstyp, welcher der Warenlieferung oder der erbrachten Dienstleistung zugrunde liegt. Im Folgenden wird insbesondere auf die Regelungen der Mängelgewährleistung in Kauf-, Werk- und Lieferungsverträgen sowie in Miet- und Leasingverträgen eingegangen. Auch die Lizenzierung von gewerblichen Schutzrechten und Urheberrechten ist zu berücksichtigen. Zudem werden die Grundlagen der Produkthaftung dargestellt. Entscheidend kommt es darauf an, in welchen Regionen die Produkte vertrieben oder die Leistungen angeboten werden, ob es sich um internationale Warenlieferungen handelt und welches Recht im Vertriebsgebiet Anwendung findet. In aller Regel bieten Rechtswahlklauseln, Allgemeine Geschäftsbedingungen und individuelle Haftungs- und Garantievereinbarungen zusätzliche Sicherheit.

Im Hinblick auf die rechtlichen Aspekte für After Sales Services treten zunächst die speziellen Branchen gegenüber dem allgemeinen Vertragsrecht zurück. Es kann um die Lieferung von Maschinen, Industrieanlagen oder Konsumgütern, Materialien, Komponenten oder Zubehörteilen gehen, ebenso aber auch um die Vergabe von Lizenzen für Computerprogramme, um die Herstellung eines Web-Auftritts oder um die Erstellung von Werbematerial. Im Bereich zwischenbetrieblicher Arbeitsteilung werden langfristige und umfangreiche Verträge mit zahlreichen Nebenabreden geschlossen, zum Beispiel Sukzessivlieferungsverträge, Qualitätssicherungsvereinbarungen, Franchising-Verträge, ferner Lizenzvereinbarungen über gewerbliche Schutzrechte (Marken, Muster und Patente), Urheberrechte und betriebliches Know-how etc. Nach der Vertragstypenlehre des Bürgerlichen Rechts sind unter anderem folgende Vertragsarten zu unterscheiden:

⇨ Kaufverträge, gerichtet auf die Übereignung der vereinbarten Kaufsache,

⇨ Werkverträge, gerichtet auf die Herstellung eines Werkes oder auf die Herbeiführung eines Erfolges,

⇨ Lieferungsverträge, gerichtet auf die Herstellung und Übereignung einer Sache,

⇨ Miet- und Leasingverträge zur langfristigen Gebrauchsüberlassung einer Sache oder Finanzierungsleasingverträge zur Finanzierung eines Kaufgegenstandes,

⇨ Geschäftsbesorgungsverträge, gerichtet auf die Ausführung von Dienstleistungen im fremden Interesse, zum Beispiel Spedition oder Kommission,

⇨ Lizenzverträge, gerichtet auf die Mitnutzung an einem Recht (Urheberrecht oder gewerbliche Schutzrechte wie Marken, Muster und Patente).

Die sichere Einordnung der gewählten Vertragsform entscheidet über das anzuwendende Gewährleistungsrecht bei Sach- und Rechtsmängeln und über eventuelle Ansprüche der Kunden infolge mangelhafter Belieferung. Durch die Gestaltung von Garantieklauseln können unter anderem die gesetzlichen Gewährleistungsansprüche interessengerecht geregelt und durch Vorteile für die Kunden ein zusätzlicher Nutzen für das Marketing erreicht werden. In vielen Fällen ist daher die Vereinbarung Allgemeiner Geschäftsbedingungen sinnvoll, insbesondere mit Blick auf die Standardisierung einer Vielzahl ähnlicher Verträge. Bei Auslandsgeschäften ist zudem eine Rechtswahlklausel zu vereinbaren. Sofern die Verträge grenzüberschreitende Warenlieferungen zum Gegenstand haben, sind die Regeln über den internationalen Warenkauf ergänzend zum deutschen Recht heranzuziehen.

Mängelgewährleistung in Kaufverträgen

Im Kaufvertragsrecht besteht die Hauptleistungspflicht des Verkäufers darin, dem Käufer das Eigentum an der erworbenen Sache zu verschaffen, vgl. § 433 Abs. 1 BGB. Danach kann der Käufer erwarten, dass die Kaufsache im Zeitpunkt des Gefahrübergangs frei von Sach- und Rechtsmängeln übergeben wird. Andernfalls ist der Verkäufer kraft Gesetzes zur Mängelgewährleistung verpflichtet.

Da das Kaufvertragsrecht auch in Lieferungsverträgen, in Finanzierungsleasingverträgen und in einigen Lizenzverträgen zur Anwendung gelangt, wird das Gewährleistungsrecht für diese Vertragsformen exemplarisch am Beispiel des Kaufvertrags dargestellt.
Das Vorliegen von Sach- und Rechtsmängel im Kaufvertrag ergibt sich gem. §§ 434, 435 BGB.

Sachmangel

Die Sache ist frei von Sachmängeln, wenn sie bei Gefahrübergang die vereinbarte Beschaffenheit hat, vgl. § 434 Abs. 1 Satz 1 BGB.

Soweit die Beschaffenheit nicht vereinbart ist, ist die Sache frei von Sachmängeln,

⇨ wenn sie sich für die nach dem Vertrag vorausgesetzte Verwendung
eignet, sonst

⇨ wenn sie sich für die gewöhnliche Verwendung eignet und eine
Beschaffenheit aufweist, die bei Sachen der gleichen Art üblich ist
und die der Käufer nach der Art der Sache erwarten kann, vgl. §
434 Abs. 1 Satz 2 BGB.

Nach dieser Legaldefinition ist der Begriff des Sachmangels im Kaufvertrag gestaffelt und in mehreren Schritten wie folgt zu ermitteln:

Erster Schritt

Die Feststellung eines Sachmangels ist in erster Linie davon abhängig,
welche Beschaffenheit der Sache die Vertragsparteien in ihrem Kaufvertrag festgelegt haben. Der Mangel lässt sich durch einen Vergleich
der Ist-Beschaffenheit der gelieferten Sache mit der von den Parteien
vereinbarten Soll-Beschaffenheit ermitteln.

Zunächst wird daher die vertragliche Vereinbarung über die Beschaffenheit der Sache hinzugezogen, um einen Mangel des Kaufgegenstandes festzustellen. Die Soll-Beschaffenheit, welche die Vertragsparteien selbst festgelegt haben, entscheidet somit über das Vorliegen
eines Sachmangels.

Zweiter Schritt

Erst wenn vertragliche Vereinbarungen fehlen, müssen für die Soll-
Beschaffenheit der Sache ihre gewöhnliche Verwendung und die übliche Beschaffenheit von Sachen der gleichen Art festgestellt werden.
Zudem gehen mit den Erwartungen des Käufers auch subjektive Elemente in den Mangelbegriff ein. Nicht alle Käufererwartungen sind
jedoch relevant, sondern nur solche, die nach der Art der Sache zu
erwarten sind. Daher muss zum Beispiel der Käufer eines gebrauchten
Fahrzeugs die nach Fahrzeugtyp, Baujahr und Kilometerleistung
üblichen Abnutzungen hinnehmen, hingegen braucht er keinen Un-
fallschaden zu erwarten. Das Fahrzeug muss funktionsfähig sein; die
Beschaffenheit richtet sich jedoch danach, ob der Zustand von der

Beschaffenheit gebrauchter Fahrzeuge der gleichen Art abweicht. Die übliche Abnutzung begründet daher keinen Sachmangel.

Zu der Beschaffenheit im Sinne von § 434 Abs. 1 Satz 2 BGB gehören mithin auch Eigenschaften, die der Käufer nach den öffentlichen Äußerungen des Verkäufers, des Herstellers »*insbesondere in der Werbung*« oder bei der Kennzeichnung über bestimmte Eigenschaften der Sache erwarten kann, es sei denn, dass der Verkäufer die Äußerung nicht kannte oder kennen musste oder dass sie die Kaufentscheidung nicht beeinflussen konnte.

Die gesetzliche Definition des Sachmangels geht jedoch noch weiter:

Dritter Schritt

Ein Sachmangel ist auch dann gegeben, wenn die vereinbarte Montage durch den Verkäufer oder dessen Erfüllungsgehilfen unsachgemäß durchgeführt worden ist. Ein Sachmangel liegt bei einer zur Montage bestimmten Sache ferner vor, wenn die Montageanleitung mangelhaft ist, es sei denn, die Sache ist durch den Käufer fehlerfrei montiert worden, § 434 Abs. 2 BGB. Insoweit wird der Mangelbegriff durch Montagefehler oder unzureichende Anleitungen erweitert.

Auch für Falsch- und Minderlieferungen gelten die Mängelgewährleistungsregelungen des Kaufvertragsrechts:

Vierter Schritt

Einem Sachmangel steht es gleich, wenn der Verkäufer eine andere Sache oder eine zu geringe Menge liefert, § 434 Abs. 3 BGB.

Nach dieser umfassenden Definition des Sachmangels ist in den zuvor dargelegten Schritten zu prüfen, ob die Ist-Beschaffenheit der Sache von der Soll-Beschaffenheit abweicht.

Rechtsmangel

Der Kaufgegenstand kann nicht nur mit einem Sachmangel, sondern auch mit einem Rechtsmangel behaftet sein. Ein Rechtsmangel der

Kaufsache ist gegeben, wenn der Verkäufer dem Käufer das Eigentum nicht lastenfrei überträgt, denn in diesem Fall können Dritte Rechte gegen den Käufer geltend machen, vgl. § 435 BGB.

Fallbeispiel Rechtsmangel

Nach Vertragsabschluss muss der Käufer (Lizenznehmer) feststellen, dass es sich bei dem erworbenen Computerprogramm – Standardsoftware – um eine Raubkopie handelt. Der Inhaber des Kopierrechts, zum Beispiel ein IT-Unternehmen, kann im Hinblick auf das Urheberrecht den Gebrauch der Raubkopie untersagen. Der Rechtsmangel liegt darin, dass der Verkäufer (Lizenzgeber), der das Computerprogramm nicht ordnungsgemäß lizenziert hat, dem Käufer das Nutzungsrecht an der Programmkopie nicht verschaffen kann. Die analoge Anwendung des § 435 BGB für den Lizenzvertrag ist durch die Vertragsgestaltung gerechtfertigt, wenn ein Standardprogramm gegen Zahlung einer einmaligen Gebühr übertragen wird.

In diesem Fallbeispiel ist die Nacherfüllung gem. § 439 BGB ausgeschlossen, weil eine Raubkopie des Computerprogramms nicht verwendet werden darf. Der Erwerber muss sich eine Lizenz des Computerprogramms von einem autorisierten Händler beschaffen. Er kann von dem Lizenzvertrag zurücktreten und die für die Raubkopie vereinbarte Zahlung verweigern beziehungsweise eine bereits geleistete Zahlung zurückfordern. Sofern der Verkäufer den Rechtsmangel zu vertreten hat und bei dem Käufer ein Schaden festzustellen ist, entsteht wegen der Vertragspflichtverletzung zusätzlich ein Schadensersatzanspruch gem. § 280 BGB.

Gefahrübergang

Der für die Ermittlung eines Mangels der Kaufsache maßgebliche Zeitpunkt ist der Gefahrübergang. Im Kaufvertrag geht die Gefahr des zufälligen Untergangs und der zufälligen Verschlechterung in aller Regel mit der Übergabe der verkauften Sache auf den Käufer über. Auch der Annahmeverzug begründet den Gefahrübergang, vgl. § 446 BGB. Daher lagert die Sache auf Gefahr des Käufers, wenn dieser sie nicht abnimmt, obwohl sie ihm vertragsgerecht angeboten wurde. Soweit die Kaufvertragsparteien keine besondere Vereinbarung getroffen haben, erfolgt der Gefahrübergang am Geschäftssitz des Verkäufers, vgl. § 269 Abs. 2 BGB. Andernfalls müssten die Parteien den Gefahrübergang vertraglich regeln, zum Beispiel durch die Klausel »*Lieferung frei Haus*« oder im Auslandsgeschäft durch International Commercial Terms (Incoterms).

Der gesetzliche Leistungsort ist im Kaufvertrag regelmäßig der Geschäftssitz des Verkäufers, der die Kaufsache in der vertraglich vereinbarten Art und Weise bereitstellen und den Käufer benachrichtigen muss, § 269 BGB. Daher handelt es sich bei der Verpflichtung des Verkäufers in Bezug auf die Kaufsache bei fehlender Vertragsvereinbarung um eine Holschuld. Allerdings wird eine Gattungssache, zum Beispiel ein Teil aus einer Serienproduktion, erst durch Konkretisierung zu einer Stückschuld, so dass der Verkäufer alles seinerseits Erforderliche tun muss, um den Gefahrübergang zu bewirken, § 243 Abs. 2 BGB. Im Fall einer Holschuld reicht die Konkretisierung einer nur gattungsmäßig bestimmten Kaufsache im Unternehmen des Verkäufers zum vereinbarten Leistungszeitpunkt aus. Damit geht die Leistungsgefahr auf den Käufer über, der bei einem unverschuldeten Untergang der Sache zur Zahlung des Kaufpreises verpflichtet bleibt.

> **Fallbeispiel Gefahrübergang**
>
> In einem EDV-Fachhandel bestellt der Kunde zehn Notebooks. Diese werden nach Eingang im Lager bereitgestellt und mit der Kundennummer versehen. Der Kunde wird telefonisch benachrichtigt. Er will die Ware jedoch erst in der folgenden Woche abholen. Bei einem nächtlichen Einbruch in das ordnungsgemäß gesicherte Lager werden die bereitstehenden Notebooks entwendet. Der Käufer verliert seinen Anspruch auf Lieferung, bleibt aber infolge des Annahmeverzugs zur Zahlung verpflichtet, §§ 433 Abs. 2, 275, 326 Abs. 2 BGB.

Der Ort des Gefahrübergangs ist auch dann der Geschäftssitz des Verkäufers, wenn die Parteien die Lieferung der Kaufsache vereinbart haben, ohne den Erfüllungsort konkret zu benennen. Es liegt dann lediglich eine Vereinbarung über die Kosten des Transports, der Verpackung, einer Versicherung etc. vor, so dass der Verkäufer lediglich zusätzliche schuldrechtliche Pflichten übernimmt. Daher erfolgt der Gefahrübergang im Versendungskauf mit der Auslieferung der Waren an den Spediteur, Frachtführer oder anderweitigen Transportperson.

Es bleibt jedoch bei dem Erfüllungsort am Sitz des Verkäufers, folglich trägt der Käufer die Transportgefahr, vgl. § 447 BGB.

Die Vereinbarung eines Versendungskaufs ist nicht bereits durch bloße Absprachen über Transport und Kosten gegeben, sondern liegt erst dann vor, wenn die Kaufsache auf Wunsch des Käufers vom Erfüllungsort an einen anderen Ort abgesandt wird. Derartige Vereinbarungen eines Versendungskaufs werden in der Praxis häufig durch nationale oder internationale Handelsklauseln getroffen, zum Beispiel im nationalen Handelsverkehr »ab Werk« oder »ab Lager« und im internationalen Handelsverkehr durch die Incoterms »EXW« sowie alle »C«-Klauseln, wie »CIF« (cost, insurance, freight) oder »CIP« (carriage and insurance paid to). Nach den anerkannten Auslegungsregeln der International Chamber of Commerce (ICC) sind Abnahmepflichten und Gefahrübergang in den Incoterms einheitlich geregelt

> **»Lieferung frei Haus«**
>
> Die nationale Handelsklausel »Lieferung frei Haus« ist auslegungsbedürftig. Erfolgt die Vereinbarung im Zusammenhang mit einer Transportkostenregelung, bleibt der Erfüllungsort nach der gesetzlichen Regelung in § 269 BGB bei dem Verkäufer. Wird die entsprechende Vertragsklausel mit der Überschrift »Gefahrübergang« gekennzeichnet, handelt es sich um eine Gefahrtragungsklausel. Die Leistungsgefahr geht erst mit der Anlieferung der Ware beim Käufer auf diesen über. Die vertragliche Vereinbarung des Gefahrübergangs muss daher eindeutig sein, um die gewünschte Rechtsfolge zu erzielen.

Gewährleistungsrechte des Käufers

Im Fall eines Mangels der Kaufsache im Zeitpunkt des Gefahrübergangs stehen dem Käufer die in § 437 BGB aufgeführten Gewährleistungsrechte zu:

⇨ Nacherfüllung gem. § 439 BGB,

⇨ Rücktritt vom Kaufvertrag gem. §§ 440, 323, 326 Abs. 5 BGB oder Minderung des Kaufpreises gem. § 441 BGB,

⇨ Schadensersatz gem. §§ 440, 280, 281, 283 BGB oder Aufwendungsersatz gem. § 284 BGB.

Anspruch auf Nacherfüllung

Zunächst muss der Käufer den Anspruch auf Nacherfüllung geltend machen, vgl. §§ 437 Nr. 1, 439 BGB. Der Käufer kann nach seiner Wahl unter Fristsetzung die Beseitigung des Mangels (Nachbesserung) oder die Lieferung einer mangelfreien Sache verlangen. Der Verkäufer hat die zum Zweck der Nacherfüllung erforderlichen Aufwendungen zu tragen. Er kann die vom Käufer gewählte Art der Nacherfüllung verweigern, wenn sie unverhältnismäßige Kosten verursachen würde. Daher können relativ kleine Mängel interessengerecht und entsprechend der Leistungsfähigkeit des Verkäufers ohne Weiteres behoben werden, zum Beispiel wird ein fehlendes Teil der Kaufsache nachgeliefert oder ein fehlerhaftes Teil ausgetauscht beziehungsweise ein kleiner Fehler nachgebessert. Erst nach Fristsetzung zur Nacherfüllung und erfolglosem Fristablauf können weitere Gewährleistungsrechte geltend gemacht werden.

Rücktritt vom Kaufvertrag

Die Ansprüche auf Rücktritt vom Kaufvertrag oder Minderung des Kaufpreises setzen neben der Mangelhaftigkeit der Kaufsache im Zeitpunkt des Gefahrübergangs voraus, dass die Frist zur Nacherfüllung erfolglos verstrichen ist. Falls sich der Käufer bei der Fristsetzung zur Nacherfüllung für die Nachbesserung entschieden hat, gilt diese erst nach dem erfolglosen zweiten Versuch als fehlgeschlagen, § 440 BGB. Die Fristsetzung ist als Voraussetzung für den Rücktritt nur in den in §§ 323 Abs. 2, 440 BGB genannten Fällen entbehrlich, zum Beispiel wenn der Schuldner (Verkäufer ist Schuldner der Mängelgewährleistung) die Leistung ernsthaft und endgültig verweigert.

Minderung des Kaufpreises

Statt des Rücktritts kann der Käufer den Kaufpreis durch Erklärung gegenüber dem Verkäufer mindern, § 441 BGB. Aus der Formulierung des Gesetzestextes ergibt sich, dass für den Minderungsanspruch dieselben Voraussetzungen vorliegen müssen wie für den Rücktritt. Daher muss gleichermaßen eine Frist zur Nacherfüllung gesetzt und erfolglos verstrichen sein. Nach dem Wortlaut des § 441 Abs. 3 BGB ist bei der Minderung der Kaufpreis in dem Verhältnis herabzusetzen, in welchem zur Zeit des Verkaufs der Wert der Sache in mangelfreien Zustand zu dem wirklichen Wert gestanden haben würde. Der geminderte Kaufpreis verhält sich zu dem vereinbarten Kaufpreis wie der Wert der mangelhaften Sache zum Wert der mangelfreien Sache. Durch diese Minderungsformel gehen auch die Ergebnisse der Verhandlungen über den Kaufpreis in die Minderung ein. Die Vertragsparteien sind nach dem Grundsatz der Vertragsfreiheit aber nicht gehindert, andere Minderungsbeträge festzusetzen, die ihrer Interessenlage im Einzelfall eher entsprechen.

Der Minderungsanspruch wird in aller Regel dadurch geltend gemacht, dass der Käufer die vereinbarte Minderung vom Kaufpreis in Abzug bringt. Dies ist jedoch nicht in jedem Fall so. Durch die in Auslandsgeschäften übliche *Handelsklausel »Kasse gegen Dokumente«* wird der Käufer vorleistungspflichtig. Der Käufer zahlt den Kaufpreis gegen Vorlage der Dokumente und kann erst nach Erhalt der Ware eventuelle Gewährleistungsansprüche geltend machen.

Anspruch auf Schadensersatz
Auch der Anspruch auf Schadensersatz setzt voraus, dass aufgrund der Mangelhaftigkeit der Kaufsache ein Schaden entstanden und die Frist zur Nacherfüllung erfolglos verstrichen ist, §§ 281 Abs. 2, 440 BGB.

Kaufmännische Untersuchungs- und Rügepflicht
Im beiderseitigen Handelskauf und in Lieferungsverträgen ist der Käufer verpflichtet, die gelieferten Waren unverzüglich zu untersuchen und, sofern sich ein Mangel zeigt, diesen unverzüglich zu rügen, vgl. § 377 Abs. 1 HGB. Unterlässt er die Mängelanzeige, greift die gesetzliche Genehmigungsfiktion des § 377 Abs. 2 HGB ein. Die fehlende oder verspätete Mängelrüge führt dazu, dass die Ware kraft Gesetzes als genehmigt gilt. Der Käufer hat damit auf seine Mängelgewährleistungsrechte verzichtet. Die verspätete Rüge wegen un-

terlassener, unzureichender oder verspäteter Untersuchung steht der unterlassenen Rüge gleich.

Gesetzliche Genehmigungsfiktion

Im Fall einer mangelhaften Lieferung – Sachmangel im Sinne des § 434 BGB wie oben dargelegt – kann der Käufer gegenüber dem Zahlungsanspruch des Verkäufers gem. § 433 Abs. 2 BGB die Mängeleinrede erheben. Er macht damit gem. § 320 BGB die Einrede des nicht erfüllten Vertrags geltend. Diese Einrede steht ihm jedoch dann nicht zu, wenn die Genehmigungsfiktion des § 377 Abs. 2 HGB eingreift.

Der Rechtsverlust der fehlenden oder verspäteten Mängelrüge und der daraus folgenden Genehmigungsfiktion gem. § 377 Abs. 2 HGB umfasst auch Rückgriffsansprüche des Unternehmers im Verbrauchsgüterkauf gem. § 478 BGB. Nach dieser Regelung kann ein Unternehmer, der die verkaufte neu hergestellte Sache als Folge ihrer Mangelhaftigkeit zurücknehmen oder eine Kaufpreisminderung des Käufers (Verbrauchers) hinnehmen musste, seinen Lieferanten in Regress nehmen.

Die in § 377 HGB enthaltene handelsrechtliche Regelung gibt dem Verkäufer die Möglichkeit, Unzulänglichkeiten in seiner Qualitätssicherung schnell zu erkennen, damit er umgehend Abhilfe schaffen und weitere Fehler vermeiden kann. Die kaufmännische Untersuchungs- und Rügepflicht ist unverzichtbar; es handelt sich um zwingendes, nicht dispositives Gesetzesrecht. Zwar kann der Käufer die Untersuchung der Waren durch einen Dritten vornehmen lassen, zum Beispiel durch ein technisches Spezialinstitut oder nach vertraglicher Vereinbarung auch durch den Zulieferer. Während die kaufmännische Untersuchungspflicht verlagert werden kann, bleibt der Käufer aber weiterhin zur Anzeige etwaiger Fehler verpflichtet. Er muss deshalb auch dann stichprobenartige Wareneingangskontrollen durchführen, wenn die Qualitätssicherung durch den Zulieferer erfolgt. Denn serielle Fehler fremder Qualitätskontrollen oder Transportschäden sind nur im Wareneingang zu erkennen.

Rügefrist

Maßstab für die *Frist zur Anzeige eventueller Mängel* ist der Zeitraum, der für eine ordnungsgemäße Warenuntersuchung benötigt wird. Denn die Mängelrüge muss unverzüglich erfolgen, um dem Käufer die Gewährleistungsrechte zu erhalten, das heißt »*ohne schuldhaftes Zögern*«. Der Käufer muss in seinem Unternehmen die organisatorischen und technischen Voraussetzungen dafür schaffen, eingehende Waren zu untersuchen und festgestellte Mängel unverzüglich zu rügen. Die gesetzliche Regelung normiert eine Untersuchungspflicht soweit dies »*im ordnungsgemäßen Geschäftsgang tunlich*« ist. Daraus ergeben sich auch subjektive Merkmale, das heißt, die Größe und Leistungsfähigkeit des einkaufenden Unternehmens wird berücksichtigt.

Die Rügefristen richten sich nach dem Zeitraum, der für die Untersuchung erforderlich ist. Es kommt nicht darauf an, ob eine Warenuntersuchung tatsächlich stattgefunden hat. Vielmehr wird eine Untersuchungszeit zugrunde gelegt, die der Art der Ware, der Menge der Lieferung, der Branchenübung und der Leistungsfähigkeit des Käufers angemessen ist. In den meisten Fällen wird eine rechtzeitige Mängelanzeige innerhalb weniger Tage zu erwarten sein, doch kann die Rüge nach Beschaffenheit der Kaufsache im Einzelfall durchaus auch erheblich später erfolgen.

Sukzessivlieferungsvertrag

In einem Sukzessivlieferungsvertrag ist jede einzelne Teillieferung zu untersuchen. Dies gilt auch für langjährige Geschäftsbeziehungen mit Zulieferern und Lieferanten. Eine Minimierung des Risikos kann durch Qualitätssicherungsvereinbarungen erfolgen, die jedoch die Wareneingangskontrolle durch den Käufer nicht ersetzen. Falls der Käufer auf die Wareneingangskontrolle verzichtet, entstehen neben den handelsrechtlichen Folgen der Genehmigung von Mängeln und des Wegfalls der Einrede des nicht erfüllten Vertrags auch produkthaftungsrechtliche Risiken. Denn die unterlassene Wareneingangsuntersuchung stellt eine Verletzung der Verkehrssicherungspflicht im Sinne des § 823 BGB dar, so dass die deliktische Produzentenhaftung in vollem Umfang gegeben ist.

Streckengeschäft

Falls die Kaufgegenstände im Streckengeschäft direkt an den Abnehmer des Käufers versandt werden, verlängert sich die Rügefrist um den Zeitraum, den der Käufer benötigt, um sich bei seinem Abnehmer nach Mängeln zu erkundigen. Von der Rügepflicht wird der Käufer daher auch im Streckengeschäft nicht frei; er muss vielmehr dafür sorgen, dass sein Abnehmer die Ware unverzüglich untersucht und Mängel unverzüglich mitteilt.

Gestaltung der Rügefrist

Die Rügefrist kann vertraglich gestaltet werden, um Rechtsunsicherheiten vorzubeugen und branchenspezifische Besonderheiten oder individuelle Bedürfnisse der beteiligten Unternehmen hinsichtlich der Warenuntersuchung zu berücksichtigen. So könnte der Verkäufer auf den Einwand der nicht rechtzeitigen Rüge verzichten oder die Parteien eine vertragliche Rügefrist festlegen, zum Beispiel vier Wochen, aber auch sechs oder zwölf Monate, im Einzelfall sogar bis zu 24 Monaten. Kaufleute können eine derartige Rügefrist sogar formularmäßig vereinbaren.

Form der Mängelanzeige

Die Mängelanzeige ist formfrei, sie muss aber hinreichend substantiiert sein und darf keine pauschale Abwertung der Waren enthalten, so dass Art und Umfang der Qualitäts-, Quantitäts- oder Artabweichung so konkret wie möglich zu beschreiben sind. Aus Beweisgründen wird vertraglich häufig die Schriftform für die Mängelrüge vereinbart; in

diesem Fall wäre eine nur mündlich erfolgte Mängelanzeige gem. §
125 BGB formnichtig.

Quantitätsabweichungen und Falschlieferungen

Die kaufmännische Untersuchungs- und Rügepflicht bezieht sich
nicht nur auf Qualitätsfehler, sondern auch auf Quantitätsabweichungen (Minderlieferungen, vgl. § 434 Abs. 3 BGB) und Falschlie-
ferungen (Aliud-Lieferungen). Mehrlieferungen werden von dem bür-
gerlich-rechtlichen Begriff des Sachmangels nicht erfasst. Es ist jedoch
davon auszugehen, dass die Sorgfalt eines ordentlichen Kaufmanns
gem. § 347 Abs. 1 HGB vom Käufer erfordert, dem Verkäufer auch
Mehrlieferungen anzuzeigen.

Rechtsfolgen bei rechtzeitiger Mängelrüge

Im Fall der rechtzeitig gerügten Falsch- oder Minderlieferung bleibt
der Erfüllungsanspruch bestehen und der Verkäufer muss die vereinbarte Warenart noch liefern beziehungsweise die Warenmenge dem
Vertragsvolumen anpassen. Der Käufer kann in diesen Fällen seinen
Erfüllungsanspruch weiter verfolgen, indem er den Verkäufer in Verzug setzt.

Anwendungsbeispiel Rügepflicht

Der Käufer hat zwanzig Monitore des Typs »XY« bestellt. Es werden Monitore
geliefert, die jedoch nicht funktionsfähig sind. Der Käufer ist zur Mängelrüge
verpflichtet. Im Fall fehlender oder verspäteter Rüge kann sich der Verkäufer
auf die Genehmigungsfiktion des § 377 Abs. 2 HGB berufen. Der Kaufpreis ist
in voller Höhe zu entrichten, da der Käufer auf seine Gewährleistungsrechte
verzichtet hat. Sofern Keyboards geliefert werden, handelt es sich um eine
Falschlieferung. Unterlässt der Käufer die Rüge, gilt die Ware als genehmigt.
Durch die handelsrechtliche Genehmigungsfiktion wurde der Kaufvertrag einvernehmlich geändert und die gelieferten Keyboards sind zu bezahlen. Das gleiche
gilt, wenn statt der bestellten Menge dreißig oder zehn Monitore des Typs »XY«
geliefert werden, weil die Mengenabweichung ebenfalls gerügt werden müsste.
Der Kaufvertrag wird durch die gesetzliche Genehmigungsfiktion im Hinblick auf
die vereinbarte Quantität erweitert beziehungsweise reduziert.

Rechtsfolgen bei fehlender Mängelrüge

Die Rechtsfolgen bei nicht gerügten Art- und Mengenabweichungen entsprechen denen bei der nicht gerügten Qualitätsabweichung. Infolge der handelsrechtlichen Genehmigungsfiktion der unterlassenen oder verspäteten Mängelrüge gelten die gelieferten Waren als genehmigt und der Kaufvertrag als erfüllt. Eventuelle Gewährleistungsansprüche kann der Käufer daher nicht mehr geltend machen.

Der Zahlungsanspruch bleibt grundsätzlich unberührt, so dass der Kaufpreis ungeachtet der Qualitäts- oder Artabweichung in voller Höhe wie vereinbart zu entrichten ist. Das Risiko der unterlassenen Rüge hat sich in diesen Fällen zulasten des Käufers realisiert.

Auch im Fall einer nicht gerügten Minderlieferung ist der vereinbarte Kaufpreis zu zahlen, weil die Minderlieferung grundsätzlich dem Sachmangel gleichsteht, vgl. § 434 Abs. 3, 2. Halbsatz BGB. Daher genehmigt der Käufer durch seine fehlende oder nicht rechtzeitige Mängelrüge die Lieferung gem. § 377 Abs. 2 HGB als vertragsgerecht mit der Folge, dass der Kaufvertrag in Bezug auf den Lieferumfang reduziert wird, während der Kaufpreiszahlungsanspruch unverändert bleibt.

Offene Minderlieferung

Eine Ausnahme bildet die offene Minderlieferung, die aus den Warenbegleitpapieren (Lieferschein etc.) erkennbar ist, denn hierbei handelt es sich um eine dem Verkäufer bekannte Teilleistung. Falls der Verkäufer selbst nach seinen Unterlagen zu erkennen vermag, dass es sich um eine Minderlieferung handelt, ist er nicht schutzbedürftig, so dass die nachteiligen Folgen fehlender Rüge entfallen, die § 377 Abs. 2 HGB zulasten des Käufers vorsieht. Im Fall der offenen Minderlieferung kann der Käufer daher auch bei fehlender Mängelrüge seine Ansprüche auf restliche Erfüllung des Vertrags weiterhin geltend machen.

Mehrlieferung

Die Mehrlieferung fällt dagegen nicht unter den Begriff des Sachmangels im Sinne des § 434 BGB; insofern kann die Genehmigungsfiktion des § 377 Abs. 2 HGB im Falle einer nicht gerügten Mehrlieferung auch nicht eingreifen. Es ergeben sich für Kaufleute folgende Konsequenzen im Fall einer Zuviellieferung:

⇨ Im Einzelfall kann sich die Verpflichtung zur Rüge der Mehrlieferung für Kaufleute aus einem Handelsbrauch gem. § 346 HGB ergeben. Dann sind die Rechtsfolgen des § 377 Abs. 2 HGB einschlägig. Die Mehrlieferung gilt als genehmigt, der Kaufvertrag einvernehmlich erweitert und der Zahlungsanspruch erhöht sich.

⇨ In jedem Fall unterliegen Kaufleute erhöhten Sorgfaltspflichten gem. § 347 Abs. 1 HGB, so dass der Käufer aus diesem Grund zur Anzeige einer Mehrlieferung verpflichtet ist. Diese unterliegt jedoch nicht den strengen Anforderungen des § 377 HGB an die unverzügliche Mängelrüge. Dennoch kann die unterlassene Anzeige einer Mehrlieferung unter Kaufleuten zu einer einvernehmlichen Erweiterung des Kaufvertrags führen, weil die rügelose Entgegennahme der Ware das Einverständnis des Käufers mit der erhöhten Liefermenge nahe legt. In diesem Fall erhöht sich der Kaufpreis entsprechend dem höheren Lieferumfang. Dies gilt natürlich nur dann, wenn es sich bei der Mehrlieferung tatsächlich um ein Versehen des Verkäufers handelt. Andernfalls kann der Käufer sich auf den Einwand des Rechtsmissbrauchs gem. § 242 BGB berufen.

Versteckte Mängel

Versteckte Mängel sind unverzüglich nach ihrer Entdeckung anzuzeigen, vgl. § 377 Abs. 3 HGB. Allerdings entbindet diese Regelung den Käufer nicht von seiner grundsätzlichen Verpflichtung zur unverzüglichen Warenuntersuchung. Um versteckte Mängel handelt es sich nur dann, wenn die Abweichung der Beschaffenheit der Lieferung von der Bestellung im Rahmen einer ordnungsgemäßen Untersuchung nicht festgestellt werden konnte. In diesem Fall ist die Mängelrüge des

Käufers rechtzeitig, wenn sie unverzüglich nach der Entdeckung des Mangels erfolgt.

Hat der Käufer mangelhafte Warenlieferungen ordnungsgemäß beanstandet, ist er verpflichtet, diese auf Kosten des Verkäufers aufzubewahren. Er kann bei eigener Verwahrung Lagergeld und bei fremder Verwahrung Provision fordern. Der Käufer kann die Ware nach Fristsetzung und Fristablauf dem Verkäufer auf dessen Kosten zurücksenden oder verderbliche Ware verkaufen lassen, vgl. § 379 HGB.

Gewährleistung in Werk- und Lieferungsverträgen

Der *Werkvertrag* ist auf die Herstellung eines Werkes gegen Zahlung einer Vergütung gerichtet, vgl. § 631 BGB. Gegenstand des Werkvertrages kann sowohl die Herstellung einer Sache als auch die Herbeiführung eines Erfolges sein. Typische Werkverträge sind daher Verträge über Bauleistungen, Reparaturarbeiten, Beförderungsleistungen, Erstellung eines Computerprogramms, eines Katalogs, eines Werbefilms oder einer Internet-Präsentation. Im Werkvertrag ist die Abnahmepflicht des Bestellers eine Hauptleistungspflicht. Mit der Abnahme des Werkes wird die Vergütung fällig, vgl. § 641 BGB.

Der *Lieferungsvertrag* enthält neben der Verpflichtung zur Herstellung oder Erzeugung beweglicher Sachen auch die Verpflichtung zur Lieferung der herzustellenden oder zu erzeugenden Sachen. In-

> **Beispiel Werkvertrag – Lieferungsvertrag**
>
> Ein Unternehmer bestellt für sein Betriebsgebäude eine neue Heizung. Es liegt ein Kaufvertrag vor. Lässt er sich die Heizung von einem Installateur einbauen, schließt er mit diesem einen Werkvertrag.
> Gegenstand eines Unternehmens ist die Produktion von Maschinen. Sofern der Unternehmer für die Fertigung einzelne Komponenten zuliefern lässt, handelt es sich um einen Lieferungsvertrag im Sinne des § 651 BGB. Werden die Komponenten als Serienteile gefertigt und zugeliefert, zum Beispiel Schrauben nach Standardmaßen, betrifft der Lieferungsvertrag vertretbare Sachen. Es gelten uneingeschränkt die Regeln des Kaufvertragsrechts. Sofern die Komponenten jedoch für den individuellen Bedarf des Unternehmens angefertigt werden, zum Beispiel Spezialteile für die Maschinen, handelt es sich um nicht vertretbare Sachen. Auch in diesem Fall gelten grundsätzlich die Regeln des Kaufvertragsrechts, jedoch sind einige Vorschriften aus dem Werkvertragsrecht anzuwenden.

folge der Übereignung der hergestellten Sache ergibt sich eine starke Ähnlichkeit zum Kaufvertrag, so dass grundsätzlich die Regeln des Kaufvertragsrechts anzuwenden sind, vgl. § 651 Satz 1 BGB. Im Gewährleistungsfall kommt es darauf an, ob Gegenstand des Lieferungsvertrags vertretbare oder nicht vertretbare Sachen sind, vgl. § 91 BGB. Soweit es sich bei den herzustellenden oder zu erzeugenden beweglichen Sachen um nicht vertretbare Sachen handelt, sind auch die §§ 642, 643, 645, 649 und 650 BGB anzuwenden; an die Stelle der Abnahme tritt der Gefahrübergang gem. §§ 446, 447 BGB. Es geht dabei um Schadensersatzansprüche und Kündigungsrechte des Unternehmers, wenn der Besteller sich mit Mitwirkungshandlungen in Verzug befindet, sowie um ein Kündigungsrecht des Bestellers. Wie im Kaufvertrag bezieht sich die Gewährleistung auch im Werkvertrag sowohl auf Sach- als auch auf Rechtsmängel, vgl. § 633 BGB. Der Unternehmer hat dem Besteller das Werk frei von Sach- und Rechtsmängeln zu verschaffen.

Sachmangel im Werkvertrag

Das Werk ist frei von Sachmängeln, wenn es die vereinbarte Beschaffenheit hat. Soweit die Beschaffenheit nicht vereinbart ist, ist das Werk frei von Sachmängeln, wenn es sich für die nach dem Vertrag vorausgesetzte, sonst für die gewöhnliche Verwendung eignet und eine Beschaffenheit aufweist, die bei Werken der gleichen Art üblich ist und die der Besteller nach der Art des Werks erwarten kann.

Fallbeispiel Werkmangel

Falls ein Hauseigentümer sich eine neue Heizungsanlage einbauen lässt, besteht ein Werkvertrag zwischen ihm als Besteller und dem Heizungsmonteur als Werkunternehmer. Falls die vom Besteller gewünschte und auf das Raumvolumen des Hauses berechnete Niedrigtemperaturheizung die erforderliche Heizleistung nicht erbringt, eignet sie sich nicht für die gewöhnliche Verwendung und das Werk weist nicht die übliche und vom Besteller zu erwartende Beschaffenheit auf. Der Besteller ist nicht zur Abnahme verpflichtet und kann Nacherfüllung verlangen.

Einem Sachmangel steht es gleich, wenn der Unternehmer ein anderes als das bestellte Werk oder das Werk in zu geringer Menge herstellt, vgl. § 633 Abs. 2 BGB. Auch für die Teillieferung gelten daher die Regeln der Sachmängelgewährleistung im Werkvertrag. Beispielsweise werden in der industriellen Fertigung durch einen Zulieferer für einen Automobilhersteller Teilkomponenten erstellt, versehentlich jedoch nicht in der bestellten Stückzahl geliefert. Der Automobilhersteller kann Nacherfüllung verlangen.

Rechtsmangel im Werkvertrag

Das Werk ist frei von Rechtsmängeln, wenn Dritte in Bezug auf das Werk keine oder nur die im Vertrag übernommenen Rechte gegen den Besteller geltend machen können, vgl. § 633 Abs. 3 BGB.

Fallbeispiel Rechtsmangel

Ein Vertrag zur Herstellung eines Internet-Auftritts ist als Werkvertrag zwischen dem Besteller und dem Werkunternehmer zu qualifizieren. Sofern der Werkunternehmer einen Text, eine Grafik, ein Bild oder ähnliches auf die Website stellt, muss er über die entsprechenden Urheberrechte verfügen. Andernfalls könnte der Urheber oder der Urheberrechtsberechtigte von dem Besteller des Internet-Auftritts Unterlassung und gegebenenfalls auch Schadensersatz verlangen. Die Website wäre zu sperren. Diese urheberrechtlichen Ansprüche sind Rechte Dritter in Bezug auf das Werk, die im Einzelfall sogar verhindern, dass der Besteller das Werk nutzen darf.

Im Fall eines Sach- oder Rechtsmangels des Werkes kann der Besteller im Werkvertrag folgende Gewährleistungsrechte geltend machen, vgl. § 634 BGB:

⇨ Nacherfüllung gem. § 635 BGB,
⇨ Selbstvornahme und Aufwendungsersatz gem. § 637 BGB,
⇨ Rücktritt gem. §§ 636, 323, 326 Abs. 5 BGB oder Minderung der Vergütung gem. § 638 BGB,
⇨ Schadensersatz gem. §§ 636, 280, 281, 283, 311a BGB oder Ersatz vergeblicher Aufwendungen gem. § 284 BGB.

Der *Anspruch auf Nacherfüllung* gem. § 635 BGB erfordert das Setzen einer angemessenen Frist zur Mängelbeseitigung oder Neuherstellung. Erst nach erfolglosem Fristablauf kann der Besteller die weiteren Gewährleistungsrechte geltend machen. Eine dem Kaufvertragsrecht entsprechende Regelung, wonach eine Nachbesserung erst nach dem erfolglosen zweiten Versuch als fehlgeschlagen gilt (vgl. § 440 Satz 2 BGB), ist im Werkvertragsrecht nicht vorhanden. Allerdings hat der Werkunternehmer die Wahl, welche Art der Nacherfüllung er bevorzugt. Er kann den Mangel beseitigen oder ein neues Werk herstellen.

Das Werkvertragsrecht sieht im Gewährleistungsfall auch ein Recht auf Selbstvornahme des Bestellers und Aufwendungsersatz vor, vgl. § 637 BGB.

Beispiel Selbstvornahme

Gegenstand des Werkvertrags ist ein Computerprogramm, das in der Produktionssteuerung eingesetzt werden soll und speziell für das Unternehmen programmiert wird. Falls ein Funktionsfehler festgestellt wird, dessen Ursachen jedoch offenkundig sind, könnte die programmtechnische Korrektur ohne weiteres auch durch Fachleute des Unternehmens beseitigt werden.

Im Werkvertrag hat die Abnahme eine herausragende Bedeutung, vgl. § 640 BGB. Denn die Abnahme des Werkes in Kenntnis eines Werkmangels bedeutet einen Verzicht auf die diesbezüglichen Gewährleistungsansprüche. Mit der Abnahme wird die Vergütung fällig und die Verjährungsfrist für die Ansprüche auf Nacherfüllung, Selbstvornahme und Schadensersatz beginnt zu laufen, vgl. §§ 641, 634a Abs. 2 BGB.

Die oben dargestellte *kaufmännische Untersuchungs- und Rügepflicht* gem. § 377 HGB gilt nur im Lieferungsvertrag, nicht dagegen im Werkvertrag. Denn der Lieferungsvertrag im Sinne des § 651 BGB folgt den Regelungen des Kaufvertragsrechts, so dass die Gewährleistungsvorschriften der §§ 440 ff BGB anzuwenden sind. Die eingehenden Waren sind daher im Lieferungsvertrag ebenso zu untersuchen wie im Kaufvertrag, falls beide Parteien Kaufleute sind. Mängel der Lieferung im Sinne des § 434 BGB hat der Käufer beziehungsweise Besteller unverzüglich anzuzeigen, um die Genehmigungsfiktion des § 377 Abs. 2 HGB und den damit einhergehenden Rechtsverlust zu vermeiden. Nur im Fall der unverzüglichen Mängelrüge kann der Besteller die Einrede des nicht erfüllten Vertrags gem. § 320 BGB erheben und behält seine Gewährleistungsrechte.

Gewährleistung in Miet- und Leasingverträgen

Der Mietvertrag ist ein Gebrauchsüberlassungsvertrag. Er ist auf die Nutzung einer Sache gegen Zahlung des vereinbarten Mietzinses ausgerichtet, vgl. §§ 535 ff BGB. Infolge der eingeschränkten Anwendung des Mietrechts für Wirtschaftsgüter wurde der Leasingvertrag nach dem Grundsatz der Vertragsfreiheit gem. § 311 BGB gestaltet. Auf diesen Vertrag sind in Ermangelung einer speziellen Regelung die Vorschriften über die Miete anzuwenden.

Das *Operating-Leasing (Hersteller-Leasing)* ähnelt weitgehend der Miete, da es sich meist um eine langfristige Nutzungsvereinbarung über Produktionsmittel handelt. Gelegentlich erhält der Leasingnehmer auch eine Kaufoption nach Ablauf einer festgelegten Zeit.

Das *Finanzierungsleasing* wird auch als echtes Leasing bezeichnet. An dieser Vertragskonstruktion sind drei Personen beteiligt. Der Leasinggeber ist regelmäßig eine Finanzierungsgesellschaft, die das Leasinggut vom Hersteller kauft und dem Leasingnehmer überlässt. Es handelt sich um einen Vertrag, in dem die Finanzierung des Leasinggutes im Vordergrund steht. Die mietrechtlichen Gewährleistungsansprüche werden ausgeschlossen, während die kaufrechtlichen Gewähr-

Sach- beziehungsweise Rechtsmangel des Mietgegenstandes

Ein Sachmangel ist gegeben, wenn die Mietsache nicht in einem zum vertragsgemäßen Gebrauch tauglichen Zustand ist oder wenn eine zugesicherte Eigenschaft fehlt oder später wegfällt. Der Mangel kann die vertragsgemäße Nutzung der Mietsache mindern oder vollständig aufheben. Ein Rechtsmangel liegt vor, wenn dem Mieter der vertragsgemäße Gebrauch der Mietsache durch das Recht eines Dritten entzogen wird.

leistungsansprüche an den Leasingnehmer abgetreten werden. Im Fall der Mangelhaftigkeit des Leasinggutes kann der Leasingnehmer sich aus abgetretenem Recht an den Hersteller (Verkäufer) wenden und die kaufrechtlichen Ansprüche geltend machen, §§ 311, 398, 433 ff BGB.

Im Mietvertrag hat der Vermieter dem Mieter den Mietgegenstand in einem zu dem vertragsmäßigen Gebrauche geeigneten Zustand zu überlassen und ihn während der Mietzeit in diesem Zustand zu erhalten, § 536 BGB. Der Vermieter haftet deshalb wie der Verkäufer im Kaufvertrag und der Werkunternehmer im Werkvertrag ohne Verschulden für Sach- oder Rechtsmängel des Mietgegenstandes.

Soweit der Mangel nach Abschluss des Mietvertrags entsteht, ist der Mieter zur unverzüglichen Mängelanzeige verpflichtet, um seine Gewährleistungsrechte zu erhalten und eine eventuelle Schadensersatzpflicht zu vermeiden.

Im Gewährleistungsfall ist der Mieter nach ordnungsgemäßer Mängelanzeige von der Verpflichtung zur Mietzahlung befreit oder kann die Mietzahlung in einem dem Mangel angemessenen Umfang herabsetzen. Hat der Vermieter den Mangel zu vertreten oder kommt er mit der Beseitigung des Mangels in Verzug, kann der Mieter einen Schadensersatzanspruch geltend machen. Er kann auch den Mangel selbst beseitigen und Ersatz der hierfür erforderlichen Aufwendungen verlangen, § 536a BGB.

Besonderheiten der Lizenzierung von Rechten

Durch einen *Lizenzvertrag* gestattet der Lizenzgeber dem Lizenznehmer die Mitnutzung an einem Recht. Es kann sich um ein gewerbliches Schutzrecht (Patent, Muster oder Marke) handeln, um ein Urheberrecht oder auch um betriebliches Know-how.

Grundsätzlich ist zwischen einfachen und ausschließlichen Lizenzen zu unterscheiden. Bei Vergabe einer einfachen Lizenz ist der Lizenzgeber nicht berechtigt, weiteren Lizenznehmern die Nutzung an dem Recht zu gestatten und dadurch auch Unterlizenzen zu vergeben. Die ausschließliche Lizenz muss dagegen ausdrücklich vereinbart werden und gibt dem Lizenznehmer ein ausschließliches Nutzungsrecht, das sogar den Lizenzgeber von der Mitnutzung an dem Recht ausschließt, jedoch den Lizenznehmer zur Ausübung der Lizenz verpflichtet. In der Praxis werden regelmäßig einfache Lizenzen als Bestandteil langfristiger Kooperationsvereinbarungen vergeben, insbesondere im Bereich der überbetrieblichen Arbeitsteilung bei der Produktion oder in der Forschung und Entwicklung.

Lizenzverträge sind im Bürgerlichen Gesetzbuch nicht ausdrücklich geregelt, sondern werden in den Spezialgesetzen des gewerblichen Rechtsschutzes und des Urheberrechts aufgeführt, zum Beispiel im Patentgesetz, im Gebrauchsmustergesetz, im Marengesetz und im Urheberrechtsgesetz. Die Rechteinhaber können ihr gesetzliches Verwertungsrecht durch Vergabe einzelner Nutzungsarten im Rahmen der Lizenzvergabe ausüben. Die Gewährleistung in Lizenzverträgen richtet sich nach dem Vertragstyp, dem die Lizenzvereinbarung am stärksten ähnelt.

Anwendungsbeispiel Lizenzvertrag

Der Erwerb eines Computerprogramms ist in aller Regel als Lizenzvertrag über ein Urheberrecht. Art und Umfang der erworbenen Nutzungsberechtigung ergeben sich aus der vertraglichen Gestaltung der Lizenz. Es kann zum Beispiel eine Einzelnutzung des Computerprogramms auf einem Rechner vereinbart werden, aber auch um eine Mehrplatznutzung für alle Rechner des Unternehmens, eine Netzwerknutzung oder eine Betriebs- oder Konzernnutzung. Für den Lizenzvertrag gilt der Zweckübertragungsgrundsatz. Der Lizenznehmer erhält die Berechtigung zur Nutzung des Rechts nur im Hinblick auf die vereinbarte Nutzungsart; jede weitere Nutzungsart bedarf einer erneuten Einwilligung des Inhabers des lizenzierten Rechtes. Nach dem Grundsatz der Vertragsfreiheit werden Nutzungsbedingungen, Laufzeit des Vertrages und Beendigungsmodalitäten vereinbart.

Gewährleistung in Lizenzverträgen

Der Erwerb eines Computerprogramms (Standardsoftware) gegen einmalige Zahlung wird dem Kaufvertrag gleichgestellt, so dass die kaufrechtlichen Gewährleistungsvorschriften anzuwenden sind. Der Erwerber kann die in § 437 BGB genannten Rechte wahrnehmen.

Die Herstellung eines Computerprogramms, zum Beispiel als Anwendungssoftware für spezielle betriebliche Zwecke oder auch die Anpassung eines Standardprogramms an den besonderen Bedarf eines Unternehmens gegen Zahlung einer Vergütung entspricht dem Werkvertrag. Dann sind die Regelungen des Werkvertragsrechts anzuwenden mit der Folge, dass das Werk abzunehmen ist und, falls sich ein Mangel zeigt, die in § 634 BGB aufgeführten Rechte geltend gemacht werden können.

Die langfristige Überlassung eines Computerprogramms zur Nutzung gegen Zahlung fortlaufender Nutzungsentgelte legt die Anwendung des Mietrechts nahe. Daher kann die Mängelgewährleistung nach mietvertraglichen Vorschriften erfolgen. Falls die Vertragsparteien durch entsprechende Gestaltung die Vereinbarung eines Leasingvertrages vorgezogen haben, kommt es darauf an, ob dieser Vertrag in der Form des Finanzierungsleasings unter Ausschluss der mietrechtlichen Gewährleistung die Anwendung des Kaufvertragsrechts ermöglicht.

Haftung des Lizenzgebers für Rechtsmängel

Die Frage nach der Haftung des Lizenzgebers für Rechtsmängel stellt sich dann, wenn der Lizenzgeber seiner Hauptleistungspflicht zur Nutzungsüberlassung des vereinbarten Rechts (Patent, Muster, Marke oder Urheberrecht) nicht genügt, weil das Schutzrecht von vornherein nicht besteht, nicht zur Entstehung gelangt oder nachträglich erlischt. Der Lizenzgeber hat dem Lizenznehmer vertraglich die Nutzung des Lizenzgegenstandes gestattet, das heißt, er hat sich verpflichtet, dem Lizenznehmer eine entsprechende Rechtsposition einzuräumen. Der Lizenzvertrag ist daher vom Bestand des Schutzrechts abhängig, dessen Nutzung dem Lizenznehmer übertragen wird. Da zum Beispiel Patentlizenzverträge auch für angemeldete, aber noch nicht erteilte Erfindungen wirksam abgeschlossen werden, können Rechtsmängel sich regelmäßig nur für die Zukunft auswirken. Der Lizenzvertrag bleibt für den zurückliegenden Zeitraum unberührt, soweit der Lizenznehmer die vereinbarten Nutzungen bereits gezogen hat. Der Rechtsmangel des fehlenden Schutzrechts wirkt sich in der Weise aus, dass für die Zukunft ein *Kündigungsrecht aus wichtigem Grund* gem. § 314 BGB entsteht. Sofern der Lizenzvertrag sich nicht oder nicht ausschließlich auf eingetragene Schutzrechte bezieht, können im Einzelfall die Vertragsbedingungen der geänderten Situation nach den Regeln der *Störung der Geschäftsgrundlage* angepasst werden, zum Beispiel durch Verringerung der Lizenzgebühren, vgl. § 313 BGB.

Haftung des Lizenzgebers für Sachmängel

Eine Haftung des Lizenzgebers für Sachmängel kann sich zum Beispiel in einem Patentlizenzvertrag wegen Fehlens der vertraglich vorausgesetzten Beschaffenheit der aus dem Schutzrecht gewonnenen Erzeugnisse ergeben. Die Haftung entsteht in Analogie zu den §§ 437 ff BGB nach den Regeln der Sachmängelgewährleistung im Kaufvertrag, falls die kaufrechtlichen Bestimmungen anzuwenden sind.

Schadensersatzansprüche

Schadensersatzansprüche können sich – abgesehen von den Gewährleistungsregeln – auch gem. § 280 BGB infolge einer Verletzung vorvertraglicher Auskunfts-, Beratungs- und Sorgfaltspflichten ergeben und ebenso im Verlauf der Vertragsdurchführung bei Verletzung bestehender vertraglicher Leistungspflichten, § 280 BGB.

Produkt- oder Produzentenhaftung

In den Fällen der Produkt- oder Produzentenhaftung infolge von Konstruktions-, Fabrikations- oder Informationsfehlern ist der Lizenznehmer als Hersteller zum Schadensersatz verpflichtet. Dies gilt sowohl für deliktische Ansprüche der Geschädigten aus unerlaubter Handlung gem. §§ 823 ff BGB als auch für Ansprüche aus § 1 Produkthaftungsgesetz. In aller Regel wird die Konstruktionsverantwortung beim Lizenzgeber liegen, zumal häufig auch Bezugsbindungen für Vorprodukte, Stoffe oder Substanzen bestehen, so dass im Innenverhältnis der Lizenzvertragsparteien Freihalteverpflichtungen vorzusehen sind, wobei der Lizenzeber sich Kontrollrechte vorbehalten sollte.

Schadenshaftung für Vertragspflichtverletzungen

Verletzt der Schuldner eine Pflicht aus dem Schuldverhältnis und hat er diese Pflichtverletzung auch zu vertreten, kann der Gläubiger Schadensersatz verlangen, vgl. § 280 BGB. Schuldverhältnisse sind nicht nur die in den vorausgegangenen Abschnitten dargestellten Verträge wie Kauf-, Werk- und Lieferungsverträge, Miet- und Leasingverträge sowie Lizenzverträge; vielmehr regelt das Gesetz auch rechtsgeschäftsähnliche Schuldverhältnisse, vgl. § 311 BGB. Auch durch die Aufnahme von Vertragsverhandlungen, die Anbahnung von Verträgen

---

Fallbeispiel Schadenshaftung für Vertragspflichtverletzungen

Die Vertragsparteien haben in ihrem Kaufvertrag vereinbart, dass der Verkäufer dem Käufer Waren liefern solle, die nach Qualität und Umfang festgelegt sind. Dem Verkäufer obliegt nach den vertraglichen Vereinbarungen die Verpackung und Versendung der Waren. Die ordnungsgemäße Verpackung richtet sich nach Art der Ware. Handelt es sich zum Beispiel um gasförmige Stoffe, die üblicherweise in Pressluftflaschen geliefert werden, sind die Flaschen sorgfältig zu verschließen. Sofern die Flaschen im Unternehmen des Verkäufers zwar mit den vereinbarten Stoffen gefüllt wurde, jedoch nicht ordnungsgemäß verschlossen, so dass bei der Entladung im Käuferbetrieb einige Flaschen explodieren, kann der Käufer gem. § 280 BGB Schadensersatz verlangen. Ein Gewährleistungsfall ist nicht gegeben; denn da die Kaufsache die vereinbarte Beschaffenheit aufweist, ist ein Mangel im Sinne des § 434 BGB nicht festzustellen. Allerdings sind die gasförmigen Stoffe bei der Entladung entwichen und durch die Explosion wurden möglicherweise weitere Vermögensgüter des Käufers beschädigt. Diesen Schaden kann der Käufer gem. § 280 BGB ersetzt verlangen.

---

und ähnliche geschäftliche Kontakte können Rechte und Pflichten entstehen.

Pflichtverletzungen sind insbesondere Leistungsverzögerungen oder mangelhafte Vertragserfüllung, ferner die Verletzung von Neben-leistungspflichten, die dem Gläubiger nach dem Grundsatz von »Treu und Glauben« obliegen.

In den Fällen der Pflichtverletzungen im Schuldverhältnis ergeben sich folgende Risiken der Schadenshaftung:

⇨ Schadensersatz wegen Pflichtverletzung gem. § 280 BGB,

⇨ Schadensersatz statt der Leistung wegen nicht oder nicht wie ge-schuldet erbrachter Leistung gem. § 281 BGB,

⇨ Schadensersatz statt der Leistung wegen Verletzung der Rechte, Rechtsgüter oder Interessen des Vertragspartners gem. §§ 282, 241 Abs. 2 BGB,

⇨ Schadensersatz statt der Leistung bei Ausschluss der Leistungs-pflicht gem. § 283 BGB.

Schadensersatzanspruch wegen Pflichtverletzung

Der Schadensersatzanspruch wegen Pflichtverletzung gem. § 280 BGB tritt neben den Erfüllungsanspruch, während die weiteren Scha-densersatzansprüche statt der Leistung geltend gemacht werden und daher an die Stelle des Erfüllungsanspruches treten.

Als häufigster Anwendungsfall des Schadensersatzanspruches we-gen Pflichtverletzung ist der Verzug zu nennen, vgl. § 286 BGB. Im Verzug entsteht der Schadensersatzanspruch gem. § 280 BGB kraft Gesetzes, und es ergeben sich weitere günstige Rechtsfolgen für den Gläubiger. So tritt gem. § 287 BGB eine Gefahrentlastung ein und Geldschulden sind gem. § 288 BGB zu verzinsen. Der Anspruch auf Ersatz des Verzögerungsschadens setzt voraus, dass der Schuldner auf eine Mahnung des Gläubigers nicht leistet, die nach dem Eintritt der Fälligkeit erfolgt und dass er die Nichtleistung zu vertreten hat. Nur ausnahmsweise ist die Mahnung entbehrlich, zum Beispiel falls die

Vertragsparteien einen kalendermäßigen Fälligkeitstermin vereinbart haben (Tag, Woche, Monat) und in den weiteren in § 286 Abs. 2 BGB aufgeführten Fällen.

Sofern es sich bei der geschuldeten Leistung um eine Zahlungspflicht handelt, kann der Verzug auch ohne Mahnung eintreten, wenn die Zahlung 30 Tage nach Fälligkeit und Zugang einer Rechnung oder gleichwertigen Zahlungsaufstellung verstrichen sind. Ist der Schuldner Verbraucher, muss er auf diese Rechtsfolge – Verzug 30 Tage nach Rechnungsstellung – besonders hingewiesen werden.

Die Geltendmachung des Schadensersatzanspruchs statt der Leistung wegen nicht oder nicht wie geschuldet erbrachter Leistung gem. §§ 281 ff BGB setzt ebenso wie das Rücktrittsrecht gem. § 323 BGB voraus, dass dem Schuldner eine angemessene Frist zur Leistung gesetzt wurde und diese Frist erfolglos verstrichen ist. In diesem Fall entfällt der Erfüllungsanspruch.

Fallbeispiel Geltendmachung des Schadensersatzanspruchs

Im Kaufvertrag hat sich der Verkäufer zur Lieferung von Rohmaterial zum 10. Oktober. Die Lieferung trifft erst am 20. Oktober bei dem Käufer ein. Wegen der zeitlichen Verzögerung erleidet dieser einen Schaden in Höhe von 5.000,- €. Der Käufer kann Ersatz des Verzögerungsschadens gem. § 280 BGB geltend machen, weil die Voraussetzungen hierfür vorliegen. Er hat seine Pflichtverletzung zu vertreten. Allerdings kann er nicht von dem Vertrag zurücktreten, um einen Ersatzlieferanten einzuschalten, weil noch keine Frist zur vertragsgerechten Leistung gesetzt wurde, § 323 BGB. Wegen fehlender Fristsetzung entfällt auch der Schadensersatzanspruch gem. § 281 BGB.

Im Fall einer Pflichtverletzung, zum Beispiel im Schuldnerverzug, muss sich der Gläubiger entscheiden, ob er die Erfüllung der Leistungspflichten verlangen oder vom Vertrag zurücktreten will. In beiden Fällen kann er zusätzlich einen Schadensersatzanspruch geltend machen.

Der Anspruch auf Ersatz des Verzögerungsschadens entsteht im Verzug ohne weiteres und tritt neben den Erfüllungsanspruch, vgl. § 280 BGB. Dagegen ist der Schadensersatzanspruch, der an die Stelle der Leistung tritt, davon abhängig, dass eine Fristsetzung zur Leistung oder zur Nacherfüllung erfolgt und die Frist ergebnislos verstrichen ist, vgl. § 281 BGB. Der Schadensersatzanspruch tritt dann an die Stelle des Erfüllungsanspruchs.

Die Schadensersatzansprüche gem. § 280 BGB wegen Pflichtverletzung oder gem. § 281 BGB statt der Leistung wegen nicht oder nicht wie geschuldet erbrachter Leistung unterscheiden sich nach Art und Umfang. Dies soll am Beispiel eines Verzugsfalls verdeutlicht werden. Der Anspruch gem. § 280 BGB betrifft den Verzögerungsschaden und tritt neben den Erfüllungsanspruch. Dagegen entspricht der Anspruch gem. § 281 BGB dem früheren Nichterfüllungsscha-

---

Fallbeispiel Schadensersatzanspruch wegen Pflichtverletzung

Der Verkäufer schließt mit dem Käufer am 1. März einen Kaufvertrag, wonach der Verkäufer am 1. April die vereinbarte Kaufsache zu liefern hat. Infolge von Fehldispositionen hat der Verkäufer weder am 1. April noch später die Waren geliefert. Daher schreibt der Käufer dem Verkäufer folgenden Brief: »Sie haben am 1. April nicht geliefert. Auch bis heute sind Sie Ihrer Lieferpflicht nicht nachgekommen. Mit dieser Verzögerung haben Sie deutlich gezeigt, dass Sie für mich nicht der richtige Geschäftspartner sind. Aus diesem Grund bin ich an Ihrer Lieferung nicht mehr interessiert und mache Schadensersatz in Höhe von € 10.000,- geltend, und zwar € 2.000,- Gewinnausfall sowie € 8.000 nutzlos aufgewendeter Löhne; die betreffenden Arbeiter konnte ich anderweitig nicht einsetzen ...«.
Der Schadensersatzanspruch ist gem. § 280 BGB in Höhe von € 8.000 begründet, weil die Produktionsstörung eine Folge der vom Verkäufer zu vertretenen Pflichtverletzung ist. Der entgangene Gewinn wird über § 280 BGB nicht ausgeglichen, weil der Erfüllungsanspruch fortbesteht und der Gewinn daher noch erzielt werden kann. Der Anspruch auf entgangenen Gewinn kann gem. § 281 BGB geltend gemacht werden, wenn der Käufer an der Erfüllung kein Interesse mehr hat und dem Verkäufer eine Frist zur Lieferung setzt, die ergebnislos verstrichen ist. Da der Schadensersatzanspruch gem. § 281 BGB anstatt der Leistung geltend gemacht wird, umfasst er das Erfüllungsinteresse, so dass der Käufer nur den Betrag von € 2.000 verlangen könnte. Denn wäre ordnungsgemäß erfüllt worden, hätte der Käufer zwar den vorgesehenen Gewinn erzielt, aber auch seine Arbeitnehmer planmäßig einsetzen müssen.
Daher muss sich der Käufer entscheiden, ob er an dem Vertrag festhalten und den Verzögerungsschaden geltend machen oder ob er sich von dem Vertrag lösen und den Schadensersatzanspruch statt der Leistung verlangen will. Da nach dem vorgegebenen Sachverhalt die Voraussetzungen für den Anspruch aus § 281 BGB nicht vorliegen – es fehlt die Fristsetzung zur Leistung und das Verstreichen der Frist – bleibt dem Käufer nur der Anspruch aus § 280 BGB neben dem Erfüllungsanspruch.

---

den, der an die Stelle des Erfüllungsanspruchs tritt. Auch nach neuer Rechtslage muss sich der Gläubiger daher entscheiden, ob er weiterhin Erfüllung verlangt und daneben den Schadensersatzanspruch gem. § 280 BGB geltend macht, oder ob er – nach Fristsetzung zur Erfüllung – den Schadensersatzanspruch gem. § 281 BGB geltend macht.

Der Schadensersatzanspruch statt der Leistung gem. § 281 BGB ist auf das Erfüllungsinteresse gerichtet und schließt deshalb alle Schadensfolgen ein, die infolge der nicht ordnungsgemäßen Vertragserfüllung entstehen; regelmäßig auch den entgangenen Gewinn. Der Erfüllungsanspruch geht unter. Dagegen umfasst der Schadensersatzanspruch gem. § 280 BGB die Folgen der Vertragsverletzung, das heißt im Verzugsfall die zusätzlichen Kosten infolge der Lieferverzögerung und lässt den Erfüllungsanspruch unberührt. Da die Lieferung zu einem späteren Zeitpunkt noch erfolgt, weil der Erfüllungsanspruch fortbesteht, gehört der entgangene Gewinn nicht zu den typischen Verzögerungsschäden. Eine Ausnahme ist nur dann gegeben, wenn ein konkreter Auftrag erteilt wurde und infolge der Lieferverzögerung entgangen ist.

Der Schadensersatzanspruch ist verschuldensabhängig, vgl. §§ 280, 281 BGB, denn es wird das Vertretenmüssen der Pflichtverletzung – im Verzugsfall der Leistungsverzögerung – vorausgesetzt.

Abschließend soll darauf hingewiesen werden, dass Pflichtverletzungen neben den Schadensersatzansprüchen auch die Rechtsfolge der Vertragsbeendigung nach sich ziehen können, wie Rücktritt gem. § 323 BGB oder Kündigung gem. § 314 BGB. Bei einer Störung der Geschäftsgrundlage kann auch Vertragsanpassung gem. § 313 BGB verlangt werden.

Gewährleistung bei internationalen Warenlieferungen

Das Recht folgt dem Territorialprinzip, so dass deutsches Recht nur dann Anwendung findet, wenn die Vertragsparteien ihren Sitz in Deutschland haben. Es gilt jedoch im Vertragsrecht der Grundsatz der freien Rechtswahl. In internationalen Verträgen mit grenzüberschreitenden Warenlieferungen können die Vertragsparteien ein nationales Recht vereinbaren, welches ihrem Vertrag zugrunde liegen soll. Die Regeln des Internationalen Privatrechts finden nur dann Anwendung, wenn die Parteien eine Rechtswahl nicht getroffen haben. Soweit der Vertrag sich auf grenzüberschreitende Warenlieferungen bezieht, bestimmen sich die Rechte der Vertragsparteien bei fehlender oder unzureichender Rechtswahlklausel nach der United Nations Convention on Contracts for the International Sale of Goods (CISG), die auch als UN-Kaufrechtsabkommen bezeichnet wird.

Grundsatz der freien Rechtswahl

Im Vertragsrecht gilt der Grundsatz der freien Rechtswahl. Infolge der Vertragsfreiheit wird daher im internationalen Handelsverkehr regelmäßig von der Möglichkeit der Vereinbarung einer Rechtswahlklausel Gebrauch gemacht, vgl. Art. 27 EGBGB. Sofern die Vertragsparteien keine Rechtswahl getroffen haben, ist nach den Regeln des deutschen Internationalen Privatrechts das Recht desjenigen Staates einschlägig, mit dem der Vertrag die engsten Verbindungen aufweist. Es kommt darauf an, wo diejenige Vertragspartei ihren Unternehmenssitz hat, deren Leistung den Vertrag rechtlich und wirtschaftlich prägt.

In Kaufverträgen erbringt der Verkäufer die charakteristische Leistung, so dass der Ort der gewerblichen Niederlassung des Verkäufers das anzuwendende Recht festlegt. Bei Lizenzverträgen – zum Beispiel Markenlizenzen in Franchise-Verträgen oder Patentlizenzen bei überbetrieblicher Arbeitsteilung – ist der Ort des Lizenznehmers maßgebend, denn charakteristisch für diesen Vertragstyp ist der Ort, an dem das Nutzungsrecht ausgeübt wird. In Werkverträgen kommt es auf den Ort der Ausführung des Werkes an.

In aller Regel werden die Vertragsparteien von der Möglichkeit Gebrauch machen, das für ihren Vertrag anzuwendende Recht festzulegen. Es reicht aber noch nicht aus, die Geltung des deutschen Rechts zu vereinbaren, weil nach den Regeln des deutschen Internationalen Privatrechts das UN-Kaufrecht anzuwenden wäre, wenn der Vertrag grenzüberschreitende Warenlieferungen zum Gegenstand hat. Durch entsprechende Gestaltung der Rechtswahlklausel muss das UN-Kaufrecht ausdrücklich ausgeschlossen werden, wenn die Vertragsparteien ihre Handelsbeziehungen dem deutschen Recht unterwerfen wollen.

Anwendung des UN-Kaufrechts

Das Übereinkommen der Vereinten Nationen über Verträge über den Internationalen Warenkauf (CISG = United Nations Convention on Contracts for the International Sale of Goods) gilt seit 1991 auch für Deutschland. Das UN-Kaufrecht betrifft alle Verträge, die grenzüberschreitende Warenlieferungen zum Gegenstand haben und einen Bezug zu einem der Vertragsstaaten aufweisen. Nachfolgende Voraussetzungen für eine Anwendung des UN-Kaufrechts sind zu beachten:
⇨ Kaufvertrag oder Lieferungsvertrag über Waren,
⇨ zwischen Parteien, die ihre Niederlassung in verschiedenen Staaten haben mit Berührung eines Vertragsstaates des UN-Kaufrechts,
⇨ Vertragsabschluss nach dem 1.1.1991 oder Einbeziehung des UN-Kaufrechts in einen älteren Vertrag, sofern das UN-Kaufrecht von den Parteien des Kauf- oder Werklieferungsvertrags nicht ausdrücklich ausgeschlossen wurde.
Nach diesen Anwendungsregeln unterfällt heute nahezu jede Warenlieferung eines deutschen Importeurs mit Lieferanten oder Zulieferern eines Vertragsstaates dem UNKaufrecht. Auch für langfristige Verträge, die vor 1991 abgeschlossen wurden, zum Beispiel bei Dauerlieferungsvereinbarungen, kann das UN-Kaufrecht zur Anwendung gelangen, wenn sich die Niederlassung des Verkäufers sich in einem älteren Vertragsstaat befindet oder wenn sich die Kaufvertragsparteien nach den Regeln des internationalen Privatrechts auf das UN-Kaufrecht berufen. Bei der Anwendung des UN-Kaufrechts wird nicht berücksichtigt, welche Staatsangehörigkeit die Parteien haben.

Gewährleistung nach UN-Kaufrecht

Das UN-Kaufrecht enthält Regelungen über den Abschluss von Kauf-verträgen und die Pflichten der Kaufvertragsparteien, sowie Bestimmungen zum Gefahrübergang, zum Sukzessionslieferungsvertrag und einiges mehr. Die folgenden Ausführungen beschränken sich auf eine kurze Darstellung der Mängelgewährleistungsrechte des Käufers nach UN-Kaufrecht.

Im Unterschied zum deutschen Recht enthält das UN-Kaufrecht keine differenzierten Grundsätze über Leistungsstörungen, sondern geht von einem einheitlichen Begriff der Vertragsverletzung aus, ohne dass es auf ein Verschulden der Vertragsparteien an der Leistungsstörung ankäme. Die Verletzungshandlung orientiert sich an den Hauptleistungspflichten des Verkäufers gem. Art. 30 CISG: Lieferung der Ware, Übergabe der die Ware betreffenden Dokumente, Übertragung des Eigentums an der Ware.

Der Verkäufer hat Ware zu liefern, die in Menge, Qualität und Art sowie hinsichtlich Verpackung oder Behältnis den Anforderungen des Vertrags entspricht, Art. 35 CISG. Haben die Parteien keine anderen Vereinbarungen getroffen, so entspricht die Ware dem Vertrag nur,

⇨ wenn sie sich für die Zwecke eignet, für die Ware der gleichen Art gewöhnlich gebraucht wird,

⇨ wenn sie sich für den vom Verkäufer ausdrücklich bekannt gege-benen Zweck eignet, falls der Käufer auf die Sachkenntnis des Ver-käufers vertrauen konnte,

⇨ wenn sie die Eigenschaften einer Ware besitzt, die der Verkäufer dem Käufer als Probe oder als Muster vorgelegt hat,

⇨ wenn sie in der für die Ware üblichen oder angemessenen Art ver-packt ist.

Der Verkäufer haftet für die auf diese Weise definierte Vertragsverlet-zung nicht, wenn der Käufer bei Vertragsabschluss die vertragswidrigen Umstände kannte oder kennen musste. Wie im deutschen Recht ist auch nach UN-Kaufrecht der Zeitpunkt des Gefahrübergangs für die Haftung des Verkäufers maßgeblich.

Der Käufer hat die Ware innerhalb kürzester Frist zu untersuchen und die Vertragswidrigkeit innerhalb angemessener Frist dem Verkäufer anzuzeigen, Art. 38, 39 CISG. Entsprechend der handelsrechtlichen Untersuchungs- und Rügepflicht nach deutschem Recht verliert der Käufer durch die fehlende oder verspätete Mängelrüge seine Gewährleistungsrechte. Er kann sich auf eine Vertragswidrigkeit nicht mehr berufen, wenn er sie dem Verkäufer nicht innerhalb einer angemessenen Frist anzeigt und dabei die Art der Vertragswidrigkeit genau bezeichnet. Die Rügefrist richtet sich nach der Dauer einer ordnungsgemäßen Wareneingangsuntersuchung.

Es besteht nach UN-Kaufrecht auch eine Rechtsmängelhaftung des Verkäufers, der die Ware gem. Art. 41 ff. frei von Rechten Dritter zu liefern hat, es sei denn, der Käufer kannte diese Rechte bei Vertragsabschluss, zum Beispiel gewerbliche Schutzrechte wie Patentrechte, Markenrechte oder Urheberrechte. Auch Rechtsmängel sind innerhalb einer angemessenen Frist zu rügen, nachdem der Käufer davon Kenntnis erlangt hat oder hätte erlangen müssen. In seiner Mängelrüge hat der Käufer den Rechtsmangel genau zu bezeichnen.

Nach ordnungsgemäßer Verfolgung seiner Gewährleistungsansprüche durch eine Anzeige des Mangels kann der Käufer die nachfolgenden Rechtsbehelfe geltend machen:
⇨ Vertragserfüllung,
⇨ Vertragsaufhebung,
⇨ Minderung,
⇨ Schadensersatz.

Der Käufer kann vom Verkäufer die ordnungsgemäße Vertragserfüllung verlangen, zum Beispiel Nachbesserung bei mangelhafter Ware oder Nacherfüllung bei einer Minderlieferung. Einen Anspruch auf Ersatzlieferung hat der Käufer nur dann, wenn die Vertragswidrigkeit eine wesentliche Vertragsverletzung darstellt und er sie zusammen mit der Mängelanzeige fordert, Art. 46ff. CISG.

Die Vertragsaufhebung ist nur möglich, wenn die Nichterfüllung eine wesentliche Vertragsverletzung darstellt oder im Falle einer

Nichtlieferung der Verkäufer die Ware nicht innerhalb der vom Käufer gesetzten Nachfrist liefert. Den Aufhebungsanspruch kann der Käufer auch geltend machen, wenn eine andere Vertragsverletzung als verspätete Lieferung durch den Verkäufer vorliegt. Allerdings muss der Käufer die Aufhebung des Vertrages innerhalb einer angemessenen Frist erklären, nachdem er von der Vertragsverletzung erfahren hat oder eine solche hätte erkennen können.

Der Käufer hat einen Anspruch auf Minderung des Kaufpreises bei nicht vertragsgemäßer Ware, unabhängig davon, ob er den Kaufpreis bereits gezahlt hat. Er kann den Kaufpreis in dem Verhältnis herabsetzen, in dem der Wert, den die tatsächlich gelieferte Ware im Zeitpunkt der Lieferung hatte, zu dem Wert steht, den vertragsgemäße Ware zu diesem Zeitpunkt gehabt hätte. Ein Anspruch auf Minderung wird dadurch ausgeschlossen, dass der Verkäufer den Mangel in Erfüllung seiner Pflichten behebt, sog. Nacherfüllung, oder dass der Käufer die Annahme der Erfüllung verweigert, Art. 50 CISG.

Der Schadensersatzanspruch des Käufers wegen der Vertragsverletzung des Verkäufers besteht unbeschadet seiner Rechte auf Wandelung, Vertragsaufhebung oder Minderung nach Maßgabe der Art. 74ff. CISG. Der Käufer kann den Schaden ersetzt verlangen, der den aufgrund der Vertragsverletzung entstandenen Verlust einschließlich des entgangenen Gewinns umfasst. Es muss sich allerdings um voraussehbare Folgen der Vertragsverletzung handeln, so dass ungewöhnliche Umstände bei der Berechnung des Schadensumfangs unberücksichtigt bleiben. Die Schadensberechnung bei Vertragsaufhebung erfolgt entweder nach der Preisdifferenz zu einem abgeschlossenen Deckungskauf oder nach dem Marktpreis.

Den Käufer, welcher sich auf eine Vertragsverletzung beruft, trifft auch eine Schadensminderungspflicht. Er hat alle den Umständen nach angemessenen Maßnahmen zu treffen, die den Verlust einschließlich des entgangenen Gewinns verringern; andernfalls kann der Verkäufer die Herabsetzung des Schadensersatzes verlangen.

Besondere Garantievereinbarungen

Die vertragliche Vereinbarung einer Beschaffenheits- und Haltbarkeitsgarantie hat zur Folge, dass die Ansprüche aus der Garantie neben die gesetzlichen Gewährleistungsrechte treten, § 443 BGB. Soweit eine Garantie übernommen worden ist, wird vermutet, dass ein während ihrer Geltungsdauer auftretender Sachmangel die Rechte aus der Garantie begründet. Im Garantiefall kann der Käufer unbeschadet der gesetzlichen Gewährleistungsansprüche die Rechte aus der Garantieerklärung geltend machen.

Im Kaufvertrag zwischen einem Unternehmer und einem Verbraucher über eine bewegliche Sache gem. § 474 BGB muss die Garantieerklärung einfach und unmissverständlich abgefasst sein. Sie muss gem. § 477 BGB enthalten:

⇨ erstens den Hinweis auf die gesetzlichen Rechte des Verbrauchers sowie darauf, dass sie durch die Garantie nicht eingeschränkt werden, und

⇨ zweitens den Inhalt der Garantie und alle wesentlichen Angaben, die für die Geltendmachung der Garantie erforderlich sind, insbesondere die Dauer und den räumlichen Geltungsbereich des Garantieschutzes sowie Namen und Anschrift des Garantiegebers.

Die Bedeutung der Garantieabrede liegt darin, dass die gesetzlichen Gewährleistungsrechte gestaltet werden:

⇨ *Zeitpunkt des Gefahrübergangs:* Während die gesetzlichen Gewährleistungsansprüche davon abhängen, dass im Zeitpunkt des Gefahrübergangs ein Sach- oder Rechtsmangel besteht, wird diese Voraussetzung in der Garantievereinbarung abbedungen. Denn der Verkäufer verpflichtet sich in der Garantieklausel, jeden Mangel zu beseitigen, der innerhalb der Garantiezeit – also nach Gefahrübergang – auftritt.

⇨ *Hersteller- und die Händlergarantie:* Garantievereinbarungen können zwischen dem Händler und dem Kunden getroffen werden und ebenso mit dem üblichen Garantiekartensystem unmittelbar zwischen Hersteller und Verbraucher.

Die Händlergarantie wird meistens durch Garantieabsprachen im Kaufvertrag erfolgen. Diese müssen als Formularbedingungen einer Inhaltskontrolle nach den Vorschriften über die Gestaltung rechtsgeschäftlicher Schuldverhältnisse durch Allgemeine Geschäftsbedingungen gem. §§ 305 ff BGB standhalten. Es muss dem Verbraucher deutlich werden, dass er bei Mängeln der Kaufsache neben den gesetzlichen Gewährleistungsansprüchen zusätzliche Garantieleistungen vom Händler verlangen kann.

Die Herstellergarantie ist unabhängig von gesetzlichen Einschränkungen, sofern sie selbständig neben die Händlergewährleistung tritt. Soll die Herstellergarantie dagegen die Händlergewährleistung ersetzen, muss in der Gestaltung der Garantiebedingungen sichergestellt werden, dass die gesetzlichen Gewährleistungsansprüche des Käufers erhalten bleiben. Dies kann nur durch eindeutige und unmissverständliche Formulierungen erfolgen.

Beispiel Händlergarantie

In einem Kaufvertrag heißt es: »Gewährleistung gemäß Herstellergarantie«. Die Formulierung verstößt bei Verwendung gegenüber einem Verbraucher gegen das Klauselverbot in § 309 Nr. 8 b) aa) BGB, weil die gesetzliche Gewährleistung des Verkäufers ausgeschlossen wird.
Die Klausel »Ein Garantieanspruch wird nur bei Vorlage der Garantiekarte anerkannt« ist ebenfalls wegen Verstoßes gegen § 309 Nr. 8 b9 aa) BGB unwirksam. In beiden Fällen hat der Händler nicht ausreichend deutlich zu erkennen gegeben, dass die Herstellergarantie neben seine gesetzliche Gewährleistungspflicht tritt. Dem rechtsunkundigen Durchschnittsverbraucher ist es nicht zuzumuten, das Bürgerliche Gesetzbuch neben die vertraglichen Garantievereinbarungen zu legen und seine Rechte sowohl aus dem Gesetz als auch aus dem Kaufvertrag herzuleiten. Bei der Gestaltung von Garantiebedingungen ist daher die gesetzliche Regelung vollständig und unmissverständlich zu berücksichtigen.

Garantievereinbarungen in Allgemeinen Geschäftsbedingungen – Einkaufs- und Verkaufsbedingungen, Lieferbedingungen und anderen Formularvereinbarungen – unterliegen einer Inhaltskontrolle nach den Vorschriften des Bürgerlichen Rechts, vgl. §§ 307 ff BGB.

Allgemeine Geschäftsbedingungen

Allgemeine Geschäftsbedingungen sind alle für eine Vielzahl von Verträgen vorformulierten Vertragsbedingungen, die eine Vertragspartei (Verwender) der anderen Vertragspartei bei Abschluss eines Vertrages stellt, vgl. § 305 Abs. 1 BGB. Sie werden nur dann Vertragsbestandteil, wenn der Verwender bei Vertragsabschluss

⇨ einen ausdrücklichen Hinweis gibt oder einen deutlichen Aushang am Ort des Vertragsabschlusses macht,

⇨ und der anderen Vertragspartei die Möglichkeit verschafft, in zumutbarer Weise vom Inhalt der AGB Kenntnis zu nehmen.

Bei Vertragsabschluss kommt es für die Einbeziehung Allgemeiner Geschäftsbedingungen darauf an, ob die Vertragsparteien Kaufleute sind. In jedem Fall gelten die allgemeinen Regelungen der §§ 145 ff BGB, so dass die Allgemeinen Geschäftsbedingungen Bestandteil der Willenserklärungen (Angebot und Annahme) der Vertragsparteien sein müssen. Unter Kaufleuten ist jedoch die ausdrückliche Einbeziehung gem. § 305 Abs. 2 BGB entbehrlich, weil diese Regelung insofern keine Anwendung findet, § 310 BGB.

Für Allgemeine Geschäftsbedingungen gelten die folgenden Grundsätze:

⇨ Vorrang der Individualabrede gem. § 305b BGB,

⇨ überraschende und mehrdeutige Klauseln werden nicht Vertragsbestandteil gem. § 305c Abs. 1 BGB,

⇨ Zweifel bei der Auslegung Allgemeiner Geschäftsbedingungen gehen zulasten des Verwenders gem. § 305c Abs. 2 BGB,

⇨ wenn einzelne Klauseln nicht Vertragsbestandteil werden, bleibt der Vertrag in aller Regel wirksam gem. § 306 BGB,

⇨ zudem gilt das Umgehungsverbot des § 306a BGB.

Die Inhaltskontrolle erfolgt unter Kaufleuten nach § 307 BGB, bei Allgemeinen Geschäftsbedingungen, die gegenüber Verbrauchern verwendet werden gem. §§ 307 bis 309 BGB. Die Klauselverbote der §§

308 und 308 BGB betreffen nur AGB in Verträgen mit Verbrauchern, vgl. § 310 BGB.

Nach der Generalklausel des § 307 BGB sind Bestimmungen in Allgemeinen Geschäftsbedingungen unwirksam, wenn sie den Vertragspartner des Verwenders entgegen den Geboten von Treu und Glauben unangemessen benachteiligen. Insbesondere ist gem. § 307 Abs. 2 BGB eine unangemessene Benachteiligung dann anzunehmen, wenn eine Bestimmung

⇨ mit wesentlichen Grundgedanken der gesetzlichen Regelung, von der abgewichen wird, nicht zu vereinbaren ist, oder

⇨ wesentliche Rechte oder Pflichten, die sich aus der Natur des Vertrags ergeben, so einschränkt, dass die Erreichung des Vertragszwecks gefährdet ist.

Der vollständige Ausschluss der gesetzlichen Gewährleistung wäre zum Beispiel eine solche Regelung, die den Vertragspartner unangemessen benachteiligen würde und daher gem. § 307 BGB unwirksam ist.

In den Allgemeinen Geschäftsbedingungen wie auch durch individuelle Vertragsgestaltung können die gesetzlichen Gewährleistungsansprüche jedoch den betrieblichen Bedürfnissen oder den Anforderungen des Einzelfalles angepasst werden.

Klauselbeispiel Allgemeine Geschäftsbedingungen

»Wir sind verpflichtet, die Ware innerhalb angemessener Frist auf etwaige Qualitäts- oder Quantitätsabweichungen zu prüfen; die Rüge ist rechtzeitig, sofern sie innerhalb einer Frist von fünf Arbeitstagen beim Lieferanten eingeht«. Diese Klausel gestaltet die kaufmännische Untersuchungs- und Rügepflicht und legt insbesondere die Frist für die Mängelrüge durch den Käufer fest. Sie ist zulässig. Weiteres Klauselbeispiel für die Rügefrist: »Die Gewährleistungsfrist beträgt vierundzwanzig Monate, gerechnet ab Gefahrenübergang.« Auch diese Klauselgestaltung zugunsten des Käufers ist zulässig und ist zum Beispiel in Einkaufsbedingungen zwischen industriellen Vertragsparteien anzutreffen.

Entsprechende Beispiele für die Gestaltung der Mängelgewährleistung finden sich in fast allen Liefer- und Einkaufsbedingungen. Eine bedeutsame Regelung für beide Vertragsparteien ist die Gestaltung der kaufmännischen Rügepflicht durch eine Rügeklausel. Der für die Mängelrüge erforderliche Zeitraum muss den Gegebenheiten der üblichen Abläufe im Betrieb des einkaufenden Unternehmens entsprechen. Sehr häufig wird für die Mängelrüge auch die Schriftform vereinbart, um Inhalt und Zeitpunkt zu dokumentieren.

Andere Klauseln betreffen

⇨ Angebots- und Annahmefristen (zum Beispiel »Der Lieferant ist verpflichtet, unsere Bestellung innerhalb einer Frist von 2 Wochen anzunehmen.«),

⇨ Preise und Zahlungsbedingungen (zum Beispiel »Der in der Bestellung ausgewiesene Preis ist bindend. Mangels abweichender schriftlicher Vereinbarung schließt der Preis Lieferung frei Haus, einschließlich Verpackung ein. Die Rückgabe der Verpackung bedarf besonderer Vereinbarung.«),

⇨ den Gefahrübergang (zum Beispiel »Die Lieferung hat, sofern nicht anderes schriftlich vereinbart ist, frei Haus zu erfolgen.«),

⇨ die Lieferzeit und vieles mehr.

Produkthaftung und Produktsicherheit

Das Produkthaftungsrecht sieht einen Schadensausgleich wegen Gefahren vor, die für Personen und Sachen entstehen können. Produktgefahren unterliegen sowohl den Vorschriften des Deliktsrechts gem. §§ 823ff. BGB als auch den Regelungen des Produkthaftungsgesetzes gem. §§ 1ff. ProdHG. Die produkthaftungsrechtlichen Schadensersatzansprüche entstehen unabhängig von den vertraglichen Gewährleistungsansprüchen und richten sich unmittelbar gegen den Hersteller des fehlerhaften Produkts.

Verkehrssicherungspflichten und Produktfehler

Haftungsgrundlage ist nach deutschem Deliktsrecht ist gem. § 823 Abs. 1 BGB die Verletzung einer Verkehrssicherungspflicht durch vom Hersteller zu verantwortende Konstruktions-, Material-, Fabrikations- und Produktbeobachtungsfehler.

Eine bekannte Verkehrssicherungspflicht ist die kaufmännische Untersuchungspflicht, welche nach handelsrechtlichen Vorschriften besteht, vgl. § 377 HGB. Unterlässt der gewerbliche Käufer die Wareneingangsprüfung und verarbeitet er die zugelieferten Materialien oder Teilkomponenten ungeprüft in seiner Fertigung weiter, haftet er für Schäden, welche durch das Endprodukt entstehen, gegenüber dem Endverbraucher. Zumindest eine stichprobenartige Eingangsuntersuchung sollte deshalb erfolgen. In den Fällen überbetrieblicher Arbeitsteilung kann der Endprodukthersteller seine deliktische Haftung für fehlerhafte Zulieferteile nur abwenden, wenn er folgende Sicherheitsvorkehrungen trifft:

⇨ Spezifizierung der Zulieferteile,

⇨ Lieferantenauswahl und

⇨ Lieferantenkontrolle.

Im Außenverhältnis haftet der Hersteller gegenüber den Geschädigten auch für Schäden aus fehlerhaften Zulieferteilen uneingeschränkt. Dagegen haben die an der Produktion beteiligten Zulieferer im Innenverhältnis für die von ihnen verursachen Produktfehler einzustehen. Deshalb erfolgt im Innenverhältnis zwischen dem Endprodukthersteller und den verschiedenen Zulieferern ein Ausgleich nach dem jeweiligen Verschuldensanteil. Dieser Haftungsausgleich kann vertraglich gestaltet werden und sollte auch versicherungsrechtlich geprüft werden.

Nach dem Produkthaftungsgesetz, welches die europäischen Regelungen der Produkthaftung aufgenommen hat, ist die Haftungsgrundlage das Inverkehrbringen eines fehlerhaften Produktes durch den Hersteller gem. § 1 ProdHaftG. Hierzu gehören die folgenden Personen:

⇨ Endprodukthersteller,

⇨ Quasi-Hersteller, dessen Name, Marke oder anderes unterscheidungskräftiges Kennzeichen auf dem Produkt angebracht ist,

⇨ Drittstaaten-Importeur, der das Produkt in die Europäische Union importiert hat,

⇨ falls weder der Endprodukthersteller noch der Quasi-Hersteller ermittelt werden können, gilt auch jeder Lieferant als Hersteller, sofern er den Geschädigten keine Auskunft über seine Bezugsquellen gibt.

Wenn der Lieferant seine Haftung ausschließen möchte, muss er den Vertriebsweg offen legen, damit der Hersteller gefunden werden kann. Nach dieser Regelung im Produkthaftungsgesetz wird sichergestellt, dass in der Europäischen Union ein Hersteller ermittelt werden kann, der für den entstandenen Produkthaftungsschaden einsteht. Auch dieses Gesetz sieht einen gesamtschuldnerischen Haftungsausgleich im Innenverhältnis mehrerer Schädiger vor.

Ausschluss der Produkt- und Produzentenhaftung

Die Haftungsausschlusstatbestände für die verschuldensunabhängige Produkthaftung des Herstellers ergeben sich aus § 1 ProdHaftG. Danach ist die Ersatzpflicht ausgeschlossen, wenn

⇨ der Hersteller das Produkt nicht in den Verkehr gebracht hat,

⇨ das Produkt im Zeitpunkt des Inverkehrbringens fehlerfrei war,

⇨ das Produkt nicht für den Verkauf herbestellt wurde oder für den Vertrieb mit wirtschaftlichem Zweck bestimmt war,

⇨ der Produktfehler auf der Beachtung einer zwingenden Rechtsvorschrift beruht,

⇨ der Produktfehler im Zeitpunkt des Inverkehrbringens nach dem Stand der Wissenschaft und Technik nicht erkannt werden konnte.

Im Unterschied hierzu müsste der Hersteller nach der deliktischen Produzentenhaftungsregelung gem. § 823 BGB darlegen, dass er seinen Verkehrssicherungspflichten genügt hat. Er müsste also sein Verschulden – Vorsatz oder Fahrlässigkeit – auszuschließen. Hierzu

gehört, dass der Hersteller die erforderlichen und zumutbaren Maßnahmen der Fehlervermeidung getroffen und insbesondere seiner
kaufmännischen Untersuchungs- und Rügepflicht genügt hat. Erfolgt
die Qualitätssicherung im Zulieferbetrieb, entstehen Überwachungs-
und Dokumentationspflichten. Ferner hat der Hersteller seinen Produktbeobachtungspflichten nachzukommen, um Gefahren zu vermeiden, die nach dem Inverkehrbringen seiner Produkte entstehen.

Produktsicherheitsorganisation und Qualitätsmanagement

Das beste Qualitätsmanagement-System wird das Auftreten von Pro-
duktfehlern nicht vollständig verhindern können. Es kommt daher
auch auf Schadensvermeidungsstrategien an. Die Verpflichtung zur
Produktsicherheit fordert vom Hersteller den Aufbau einer Produkt-
sicherheitsorganisation, unter anderem um auf den Fall eines notwendigen Rückrufs vorbereitet zu sein. Die Produktbeobachtungspflicht
schließt unterschiedliche organisatorische Maßnahmen zur effizienten
Produktüberwachung ein:

⇨ Dokumentation von Mängelrügen bei Händlern und Kunden-
  dienstmitarbeitern,
⇨ Auswertung aller aus dem Vertrieb verfügbaren Informationen
  (Kundenberichte und -beschwerden, Händlerberichte, Kunden-
  dienstberichte etc.),
⇨ Beobachtung des Ersatzteilumsatzes und des Zubehörmarktes,
⇨ Auswertung der Erkenntnisse aus der Produktentwicklung und aus
  der Fertigung,
⇨ Beobachtung der Nutzung und Verwendung des Produkts durch
  Verbraucher einschließlich des nahe liegenden Fehlgebrauchs,
⇨ Auswertung der Ergebnisse von Fachtagungen und Veranstaltun-
  gen zur Weiterentwicklung von Wissenschaft und Technik auf
  dem einschlägigen Gebiet Beobachtung der Produktentwicklung
  bei den Wettbewerbern.

Die Wahrnehmung der Produktbeobachtungspflichten versetzt den Hersteller in die Lage, auftretende Gefahren rechtzeitig zu erkennen und diesen vorzubeugen. Im Einzelfall bieten sich verschiedene Gefahrabwehrmaßnahmen an:

⇨ Produktinformation an Händler und Kunden, zum Beispiel Ergänzung oder Änderung der Gebrauchs- und Bedienungsanleitungen,

⇨ Warnhinweise an Kunden und Händler,

⇨ Anweisungen an Händler, zum Beispiel zur Nachbesserung bei Inspektionen,

⇨ Einschaltung von Verbänden zur Produktinformation,

⇨ Aufforderung an die Verbraucher zur Überprüfung des Produkts oder zur Einstellung des Gebrauchs beziehungsweise zur Unterlassung bestimmter Verwendungsarten, öffentliche Warnungen in den Medien,

⇨ Auslieferungsstopp zum Zweck der Nachbesserung von Produkten, Fehlerbeseitigung in der Konstruktion, in der Fertigung oder im Vertrieb,

⇨ Rückruf der auf dem Markt befindlichen Produkte zum Zweck der Inspektion beziehungsweise Fehlerbeseitigung oder um sie ganz vom Markt zu nehmen.

Die beispielhaft aufgeführten Gefahrabwendungsmaßnahmen verdeutlichen die vielfältigen Möglichkeiten der Hersteller, ihrer Produktbeobachtungspflicht zu genügen. Es müssen aber auch die organisatorischen, personellen und technischen Voraussetzungen geschaffen werden, um eine Produktbeobachtungsorganisation aufzubauen. Die Größe des Herstellerunternehmens und seine Marktstellung beeinflussen ebenfalls den Umfang der erforderlichen Produktsicherungsmaßnahmen. Denn der Hersteller ist zur Produktbeobachtung nur insoweit verpflichtet, als ihm die entsprechenden Maßnahmen möglich und zumutbar sind. Es bleibt daher dem einzelnen Hersteller überlassen, das Gefahrenpotenzial der von ihm hergestellten und vertriebenen Produkte im Einzelfall abzuwägen und

angemessene Vorkehrungen zur Abwendung des Produktsicherheits-
risikos zu treffen.

Prof. Dr. jur. **Brunhilde Steckler** wurde nach ihrer Anwaltstätigkeit 1987 Professorin für Zivil- und Wirtschaftsrecht, seit 1991 an der FH Bielefeld. Projekte
der angewandten Forschung und Entwicklung zum Online-Recht, zum Beispiel
Wissensmanagement, E-Learning. Entwicklung interaktiver Lernmaterialien im
Internet (Urheberrecht, Werberecht, Medien- und Teledienste etc.), Herausgabe
des Online-Lexikons des Wirtschaftsrechts. Veröffentlichungen zum Wirtschaftsrecht in deutschen und englischen Fachzeitschriften, diverse Lehrbücher,
Mitherausgeberin verschiedener Praxishandbücher.

Literatur

[1]   BAUER, C.-O.; WESTPHALEN, F., GRAF VON (*Hrsg.*): *Das Recht zur Qualität,*
        Berlin-Heidelberg 1996

[2]   BAUMBACH, A.; HOPT, K.J.; MERKT, H.: *Handelsgesetzbuch, 31. Auflage, München 2003*

[3]   v. CAEMMERER, E; SCHLECHTRIEM, P.: *Kommentar zum Einheitlichen UN-Kaufrecht*
        (CISG), 4. Auflage, München 2004

[4]   CLEMENS, R.; HÜTTEMANN, R.; WOLTER, H.-J.: *Nationale und europäische Produkthaftung*
        – Eine Hürde für den Mittelstand? Stuttgart 1994

[5]   SCHMIDT-SALZER, J.: *Produkthaftung, 2. Auflage, Heidelberg, Band II: Freizeich-*
        nungsklauseln, 2. Aufl. 1985, Band III/1: Deliktsrecht, 2. Auflage 1990; Band IV:
        Produkthaftpflichtversicherung, 2. Aufl. 1989 (Loseblattsammlungen, Rechtsstand
        1990/1996)

[6]   SCHMIDT-SALZER, J.: *Massenproduktion, lean production und Arbeitsteilung – organisations-*
        soziologisch und -rechtlich betrachtet. Haftungs- und Strafrecht als Mittel zur Konkretisierung
        und Verdeutlichung der Organisation von Unternehmen und Unternehmensgruppen, BB 27/
        1992, 1866

[7]   SCHMIDT-SALZER, J.: *Verbraucherschutz, Produkthaftung, Umwelthaftung, Unternehmens-*
        verantwortung, NJW 1994, S. 1305

[8]   STECKLER, B.: *Kompendium Wirtschaftsrecht, 7. Auflage, Ludwigshafen/Rhein 2006*

[9]   STECKLER, B.: *Kompakt-Training Wirtschaftsrecht, 2. Auflage, Ludwigshafen/Rhein 2003*

[10]   ULMER, P.; BRANDNER, H.-E.; HENSEN, H: *AGB-Recht Kommentar, 10. Auflage, Köln 2006*

435

[11]   Westphalen, F. Graf von: *Produkthaftungshandbuch, Bd. 1: Vertragliche und deliktische Haftung, Strafrecht und Produkt-Haftpflichtversicherung, 2. Auflage, München 1997; Bd. 2: Das deutsche Produkthaftungsgesetz, internationales Privat- und Prozessrecht, Länderberichte zum Produkthaftungsrecht, 2. Auflage, München 1999*

Zusammenfassung

Zu den zentralen rechtlichen Aspekten für After Sales Services gehört die Mängelgewährleistung, die sich nach der Vertragstypologie richtet. Das Bürgerliche Recht enthält detaillierte Regelungen für auftretende Rechts- und Sachmängel in Kaufverträgen, Werk- und Werklieferungsverträgen, aber auch in anderen Vertragsarten wie Miet- und Leasingverträgen und für die Lizenzierung von Nutzungsrechten (zum Beispiel Patente, Muster und Marken sowie Urheberrechte). In Kauf- und Lieferungsverträgen ist die kaufmännische Untersuchungs- und Rügepflicht zu beachten, da die fehlende oder verspätete Mängelanzeige einen Verzicht auf die Mängeleinrede zur Folge hat. Die mangelhafte Lieferung gilt kraft Gesetzes als genehmigt und der Vertrag einvernehmlich geändert, so dass die Zahlungspflicht regelmäßig bestehen bleibt. Die Schadenshaftung für Vertragspflichtverletzungen ergänzt die Rechtspflichten im Hinblick auf die After Sales Services.

Besonderheiten gelten im Auslandsgeschäft. Den internationalen Warenlieferungen kann durch Rechtswahlklausel das deutsche Vertragsrecht zugrunde gelegt werden. Andernfalls wird in Verträgen mit einem Mitgliedstaat des UN-Kaufrechts dieses spezielle Regelwerk zur Anwendung gelangen.

Die Vertragsgestaltung eröffnet die Möglichkeit von Vereinbarungen in Bezug auf Gewährleistung, Garantien und auch die interessengerechte Regelung der kaufmännischen Untersuchungs- und Rügepflicht. Soweit es sich um Formularvereinbarungen handelt, unterliegen diese Vertragsklauseln der Inhaltskontrolle nach den Vorschriften des Bürgerlichen Rechts zu Allgemeinen Geschäftsbedingungen.

Kundenzufriedenheit
Konzept zur Messung und Verbesserung
im Business to Business Geschäft

Kundenzufriedenheit hat sich zu einem zentralen Baustein für den Unternehmenserfolg entwickelt. Zu Recht fragen sich Unternehmensverantwortliche daher: Wie kann man die Zufriedenheit der Kunden verbessern?

Die Autoren dieses Buchs beantworten diese Frage mit einem Konzept, das durch seine besondere Praxisnähe auffällt. Ihr Verfahren erlaubt es, die Qualität der Kundenbeziehungen an den Schlüsselstellen zu messen und kontinuierlich zu verbessern. Das Verfahren ist mit geringem Aufwand in das eigene Unternehmen übertragbar.

Das Buch richtet sich an Key-Account-Manager in Unternehmen sowie an alle Verantwortlichen, in deren Arbeitsbereich die Intensivierung und Verbesserung der Kundenbeziehungen eine Rolle spielt. Es ermöglicht die Implementierung eines kosteneffizienten Verbesserungprozesses für stabile und dauerhafte Kundenbeziehungen.

Auf der beiliegenden CD finden Sie ein Excel-Tool, mit dem Sie die Zufriedenheit der eigenen Kunden bezüglich bestimmter Geschäftsprozesse analysieren können.

Kundenzufriedenheit
Ein Konzept zur Messung und Verbesserung im Business to Business Geschäft
Hardcover, 160 Seiten mit zahlreichen Abbildungen
ISBN 3-936608-68-7
EUR 69,- (inkl. MwSt., keine Versandkosten)

Bestellung per Fax: 0211/8669323

Weitere Informationen zum Thema unter:
www.symposion.de/kundenorientierung.de

symposion

Digitale Fachbibliothek Vertrieb
Planen, Umsetzen, Optimieren

In Märkten, die heute vom Käufer und von scharfer Konkurrenz geprägt werden, kommt Führungskräften in Verkauf und Vertrieb eine Schlüsselrolle für den Erfolg des Unternehmens zu. Wie Sie Ihr Vertriebsmanagement zu optimalen Ergebnissen führen, zeigt Ihnen diese Digitale Fachbibliothek.

Sie wendet sich an Fachverantwortliche und Führungskräfte und liefert praktisches Knowhow zu allen wichtigen Aspekten des Vertriebsmanagements:

- Märkte analysieren
- Verkaufsstrategien entwickeln
- Kunden pflegen und binden
- Verkaufskanäle auf- und ausbauen
- Verkaufsteams bilden, qualifizieren und motivieren
- Aktuelle Praxisbeispiele

Die CD-ROM enthält auf mehreren tausend Seiten aktuelle Fachbeiträge und Fallstudien.

Viele nützliche Excel-Tools helfen Ihnen, die wichtigsten Maßnahmen sofort umzusetzen.

Zahlreiche Powerpoint Präsentationen tragen dazu bei, die Methoden besser zu verstehen und anzuwenden.

Einfachste Bedienung ist garantiert: Einfach die CD-ROM in das Laufwerk einlegen. Sie startet unter Windows automatisch, es ist keine Installation erforderlich.

Digitale Fachbibliothek
Vertrieb
Planen, Umsetzen, Optimieren
über 4.000 Seiten auf CD-ROM, mit zahlreichen Abbildungen
ISBN 3-936608-99-7
EUR 196,04,- (inkl. MwSt., keine Versandkosten)

Die Digitale Fachbibliothek Vertrieb wird durch einen Aktualisierungsservice vierteljährlich um aktuelle Fachbeiträge, Präsentationen und Arbeitshilfen erweitert.
Bestellung per Fax: 0211/8669323

Weitere Informationen zum Thema unter:
www.symposion.de/vertrieb

symposion·